国家科技支撑计划(2006BAJ05A14－3)村镇土地利用评价与可持续利用关键技术集成研究与示范
河南大学地理学重点学科建设项目基金资助

城市商品住宅价格空间分异研究

赵自胜　著

黄河水利出版社
·郑州·

内容提要

本书系统介绍了城市商品住宅价格空间分异研究的理论基础和技术方法，以开封市城区商品住宅价格为例，收集了多年商品房交易资料。利用探索性空间数据分析、特征价格模型和地理加权回归模型等方法和技术，从全局和局域的角度，探讨城市商品住宅价格的时间演变和空间分布特性，分析现象背后的原因和动力机制。

本书凝聚了作者多年房地产价格和地理信息系统技术应用教学、科研和实践工作成果，可供从事房地产管理、地理信息系统教育与应用等相关行业的管理人员、技术人员和师生参考。

图书在版编目（CIP）数据

城市商品住宅价格空间分异研究/赵自胜著. —郑州：黄河水利出版社，2011.9

ISBN 978-7-5509-0116-2

Ⅰ.①城… Ⅱ.①赵… Ⅲ.①商品房-房地产价格-研究-开封市 Ⅳ.①F229.276.13

中国版本图书馆 CIP 数据核字(2011)第 181350 号

出 版 社：黄河水利出版社

地址：河南省郑州市顺河路黄委会综合楼 14 层　　邮政编码：450003

发行单位：黄河水利出版社

发行部电话：0371-66026940、66020550、66028024、66022620(传真)

E-mail：hhslcbs@126.com

承印单位：黄河水利委员会印刷厂

开本：787 mm×1 092 mm　1/16

印张：13.5

字数：330 千字　　印数：1—1 000

版次：2011 年 9 月第 1 版　　印次：2011 年 9 月第 1 次印刷

定价：35.00 元

前　言

随着我国城市化进程的推进和城市住房制度改革的深入，住宅市场不断完善和日趋成熟，住宅建设正在逐步成为国民经济新的增长点，奠定了国民经济支柱产业的地位。与此同时，如何实现“居者有其屋”也成为社会的热点问题。目前，我国住宅市场尚存在诸多问题，综合表现在投资过度、金融风险过大、市场信息不对称、房价上涨过快和商品房结构不合理等几个方面，在许多城市，尤其是大中城市普遍存在大量空置房与无房户并存的现象。在这些问题中，最主要、最关键、最引人注目的问题无疑是住宅价格问题。城市商品住宅价格不仅关系到住宅产业发展和住宅市场发育，而且反映了复杂的社会经济关系。随着我国住宅市场的发育，商品住宅价格已经成为政府、居民、开发商、学术界等各方面关注的焦点。商品住宅价格与地理空间位置有着密切的关系，城市内部处于不同区位的商品住宅价格水平不同，在城市商品住宅价格水平整体上涨的同时，不同区位的房价上涨幅度也不同，商品住宅价格区域差异明显。这就是城市地理学者较关注的研究热点——商品住宅价格的空间分异问题，也是衡量居住空间分异的一项重要指标。因此，揭示城市商品住宅价格的空间分异规律，有利于人们运用相应措施缓解社会空间的极化和分异程度，防止社会矛盾的激化，促进各利益集团的融合，创建和谐社会。

本书从微观尺度（住宅个体）入手，通过对开封市住宅市场的实证研究，对商品住宅价格从时间和空间两个维度来考虑，探讨城市商品住宅价格空间分布模式、价格空间分异形成的影响因素及其动力机制，从而为提高城市管理水平、完善城市功能、合理布置基础设施、旧城改造、新城建设、制定住宅产业政策等提供建议和借鉴。从商品住宅价格特征和商品住宅价格空间不平稳两个角度出发，规范分析影响商品住宅价格的各种因素，揭示商品住宅价格的空间分异机制，尤其是地理因子的合理剥离和评价，将丰富和发展城市地理学的研究；系统地采用特征价格模型、空间自回归模型、地理加权回归模型和地统计模型对商品住宅价格进行实证研究，并进行多种方法和模型适用性的比较研究，为住宅经济学、城市经济学、空间经济计量学和地统计学的研究提供定量分析的方法和模型。通过商品住宅价格与住宅地价关系模型的建立，可为城镇土地定级估价、住宅价格指数编制等提供新的思路和方法。

本书由博士论文改编而成，在本书写作过程中，导师孙九林院士给予了谆谆教诲和精心指导，河南大学环境与规划学院秦耀辰教授、孔云峰教授、朱连奇教授、刘玉振教授，河南黄河河务局副局长周海燕教授，人民黄河杂志社原社长栗志等都对本书提出了许多具有建设性的宝贵意见，在此一并表示真挚的感谢。

因水平有限，书中难免有疏漏和不当之处，期望广大读者批评指正。

赵自胜

2011 年夏于开封

目 录

第1章 绪论

1.1 研究背景和意义

1.1.1 研究背景

随着我国城市化进程的推进和城市住房制度改革的深入,住宅市场不断完善和日趋成熟,住宅建设正在逐步成为国民经济新的增长点,奠定了国民经济支柱产业的地位。与此同时,如何实现"居者有其屋"也成为社会的热点问题。目前,我国住宅市场尚存在诸多问题,综合表现在投资过度、金融风险过大、市场信息不对称、房价上涨过快和商品房结构不合理等几个方面,在许多城市,尤其是大中城市普遍存在大量空置房与无房户并存的现象。在这些问题中,最主要、最关键、最引人注目的问题无疑是住宅价格问题。在住宅产业发展和住宅市场发育过程中,住宅价格是住宅市场供需双方之间经济利益关系的平衡点。它不仅是商品住宅所处城市经济发展水平与商品住宅购买者收入状况的市场表现,而且也是商品住宅所处居住环境与商品住宅所在区位、商品住宅本身品质的直接反映。如果再加上住房政策、土地政策、金融政策、税收政策等因素与住宅价格的关系,那么住宅价格就蕴涵着许多内在相互联系的信息。因此,城市商品住宅价格不仅关系到住宅产业发展和住宅市场发育,而且反映了复杂的社会经济关系。随着我国住宅市场的发育,商品住宅价格已经成为政府、居民、开发商、学术界等各方面关注的焦点。

商品住宅价格与地理空间位置有着密切的关系,城市内部处于不同区位的商品住宅价格水平不同,在城市商品住宅价格水平整体上涨的同时,不同区位的房价上涨幅度也不同,商品住宅价格区域差异明显。这就是城市地理学者较关注的研究热点——商品住宅价格的空间分异问题。城市商品住宅价格在成为城市居民、政府及住宅开发商关注焦点的同时,也作为衡量居住空间分异的一项重要指标。因此,揭示城市商品住宅价格的空间分异规律,有利于人们运用相应措施缓解社会空间的极化和分异程度,防止社会矛盾的激化,促进各利益集团的融合,创建和谐社会。

空间分异现象是地理学探究的最基本问题,是对空间上临近并有因果关系的人文和自然现象关联而产生的地区变化的研究。而城市住宅价格及居住空间分异,是城市地理学与城市社会学的交叉研究内容,它深刻反映着城市地域上的社会经济状况,是我们认识城市及其空间结构的重要视角。城市居住空间分异是指这样一种居住现象:在一个城市中,不同特性的居民聚居在不同的空间范围内,整个城市形成一种居住分化甚至相互隔离的状况。在相对隔离的区域内,同质人群有着相似的社会特性,遵循共同的风俗习惯和共同认可的价值观,或保持着同一种亚文化(吕露光,2004)。居住空间分异现象几乎是和城市的诞生同时出现的,城市居住空间变迁总体上呈现与城市政治、经济、文化发展进程相对应的特征。因此,研究住宅价格及居住空间分异不能脱离城市发展进程中的政治、经济和文化等历史背景。

在欧美市场经济模式下，城市住宅价格及居住空间分异是以经济、收入差别为主要特征的。而在我国，不同时代，城市居住空间分异现象具有不同的结构特征。在封建社会，统治阶级通过行政权力严格规定城市、城镇的空间布局，不同身份和地位的人居住在城市的不同区域，不同的社会经济活动也被规定在特定空间内进行，城市居住空间分异现象非常突出；在近代，随着工业和城市的发展，城市居住空间分异现象开始具有明显的经济特征；中华人民共和国成立后，随着计划经济与福利分房制度的推行，城市居住空间建设以部门、单位为主，城市居住以混合居住、自然社区模式为主，城市居住空间分异现象大为减弱；自改革开放以来，我国的社会、经济和文化关系发生了深刻变化，市场经济体制的日益完善、城市居民收入水平的提高、城市住宅产业化步伐的推进及人们价值观的转变，影响着社会分化的空间实现（柴彦威，2000）；与此同时，伴随着住宅货币化、商品化的全面推行，城市居民的居住水平和居住分布也发生了深刻分化，城市住宅价格及居住空间结构的分异日趋明显。

我国自改革开放以来的社会经济转型实际上蕴涵着两个过程：一个是市场化过程，另一个是现代化过程。前者是一个社会经济体制的转轨过程，从高度集权的计划经济向多元和分散的市场经济体制转变；后者是一个结构转型过程，从农业的、乡村的、封闭或半封闭的传统社会，向工业的、城镇的、开放的现代型社会的转变。这两个转变交织在一起，使现阶段社会经济的发展表现出纷繁、复杂的特征。换句话说，转型的实质就是从计划经济体制向市场经济体制的全面转变。

社会经济的深刻转型，是中国住宅市场发育的独特背景，为住宅市场发育创造了基础性的制度条件。转型时期中国城市社会经济空间发生激烈重组，表现在单位制社区的瓦解，居住地与工作地空间分离，居住与邻里、社会阶层逐步相匹配，呈现"阶层化"趋势等方面。除社会经济状况中的劳动力市场分化以及社会阶层分化对城市居住空间分异有重要影响外，住房制度改革起到举足轻重的作用，一方面计划经济时期住房实物分配制度惯性力量仍影响着目前我国城市的居住分异，另一方面住房制度改革影响着住房市场与政府宏观调控，直接或间接地影响着我国城市住宅价格及居住空间分异。

住房制度改革是中国城市居住空间分异的重要影响因素。住房制度改革属于经济改革的一部分，其目标是，根据社会主义市场经济体制的要求，取消住房实物福利分配制度，建立住房分配货币化、配置市场化、管理社会化与公共住房保障相结合的新型住房制度。住房不再作为福利产品分给职工，商品属性得到体现。随着经济体制改革的深化，中央政府和地方政府先后出台了一系列住宅政策法规，不断推进住房制度改革，至今大致可分为四个阶段（高波，2009）。

第一阶段：住房制度改革的探索阶段（1978～1985 年）。1978 年 9 月，国务院发布了《关于自筹资金建设住房的通知》，相继在多个城市进行住房制度改革试点，允许私人拥有自己的住宅。1980 年 6 月，国务院批转了《全国基本建设工作会议汇报提纲》，正式宣布将实行住宅商品化的政策。1980 年 7 月，建设部印发《关于加强城市公房管理工作的意见》，1983 年 2 月出台了《关于全国城镇落实私房政策问题的报告》，提出落实私房政策的范围和原则。1983 年 6 月，城乡建设环境保护部发布了《城镇个人建造住宅管理办法》。1983 年 12 月，国务院发布了《城市私有房屋管理条例》，这是新中国第一部保护城市私有房屋所有权、规范私房交易的法规。1985 年 2 月，城乡建设环境保护部颁布了《关于城市私有出租房屋社会主义改造遗留问题的处理意见》。

第二阶段:住房制度改革的全面实施阶段(1986~1993年)。从1986年到1988年上半年,以提高房租、增加工资鼓励买房等为内容的"提租增资"改革,相继在烟台、唐山和蚌埠等城市进行试点。1988年1月,国务院住房制度改革领导小组发布了《关于在全国城镇分期分批推行住房制度改革的实施方案》,确定了住房制度改革的目标、任务和具体政策,全面推进住房制度改革。从1990年开始,我国经济进入了10年高速发展之后的调整时期,明确了建立社会主义市场经济的改革目标,1993年3月,国家经济体制改革委员会《关于1993年经济体制改革要点》将"健全住房、土地使用制度改革"作为经济体制改革工作的主要任务之一,具有重大意义的是,政府从"甩包袱"的立场转向转变机制上,推出包括提租、售房、住宅资产独立化、发展住宅融资等在内的一整套改革方案。

第三阶段:住房制度的综合配套改革阶段(1994~1999年)。1994年7月,国务院印发了《关于深化城镇住房制度改革的决定》,把住房投资由国家、单位统包的体制改变为国家、单位、个人三者合理负担的体制,把单位建设、分配、维修、管理住房的体制改变为社会化、专业化的体制,把实物分配方式改变为货币工资分配方式,建立以中低档收入家庭为对象、具有社会保障性质的经济适用住房供应体系和以高收入家庭为对象的商品房供应体系,建立住房公积金制度,发展住房金融和住房保险制度,建立政策性与商业性并存的住房信贷体系,建立规范化的住宅市场和发展社会化的房屋维修、管理市场。1994年城市住房制度改革把出售公有住宅作为重点。1996年8月,国务院住房改革领导小组《关于加强住房公积金管理的意见》,规范了住房公积金的管理体制,进一步推动了住房公积金制度的发展。1997年党的十五大报告明确指出按照建立社会主义市场经济体制的要求,大力推进住房体制改革。1998年7月,国务院发布《关于进一步深化城镇住房制度改革加快住房建设的通知》,停止住房实物分配,逐步实行住房分配货币化,发展住房金融,培育和规范住房交易市场。1999年年底,全国基本取消了福利分房制度,开始形成了以市场化为主导的住房制度。

第四阶段:实物福利分房终结,进入住房分配货币化阶段(2000年1月起)。国务院《关于促进房地产市场持续健康发展的通知》(国发[2003]18号)提出,各地要根据城市住房制度改革进程、居民住房状况和经济收入水平的变化,完善住房供应政策,调整住房供应结构,逐步实现多数家庭购买或承租普通商品住房。2004年以来,针对房价上涨过快和投机炒房的状况,国家加强了对住宅市场的宏观调控,连续出台了一系列调控措施,包括2005年中国人民银行取消房贷利率优惠政策、先后出台的新旧"国八条"和2006年5月温家宝总理提出的"国六条"等,以调控居高不下的商品房价格。2006年3月,在国民经济和社会发展"十一五"规划纲要中,全面规划了住宅产业和住宅市场的发展,明确提出了调整住房供应结构,重点发展普通商品住房和经济适用住房,严格控制大户型高档商品房;按照保障供给、稳定房价的原则,加强对住宅一、二级市场和租赁市场的调控,促进住房梯次消费;完善住宅开发融资方式,加强资本金管理,规范发展住房消费信贷和保险;规范物业管理行为,提高市场化程度。这些要求显然为建立更为完善的住宅市场提出了目标。

与此同时,作为住宅市场的补充,对中低收入阶层建立了住房保障制度。住房保障制度主要由经济适用住房供给制度和廉租住房制度构成。经济适用住房供给制度是根据一定的收入条件、优惠政策面向中低收入阶层以低于市场价格出售住房的制度。廉租住房制度是按照一定原则和程序,为最低收入阶层提供基本住房保障的制度规定。2006年"国六条"深化了政府干预住房发展的思路,提出切实调整住房供应结构,进一步发挥土地、税收、信贷政策的调节作用，加快廉租住房制度建设，规范发展经济适用住房，积极发展住房二级市场和租赁市场，同时对城市拆迁和住宅市场秩序提出规范调整，要求加强对住宅市场统计和信息披露的工作力度。随后，建设部等九部门联合下文细化"国六条"的具体落实方式，强化住房供应结构调整和指导房价稳定，对住房居住的干预直接表现为：公布经济适用房建设目标，加强经济适用房制度建设；规定新商品房以小户型为主，90 m^2 以下住房（含经济适用住房）占项目面积比重达 70% 以上；调整了住房土地供应结构，中低价位普通商品住房（含经济适用住房）建设用地占土地供应量七成以上；加大对闲置土地的处置力度，闲置 2 年以上的土地将被收回；2006 年年底以前各地完成廉租房制度的建设及廉租房建设的开工；鼓励引导住房的换购、租赁。2007 年国家进一步加强住房保障干预。国务院《关于解决城市低收入家庭住房困难的若干意见》（国发［2007］24 号）要求各级政府把解决城市低收入家庭住房困难作为维护群众利益的重要工作，作为住房制度改革的重要内容，作为政府公共服务的一项重要职责，以廉租房制度建设为重点，建立解决低收入家庭住房困难的政策体系。经济适用房的性质和覆盖对象也进一步明确，经济适用房是政策性住房，购房者只有有限产权。经济适用房覆盖对象范围缩小到低收入家庭，与廉租房保障实现无缝对接，经济适用房户型面积不超过 60 m^2。2007 年新《经济适用住房管理办法》指出，经济适用住房限价限面积，是保障性的政策性住房，市场运作，是节能省地环保型住宅，推广采用先进、成熟、安全的新工艺、材料、设备、技术，符合强制性住房建设标准，有限空间内具有基本的使用功能，业主能享受到至少是社区基本生活需要的物业服务。政府的住房保障政策与实践表明，居者有其屋实现方式的转变，政府适当的干预弥补市场机制解决住房问题的不足之处，把"保障性住房"公共服务提到新的高度，标志着从"重买房、轻租赁"向"租、售并举"的回归，实现住房商品化和住房社会保障的双轨制。

转型时期中国城市居住分异主要由个人或家庭（消费者）、开发商（市场）和政府（包括工作单位）共同塑造，住房制度改革主要通过影响三种主体来影响居住分异（见图 1-1）。

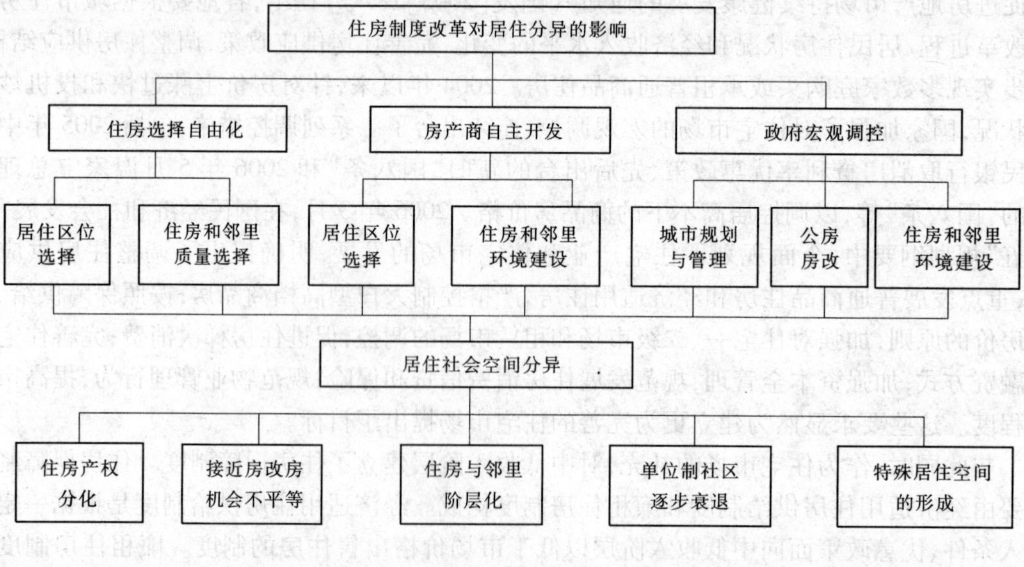

图 1-1　住房制度改革对居住分异的作用机制（刘望保等，2007）

个人住房选择自由化是影响转型时期我国城市居住分异的主要力量。在全面取消福利分房后，所有中高收入阶层只能依据自身经济条件和居住偏好来购买或租赁商品房，个人住房选择完全自由化。住房选择包括产权、区位选择、邻里质量等，选择过程是家庭与住房相匹配的过程，也是居住区位的再选择过程，家庭居住选择自由化的结果直接导致城市居住空间重构和居住分异。

住房制度改革后，房产商转变成为住房建设的市场经济主体，由于房产商以实现利润最大化为主要目标，是影响转型时期我国城市居住分异的主要力量，在符合城市规划的前提下，房产商自主选择投资区位，建设不同规模和档次的住房与住宅小区，以满足和引导不同层次社会群体的消费需求，导致了城市居住空间重构及住房和邻里"阶层化"。

住房制度改革后，政府的角色发生了转变，虽然基本退出了住房建设和供应，但在房改房、廉租房及经济适用房建设供应方面仍起着重要作用，使得住房类型多样化，出现了经济适用房、房改房、廉租房和商品房等多种类型。不同类型住房准入条件不同，如房改房只有国有企业、集体企业和事业单位等满足条件的职工才能享受；经济适用房和廉租房有户口的限制；商品房虽然没有户口、工作单位和职位高低等约束条件，但高居不下的住房价格实质上将大多数无法享受房改房、经济适用房和廉租房的中低收入阶层排除在外。住房作为最重要的社会资源，种种约束条件造成居民接近住房资源的机会有明显差异，导致居住不平等和住房产权分化。

1.1.2 研究意义

本书从微观尺度（住宅个体）出发，通过对开封市住宅市场的实证研究，对商品住宅价格从时间和空间两个维度来考虑，探讨城市商品住宅价格空间分布模式、价格空间分异形成的影响因素及其动力机制，从而为提高城市管理水平、完善城市功能、合理布置基础设施、旧城改造、新城建设、制定住宅产业政策等提供建议和借鉴。

1.1.2.1 理论意义

从商品住宅价格特征和商品住宅价格空间不平稳两个角度出发，规范分析影响商品住宅价格的各种因素，揭示商品住宅价格的空间分异机制，尤其是地理因子的合理剥离和评价，将丰富和发展城市地理学的研究；系统地采用特征价格模型、空间自回归模型、地理加权回归模型和地统计模型对商品住宅价格进行实证研究，并进行多种方法和模型适用性的比较研究，为住宅经济学、城市经济学、空间经济计量学和地统计学的研究提供定量分析的方法和模型。通过商品住宅价格与住宅地价的关系模型的建立，可为城镇土地定级估价、住宅价格指数编制等提供新的思路和方法。

1.1.2.2 实践意义

揭示城市商品住宅价格的空间分异机制及消费者收入与住宅价格的关系，有助于不同住宅消费者选购区位、质量称心、价格水平合理的住宅，也有助于房产管理部门掌握城区住宅价格分布趋势，进行房价调控；商品住宅特征价格还可以反映各居住区的开发状况、服务设施完善度、周围环境优劣度和地理可达性；分析商品住宅价格的空间分异，可以为规划部门制定和实施城市规划提供必要的信息，也可以为开发商编制合理的住宅价格指数提供决策支持；通过模型分析，可以对相关土地、住宅政策做出评价，为政府有关部门制定合理有效的政策提供依据。

由于商品住宅价格在空间分布上具有很强的差异性，剖析这种现象是否合理，政策制定是否有效，必然要研究城市商品住宅价格空间分布特性，并考虑其历史的演变过程。由于商品住宅价格空间分布差异性的存在，在研究城市的房价时，将住宅价格结合其所处的空间位置(地理区位)加以研究，不仅可直接为政府管理商品住宅交易市场、制定经济适用房指导价、经济适用房的选址，以及住宅开发企业在确定住宅营销价格等方面提供决策依据，还可为进一步研究城市房价总体水平是否合理提供理论依据。同时，城市发展(如城市基础设施建设)在空间和时间上不平衡，不同时期商品住宅价格在空间分布上的变化又存在着差异。研究这种差异中包含的规律性，可为政府制定发展规划，分析住宅价格与社会经济发展水平的关系，以及防止住宅价格泡沫提供科学依据。

1.2 相关概念的阐述和界定

1.2.1 住宅

1.2.1.1 住宅的概念及功能

从中外各类资料中，可以查到对于住宅的多种定义和解释。它们用语虽各自有别，但实质大同小异，都突出指明了住宅与家庭生活二者之间的紧密关系。可以概括为：住宅是以向人们提供居住条件为主要目的，具有身心庇护、家庭生活、社会交往、财富储备以及经营辅助等多种功能的各种建筑物的统称(邓卫等，2008)。住宅是人类生存和发展的基本生活资料，也是人们从事各种社会经济文化活动最基本的物质前提之一。

一般来说，住宅应该具备以下三个方面的基本功能：居住功能，顾名思义，住宅首先应具备供人类居住的功能，这是一种最基础也是最本质的要求，它既是从空间上对居住者予以承载与容纳，也是对其生活行为的发生提供场所；庇护功能，住宅除用有形的土木砖瓦等建筑材料来为人类遮蔽风雨、躲避虫兽，使之不受外界不利的自然因素的侵袭干扰外，它还用一道无形的屏障给人们提供心理上的保护，是人们最值得信赖的安全场所和可以彻底放松自己的“不设防天地”，而这种兼顾身体与精神的双重庇护功能是任何别的建筑所望尘莫及的，也是住宅对于个人生存的意义所在；家庭生活功能，住宅是家庭赖以建立和维持的物质载体，除休息和睡眠外，人们还需要进行烹调、进餐、沐浴、装扮、娱乐、休闲、抚育儿女等一系列家庭活动，它们最主要的发生地就是住宅，可见家庭生活功能是住宅和其他建筑相区别的最主要的差异之一。

此外，住宅还具有以下三方面的延伸功能：社会交往功能，人们的一些社会交往活动放到住宅里来举行，往往带有更多的私密性和亲近性，使得住宅对于人们社会生活的重要性更加突出；财富储备功能，相对于其他的生活必需品，住宅是一种价值高昂的商品，而且住宅大多具有保值、增值的特性；经营辅助功能，现代住宅随着建筑技术、电气化与自动化技术、信息技术等的迅猛发展和综合运用，日益成为一个集科技之大成的综合平台，成为人们居家从事工作、科研、生产等活动的辅助场所。

1.2.1.2 住宅的类型

1)从建筑角度划分

按照建筑体型划分,有独立式住宅(一楼一户、大多带庭院)、连排式住宅(一楼多梯、一梯一户)和单元式住宅(一楼一梯或多梯、一梯多户);按照建筑层数划分,有低层住宅(1~3层)、多层住宅(4~6层)、中高层住宅(7~9层)和高层住宅(10层及以上);按照建筑材料划分,有生土住宅、木构住宅、砖石住宅、砖混住宅、钢混住宅和框架结构住宅等;按照建筑平面划分,有平层式住宅、跃层式住宅和复式住宅;按照建筑型式划分,有点式住宅、塔式住宅和板式住宅;按照建筑性质划分,有普通住宅、别墅、出租式公寓、自有式公寓、集合式公寓和商住混合式住宅;按照建筑文化划分,有街坊式住宅、院落式住宅、干阑式住宅、碉楼式住宅和窑洞式住宅等;按照结构特征划分,有永久性住宅、临时性住宅和可移动式住宅;按照交通组织划分,有梯间式住宅、内廊式住宅、外廊式住宅和天井式住宅等。

2)从社会经济角度划分

依据产权性质划分,有私有住宅、共有住宅、社团住宅和公共住宅;依据供应方式划分,有配给住宅、出租住宅、业主自用住宅和出租与自住混合住宅;依据经济关系划分,有福利住宅和商品住宅。此外,还有一些特殊类型的住宅,如老年住宅、青年公寓等。

1.2.1.3 住宅的属性

1)住宅的商品属性

由于城镇住宅的所有权或使用权可以通过,并且主要通过市场交易来获取,因此它归根到底是一种商品;但是住宅往往又带有一定的社会福利性质,因此它是一种特殊商品。

2)住宅的福利属性

住宅的福利属性是它性质中重要的组成部分,也是它有别于其他一般商品的关键所在。住宅的福利属性随着住宅所面对的消费群体不同而有所区别:对于高收入阶层,住宅的福利性可以完全不予考虑;对于中等收入阶层,可以根据国情、财力、住房制度等因素,综合决定是否给予福利及给予程度;而对于低收入阶层,住宅的福利属性往往超越了商品属性所占的比重;至于最低收入阶层,我们甚至可以干脆把几乎是无偿提供给他们的住宅称为"福利住宅"。

1.2.1.4 住宅的特性

住宅是一种独特的产品,它具有以下特性。

1)住宅的复杂性

住宅是一种复杂的商品,能够满足家庭的多种需求,并且与居民的生活、工作、娱乐等活动密切相关。住宅具有各种各样的特征,有些属于数量方面,有些属于质量方面。住宅在大小、功能、环境等许多方面为居住者提供着不同的服务。

2)住宅的固定性

住宅的固定性源于土地的固定性,一经建造就同土地连为一体。住宅产品的固定性决定了住宅不可能像其他消费品一样通过运输工具运送到各地市场以适应市场需求的变化,同时也决定了住宅的价格不仅取决于其本身的建造成本和质量,还取决于住宅所处位置的空间环境条件,因而住宅市场也具有地区性的特点。即使由于某些原因一段时间后该位置的通达性或者环境等发生了变化,住宅坐落的地理位置也不会发生变化。也就是说,住宅的建造总是与一定的用地位置紧密地联系在一起的,即同区位联系在一起。

3)住宅的耐久性

住宅的耐久性是指住宅在最终被毁弃之前,可以具有很长的使用年限。住宅的这一特点导致住宅市场涉及新开发住宅市场和存量住宅市场。在整个住宅市场中,新建住宅的交易量一般所占份额较小。消费者可以在新旧住宅之间进行置换,选择建筑类型、小区环境、交通便利程度等满足个人偏好的住宅以达到最大效用。

4)单件异质性

所谓异质性,是指不同的两个事物之间具有本质的区别,在经济学上一般用于表示差异较大、不能或难以实现相互替代的商品。它实际上也是住宅的"唯一性"。住宅的空间固定性决定了它的唯一性和异质性,所以处在某一具体空间位置上的住宅必定是一种刚性的、排他的存在,不可能被其他同类住宅所置换,理论上不可能真正找到两所完全一样的住宅。住宅单件异质性的特点决定了住宅价格受周围环境影响很大,同时,住宅交易价格往往是个别交易形成的,不可能形成市场的统一价格。

5)价值昂贵性

建造住宅从土地开发、房屋建设直至最终产品的形成,需要投入大量的人力、物力和资金。一幢住宅楼或者一个住宅小区的开发建设往往需要上百万、上千万元,甚至数亿元,投资额十分可观。住宅的这种特性决定了住宅的生产和消费都需要金融业强有力的支持,必须通过住宅金融或政府的住宅政策,将未来的购买力转变为现实的购买力以达到购房的目的。

6)效用的长期性

住宅是房屋建筑与地基的有机结合体。土地在适当的条件下,经过开发与再开发可以永续使用。房屋的自然属性也决定其物理寿命可以长达数十年,甚至上百年。

7)消费、投资的双重属性

住宅是人们最基本的生活必需品之一,具有普遍的消费需求。同时,由于土地是稀缺的不可再生资源,其自然供给是刚性的,经济供给总量弹性较小。随着经济的发展,城市化进程的加快,城市人口的增加和农村剩余劳动力向城市的转移,住宅的需求日益增加,刺激住宅价格上涨。因此,住宅具有保值、增值的投资功能。住宅的保值、增值的特性决定了住宅是居民投资的一条重要途径,也是增加市场需求的一个重要方面。

1.2.2 商品住宅

1.2.2.1 概念

在我国,城市中的住宅包括商品住宅、经济适用房及廉租房等。商品住宅又包括普通住宅、别墅、高档商住楼等。经济适用房是由国家提供给城市中低收入家庭的,在土地、金融、税收方面带有一定优惠政策的住房,它的价格是由国家指导建立的,不是由市场供需来决定的,因此不在本书的讨论范围之内。廉租房是提供给城市低收入家庭的住房,通过在租金上的优惠条件来保障低收入家庭的基本居住水平。别墅和高档商住楼虽然也属于城市商品住宅,但是由于土地使用权年限的不同(普通商品住宅的土地使用权年限为70年,别墅和高档商住楼的土地使用权年限为40年),在构成住宅价格的土地价格中,缺乏同等条件下的可比性。因此,在本书中,将商品住宅确定为土地使用权年限为70年的城市普通商品住宅。

城市普通商品住宅又分为新增商品住宅和存量商品住宅,存量商品住宅在住宅的一级、二级市场都存在，而我国的二级住宅市场发育不完善，并且包含了一些住房制度改革后的职工福利住房，不能反映出与目前住宅市场经济相适应的价格。因此，本书中的商品住宅界定为土地使用权年限为70年的城市新增普通商品住宅。

1.2.2.2 特征

城市商品住宅作为一种特殊的产品，消费者可以选择建筑类型、小区环境、交通便利程度等满足个人偏好的住宅以达到最大效用。根据国内外的文献综述，商品住宅特征一般分为三大类，即建筑特征、邻里特征和区位特征。其中，建筑特征是住宅本身的物理特征，包括建筑类型、结构类型、施工质量、建筑外观、户型、房间数、建筑面积、房龄、朝向、装修、楼层、车位、楼阁、地下室等；邻里特征广义来说，包括住宅所在地的自然环境、社会经济环境、市政公共服务环境、外部环境，具体包括供水、供电、供气、网络、消防、保安、超市、菜场、幼儿园、小学、中学、医疗条件、旅馆、餐厅、邮局、银行、文化娱乐、体育休闲、物业管理、房产品牌、小区档次、小区规模、居民素质、周边单位、绿化环境、卫生状况、空气质量、安静程度、景观质量、公园、自然环境、空气污染、水域污染、噪声污染、垃圾处理等多项指标；区位特征则包括公共交通、火车站、汽车站、道路、到市中心距离、到次中心距离、城市规划功能、区位配套功能等。这些特征表明，商品住宅价格的影响因素十分复杂，与商品住宅本身的特征关系密切。

1.2.3 商品住宅价格

1.2.3.1 构成

住宅价格是住宅商品价值和地租资本化价格的综合性货币表现，包括成本价格、市场价格、挂牌价格、合同成交价格等表现形式。住宅的成本价格由建筑物价格和不完全土地价格构成，这类住宅拥有建筑物所有权和划拨土地使用权，在住宅市场上无法进行直接交易。住宅的市场价格由完整的土地价格和建筑物价格构成，包括建筑物所有权和有限年期的土地使用权，在住宅市场上可以自由公开买卖。从交易过程区分，住宅的市场价格又可分为挂牌价格和合同成交价格，挂牌价格是在交易达成之前住宅所有者在中介机构或公共信息平台发布的价格，合同成交价格则是住宅交易达成后在住宅交易管理机构登记的成交价格。

本书的商品住宅价格采用的是商品住宅的合同成交价格，由不变资本、可变资本和剩余价值构成，也即由材料成本、人力成本和利润三部分组成。商品住宅价值货币表现的价格，可以转化为以下几部分：一是建筑成本，包括各种建筑材料和人工费用；二是土地使用成本；三是开发费用，按土地开发成本与建筑成本之和的一定比例计算；四是政府机构收取的相关规费和税金，包含城市建设配套费、营业税、契税和土地增值税等；五是住宅开发企业的利润，即住宅售价扣除建筑成本、土地使用成本和政府收取的相关规费后的余额。

1.2.3.2 特征价格

特征（Hedonic）一词起源于希腊单词“Hedonikos”，有“享乐”的意思。在经济学的背景下理解，“Hedonic”指的是消费者由于对产品或服务的消费而得到的效用或者满足。对“Hedonic Price”的中文译法，科学出版社1996年版的《汉英—英汉房地产词典》把“Hedonic Price”译为优惠价格、享用价格、效用价格，我国也有部分学者将其译为享乐价格。为了更好地表达其本身的意义，本书借鉴我国台湾学者的称呼，将“Hedonic Price”称为特征价格。

在特征价格理论中,住宅被看做是一种异质商品,商品本身具有的一系列特征是效用产生的源泉,不同特征结合在一起形成影响消费者总效用的特征集合,消费者实际购买的就是这些效用的集合。所以,每个商品住宅特征都对应着一个隐含的特征价格,全部特征价格之和就是商品住宅价格。由于这种价格无法在市场上直接观察,又称为隐含价格。通过建立特征价格模型,可以得到某一城市商品住宅的特征价格,用以确定商品住宅特征对住宅价格的影响程度,进一步分析商品住宅价格空间分异的原因和驱动力。

1.2.4 空间分异

1.2.4.1 空间分异的概念

本书所指的分异来源于地理学中的地域分异概念,不同于一般意义上的差别,是指地理环境及其各组成要素,受纬度位置、海陆位置、地形条件等因素的影响,按照一定的空间方向有规律地发生分化的现象。

而空间分异是指某一地理要素在空间上呈现出的明显的、具有一定规律的不均衡分布现象。其在经济地理学、城市地理学和人文地理学的相关研究中较为常见,如可用于不同地区居民的背景差别、不同区域的人口密度差别等。

1.2.4.2 商品住宅价格空间分异

对于商品住宅价格而言,某一城市的商品住宅价格在空间分布上必然存在各种各样的差别,不可能存在所谓的空间均匀性,但当这种空间上的差别不断明显、突出,使其在空间上按一定的方向产生具有一定规律性的明显分化时,则可称为商品住宅价格发生了空间分异。

任何地理要素的空间分异,都不是一朝一夕形成的,而是在一定的时段或时期内逐步形成、发展和演变的。因此,研究商品住宅价格空间分异,不能抛开时间因素去独立分析空间差别。本书所指商品住宅价格空间分异有时间和空间两方面的含义(时空分异)。

1.3 研究内容和研究方法

1.3.1 研究内容

本书的核心内容是,借助地理信息系统(GIS)多种空间分析方法,构建城市商品住宅价格特征价格模型和地理加权回归模型,采用地统计学中的 Kriging 空间插值技术建立起城市商品住宅价格的空间分异规律。具体研究内容如下:

(1)以开封市城区为研究实例,调查取得分时段的商品住宅交易价格资料,对资料进行整理分类、标准化处理,根据时域地理信息系统原理建立起不同时期的商品住宅价格空间数据库。

(2)利用 GIS 软件进行空间分析,进行商品住宅空间信息的获取和分析。

(3)开展商品住宅价格数据探索分析,利用各种空间视图方法显示商品住宅价格特性。

(4)引入空间特性变量和时间因素变量,利用特征价格模型开展商品住宅价格特征分析。

(5)对商品住宅价格数据进行空间非平稳性验证,估算各种全局、局部变量与系数,并试图引进时间因素变量，构建商品住宅价格的地理加权回归模型，对模型结果进行多种方法的检验分析。

(6)进行特征价格模型和地理加权回归模型的比较分析，验证模型的合理性和适用性。

(7)基于 Kriging 技术建立起不同时期的商品住宅价格经济地形，通过 GIS 叠加分析，探索商品住宅价格空间分布及随着时间演变的规律，进而揭示居住空间结构演变及其动力机制。

(8)开展房价与地价的时空关系实证和应用研究。

1.3.2 研究方法

1.3.2.1 文献研究和理论分析

广泛查阅国内外相关文献资料，跟踪了解区位理论、住宅价格理论、特征价格理论、地理加权回归理论等研究领域的前沿知识，特别是关于地理加权回归理论应用研究的最新动态，对传统住房市场分析工具——区位理论、供需分析理论等进行剖析，在分析各理论的差异基础上进行借鉴，提出采用特征价格理论和地理加权回归理论研究商品住宅价格的空间分异机制，使之成为商品住宅价格模型的理论基础。

1.3.2.2 实证研究

以理论上对商品住宅空间研究的总结、验证为目的，选择开封市特定的范围为研究区域，具体分析理论研究成果的指导价值和正确性，为城市空间的发展提供一些具体的指导性建议。

采用实地、问卷调查和历史资料收集方法等多种方法，获取开封市城区内的所有商品住宅小区的交通状况、基础设施状况、环境等区位因素和邻里因素等资料与数据，然后进行数据整合、分类和预处理，最后形成对住宅地理特征和非地理特征的量化与评价。

1.3.2.3 GIS 空间分析

在具体的实证研究中，利用 GIS 空间分析工具和地统计分析工具分析有关调查数据，并建立商品住宅价格的特征价格模型、地理加权回归模型等空间和时间模型，得出商品住宅的隐含价格，以期达到验证商品住宅价格空间分异及随时间而变化的事实。

1.4 技术路线和技术手段

本书以开封市城区商品住宅价格为案例，采用商品住宅交易资料，在地理信息系统的支持下，利用数据空间可视化分析、特征价格模型、地理加权回归模型、地统计学等方法，探讨城市住宅价格的时间演变和空间分布特性，并对不同时段的住宅价格经济地形进行叠加分析，探索商品住宅价格的空间分异规律。

1.4.1 技术路线

根据研究内容，综合考虑样本资料、研究时间、研究条件等客观因素，采用如下研究步骤，具体技术路线如图 1-2 所示。

(1)开展研究区域住宅交易样点价格资料、住宅小区、区域背景资料的调查。

(2)采用关系数据库软件建立住宅样点属性数据库，同时利用 GIS 软件建立基础空间

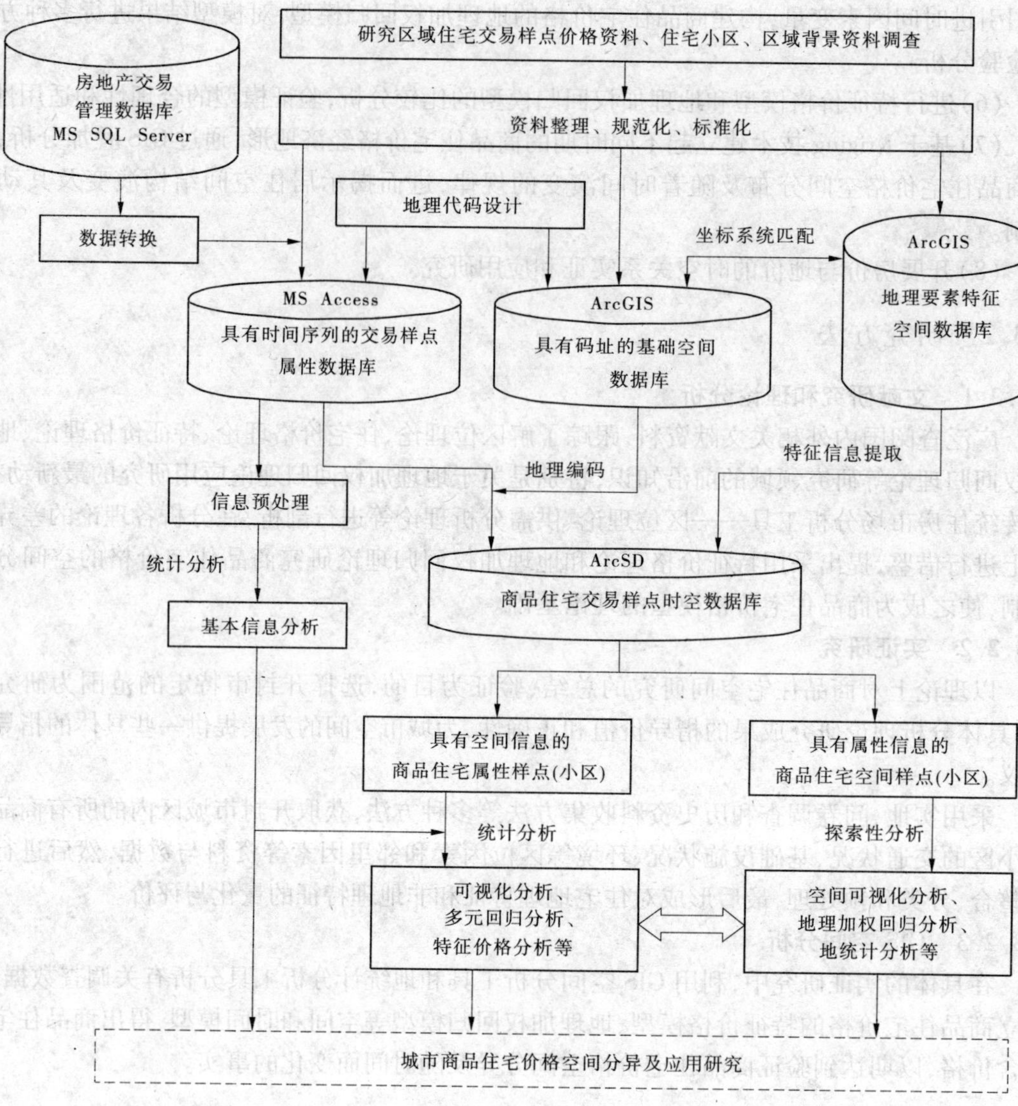

图 1-2　技术路线

数据库,并利用 GIS 的地理编码功能对商品住宅样点属性数据库中的商品住宅样点进行关联匹配和地理特征提取,使之具有空间坐标并得到住宅样点时空数据库。

(3)将案例地区不同时段、不同类别的商品住宅价格样点资料经过标准化处理,以住宅小区为基本统计单元,建立商品住宅价格单体与住宅小区平均价格的对应联接关系。

(4)在 GIS 软件的支持下,根据研究区域的空间数据库,利用缓冲区分析、叠加分析和网络分析等功能获得商品住宅小区的各种地理要素特性(繁华程度、交通通达性、基础设施完善度、公共设施可达性、人口密度及外部自然和人文环境优越度等),进一步得到具有空间信息的商品住宅属性样点(小区)和具有属性信息的住宅空间样点(小区)。

(5)利用统计分析软件对数据进行基本信息分析、可视化分析、特征价格分析、空间自回归分析和地理加权回归分析;借助地统计学软件分析商品住宅价格的空间分布特征,并利用 GIS 软件的空间信息叠加处理功能或在模型中引入时间变量，以期获取不同时段的商品住宅价格空间变化信息，探索商品住宅价格空间分布随时间演变的规律。

（6）最后开展基于时空演变规律的动力机制分析和应用研究。

1.4.2 技术手段

在总体技术路线中，根据研究方法的各自特点，涉及多种软件技术的应用，因此数据在各种软件之间的转换显得非常重要，主要涉及关系数据库软件、统计分析软件、空间计量分析软件、GeoDa 软件、GWR 软件、GIS 软件和地统计分析软件等。

（1）考虑到通用性，商品住宅样点属性建库利用关系数据库软件 MS Access，数据与其他软件之间的转换采用以制表符分隔的文本文件。住宅样点的录入采用"房地产交易管理信息系统"（由赵自胜设计开发）的输入格式，再转换成 MS Access 格式，并利用程序设计语言 Power Bulider 编程调用 MS Access 进行数据整理。

（2）统计分析和探索性数据分析软件采用 EViews 和 GeoDa。在本书中主要利用这些软件进行描述性分析、可视化分析和多元回归分析。

（3）目前常见的 GIS 软件主要有 ArcGIS、MapInfo、GS + 等平台和应用软件，每种软件都有各自的特点和特色。本书主要采用 ArcGIS Desktop9.3.1 进行数据的输入、输出和各种空间分析及地学统计。

（4）地理加权回归分析主要采用由 Fotheringham、Charlton 和 Brunsdon 等开发的 GWR3.0 完成，该软件支持 ArcGIS、Text 和 DBF 数据格式，分析时将时间变量引入到模型中。

1.5 研究案例的选择

目前，由于一线城市住宅开发的利润高，国内外的不少资金都涌向大城市进行住宅开发，拉动了住宅价格的快速抬升，并导致结构性的不合理继续发展。一方面使大城市的臃肿问题难以消除或更加突出；另一方面，中等城市、小城市及区域发展落差加大。因此，必须运用科学发展观，对区域间做出整体性发展规划，运用金融和土地政策，引导住宅开发逐步向二、三线城市转移，以推动中小城市经济社会发展。因为农村剩余劳动力的转移，不能都涌向大城市，最终还要由中小城市和中心城镇来吸纳绝大部分，这是中国实现城镇化的基本方向。再加上各地区户籍制度的改革等，必然带动二、三线城市的快速扩张，这些也必然给城市住宅产业的快速发展带来契机。根据相关调研的结果，二、三线城市的住宅产业日趋活跃，虽然利润有所降低，但由于三线城市背后的广大农村是主要的市场，城市化进程也大大加速了三线城市的开发，目前市场需求旺盛，房价增长比高于一、二线城市（齐建湘，2006；赵宏伟等，2007）。

根据房地产行业在全国城市发展的状况和公开的流行说法，通常我们把房地产行业的发达地区和最发达的城市如北京、深圳、广州和上海划分为一线城市，而把天津和一些发达的省会城市（如杭州、成都、沈阳、济南等）及一些沿海开放城市（如大连、青岛等）划分为二线城市，习惯将地级市甚至一些落后省会城市（如西宁、呼和浩特等）划分为三线城市。按此说法，开封应属于三线城市。

以郑州为中心，包括洛阳、开封等9市在内的中原城市群，与东部沿海地区的长三角、珠三角、京津冀三大城市群及其他城市群发展相互呼应，并在全国区域发展格局中起着重要的支撑作用，是河南省乃至中部地区承接发达国家及我国东部地区产业转移、西部资源输出的枢纽和核心区域之一，成为参与国内外竞争、促进中部崛起、辐射带动中西部地区发展的重要增长极。随着河南省中原城市群发展战略的实施，以郑州为中心的城市群核心地区已经开始步入快速发展轨道。与区域发展要求和提升核心功能的要求相适应，该区域的产业结构和城乡空间格局也将随之发生变化。郑汴一体化，就是将郑（郑州）汴（开封）两市通过快速通道等基础设施连接起来，通过一系列制度安排，搭建郑汴共同发展的平台，形成产业发展带，实现生产要素与商品（包括住宅这种特殊商品）在两市之间无差别流动与优化配置，促进两市共同繁荣与互补发展。

开封是国务院首批公布的24座历史文化名城和我国七大古都之一，是中国优秀旅游城市、全国双拥模范城、全国创建文明城市工作先进城市，也是河南省中原城市群和沿黄“三点一线”黄金旅游线路三大中心城市之一。国务院批准的《开封市城市总体规划（1995—2010）》确定开封的城市定位是：“河南省东部地区重要的中心城市，国家历史文化名城、旅游胜地。”开封具有“文物遗存丰富、城市格局悠久、古城风貌浓郁、北方水城独特”四大特色，开封是“宋文化”的发源地，对中原文化产生了广泛而深远的影响，文化底蕴深厚。新中国成立之初开封作为河南省会经济实力亦居全省前列，1954年河南省会西迁至郑州，开封经济日渐衰退，1998年以来，开封市经济增长累计名列中原城市群倒数第一，这是一个不争的事实。究其原因，涉及思想观念、经济基础、自然条件、社会文化、城市发展定位和经济活动区位的变迁等诸多方面（刘静玉等，2008），致使开封的住宅开发长期以来处于零星分散、规模小、层次低、发展慢的状态，2001年，开封市住宅开发投资只有约5.0亿元。目前，在中原城市群中，开封只能作为一个二级中心城市，在城市发展势头上，不仅难以与加速发展的郑州、洛阳匹敌，也与漯河和许昌有较大的差距，构不成城市群发展的重要支点，从一定程度上讲，开封是中原城市群经济隆起带上的一个凹陷区（耿明斋，2004）。然而，开封城市的优势功能在于旅游休闲和居住，应该强化这种功能并让其放大到整个城市群，吸纳群内各城市的旅游休闲及居住需求，尤其是郑州的旅游休闲及居住需求。这样，开封的建设应当把重点放在旅游休闲基础设施、城市绿化美化、餐饮及宾馆服务，以及住宅开发上。“郑汴融城”将会对开封住宅开发带来巨大的影响（王旭升，2007）。

鉴于上述社会经济背景，与其他三线城市一样，目前开封市的住宅产业也开始步入快速发展期，开发规模不断扩大，其需求也从居住市场逐渐向改善型、投资型和投机型市场转变。开封市住宅开发近几年的发展可证明这一点。2006年，开封市住宅开发投资10.75亿元，是2001年的2倍多，商品房屋施工面积152.82万m^2，其中住宅128.78万m^2，商品房销售面积53.63万m^2。至2006年，全市住宅开发企业共有172家，完成开发居民小区240余处，完成总建筑面积2 123 687万m^2。在这些住宅开发企业中，原先以“中房”、“新原”、“大宏”等为龙头的众多本地企业为主体的格局，逐步被以“开元”、“九鼎”、“未来”、“宏达”和“建业”等外来企业为主体的开发局面所取代。

与此同时，开封住宅产业特别是住宅市场出现了与其他三线城市不相一致的独特现象。

第一，开封市较低的经济发展水平和居民购买力（居民收入水平）与住宅价格不断飙升的矛盾日显突出。与郑州市的对比可清晰看出这种局面，如表1-1～表1-3所示。2006年，开封市人均 GDP 为 0.96 万元,郑州市人均 GDP 为 2.78 万元,开封市仅为郑州市的 34.5%;城市居民人均可支配收入开封市为 8 831 元,仅为郑州市的 53.0%,两地的经济水平、居民收入差距巨大;而住宅价格的差距并没有这样显著,在个别区域(开封西区)的个别楼盘住宅价格已接近或超过郑州市的价格,而且这种现象呈现随时间而进一步加速发展的趋势。

表 1-1　2006 年郑州市、开封市两地经济水平、居民收入对比

项目	开封市	郑州市
GDP 总量(万元)	472.36	2 001.46
人均 GDP(万元)	0.96	2.78
居民人均可支配收入(元)	8 831	16 667
在岗职工平均工资(元)	11 397	18 861

数据来源:国家统计局郑州调查队,开封市统计年鉴(2006 年)。

表 1-2　开封市商品住宅交易样点最高价格及所在小区的平均价格

住宅类型	2004 年价格(元/m^2)			2007 年价格(元/m^2)		
	最高值	小区名称	均值	最高值	小区名称	均值
单体别墅				9 280	开元名都、金池名郡	7 630
连体别墅				4 850	开元名都、金池名郡	4 560
多层套房 1 层	2 100	浪漫之都	1 540	3 930	开元名都、金池名郡	3 250
高层套房 10 层	2 600	浪漫之都	2 280	3 300	荣勋花园	3 030
				3 100	宋城雅居	2 880

数据来源:开封市房地产交易管理处。

表 1-3　郑州市 2007 年住宅预售平均价格的空间差异

区位	房价(元/m^2)	区位	房价(元/m^2)
全市	4 863	二七区	4 453
金水区	4 994	中原区	4 632
郑东新区	4 851	管城回族区	5 435

数据来源:郑州房地产交易网。

第二,商品住宅价格空间分异初见端倪,呈现出东部工业区(东区)、中部老城区(中区)、西部开发区(西区)的明显差异,总体上由东到西房价呈递增趋势,而且时间对这种趋势有强化作用,如表 1-4 所示。表 1-4 中的中区是以古城墙为界的老城区,东区、西区是以解放大道为界且不包括中区的区域。

表 1-4　开封商品住宅(多层套房 1 层)交易样点价格空间差异

区域	2004 年			2007 年		
	最高值(元/m^2)		平均值(元/m^2)	最高值(元/m^2)		平均值(元/m^2)
	价格	小区名称		价格	小区名称	
东区	1 360	大宏 · 世纪新城	1 210	2 600	宏达 · 东方花园	2 490
中区	1 580	延福园小区	1 460	3 050	九鼎雅园	2 860
西区	1 630	荣勋花园	1 520	3 930	开元名都 · 金池名郡	3 210

数据来源:开封市房地产交易管理处。

本书的研究对象是城市商品住宅价格及空间分异现象,选择开封市城区商品住宅价格作为实证研究,区域范围包括顺河回族区、龙亭区、鼓楼区、禹王台区和金明区,共 5 区,面积 138.87 km^2,人口 84.87 万人(见图 1-3 和表 1-5)。这一选择主要基于以下考虑:以往的研究多侧重于发达的大城市,基于相对落后的三线中等城市的研究却很少,这与我国房地产业发展逐步向二、三线城市转移的趋势不相适应,探求开封市商品住宅价格的空间分异规律,可填补这方面的研究空白,对其他中部三线城市的类似研究具有一定的借鉴作用。同时,由于开封市在中原城市群中独特的地理区位和历史文化特色的影响,开封的住宅建设存在着古城保护与开发、新区发展与古城观念等方面的矛盾和问题,开展商品住宅价格方面的研究,具有较强的现实意义。

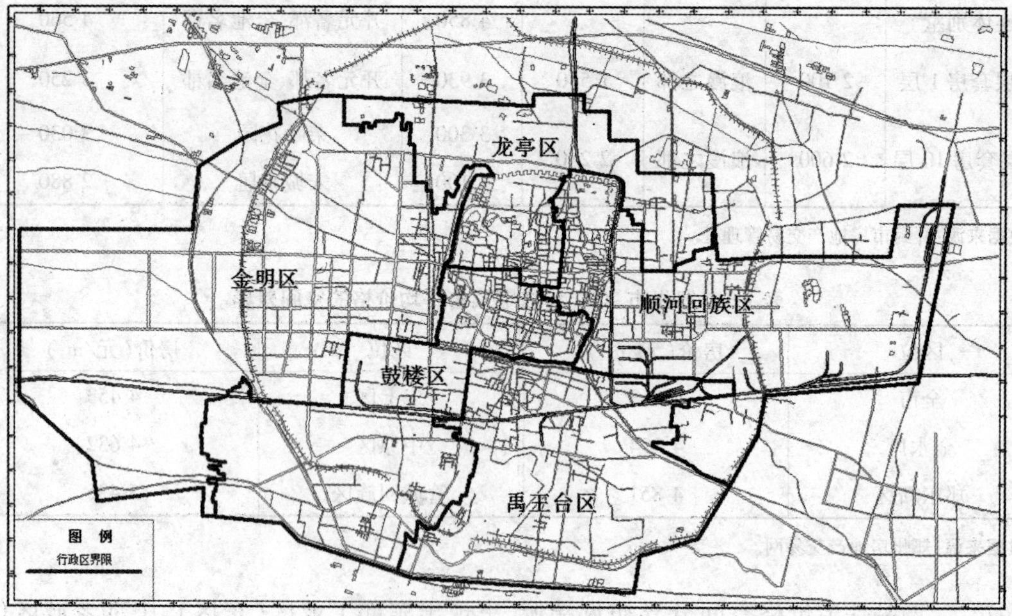

图 1-3　研究区域示意

表 1-5　研究区域概况一览

行政辖区名称	行政辖区简介	行政辖区面积（km^2）	研究区域面积（km^2）	研究区域人口（万人）
顺河回族区	位于市区东北部，是全国5个少数民族城区之一。辖铁塔、宋门、曹门、清平、工业、苹果园6个街道办事处，东郊、土柏岗2个乡，为开封的重要工业区，工业基础雄厚，门类齐全。人文旅游资源丰富，北宋铁塔、东大清真寺、白衣阁、天主教堂均坐落在本辖区。犹太人在中国最早的经商居住遗址南北教经胡同、北宋皇帝赵匡胤与赵光义居住的双龙巷、辛亥革命期间追随孙中山号称"南秋北刘"的女革命家刘青霞故居，百年名校河南大学明伦校区，也坐落于辖区之内	86.73	28.72	24.11
龙亭区	位于市区西北部。辖北书店、午朝门、大兴、北道门4个街道办事处，北郊、柳园口2个乡，为全市重点旅游区，有潘家湖、杨家湖、杨家西湖3个自然湖。名胜古迹有龙亭、文庙、山陕甘会馆、宋都御街、重新修建的天波杨府及中国翰园碑林、清明上河图水系工程等	91.51	16.51	11.60
鼓楼区	位于市中心。辖卧龙、新华、相国寺、州桥、西司门、五一、南苑、仙人庄8个街道办事处。繁华的马道街、鼓楼街、中山路、自由路均在本辖区。千年古刹大相国寺、中国第一道观延庆观、气势恢宏的开封府、威严耸立的包公祠、风景秀丽的包公湖、渊于北宋"万姓交易"的大相国寺市场，冯玉祥创办的模范商场，明清风格的书店街以及宋代州桥、郑门、朱雀门、琼林门、汴河、蔡河、明代三亭清真寺和清代善义堂清真寺等文化古迹和遗址，均在本区	58.68	25.02	16.13
禹王台区	位于市区南部，是开封市的南大门。辖区东与顺河回族区搭界，西与金明区接壤，南邻南干道，北依南城墙和鼓楼区相连。辖三里堡、官坊、菜市、新门关、繁塔5个街道办事处，南郊、汪屯2个乡。辖区内有毛主席和周恩来总理曾经下榻的红洋楼，河南辛亥革命十一烈士陵园，元代古城墙，千年古塔，繁塔，禹王台公园，古吹台，纪念塔等国家、省、市级重点保护文物。开封火车站、长途汽车总站位于区内中部，车站广场为市内主要交通线始发站，为全市交通中心。精细化工产业区是国家确定的全国14个精细化工基地之一，是河南省唯一经国家批准的精细化工基地	57.05	24.77	14.83
金明区	是2005年9月区划调整后成立的新区，位于市区西部，因宋代明苑"金明池"而得名。下辖2个乡（西郊乡、水稻乡）、1个镇（杏花营镇）、1个场（杏花营农场）、2个街道办事处（梁苑办事处、城西办事处），是省会郑州和古都开封一体化发展的中心区域，是以高新技术产业开发和引进外资、合资企业为特色的新型市辖区。交通便利，区位优势明显。大梁路、宋城路两条主要干道从金明区境内横贯东西直叩郑州东区门户，东京大道、郑汴公路、金明大道等交织成网。郑汴城市通道贯穿本区东西。另外，开封市提出了建设121 km^2 的汴西新区战略构想，首先规划了72 km^2 的杏花营工业园区	252.38	43.85	18.20
合计		546.35	138.87	84.87

数据来源：开封市统计年鉴（2007年）。

第 2 章　相关研究动态综述

国内外关于城市商品住宅价格方面的研究非常深入而广泛，这些研究可归结为五大类：第一类是从宏观角度进行的研究，主要研究商品住宅价格与宏观经济的关系，有关这一类的文献相当丰富；第二类是从微观上研究商品住宅价格，主要是利用商品住宅特征价格模型进行，涉及大量的实证研究；第三类是关于商品住宅价格与时间序列的变化关系，主要涉及商品住宅价格指数和商品住宅价格预测研究；第四类是关于商品住宅价格空间特征和分异规律的研究；第五类是关于商品住宅价格与土地价格关系的研究。上述五个方面不是孤立的，而是相互密切联系的。

2.1　商品住宅价格的宏观研究

早期的宏观经济学、城市经济学和住宅经济学较少关注住宅与宏观经济的研究。主流宏观经济学往往忽视了商品住宅的研究，只是把商品住宅当做许多消费品的一种，未对商品住宅和商品住宅价格单独进行研究，忽视了商品住宅市场、商品住宅价格与宏观经济的联系。此外，早期关于商品住宅价格与宏观经济的研究集中分析经济基本面因素对商品住宅价格的影响，对于商品住宅价格影响宏观经济的研究则较少。近年来，相关研究侧重分析商品住宅价格与宏观经济的互动机理和影响。

从 20 世纪 80 年代开始至今，不少国家和地区的商品住宅市场都经历了显著的繁荣和萧条，其主要特征就是在短时间内商品住宅价格出现了剧烈的波动。这种现象引起了政府及学术界的关注，开始研究是什么因素导致商品住宅价格剧烈的波动。Mankiw 和 Weil(1992)指出："这是住宅经济学的中心问题之一。"目前商品住宅价格和宏观经济的关系已经成为国际房地产学术界乃至经济学界和各国政府关注的焦点。

2.1.1　商品住宅价格与经济基本面的关系

西方学者在对住宅市场的实证研究过程中，逐渐认识到住宅市场不是有效市场，并发现经济基本面及其变动是住宅价格变动的主要影响因素。大部分实证研究表明，住宅价格的波动经常与经济基本面的波动非常接近，而且领先于经济基本面。早在 1976 年 Gottlieb 的研究就认为从长期趋势来看住宅价格的变化和总体经济的发展是同步的。Chau(2001)认为住宅价格是宏观经济的领先指标，在香港特别行政区领先 GDP 的变化约 6 个月。

早期的研究基本都集中在经济基本面对住宅价格的影响方面，使用的基本都是一些简单指标或复合指标，如收入、人口等。Mankiw 和 David(1989)首次将人口与住宅价格联系起来，对美国 20 世纪 70 年代真实住宅价格的上升进行了研究，结果表明，第二次世界大战后生育高峰阶段出生的一代人进入购房阶段是导致价格上涨的主要原因，而在生育低谷阶段出生的一代人将在 20 世纪 90 年代进入购房阶段，这将导致住宅价格的下降。因此，他们认为人口是导致美国房价变动的主要原因。另外，在将美国的预测人口代入其实证模型后，他们得出 1990 ~ 2010 年美国的房价将下跌 47% 的结论。除人口因素外,早期学者也经常使用居民收入来解释和预测住宅价格及其走向,如 Fortura 和 Kushner(1986)用加拿大 1981 年 30 个都市区的数据建立了住宅价格方程,由于数据有限,在没有对住宅进行同质化处理和没有使用特征价格模型的情况下,得出居民平均收入和住宅价格之间具有较强的正相关关系的结论。Milne(1991)、Breedon 和 Joyce(1993)、Drake(1993)等学者也对住宅价格与收入之间的关系进行了研究。在研究的过程中,西方经济学者们逐渐认识到,对住宅价格而言,虽然人口、收入的影响非常重要,但它们并不是影响住宅价格变动仅有的因素,如果单单根据这些有限变量来解释和预测住宅价格的变动趋势将对住宅市场产生误导。Meen(2003)通过对英国的实证研究,证明住宅价格和收入并不存在一个长期的均衡比例关系,不能简单根据房价收入比的高低进行未来房价的预测。

进入 20 世纪 90 年代后,研究者们开始综合考虑各种宏观经济变量对住宅价格的影响,理论依据是存量—流量模型或者住宅服务流量模型的缩约模型。模型的因变量为住宅价格指数,自变量为各种宏观经济指标,常用的指标有人口、收入、居民消费价格指数、建造成本、失业率和利率等。这一类研究中比较典型的有 Case 和 Shiller(1990)、Poterba (1991)、Clapp 和 Giaccotto(1994)、Potepan (1996)、Malpezzi(1999)、Quigley (1999)、Miki Seko (2003)。这些研究都是基于城市级数据开展的,并且其研究结果均表明城市经济基本面的变动在很大程度上的确可以解释并预测住宅价格的变动。

我国住宅市场的发展不超过 20 年,住宅经济学领域的理论研究起步较晚。商品住宅价格与宏观经济的互动关系很少受到学术界的关注,与之相应的理论和实证研究探讨也都比较少。

国内学术界已经注意到宏观经济对商品住宅价格的巨大影响,并对其进行研究探讨,但这些研究仅限于定性描述,缺乏实证研究。余晓(1996)分析了国家政策、经济周期和收入因素对商品住宅价格的影响,指出商品住宅价格同时受宏观和微观两方面因素的影响,宏观因素可以直接或间接地影响住宅市场的供给和需求关系,进而影响商品住宅价格;周杰(1998)认为,在经济因素中,物价水平、利率高低、外贸状况及股票、黄金、汇率行情与商品住宅价格的关系最密切;刘立民(2002)研究了商品住宅价格的形成与决定因素,认为政策环境和经济环境的发展变化引起住宅供给和需求的变化,从而成为商品住宅价格形成中的最具决定性的因素;李立、李永辉(2002)认为,商品住宅价格是由多种要素决定的,除土地费用、建安费用等费用外,与国家的经济政策、居民收入水平和经济发展的景气度等因素的变化也有重要的关联性;沈悦和刘洪玉(2004)发现近年来我国商品住宅价格上涨已不能由基本面因素来解释;Peng 等(2008)采用我国省际面板数据发现在沿海地区商品住宅价格已脱离基本面因素。

2.1.2 商品住宅价格与宏观经济因素影响

2.1.2.1 商品住宅价格与利率

关于商品住宅价格与利率的经验研究文献十分丰富。大多数的经验研究表明,商品住宅价格与名义利率呈负向关系,如 Kau 和 Donald(1980)、Harris(1989)、Coopr(2004)等。但 20 世纪 90 年代以来,一些学者认为金融创新已使利率与商品住宅价格的关系弱化。Kenny(1999)发现商品住宅价格与利率间存在正相关关系。周京奎(2005)对中国多城市的面板数据分析发现利率对商品住宅价格的影响为正。

2.1.2.2 **商品住宅价格与消费**

关于商品住宅价格如何影响消费的作用机制,学术界尚无统一定论。目前学术界一般认为商品住宅价格对消费的影响包括两种渠道:其一,直接渠道,即财富效应渠道。近年来主流观点认为商品住宅价格的财富效应要大于金融资产的财富效应,如 Chirinko 等(2004)、Tang(2006)、Sierminska 和 Takhtamanova(2007),而黄平(2006)发现我国商品住宅价格存在微弱的财富效应。其二,间接渠道,主要是信贷效应渠道,即通过住宅信贷,商品住宅价格变化对消费引起的影响。Iacoviello(2004)认为由于存在信贷效应,商品住宅价格上升时,住宅抵押值也上升,引起借贷能力增加,最终推动消费增加。

2.1.2.3 **商品住宅价格与投资**

目前,大多数学者认为商品住宅价格对投资的影响主要有两种效应:其一,信贷效应,即商品住宅价格波动会影响家庭和企业的资产负债表情况,进而影响信贷规模,最终影响投资。当商品住宅价格下降时,借贷者的净财富降低,导致获得的信贷减少,从而导致投资减少,此即信贷收缩机制。Bernanke 和 Lown(1991)、Higgins 和 Osler(1997)等认为存在信贷收缩机制。其二,托宾 Q 效应,Q 值表示商品住宅价格和商品住宅重置成本的比值,Q 值越大,表明住宅投机越有利。Topel 和 Rosen(1988)、Barot 和 Yang(2002)认为存在住宅投资 Q 效应。也有一些学者持不同观点,如 Hubbard 等(1995)、Oliner 等(1995)并未发现显著的托宾 Q 效应。

2.1.3 商品住宅价格对宏观经济影响的传导机制

纵观国际房地产学术界对商品住宅价格与宏观经济关系的研究,大部分学者都集中于研究经济基本面变化引起的商品住宅价格变化,对于商品住宅价格变化引起的宏观经济变化则研究得比较少。1998 年东南亚金融危机的爆发促使学术界更加关注商品住宅价格波动对宏观经济的影响,许多学者都认为商品住宅价格的剧烈上升和下降是引起亚洲经济危机的重要因素。Krugman (1998)指出所有卷入这场危机的国家和地区在经济危机前都经历了资产市场的剧烈波动。Renaud 等 (1998)也指出,住宅资产贷款的违约、住宅抵押的过高估价、商业贷款大量流入住宅投资领域并转化为呆账坏账等现象,是不少东南亚国家和地区在经济危机期间普遍出现的现象。Quigley(2001)认为金融操作的落后和住宅市场的不成熟是 1998 年东南亚经济危机的重要原因。

Labonte(2003)指出,之所以政策制定者关注商品住宅价格,就是因为泡沫会对宏观经济产生冲击,尤其在泡沫崩溃时,影响宏观经济的渠道包括:住房财富的减少引起消费的减少,住宅价格的下降将导致建筑业的低迷,给金融系统带来问题,以及使得个人的债务负担变得无法承受;Andrew 等(2000)研究了欧盟各国商品住宅价格对货币政策的影响,发现英国和爱尔兰实际商品住宅价格和货币政策之间存在着显著的作用机制,并认为这种作用机制在住房金融体系放松管制的情况下会变得非常显著;David 等(2002)指出商品住宅价格波动影响消费和投资决策的主要渠道就是信贷循环和抵押物价值的变化。

国内关于商品住宅价格对宏观经济影响的相关研究更少。沈悦和刘洪玉(2002)选取我国商品住宅价格与一系列宏观经济指标进行研究,认为在经济持续高速增长的情况下保持适当的商品住宅价格上升速度,对于宏观经济的发展能够起到一定的促进作用,一旦经济增长速度放慢，必须对商品住宅价格进行适当的宏观调控；常新（2003）认为商品住宅价格过高不仅限制了住宅市场的正常发育，而且对住宅产业和城市经济的发展有诸多不利影响。

2.1.4 商品住宅价格与相关政策

2.1.4.1 商品住宅价格、信贷与宏观经济

Fisher（1933）认为信贷对经济具有重要影响。他用债务紧缩解释始于 1929 年的美国经济大萧条，并认为资产价格下跌和信贷收缩的相互反馈是导致经济萧条的原因。过去对该主题的研究均采用局部均衡分析框架，Bernanke 和 Gertler（1989）把这个思想纳入一般均衡的框架下进行分析。之后，较多学者沿用一般均衡分析框架，分析商品住宅价格、信贷和宏观经济的互动影响，最著名的文献是 Kiyotaki 和 Moore（1997）。Benito（2006）认为信贷约束是理解房价和住宅市场的重要视角。Iacoviello 和 Minetti（2008）认为信贷约束条件的放宽导致房价更易发生波动。周京奎（2005）也发现房价上涨与宽松的货币政策有关。严金海（2007）认为银行信贷与土地价格存在相互加强的关系。

2.1.4.2 商品住宅价格与货币政策

20 世纪 90 年代后，许多国家的商品住宅价格经历较大波动，对经济造成的影响加剧。在这样的背景下，货币政策研究者们提出了两个问题：一是货币政策是否应该对资产价格（包括商品住宅价格）作出反应？二是货币政策对商品住宅价格作出反应的原因是什么？瑞典国家银行的 Daria 和 Virginia（2007）研究发现英国和日本的中央银行对商品住宅价格变化作出了反应，而美国则无。学者和政策制定者逐渐意识到，在制定货币政策时，考虑商品住宅价格因素也许能有效防止资产价格泡沫。

近年来，一些学者对货币政策是否应盯住商品住宅价格做了较多研究，尚无定论，其结论主要分两种。其一，货币政策应盯住商品住宅价格。持该观点的典型学者如 Goodhart 和 Cecchetti 等。其主要理由是：首先，商品住宅价格中隐含未来通货膨胀的重要信息；其次，商品住宅价格泡沫在形成和持续时期会影响总需求和通货膨胀，在泡沫破裂后会对实体经济产生剧烈影响；最后，由于商品住宅价格通常是宏观经济的领先指标，而 CPI 是滞后指标，以商品住宅价格作为货币政策目标可以克服 CPI 作为货币政策目标的滞后性问题。Goodhart 和 Hofmann（2002）认为货币政策（利率规则）盯住商品住宅价格，能有效减少总产出和通货膨胀波动，因为商品住宅价格中包含经济运行的有用信息。Cecchetti 等（2002）认为货币政策盯住商品住宅价格会减少泡沫，改善经济运行。其二，货币政策不应盯住商品住宅价格。持该观点的有 Bernanke 和 Gertler 等。其原因主要有二：第一，识别商品住宅价格泡沫较困难；第二，即使中央银行能够识别泡沫，货币政策也未必是对付泡沫的最优策略。Bernanke 和 Gertler（2001）认为货币政策不应盯住商品住宅价格，除非商品住宅价格的波动影响到对通货膨胀的预测。Mendicino 和 Pescatori（2005）认为货币政策对商品住宅价格的正面反应是福利下降。

此外，在住宅政策、土地政策和税收政策等方面，许多学者围绕着与商品住宅价格的关系开展了广泛的研究（虞晓芬，1999；丁成日，2002；樊丽明等，2004；王静等，2004；史卿，2007）。

2.1.5 商品住宅价格泡沫的研究

商品住宅价格泡沫是资产泡沫的一种，是指由住宅投机等因素所引起的商品住宅价格

脱离市场基础价值的持续上涨,形成的一种虚假繁荣。其表现为在经济繁荣期,商品住宅价格飞涨形成泡沫,但到达顶峰状态后,市场需求量急剧下降,商品住宅价格大跌,泡沫也随之破灭。

20 世纪,西方发达国家和新兴工业化国家经历了类似的住宅价格周期波动,在住宅发展经历了繁荣阶段后,出现了泡沫现象,如 1990 年日本住宅价格泡沫,1997 年东南亚多国的金融危机。一些实践经验和教训表明,尽管利率、物价和实体经济运行均表现平稳,但是由于资产(主要包括股票、住宅)价格的大幅波动,仍然会导致宏观经济发生剧烈波动甚至崩溃的现象。因此,商品住宅价格的泡沫问题受到了经济学家们的广泛关注。

西方学者对于资产泡沫的研究比较系统,国内对于资产泡沫的引入也较早。商品住宅价格泡沫方面的研究是建立在资产泡沫的基础之上的。但是,目前国内外对于商品住宅价格泡沫的研究还不够成熟,主要的研究方向包括三个方面:商品住宅价格泡沫的成因、泡沫的检测与实证、泡沫的预警和抑制。

关于商品住宅价格泡沫的经典模型是 Blanchar 和 Watson(1982)提出的理性泡沫(rational bubble)。理性泡沫模型指出即使经济人的行为和预期都是理性的,也会存在价格偏离市场基础价值。吴敬琏(2001)认为,当泡沫破灭时,局部性的后果是,价格和预期之间出现急剧下行的正反馈循环,价格骤降,出现“崩盘”,许多高价位上吃进的投机者就会被“套牢”,甚至破产。Chan(2001)分析在商品住宅价格下跌时,商品住宅的变现程度降低,导致居住的空间锁定,进一步使得宏观经济和社会福利受到影响。

1993 年,我国的住宅市场曾一度过热,对某些地区的宏观经济至今还有负面影响(裴知强等,2001;吴鹤立,2003)。1998 年我国住宅市场开始复苏,特别是近年来,我国经济和社会发展已进入关键阶段,住宅产业的发展会深刻影响国民经济运行总体进程和质量,住宅产业已成为拉动内需、推动经济增长的支柱产业,政府、开发商、学者都非常关心目前住宅投资增长和住宅价格上涨速度是否过快以及是否存在泡沫,业界一直对此存在广泛和激烈的争论。相关结论和争论基本可以归结为以下四个方面:

第一类观点是泡沫论。复旦大学谢百三(2003)认为,目前我国部分城市住宅市场已经出现泡沫经济,其原因在于我国部分城市住宅近两年出现了投资和圈地热潮及住宅价格非理性上涨,导致商品房空置率居高不下。中国社会科学院金融研究所易宪容(2005)认为中国住宅价格泡沫是不争的事实,但泡沫只是局部而不是全国性的。姜春海(2005)认为,2004 年我国住宅价格泡沫度为 13.9%,2005 年上升到 14.9%。王小广认为,目前我国住宅价格泡沫已经存在,我国住宅产业投资和消费连续三年出现 20% 以上增长,超过 GDP 增长率的 2 倍以上,其主持撰写的《中国行业景气分析报告》警告说,我国“真正的房地产泡沫”已经出现。丰雷、谢经荣等运用案例分析、回归分析等方法对我国住宅价格泡沫问题进行了系统分析,认为我国住宅产业存在泡沫,但这种泡沫并非全国性的,而是地区性的。

第二类观点是非泡沫论。萧灼基(2003)认为,住宅市场的特殊性决定了住宅销售期跨度较长,不少房屋的空置现象只是暂时的。就全国而言不存在过剩之说,住宅在经济快速增长阶段出现供需不平衡是市场经济的必然现象,不能认为出现供需比例失调就是泡沫。黄征学(2004)认为住宅价格持续上涨,住宅空置率比较高,住宅投资增幅大等只是表面特征,并不构成住宅价格泡沫。他应用四大指标对我国住宅市场进行测度,认为当前住宅市场有关参数的值比较合理,我国住宅市场并没有出现泡沫。王俊(2003)认为,从 1998 年至今,从全国商品住宅平均价格变化趋势和部分地区价格变化特点看,商品房价格年上涨幅度小于4%,远低于日本和泰国房地产泡沫中的上涨幅度,也低于国内经济增长速度,价格运行不存在泡沫。在实务界中,任志强指出,我国住宅市场没有泡沫。

第三类观点是泡沫威胁论。林云霞(2003)认为,我国住宅市场总体上是健康的,但是,一些城市住宅投资增幅过大,土地供应过量,房价和地价上涨过猛,商品住宅特别是高端商品住宅的空置率持续攀高,这些现象应引起高度警惕,这些城市的住宅市场已出现过热或虚热苗头。刘志峰(2003)认为,部分地区投资增幅过大、土地供应过量、价格上涨过快,出现了不同程度的过热、虚热和结构性问题,存在较严重的市场风险。

第四类观点是泡沫必然论。吴敬琏、希勒(2003)认为,回答住宅市场是否存在泡沫要比回答股市是否存在泡沫更困难,现在很多人都在对住宅进行投资,一旦以投资目的入市,泡沫是自然的;全球有一个普遍现象,凡是有魅力的城市,住宅市场的泡沫都在所难免,住宅市场长期低迷或是长期高涨都会造成泡沫,这是必然规律。

此外,从宏观经济和政策角度开展商品住宅价格研究,还体现在某一具体的商品住宅价格指标的研究上,如商品住宅价格收入比的研究(左令,2000;刘洪玉,2002;包宗华,2003;李伟,2004;杨永华,2006)。

2.2 商品住宅价格的微观研究

从微观的角度着手研究商品住宅价格,商品住宅特征价格模型(Hedonic Price Model,简称 HPM)是最常用的研究方法(Chau 等,2001)。商品住宅的异质性和不可移动性,使得每套商品住宅有各自的特征,商品住宅特征价格模型就是试图通过商品住宅的特征来解释商品住宅价格。

国外学者采用特征价格模型对商品住宅市场进行了广泛的理论和实证研究,取得了丰硕的成果。特征价格模型将商品住宅价格作为因变量,而将商品住宅的各种特征属性作为自变量,运用经济计量学的方法分析各种特征属性对商品住宅价格的影响,进而解释商品住宅价格空间分异形成的原因,以及各种因素因子对商品住宅价格的影响程度。Stevenson(2004)以美国波士顿 1995 ~ 2000 年的 6 441 个住宅样点为研究对象,选择 30 个变量证实了住宅年龄对住宅价格的影响。Haurin 和 Brasington(1996)选择了 29 个变量,应用特征价格模型,证实了美国俄亥俄州地区学校质量对住宅价格有很大的影响,同时还证实了离市中心的距离以及舒适度也对住宅价格有较大的影响。许多学者开展了生态环境因素对住宅价格的影响,诸如景观、绿地、环境质量的影响(Geoghegan 等,1997;Morancho,2003;Kim 等,2003)。还有学者对住宅特征价格模型进行了拓展研究,如 Wilhelmsson(2002)实证分析了家庭支出与住宅特征之间的关系,发现家庭的大小对估算弹性起到了重要作用;Goodman 和 Thibodeau(2003)在营销方面进行了市场细分有效性的实证分析。

国外大多数学者的研究对象是西方国家的住宅市场,只有少数人研究了东方国家或地区的住宅市场,如中国香港(Chau 等,2001)和台湾地区(Hsueh,2000)、日本(Edmonds,1984)。

此外,国外的一些学者还对特征价格模型做了进一步的改进研究,一是用估计方法发展了半参数、非参数回归技术,并有学者讨论了样本选择偏差、函数形式的选择;二是有不少研究与其他理论或模型联合使用或是进行对比分析,这些模型有离散选择模型、神经网络、混沌理论、旅行成本模型等,使得特征价格模型从理论和技术上逐渐成熟。

由于商品住宅的许多特征来自于地理空间,最近的研究中,地理信息系统(GIS)技术被广泛用于提取住宅的空间特性,如上述的许多研究(Geoghegan 等,1997;Kim 等,2003;Goodman,2003)。Chen(1994)利用 GIS 测度可达性,开展住宅的空间特性的研究;Ding 等(2000)利用 GIS 获取住宅的空间特性变量,分析了投资对临近住宅价格的影响;Orford(2000)在住宅价格特征模型中引入离市中心距离、周边是否存在公园等空间特征,分析了住宅市场的动力因子;Bowen 等(2001)在住宅价格特征模型中考虑了空间变量,分析了空间变量的独立性或自相关性;Song 和 Knaap(2003)借助 GIS 提取城市形态的变量,运用特征价格模型对新城市主义和传统城市形态进行了数量分析,结果显示新城市主义的许多住宅特征对住宅价格起到了正面作用。另外,由于住宅存在空间自相关性(Dubin 等,1999;Wu 等,2004),一些学者对住宅特征模型如何克服自相关性的影响进行了模型改进研究(Tse,2002)。

在我国,1998 年住房市场商品化改革之后,逐渐有学者开始进行 HPM 研究。早期的研究主要是简单介绍特征价格理论,在 2003 年之后,研究的重点开始转向对住宅市场建立 HPM 并运用大量市场数据进行实证研究。

在理论方面,王旭育(2006)从模型函数的建立、参数的估计、检验及模型存在的问题和处理措施等四个方面对住宅特征价格模型进行理论分析和总结,为实证研究提供了理论依据;高建、周丽萍(2007),提出在线性函数应用的基础上,对模型进行 Box-Cox 变换,并利用线性 Box-Cox 特征模型对巴黎的住宅市场进行了实证研究,结果表明,对住宅特征的数据变换可以有效地改善模型结构,使模型的拟合效果更好,从而证实了变换后的特征模型的有效性及优越性。

在应用方面,马思新、李昂(2003)从住宅成本、消费者偏好、消费成本三个角度,选择了区位、绿化率、总层数、车位租金、物业管理费、厨卫装修、通信、供水、物业状态 9 个变量,利用住宅特征模型对北京的住宅价格进行了实证分析,结果发现住宅价格与区位、厨卫装修、物业管理费三个变量的显著性水平最高;温海珍(2003)在对杭州市 290 个住宅小区 4 063 个挂牌交易样本的数据整合后,建立了住宅 HPM,对影响住宅价格的特征因素进行了实证分析;温海珍、贾生华等(2004)选取了厅数目、室数目、建筑面积、主要朝向、房龄、装修程度、生活设施、车库车位、楼层、阁楼、学校、超市、停车场、幼儿园和交通状况等 15 个变量对杭州的住宅市场利用住宅特征模型进行了实证分析,发现建筑面积与房龄是最重要的住宅特征;王冬辉、郭祖军(2006)结合住宅市场的特征,对深圳商品住宅市场进行了实证研究,构建了可供实际应用的特征价格模型,揭示了住宅的各物理属性对住宅价格的影响程度;郭文刚等(2006)选择了 18 个住宅特征作为模型的自变量,基于线性函数形式构建了杭州住宅特征价格模型,采用 2 473 个住宅样本数据和 290 个住宅小区的实地调查资料对模型进行了估计,发现就整个住宅市场而言,14 个住宅特征对住宅价格具有显著影响,并且影响程度有差异;王德、黄万枢(2007)应用特征模型对上海 210 个住宅实际成交价格作定量分析,建立有效的上海住宅的特征价格模型,并应用该模型就上海轨道交通及公园绿地对住宅价格的影响作出定量估测;郭晓宇(2008)通过特征价格方法,筛选出了分区市场的最优模型,并确定了城市内部存在细分市场。

另外，商品住宅特征价格模型还用于编制住宅价格指数（王力宾，1995；肖静，2007）。

总体上来说，国内在商品住宅特征价格模型方面的研究尚处于起步阶段，且大多侧重于实证和应用研究。随着我国住宅市场的成熟与完善，商品住宅特征价格模型的应用领域将会越来越广。

2.3 商品住宅价格的时间变化研究

商品住宅价格随着时间序列是如何变化的，主要涉及住宅价格指数研究和商品住宅价格预测分析。

价格指数起源于18世纪的欧洲，最初以物价指数的形式出现，适用于同质性强的商品。而对于异质性强的住宅商品，对住宅价格指数的研究则是从20世纪三四十年代起开始盛行的（元琳等，2000）。一些经济发达、住宅市场成熟的国家和地区，在此领域的研究和应用积累了丰富的经验。住宅价格指数是反映两个时期住宅价格变动趋势和程度的相对指标，采用定基指数或环比指数，它是通过百分数的形式来反映住宅价格在不同时期的涨跌幅度。住宅价格指数建立的一个基本前提是样本的同质性，价格指数反映的应当是同质住宅价格随时间的变化情况。住宅价格指数能够反映住宅价格水平和住宅市场的健康状况。

在国外，20世纪90年代初Case和Quigley（1991）首先了提出采用混合模型编制住宅价格指数；Quigley（1995）利用美国洛杉矶多年的数据，采用最小二乘法（OLS）进一步验证了混合模型的有效性；Englund（1998）采用混合模型对瑞典的住宅市场进行了价格指数测算，发现用住宅特征能反映价格的75%，个体差异引起价格变化为19%，价格指数模型结果具有较好的预测性；Cannaday（2005）提出的多元重复售出模型，其原理是将房屋年龄、交易时间等特性分离出来，纠正了传统的模型因住宅个体差异而导致不能真实反映住宅市场的状况。

在国内，关于住宅价格指数的文献大多属于综述和介绍（黄凌云，1996；张苏红，1998；叶剑平等，2002；裘雨明，2004），住宅价格指数编制的方法主要有特征价格指数模型、重复售出模型、混合模型、灰色系统模型和小波神经网络模型等，也有文献对如何编制和改善我国的住宅价格指数进行了探讨（张宏斌等，2000；李国柱等，2003；李万庆等，2008；钱峰等，2009）。李文斌、杨春志（2007）根据北京市的1 308个新建住宅项目数据，建立了特征价格模型，着重分析了时间、距离、环线及行政区等变量对住房价格的影响，构建了北京市住宅价格指数和住房价格的梯度曲线。孙宪华、刘振惠、张臣曦（2008）从住宅价格的总变动中逐项剔除质量特征变动的影响，达到仅仅反映纯价格变动的目的，通过双重Imputation过程估计缺失价格和剔除异常值的影响，解决了可比性问题，并增强了住宅价格指数模型的稳定性。

在国内最具有代表性的住宅价格指数是“中房指数”（丰雷等，2002）。“中房指数”是“中国房地产指数系统（China Real Estate Index System）”的简称（英文缩写为CREIS），是一套以价格指数形式反映我国各大城市住宅市场发展变动轨迹和发展态势的指数体系。“中房指数”是我国最早研究、编制并公布的住宅价格指数系统，它是一种修正的拉氏指数，以基期（1994年11月）商品房比较价格为基值，以基期的北京物业比较价格为基值，采用加权平均方法计算，权重为基期时各类物业的规模比重。在资料调查上，“中房指数”采用了抽样调查方法，并采用聚类分析确定样本，然后对确定的样本进行连续跟踪。“中房指数”的采样通常考虑物业类型、物业档次和物业区位三种因素，其中物业类型包括住宅、写字楼、商务用房和厂房仓库，而且每类物业分为高、中和低三档。“中房指数”所需资料和数据可通过各地建委月报、市场抽样调查和专家调查问卷的方式进行收集。由于权重固定，在计算“中房指数”时可以消除权数变化对指数的影响，可以更加纯粹地反映“同类同质商品”的价格变化情况，使不同时期的指数具有较强的可比性。目前，对全国70个大中城市住宅价格指数的编制，首先完善了住宅价格统计方法制度和统计指标，新增了物业管理价格调查和项目的个体平均价格；其次增加了调查城市，扩大了调查样本的代表性，这些样本城市的选定，是以“长三角”、“珠三角”和“环渤海”经济带三个重点区域为主；再次增加了住宅价格统计信息的时效性，按月编制和测算各类房屋销售价格指数；同时，统计数据的资料也得到进一步丰富和翔实。

另外，还有学者把商品住宅价格的时间变化与宏观经济结合起来进行分析，如商品住宅价格变化与价格泡沫的关系（Roehner，1999），住宅价格变化与经济基本面的关系（沈悦等，2004）等。

2.4 商品住宅价格的空间分布研究

开展商品住宅价格空间特性的许多研究都是利用特征价格模型结合商品住宅空间特性进行的，在此基础上，进而探求商品住宅价格的空间分异规律。

关于商品住宅价格空间分异规律的研究，较多的文献是基于实证的研究。许晓晖（1997）以上海商品住宅为研究对象，运用GIS方法和技术，指出上海市中心的居住功能逐渐向周边地区推移，商品住宅价格呈现南高北低的总体空间分布格局。郑芷青（2001）对广州市住宅价格空间和时间变化进行了描述，空间上呈居住中心向周边逐渐降低的趋势，时间上受地价、交通、绿化环境、城市形态、生活设施等因素的影响呈上升趋势。李雪铭（2004）基于住宅小区价格资料，揭示出大连市商品住宅价格空间分布规律，总体上是以单一核心为中心的同心圆状递减为基本规律，但在同心圆状临海周边出现零星的高房价中心，并指出造成这种现象的主要原因是城市自然条件。罗平、牛慧恩（2002）结合兰州市住房市场的实证研究，应用模拟技术构建了兰州市住宅价格时空仿真模型，通过模拟得到了时间序列地图。梅志雄、黎夏（2007）依据东莞市普通住宅项目交易均价数据，利用地统计学中的趋势分析方法对东莞市房价空间变化趋势进行了分析，采用普通克里格空间插值方法进行了空间局部估计，并借助ArcGIS软件和Surfer软件绘制了东莞市房价空间分布专题图，进而对东莞市住宅价格空间分布特征和差异及其成因进行了分析。宋利利、路燕（2009）利用新乡市2007～2008年普通住宅商品房的交易均价资料，借助ArcGIS软件技术平台，采用GIS空间分析的方法对新乡市普通住宅房价空间分布进行了模拟，得到新乡市普通住宅价格的空间分布图和三维模型图，并通过计算Moran's *I*值对新乡住宅价格空间分布进行了自相关性分析，在此基础上揭示住宅价格的空间分布特征，分析其影响因素。

还有一类研究是利用商品住宅价格特征模型，借助空间特征因素、因子开展商品住宅价格空间分异规律研究。Roehner（1999）通过不同空间位置住宅价格变化的分析，开展了投机与价格关系的研究。Pace等（2000）采用相关的空间和时间变量，建立了住宅价格预测模型。周春山、罗彦(2004)通过对广州市老八区住宅楼盘的分析,揭示了近10年来的商品住宅价格变化的空间特点。周华、李同升(2007)以西安为对象,收集了179个普通住宅小区的详细资料,构建了西安市住宅价格的特征价格模型,借助SPSS软件,进行回归分析,得到9个影响价格的主要住宅特征,最后认为开发区建设、择居行为、居民收入差异和技术变革是住宅价格空间分异的主要原因和动力。黄慧明(2001)通过对广州市地铁与商品住宅价格空间分布的关系分析,揭示了局部空间对住宅价格的影响。另外,还有学者开展了商品住宅价格空间分布与城市价值关系的探讨(张波,2006)。

2.5 商品住宅价格与地价的关系研究

国外学术界关于房价与地价关系的讨论由来已久,总结起来,可以将其概括为房价引起地价上升、地价上涨是房价上涨的原因、房价与地价之间存在着复杂的关系及房价与地价之间不存在关系等四类观点。

第一类观点,房价引起地价上升。自从李嘉图探讨"玉米法律悖论"(Corn Law Debate)、地租理论以来,土地上产品价格决定地租、地租(地价)的剩余观点(Residual Land Price)被大多数经济学家所接受。这类观点将土地看做生产要素,从引致需求的角度出发,认为不是地租决定土地产品的价格,而是土地产品的价格决定地租。这一理论引申到住房领域而形成的房价决定地价的观点,被视为房地产领域的理论常识(Small,2000;Priemus,2003)。O'Sullivan(2000)从传统的一般均衡理论出发,运用引致需求分析框架研究了房价与地价的关系,指出高地价是高房价的结果而不是原因。这类观点在经济学上占据了主流(野口悠纪雄,1997),成为城市经济学、住宅经济学研究中的一个重要理论预设,并被大多数学者所应用,如Peng和Wheaton(1994)、Needham(2000)。

第二类观点,地价上涨是房价上涨的原因。一部分学者则从地价构成住房成本的角度,认为高地价是导致高房价的原因。Alonso(1964)和Muth(1969)从空间经济学的角度,通过构建空间竞价函数,认为高房价是由高地价引起的。该类研究是在土地供给缺乏弹性的情况下分析地价与房价的关系。Somerviolle(1999)通过构建一个环形城市的空间竞争模型,证明了空间垄断是房价居高不下的根本原因。Kim(2005)研究韩国房价时也将高地价作为房价上涨的一个主要原因。但是,这些只考虑了需求者之间的竞争,没有考虑供给者的行为,也就是说,土地供给者的唯一行为只是被动地接受需求者的最高价,对其偏好和投机行为等不予考虑。Dowall和Landis(1982)分析了土地使用控制对土地市场和住房市场的影响,认为土地密度控制和土地的有效利用,系统地影响新建房屋的价格。Evans(1987)指出土地利用规划及其他方面的供给限制,会体现在地价的不断上涨,从而推进房价的提高。Weston(2002)认为绝大多数现有文献都基于新古典理论是有问题的,通过对英格兰主要住宅建造商的问卷,他认为房屋售价是建造商个人决策的结果,主要考虑包括地价的直接成本和竞争对手。

第三类观点,房价与地价之间存在复杂的关系。在西方国家,土地供应相对充足的地区地价较低,地价在房价中的比例也低,因此一些学者如Holly和Jones(1997)等研究认为房价与地价并不是简单的线性关系,有些地区虽然地价较低,但由于房屋质量高、建筑成本高,房价也相对较高,同时认为地价占房价的比例与贷款政策有密切的关系。Davies(1997)通过回归分析，认为地价不仅与房价相关，而且与土地利润率和贷款利率高度相关。Cheshire和Sheppard（1989）研究认为地价在房价中比例的不断上升，并不是因为人们对居住用地需求的增长，而是因为在20世纪60年代后期英国的住房需求明显下降，地价在房价中比例的上升主要是国家与地方城市规划政策所引起的。虽然英国地价的上涨在房价上升中起了重要作用，但一些学者研究表明，开发商可以通过增加住宅密度来减少土地成本。Sheppard（1999）的研究也表明，地价对房价的影响正在下降，而平均收入已成为房价增减中的主要因素。

第四类观点，房价与地价之间不存在关系。Raymond（1998）根据香港土地和房屋销售1976～1995的年度数据，运用Granger因果分析对房价和地价关系进行了实证检验，发现房价和地价不存在因果关系。Tsoukis和Alyousha（1998）通过对英格兰1981～1994年的房价与地价的季度数据进行Granger因果检验，发现房价不是住宅用地价格的Granger原因。Glaeser和Gyourko（2003）通过回归分析，认为地价与地区经济发展呈正相关关系，与房价没有直接关系。该类研究表明房价与地价无直接关系，但存在一个重要的缺陷即缺乏理论基础，从而使得结论难以具有说服力。

国内对住宅市场理论和房价与地价关系的研究起步较晚，但随着住宅产业的快速发展和房价的不断攀升而越来越引起社会的关注，国内学术界对房价问题的研究逐步展开，并取得了一些研究成果。一些研究者认为，房价上涨带动了地价上涨，另一些研究者则持相反的观点。如负小苏（2004）认为，经营性土地公开交易不会引发房价上涨。郑光辉（2004）认为，土地价格是提前支付的土地地租。就因果关系而言，房价上涨增加了对土地的需求，从而导致地价上涨，地价高低是房价高低的结果而不是原因。李和裕（2005）认为，住宅市场需求强劲，房价涨幅较大是城市地价不断上涨的重要推动因素。温修春等（2005）认为，在正常的市场机制条件下，土地价格由土地的产出价值所决定，房价拉动了地价的增长。杨慎（2003）、包宗华（2004）认为，地价大幅上涨必然造成房价大幅度提高。任志强（2004）认为，房价增长的根本原因在于土地价格的增长。由于土地价格的提升，房屋成本上升，预期房价会随之增长，进而推动房价。

当然，也有一些研究者认为，地价与房价的关系极为复杂。张宏斌（2001）认为，地价与房价不存在一个固定的比例关系，房价是由供需决定的。要降低房价，就必须调整住房市场的供需关系。姚先国等（2001）认为，地价与房价有关联，但并非线性关系，即使地价上涨，房价也并不一定随之上涨。房价在竞争市场上取决于供需关系。政府垄断土地一级市场虽然使地价发生了变化，但不一定影响房价。这只不过使政府、住宅开发商和购买者之间利益分配格局发生了变化。鲁礼新（2002）认为，地价与房价的关系是相互制约的关系。高波等（2003）的研究表明，长期内房价走势决定地价走势，短期内两者相互影响。邹晓云（2004）认为，地价与房价的变化具有一定的循环关联性。况伟大（2005）指出，在短期，房价与地价相互影响，长期内地价的变化优先于房价的变化。黄贤金（2005）认为，房价与地价的关系是互为因果的关系。魏志国等（2005）认为，房价的高低取决于住宅市场的供需关系，是买卖双方共同作用的结果，并不是由土地的取得成本、取得方式决定的。卢新海等（2006）认为，房价与地价的关系是循环关联的关系。效用价值视角下，高房价决定高地价；生产费用价值论视角下，高地价决定高房价。

2.6 地理空间分析方法及应用研究

对社会、经济和自然等要素的地理空间特征进行有效的统计分析是包括地理学家在内的许多学科学者关注的研究领域。经济学家一直在寻找能够度量经济体、产业或城市在地理空间上分布集中和聚集程度的方法，生态学家试图利用统计方法描述生态系统地理空间多方面特征，地理学家一直在探索地理空间分布的统计规律，统计学家更加关注有关空间分布统计的基本问题、理论和方法。

由于空间分析的应用领域涵盖面极广，源于不同领域的分析方法内涵和外延不同，对应不同的称谓，有空间分析、空间数据分析、空间统计、地统计学等。地统计学是利用统计学中的矩方法、变异函数和最小二乘法进行空间线性推测的 Kriging 方法。空间统计和空间数据分析包括点状分布现象的空间格局识别，着重研究各种空间结构回归模型及其稳健解法，引入了智能和高效计算方法如神经网络、遗传算法和并行处理。空间统计通常不涉及 Kriging。空间分析包括空间信息分析模型、空间图形分析理论和基于空间过程机理的空间动力学模型，其中空间信息分析模型与空间动力学模型的结合已有若干成功的例子。随着研究和应用的发展，源于不同应用背景的空间分析方法有互相借鉴融合的趋势，不互相排斥，而且空间分析理论仍在扩展，例如初见端倪的空间运筹学等。所以，不必过于计较这些称谓之间的区别。

这里所说的“地理空间分析”(Geospatial Analysis)，也称地理空间数据分析(Geographic Spatial Data Analysis，GSDA)，是指基于地理对象空间位置和形态特征的地理数据分析技术，来获取空间信息(空间信息可以分为空间位置、空间形态、空间关系、空间质量、空间关联、空间对比、空间趋势、空间运动等)，用于分析具有空间坐标变量的空间特征，并进行空间过程模拟及空间插值，是地理学研究地理事物空间分布和空间变异的一种重要方法。它与传统统计分析的根本差异是 GSDA 的结果依赖于事件的空间分布。地理空间分析侧重空间分布的两方面特征：一是属性方面的空间局部性、差异性或依赖性，二是二维空间上的整体性特征(如中心性、离散性、密集度、方位和形状等)。

通过 GSDA 可以发现隐藏在空间数据之后的重要信息或一般规律，因此 GSDA 也可以看做是一个空间知识发现和挖掘的过程。GSDA 可分为以下 4 个层次：①认知：对空间数据进行有效获取和科学的组织描述，利用空间数据来再现事物本身；②解释：理解并解释空间数据的背景过程，认识事件的本质规律，例如住房价格中的地理邻居效应；③预报：了解、掌握事件发生的规律后，运用预测模型对未来的状况作出合理推测；④宏观决策和调控：根据 GSDA 结果作出合理决策，调控地理空间上发生的事件，如合理分配资源等。

地理信息系统(Geographic Information System，GIS)是采集、存储、管理、分析、描述地理空间数据的计算机系统。它由硬件、软件、数据和用户有机结合而成。具有空间分析的功能，已使 GIS 成为区别于一般信息系统的主要功能特征，也是评价 GIS 功能强弱的重要指标之一。随着 GSDA 技术应用深度和广度的不断拓展，GIS 也将由一般的空间事务处理向分析型的空间决策支持方向迈进。

地理空间分析技术方法包括以下两大类：①空间基本分析，也即基于图的分析。该分析功能与 GIS 其他功能模块有紧密联系，技术发展也比较成熟。这类技术主要有空间信息量算、缓冲区分析、空间拓扑叠置分析、网络分析、复合分析、邻近分析及空间联结、空间统计分析等。②空间模拟分析，也称为专业型空间分析。该技术解决应用领域对空间数据处理与输出的特殊要求，空间实体和关系通过专业模型得到简化和抽象，而系统则通过模型进行分析操作。目前，GIS 在该领域的研究相对落后，尚未形成一个统一的结构体系。

2.6.1 探索性空间数据分析

人类活动总是在时间和空间两个不同的维度进行，社会、经济活动也是一样，社会、经济现象不仅表现出时间方向上的相关，而且在空间方向上也表现出某种程度的相关。在经济计量学研究中，研究数据往往涉及不同的时间和区域，几乎所有数据都存在空间依赖或空间自相关特征。一个区域单元上的某种社会、经济现象或某一属性值总是与邻近区域单元上同现象或属性值相关的，经济发达地区总是联成一片，相关产业倾向在同一地理空间聚集，在西方发达国家，富人居住区与穷人居住区在空间上也总是各自聚集。

经典的经济计量学模型，分析和处理的对象是单纯的属性数据，并建立在经典统计学的独立性假设基础之上。但是在区域经济分析的过程中，空间依赖的存在打破了大多数古典统计和经济计量学分析中样本相互独立的基本假设，因此直接将古典经济计量学的方法应用于与地理位置相关的数据时，通常不能获取这些数据的空间依赖性，会引起各种问题，甚至有可能会得出错误的结论（Anselin，1999；Anselin 和 Getis，1992）。因此，在处理空间数据时，要引入一些合适的空间统计和空间计量的经济分析方法。

空间经济计量学（Spatial Econometrics）最早由 Paelinck 在 1974 年的荷兰统计协会年会（Tilburg，蒂尔堡）大会致词时提出，Cliff 和 Ord（1981）对空间自回归模型进行了开拓性的工作，发展出广泛的模型、参数估计和检验技术，使得经济计量学建模中综合空间因素变得更加有效。对空间经济计量学作出最大贡献的是 Anselin，Anselin 在 1988 年完成了《Spatial Econometrics：Methods and Models》这本经典著作，对空间经济计量学进行了系统的研究，这本著作以及 Cliff 和 Ord 的这两本著作至今仍被广泛引用。目前，在空间经济计量学与空间统计学研究中最为基础也最为成熟的领域是探索性空间数据分析（Exploratory Spatial Data Analysis，ESDA）。ESDA 是一系列空间数据分析方法和技术的集合，具体来说，就是解释与空间位置相关的空间依赖、空间关联或空间自相关现象，描述数据的空间分布并加以可视化，识别空间数据的异常值，检测社会和经济现象的空间集聚，以及展示数据的空间结构，提示现象之间的空间相互作用机制。当然空间经济计量学也不是抛弃所有的古典经济计量学技术，而是对这些技术加以修改以使它们能够适用于空间数据分析。

ESDA 是在对数据不施加任何先验的理论或假设的前提下，利用统计原理和图形、图表及地图等可视化技术相结合的方式，对空间数据的性质进行分析、鉴别，以一种归纳的方式提出假设（Anselin 和 Bao，1997；柏延臣等，1999）。它以空间关联测度（Spatial Association Measures，SAM）为核心，旨在描述空间分布，发现空间离群值/异常值（Spatial Outliers）或空间集聚模式，揭示空间联系的结构，给出空间异质/非平稳性的不同形式，以引导模型的建立和评价。除概括性统计量（均值、最大/最小值、方差、标准差等）、直方图、频率分布表、散点图等传统探索性数据分析（Exploratory Data Analysis，EDA）方法外，ESDA 还包括半变异函数、方差图（方差云图和异质方差图）、空间自相关统计量（Moran's I，Geary's C，LISA 等）、Moran 散点图及其派生图等一系列专门处理空间数据的依赖性和异质性特点的各种技术和方法。简而言之,ESDA 是 EDA 研究范式在空间数据领域的延伸,它的“数据驱动”本质为解决 GIS 所面临的“数据丰富而理论薄弱”的困境提供了一种可行的研究范式。

ESDA 功能在时空域扩展,即探测性时空数据分析(Exploratory Spatio-Temporal Data Analysis,ESTDA),近年来已在一些软件包中得到实现,这些软件有 STARS 开源项目,BioMedware 的时空智能系统 STIS,以及美国国家肿瘤研究所开发的 SaTScan 软件。最近专门研究 ESDA、ESTDA 的出版物是 Andrienko 撰写的《时空数据的探测分析》,该书认为时间和空间必须作为同一数据的互补视图来看待,这就需要进行系统分析空间模式在时间上的演变和时序行为在空间上的分布。由于时空数据集非常复杂并且通常不完整和缺乏一致性,建议通过切片、子集等分割数据,同时应该认真检查粗差值和意外模式,这对于非官方采集的数据来说特别重要,如需通过互联网得到的数据。

国外地理学者对住宅价格空间分布展开了多方位的研究(如前所述),积累了丰富的研究方法和成果。近年来,国内这方面的研究也越来越多,特别是一些学者开始借助 GIS 空间分析功能进行住宅价格空间分异规律的研究,如李玲等(2003),吴宇哲、吴次芳(2001),蒋芳、朱道林(2005)等采用空间插值方法得到价格等值线图、空间分布图等对城市住宅价格空间分布格局进行了研究;王霞、朱道林(2004)利用半方差函数模型对北京市房价空间变异结构进行了简要分析;周昭霞(2005)通过构建单中心模型的扩展形式来解释杭州城市地价空间分布结构。还有学者通过构建数学模型来模拟分析房价空间分布。综观这些研究工作,虽然对住宅价格在城市空间上的变化规律、变化原因等进行了不同程度的分析,但均没有对住宅价格和空间位置之间的相关性进行检测,即缺少对住宅价格分布的空间关联性的描述。

以空间关联测度为核心的 ESDA 技术为区域变量空间关联结构的定量研究提供了有力支撑。ESDA 是基于数据驱动的,揭示数据的空间依赖与空间异质性,即描述空间分布和联系结构,发现奇异观测值。目前,ESDA 方法已被应用于生态学、生物学、遗传学、流行病学、土壤学、区域经济、犯罪学等方面的研究中,但较少应用于房价空间关联和空间异质的研究。目前仅见孟斌等(2005)以北京普通住宅为例开展了房价空间自相关分析,梅志雄、黎夏(2008)以东莞市为例基于 ESDA 进行了住宅价格空间结构的分析。

2.6.2 地理空间回归分析

在地理空间分析中,变量的观测值(数据)一般都是以某给定的地理单位(Geographical unit)为抽样单位得到的,随着地理位置的变化,变量间的关系或者结构会发生变化,这种因地理位置的变化而引起的变量间关系或结构的变化称之为空间非平稳性(Spatial nonstationarity)。在地理统计及经济统计中,一般认为空间非平稳性至少是由下列三方面的原因引起的(Fotheringham,1998):第一,随机抽样误差引起的变化,由于抽样误差一般是不可避免的,也是不可观测的,因此统计上一般只假定它服从某一分布,探索这种变化对分析数据本身的固有关系作用不大;第二,由于各地区的自然环境,人们的生活态度或习惯,各地的管理制度、政治和经济政策等的差异所引起的变量间关系随地理位置的变化或“漂移”,这种变化反映了数据的本质特性,探索这种变化在空间数据的分析中是十分重要的;第三,用于分析空间数据的模型与实际不符,或者忽略了模型中应有的一些回归变量而导致的空间非平稳性。

空间非平稳性在空间数据中是普遍存在的，以空间数据的回归分析为例，因变量 y 与回归变量 $x_1,x_2,\cdots,x_n$ 之间的回归函数形式会随观测点地理位置的不同而发生变化，这种变化往往是很复杂的，很难用某一个特定形式的函数来描述。例如，设 y 为住宅价格，$x_1,x_2,\cdots,x_n$ 为描述住宅特征的变量，如住宅的建筑面积、内部结构、取暖设施等。就我国而言，有无取暖设施在北方地区会对住宅的价格产生很大的影响，但在南方地区则影响较小；住宅建筑面积每增加一个单位，在人口稠密的大城市和人口稀疏的小城市，对提高住宅价格的幅度有所不同，即空间的非平稳性体现在建筑面积、取暖设施这些回归变量的参数会随地理位置的变化而不断发生变化，准确掌握这些关系的空间非平稳性对于制定相应的政策，采取必要的措施等具有重要的现实意义。

由于人们在分析空间数据前，往往对数据变化的具体特点不甚了解，如果采用通常的线性回归模型或某一特定形式的非线性回归函数来分析空间数据，一般很难得到满意的结果。这是因为这些全局性模型实际上在分析之前就假定了变量间的关系具有同质性，从而掩盖了变量间关系的局部特性，所得结果也只是研究区域内的某种“平均”。因此，要正确探测空间数据关系的空间非平稳性必须改进传统的分析方法。

一类简单的方法便是采用局部回归分析，根据回归区域的不同可以分为分区回归分析（Sub-area regression）和移动窗口回归分析（Moving window regression）。分区回归分析，就是将研究区域根据某种指标划分为几个同质性区域，在实际应用中最常采用的分区方法便是行政界限或自然界限，然后分别在每个区域内建立回归方程，求取该区域的参数估计，通过不同区域参数估计值的差异来探测空间关系的非平稳性。这种方法有两个明显的不足：第一，由于每个行政区域或自然区域的面积并不相等，有时甚至相差悬殊，导致在均匀采样时各个子区域内的样本数量也不相同，甚至相差悬殊，由于采样误差的存在，对同一回归模型采用不同规模的样本数据进行拟合，得到的参数估计值也会不一样，所以很难让人信服分区回归分析得到的参数估计值变化是由于空间关系的空间非平稳性所致；第二，分区回归分析以行政界限或自然界限分界，在同一区域内的参数估计值是相同的，不同区域内的参数估计值是不同的，在交界处就会出现跳变，而这与一些实际情况不符，许多空间关系在行政区域或自然区域交界处是缓慢连续变化的。为了克服分区回归分析的不足，人们提出了移动窗口回归分析，该方法在每个回归点周围定义一个回归区域，该区域由窗口形状和大小决定（窗口的形状和大小可以是固定的，也可以是变化的），以窗口内的样本数据建立回归方程进行参数估计，并将该估计值作为回归点的参数估计值，通过每个回归点上参数估计值的变化来探测空间关系的非平稳性。移动窗口回归分析能很好地解决分区回归分析的第一个不足，但对第二个不足的解决却不彻底。虽然它能避免行政区域或自然区域分界处的跳变，却还会出现相邻回归点上的参数估计值的跳变，即在整个研究区域内参数估计值的曲面仍是不连续光滑的。分析原因我们不难发现，移动窗口回归分析实质仍是全局性回归分析，只是将区域缩小而已，即虽然认为在整个研究区域内存在空间关系的非平稳性，但却假设在回归区域内是平稳的，所有样本点上的参数是相同的，而如果这个假设成立，则必然会推导出在整个研究区域内的空间关系是稳定的，于是便产生了矛盾。

另一类方法便是变参数回归模型。Casetti（1972，1982，1992）提出的扩展法（Expansion method）中，全局模型中的参数是地理位置的某种函数，从而参数在空间中的变化趋势可以被度量出来。虽然这种方法推动了模型研究，然而作为一种趋势拟合方法，如果被研究的空间模型的参数变化更为复杂一些，则该方法就有了很大的局限性。空间自适应滤波(Spatial daptive filtering)是对自适应滤波(Widrow 和 Hoff,1960;Trigg 和 Leach,1968)的扩展，将时间域的回归分析扩展到空间域(Foster 和 Gorr,1986;Gorr 和 Olligs chlaeger,1994)，通过“预测一修正”的迭代运算来探测回归参数在空间中的漂移，但这种方法以相当特殊的方式合并空间关系，并且得到的参数估计不能进行统计检验，因此应用受到限制。另外，多层次模型(Multilevel model)(Goldstein,1987;Jeremy,2005)和随机系数模型(Random coefficient model)(Aiken,1996)都是用来处理待估参数可以变化的模型，在这两种模型中，待估参数被假定为随机变量。在多层次模型中，待估参数的分布被假定为 Gauss 分布，而随机系数模型中，待估参数的分布被假定为有限混合分布(Finite mixture distributions)。对于这两种模型，利用 Bayes 理论，可以得到每个参数的估计量。然而，这两种方法在估计参数时都未充分考虑数据的空间结构。尽管模型参数随地理位置而变化的情况也在多层次模型中得到了研究，然而太依靠空间单元的分层假设，如果研究问题的分层性质有很好的体现的话，则该模型可以被很好地利用，但在其他情况下，则是不合适的。

在总结前人局部回归分析和变参数研究的基础上，Fotheringham 等(1996)基于局部光滑的思想，提出了地理加权回归(Geographically Weighted Regression,GWR)模型。该模型将数据的空间位置嵌入到回归参数中，利用局部加权最小二乘法进行逐点参数估计，其中权是回归点所在的地理空间位置到其他各观测点的地理空间位置之间的距离的函数。通过各地理空间位置上的参数估计值随地理空间位置的变化情况，可以非常直观地探测空间关系的非平稳性。这种估计方法不但简单易行，估计结果有明确的解析表示，而且得到的参数估计还能进行统计检验，因此一经提出，便得到了广泛关注和研究，成为探测空间关系非平稳性的一种主要方法，目前已被应用于社会经济学、城市地理学、气象学、森林学等诸多学科领域。

国外对于 GWR 方面的研究时间也不是很长，代表人物有 Brunsdon、Fotheringham 等。Brunsdon 和 Fotheringham(1996)说明空间不稳定性以及使用全局性模型解释空间现象的缺点，得到两点结论：第一，全局性的回归模式会模糊我们感兴趣的问题焦点；第二，空间的变化是无法以简单、固定的模型解释的。该研究以男性失业率、社会阶级以及每户拥有汽车数目来探讨英国 Tyne 郡与 Wear 郡 1991 年的汽车拥有率空间分布情形。Fotheringham 和 Brunsdon(1998)说明空间统计当中为人熟知的扩张模型与 GWR 的不同，以英国 605 个行政区为实证区域探讨影响人口分布的因素。本书以直线扩张模型(Linear Expend Model)与非直线(二次方)(Quadratic Expansion Mode)扩张模型来说明扩张模型所解释的空间变异性，结果发现二次扩张模型所反映出来的空间变异比直线扩张模型敏感，并且模型拟合度高于直线扩张模型。该研究最后使用 GWR 反映出更为敏感的空间变异，并且明显地摆脱了预测时的趋势性(drift)，可以真正反映空间变异的独特性，并且在配适度方面也有较为多元、准确的反映：直线回归模型的 $R^2=0.75$，但 GWR 在各个行政区域的 $R^2=0.23\sim0.99$，我们可以透过 GWR 清楚地看出个别区域的变化及其空间特性。Brunsdon 和 Fotheringham(1999)以英国 Kent 郡为例，探讨房价与楼地板面积之间的关系，以色素图和空间残差图展示楼地板面积影响房价的空间特性，并且与使用 OLS(多元线性回归)法的结果作比较，证实 GWR 优于一般的全局式回归，并提出改良的 GWR，将变量分为全局性影响及地方性影响；书末提到 GWR 发展上的几个问题：变量选择、变程(带宽)选取和误差项的空间自相关。

Lesage(1999)用地理加权回归模型分析我国 GDP 与各省贡献之间的变化,试验结果表明地理加权回归模型的估计结果能够很好地解释区域经济增长的过程。Brunsdon(2001)用地理加权回归模型分析英国年平均降雨量与海拔之间的关系,模型估计的结果与现实的情况吻合得非常好。Fotheringham 等 2002 年出版的《Geographically Weighted Regression:The Analysis of Spatially Varying Relationships》(《地理加权回归:空间变化关系的分析》)系统地介绍了 GWR 模型的各个方面内容,包括模型原理、参数选择和比较,以伦敦的住宅价格为例进行了实证说明,另外该书还对作者开发的应用软件 GWR2.0 进行了使用说明。Koppe(2002)基于地理加权回归模型分析植被变化的空间非平稳性。Park(2004)、Zhao(2004)用地理加权回归模型来估计年平均日交通流量,试验结果表明影响交通流量的因素与年平均日交通流量之间的关系在不同的地区不一样,并用地理加权回归模型预测了不同地区的年平均日交通流量。Benedict 等(2006)则是把 GWR 方法用于调查新西兰岛的赌博行为与非娱乐性赌博机器的分布的影响关系,文章认为,这样的机器必须得到许可,为警力完善、减少风险提供选择机会。Zhang(2004,2005)用地理加权回归模型构建树的生长和直径之间关系的局部多元模型,研究树在环境竞争中生长的变化情况。Wang(2005)应用地理加权回归模型来估计中国森林净产量。Shi(2006)应用地理加权回归模型分析白尾羊的空间分布。

国内对 GWR 模型的研究是一个新发展的学术内容,研究的人员较少。覃文忠等(2005)以银行不良贷款原因分析为实例来验证空间数据的空间非平稳性。苏方林(2005)应用地理加权回归模型分析县域经济发展的空间特征,研究表明地理加权回归模型能够更好地反映经济量的空间依赖性。玄海燕等(2006,2007)利用最小二乘估计理论,给出了在 GWR 模型中回归关系的全局平稳性检验方法、各回归系数随空间位置变化的平稳性检验方法和模型的拟合方法,以及与之相关的确定带宽参数的交叉确认法;基于 GWR 模型中部分回归系数为未知常数,而其他回归系数为地理位置的未知函数这一系数特征,给出反馈和两步估计两种简单有效的方法,对模型中的因变量作了估计。罗罡辉(2007)以杭州市老城区住宅地价为例,应用探索性空间数据分析技术,对地价样点间的空间相关性进行了分析,结果显示地价空间结构不是单一趋势分布的,不同的空间区域具有不同的相关关系;通过不同模型、方法的比较,在理论上深入探讨了 GWR 模型的机理及其在地价研究中的可行性和意义;在住宅地价 GWR 模型案例实证部分,详细阐述了因素的选择和量化,通过最优带宽计算、回归系数计算、方差分析、事件智能诊断、Monto Carlo 显著性检验等,比较分析了 GWR 的固定型和调整型两种空间模型的差异,选择后者作为住宅地价空间结构解释的模型。吴玉鸣等(2006)运用空间统计的 Moran 指数及 GWR 模型方法,对我国省级区域工业全要素生产率进行了测算分析,全要素生产率实证测算分析结果发现,空间 Moran 指数可测算省域工业生产率的空间效应,地理加权回归模型也可将影响省域全要素生产率的来源分解成各省域的局部影响,GWR 模型在计量检验和测算我国 31 个省域工业全要素生产率中具有较好效果。覃文忠等(2007)以迭代算法为基础,推导出混合地理加权回归模型的常系数(全局参数)和变系数(局部参数)的计算方法,并以上海市住宅小区楼盘销售平均价格为例进行验证。结果表明,混合地理加权回归模型的计算量略大于地理加权回归模型,但对样本数据的拟合更好,局部参数估计更稳健。

2.6.3 地统计学方法

各种自然地理要素的空间分布具有规律性，但也存在客观上的复杂性，这种复杂性表现在微观空间分布上的非均一性。要素属性的这种非均质性称为地理要素特性的空间变异性。进行地理要素特性的空间变异性研究，不仅可以将复杂的地理现象和过程生动、形象地展示在人们面前，而且可以促进地理学研究向定量化方向发展。研究地理要素空间变异性的方法很多，如传统的统计方法、分形方法、分数维方法与地统计学方法等。

地统计学（Geostatistics）是以区域化变量（regionalized variable）、随机函数（Random function）、内蕴假设（the intrinsic hypothesis）和平稳性假设（the order stationarity）等概念为基础，以变异（或半方差）函数为核心，以克里格（Kriging）插值法为手段研究自然、人文和社会现象的空间变异的科学。最早是地矿部门在探矿和采矿中采用的一种空间变异分析技术。20世纪60年代，法国学者 Matheron 在 Krige 于 1951 年提出的矿产品位和储量估值方法基础上，提出了区域化变量理论，并将传统的地学方法与统计学方法相结合，形成了完整的公式系统，创建了地统计学。20 世纪 70 年代后期，美国陆续将地统计学理论应用于土壤变异性的研究中。20 世纪 80 年代以来，地统计学方法又逐渐被应用于动植物、气候和水文等地理因子的空间变异研究中。我国学者也应用地统计学方法在地理要素的空间变异研究中做了大量工作。迄今，地统计学方法和原理的应用仍是国内外定量化研究地理因子空间变异的趋势之一。

已有的研究表明，城市商品住宅价格空间自相关特征显著，同时存在局部空间异质性特征，即在一定的空间分布规律基础上又存在着局部空间变异性，而这种变异包括内在因素引起的系统变异和外在因素引起的随机变异两大部分，也就是说商品住宅价格空间分异既有一定的结构性又有一定的随机性。在分析这种变异时，传统的数理统计分析方法就显得无能为力，不能满足分析空间异质性的需要。而地统计分析方法可以有效地解决这个问题。

Kriging 方法被国外的学者广泛运用于住宅市场的研究中。通常运用的有泛克里格（Uiversal Kriging）和协克里格，由于这两类方法能够对非平稳的区域化变量作分析，所以能够反映住宅价格的空间分布。Gamez Martinez 等（2000）利用 Kriging 技术，通过四个模型的比较和选择对西班牙城市 Albacete 进行了空间插值分析。在国外，商品住宅价格的分析通常主要是采用特征价格的方法，以通达性、邻里条件、结构因素来衡量。但通常的理论在估计邻里因素和通达性的时候，有两个主要的问题（Dubin，1992）：一是测量误差，邻里质量不好观察，并且必须使用代理变量，代理变量本身由于边界问题测量也是有误差的；二是多中心（Polycentric）租金梯度，非 CBD 峰值导致传统的获得通达性效应的方法给出的似是而非结论性的结果，需要一个更为灵活的获得邻里和通达性效应，这个方法必须得允许在租金面上有多个峰值。因此，Dubin 提出了一个新方法来测量邻里和通达性效应。通过使用泛克里格，Dubin 对 Baltimore 的 1 493 个有效的观测值做了分析，在存在空间自相关的情况下，克里格方法是一个有效的分析横截面数据的方法。Olmo（1995）提出采用迭代残差克里格，将迭代方法和克里格方法综合在一起，用于西班牙 Granada 的住宅价格和区位价值的空间估计，Olmo 认为迭代残差克里格在分析出现空间自相关的横截面数据上是一个有效的工具。Olmo（2007）同样使用 Granada 的数据，对比使用了协克里格和普通克里格，发现协克里格所显示的结果比普通克里格好。

国内一些学者,更多的是对此类方法的具体应用,探讨某个城市整体的商品住宅价格空间分布。吴宇哲(2000)以杭州市为例,采用 Kriging 技术开展了商品住宅价格的空间数据探索分析。王霞等(2004)以北京市为例,利用 Kriging 技术开展了商品住宅价格空间分布规律研究。孟斌等(2005)利用空间分析中的点模式分析、空间自相关分析和空间插值方法,研究了北京市普通住宅的空间分布格局,结果表明,北京普通商品住宅价格存在显著的由中心向边缘递减的趋势,南北向的递减幅度大于东西向的变化幅度,并且,北京市房价由中心向边缘的递减不是简单的线性模式,而是比较复杂的二阶变化模式。吴宇哲(2005)以杭州市城区住宅价格为例,采用二手房交易资料,并辅之以商品房买卖资料和住宅租赁资料,利用 GIS 技术和方法,通过数据可视化分析、特征价格模型、地统计学等方法,探讨城市商品住宅价格的时间演变和空间分布特性,并注重空间与时间两个层面的整合,探索了城市住宅价格的时空演变规律。

2.7 小　结

(1)无论是宏观视角还是微观视角,无论是从理论研究还是应用研究,无论是从空间分析还是时间分析,也无论商品住宅产权形式、交易类型的差异状况如何,随着我国住宅市场化的快速发展,中西方在商品住宅价格研究上的理论和方法逐步趋向一致。

(2)在过去的商品住宅价格研究中,对商品住宅价格的数量关系和空间分异的解释积累了很多经验,例如特征价格模型、单中心的交通可达性模型等,但都试图用一个或若干个参数来总结商品住宅价格的整体变化规律,而对于局部的空间变化缺乏有力的说明,缺少对商品住宅价格和空间位置之间存在的相关性的检验,缺少对商品住宅价格分布的空间关联性的描述。ESDA 方法可以有效地解决这一问题。

(3)尽管有学者早在 20 世纪 70 年代就提出了商品住宅价格时空效应的理论模型(Paul,1973),但是在实践中,已有的研究一般将空间与时间分别作为两条线索来研究住宅价格,没有开展不同时期的商品住宅价格空间分布的叠加分析或者没有同时在模型中加入时空变量,从而未能有效揭示商品住宅价格的时空演变规律。

(4)GWR 模型分析空间非平稳性的能力已被证明,并且在应用研究中有出色的表现,正在逐渐被不同学科应用到各自的前沿领域。该模型虽然国外是在研究房价的过程中不断成长的,但从国内的研究看,目前应用和研究该模型的学者很少,还很少有人借用该模型研究我国城市的商品住宅价格空间差异及时间演变问题。

(5)在商品住宅价格研究领域,地统计学的应用主要体现在三个方面:一是定量区域化变量的空间相关性,二是对调查数据进行空间插值,三是分析空间数据的时空规律性。相对来说,空间插值应用较多,因为在通常的房价调查中,野外调查所得的数据不能完全覆盖所要求的区域范围,需要应用地统计学的方法,进行插值,将离散的采样点数据插值为连续的数据表面。应用地统计学的最大好处是它能够在空间相关分析的基础上,利用稀疏的、无规律的调查数据,最大限度地揭示这些数据所能提供才空间信息。但是,地统计学应用在房价研究中才刚刚开始,还存在着诸如空间与时间的协同分析、样点数目、取样位置、方向、大小的设计等问题,这些都是值得进一步完善和改进的地方。

第3章　商品住宅价格的理论分析

城市商品住宅价格的空间分异与价格的形成机制紧密联系、与地理区位密不可分。本章对商品住宅价格形成和空间分异的基础理论进行较为详细的阐述和梳理。

3.1　商品住宅价格形成机制的理论模型

国外尤其是西方发达国家,住宅产业发展历史较长,也较为完善。在住宅价格理论的研究方面较我国更为全面,出现了许多专著和文献并将理论研究成果广泛应用于实践,促进了国民经济和住宅产业的持续、快速、健康发展。西方发达的市场经济国家对住宅价格机制的研究,在强调政府作用的同时,更注重市场机制的作用和影响住宅价格的因素,一般认为商品住宅价格的形成是宏观经济变量、微观经济变量、经济因素和非经济因素共同作用的结果。

商品住宅价格形成机制的理论模型,主要有静态供需价格模型、DUST 模型、动态供需价格模型(蛛网模型)、非均衡价格模型、四象限模型和三部门模型等(何雄,2005)。由于住宅价格形成机制的复杂性,这些理论模型各自都具有一定的局限性,事实上,"一个简单的、统一的覆盖所有空间维度的住宅价格理论在文献中是不存在的"(Geoffrey Meen, Mark Andrew,1998)。

3.1.1　静态供需价格模型

根据古典经济学的供需关系原理,市场均衡会在市场的供需量相等时形成。此时,供需双方的意愿均得到有效满足,市场价格即为均衡价格。从理论上讲,当住宅市场的需求方愿意且能够购买的住宅数量恰好等于供给方愿意且能够提供的住宅数量时,住宅市场呈现均衡状态。需求方愿意购买的住宅数量取决于消费者的可支配收入、购房中发生的融资成本、人均居住面积和非农业人口数量等因素;供给方愿意提供的住宅数量则取决于土地成本、开发建设成本、城市化水平和城市建成区面积等因素。

供给曲线与需求曲线的交点所对应的价格就是均衡价格,对应的产量就是均衡数量。把商品住宅需求函数和供给函数结合起来,建立静态供需均衡模型,如下式:

$$\begin{cases} D = a + bP \\ S = a_1 + b_1 P \\ D = S \end{cases} \tag{3-1}$$

式中:D、S 分别为商品住宅的需求量和供给量;P 为住宅价格;$b<0$ 为住宅价格上升,住宅需求下降;$b_1>0$ 则为住宅价格上升,住宅供给增加;$D=S$ 为在市场均衡的条件下,住房供需量正好相等。

整理式(3-1),可求出住宅价格的静态均衡价格,记为 P_e:

$$P_e = \frac{a - a_1}{b_1 - b} \tag{3-2}$$

则　$q_e = a + bP_e = a_1 + b_1 P_e$ 为静态均衡供给量和需求量。

图 3-1 中需求曲线 D 与供给曲线 S 相交于点 E,纵坐标为静态均衡价格 P_e,横坐标 q_e 为静态均衡供给量和需求量。影响住宅供需的非价格因素会使供需曲线移动。短期内,住宅供给无弹性,住宅存量为 q_e,供给曲线为垂直的 S',它与需求曲线 D 一起决定了短期内住宅的均衡价格和均衡数量。假设短期内人们的收入普遍提高,住宅总需求增加,需求曲线就从 D 向右上方移动到 D',住宅价格就会提高到 P''。住宅价格提高会引起住宅投资的增加。如果住宅的长期供给具有无限弹性(供给曲线 S''),住宅存量供给将会增加至 q'',价格恢复到原来的 P_e。但如果长期供给曲线有一定的弹性(供给曲线 S),住房供给量只会增加至 q',均衡价格为 P',高于原来的静态均衡价格。因此,住宅价格的变动性与需求曲线、供给曲线的弹性有关(钱瑛瑛,2004)。

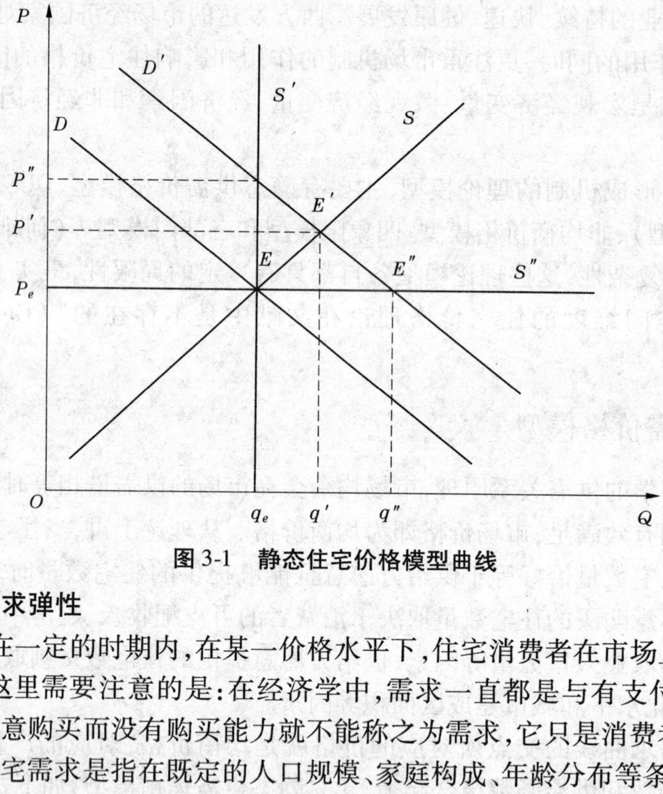

图 3-1　静态住宅价格模型曲线

3.1.1.1　住宅需求弹性

住宅需求是在一定的时期内,在某一价格水平下,住宅消费者在市场上所愿意且能够购买的住宅量。在这里需要注意的是:在经济学中,需求一直都是与有支付能力联系在一起的,如果消费者愿意购买而没有购买能力就不能称之为需求,它只是消费者的一种需要或欲望。具体地说,住宅需求是指在既定的人口规模、家庭构成、年龄分布等条件下,与一定的购买力和价格水平相适应的住宅购买量。对于住宅来说,普通住宅由于是为了满足人们基本需要的,所以它的需求价格弹性较小,其他高档住宅的销售对象主要为高收入阶层,其价格受市场供需影响明显,所以其需求价格弹性较大;而对于需求收入弹性,由于普通住宅是为了满足居民的基本居住需要的,其弹性较大,相对来说,为满足高收入阶层的高档住宅的需求收入弹性则较小。

如上所述,影响住宅需求量的因素有很多,但从逻辑上讲,最主要的不外乎三个:家庭收入,住宅价格,家庭人口及其组成。于是可以构建一个住宅需求线性函数或非线性函数,形式如下:

$$Q = b_0 + b_1 M + b_2 P + b_3 S \tag{3-3}$$

或

$$Q = d_0 M^{d_1} P^{d_2} S^{d_3} \tag{3-4}$$

式中:Q 为住宅需求;M 为家庭收入;P 为住宅服务流量价格;S 为其他影响需求的因素;b_0、b_1、b_2、b_3 和 d_0、d_1、d_2、d_3 为变量的参数。

对式(3-3)和式(3-4)进行变换并两边求偏导可得出,住宅需求的收入弹性为:

$$E_{DM} = \frac{\partial Q}{Q}\Big/\frac{\partial M}{M} = \frac{\partial Q}{\partial M} \times \frac{M}{Q} = b_1 \frac{M}{Q} \tag{3-5}$$

或

$$E_{DM} = \frac{\partial Q}{\partial M} \times \frac{M}{Q} = (d_0 d_1 M^{d_1 - 1} P^{d_2} S^{d_3}) \times \frac{M}{d_0 M^{d_1} P^{d_2} S^{d_3}} = d_1 \tag{3-6}$$

同理,可导出住宅需求的价格弹性为:

$$E_{DP} = \frac{\partial Q}{Q}\Big/\frac{\partial P}{P} = \frac{\partial Q}{\partial P} \times \frac{P}{Q} = b_2 \frac{P}{Q} \tag{3-7}$$

或

$$E_{DP} = \frac{\partial Q}{\partial P} \times \frac{P}{Q} = (d_0 d_2 M^{d_1} P^{d_2 - 1} S^{d_3}) \times \frac{M}{d_0 M^{d_1} P^{d_2} S^{d_3}} = d_2 \tag{3-8}$$

3.1.1.2 住宅供给弹性

住宅供给曲线的内涵可以从宏观和微观两个层次进行把握。从宏观经济角度来看,所谓住宅供给,指的是住宅总供给量,是指在某一时期内,在某一价格水平的情况下,全社会住宅供给的总量,分为实物总量和价值总量,由住宅房地产的一级市场、二级市场和三级市场的供给总量构成。从微观经济角度来看,住宅供给是指生产者在某一特定时期内和某一价格水平条件下愿意而且能够提供的某一地区和品种的住宅商品量。这里的住宅供给主要是指特定地区或特定种类的市场供给。住宅供给要具备两个条件:一是生产者出售或出租的愿望,这主要取决于以价格为主的交易条件;二是供应能力,它主要取决于住宅供应者的经济实力和经营管理水平,两者缺一不可。在市场经济条件下,以价格为主的交易条件是主要的,一般情况下,价格下跌,市场供给量减少;价格上涨,市场供给量增加。住宅供给是指在某一特定的时期内,市场上可供出售的住宅数量总和,由新建住宅和以前年度积累的存量住宅构成。在通常情况下,由于住宅的寿命较长,价值的损耗较慢,使得存量住宅在整个住宅市场中占有相当大的比例,而相对于这一庞大的存量住宅而言,新建住宅的数量则是微不足道的,从这一点上来讲,住宅市场总体供给水平是缓慢调整的。它的供给量在短期内相对于需求的变化往往是滞后的、缺乏弹性的。即使增量住宅在整个住宅市场中占有相当的比重,但从兴建到完成要经过获取土地、规划设计、获得各种建设和规划许可证、建筑施工等,通常需要一段较长的时期,从而造成供给量的增加与需求的增加之间有个时滞,其供给的增加不能随需求的提高而迅速形成,所以说住宅的短期供给是缺乏弹性的。

和住宅需求弹性一样,我们把住宅的价格 P 的单位变动所引起的对住宅供给量 Q 的变动幅度,称为"供给价格弹性"(Price Elasticity of Supply, E_{SP}),即

$$E_{SP} = \frac{\Delta Q}{\Delta P} \times \frac{P}{Q} \tag{3-9}$$

和住宅需求价格弹性相反,E_{SP}一般为正值。

静态供需价格模型假设市场是完全竞争的,在供给和需求力量的作用下住宅市场能够最终达到均衡并实现市场的出清,事实上,住宅市场的均衡可能很难达到。

3.1.2 DUST 价格模型

DUST 是商品的需求(Demand)、商品所能提供的效用(Utility)、商品的稀缺性(Scarcity)和可转让性(Transferability)这四个单词第一个字母的缩略词。微观经济学理论认为,商品的市场价值是由这四个属性所决定的。DUST 价格模型是住宅价格(V)与住宅需求(D)、住宅效用(U)、住宅稀缺性(S)、住宅可转让性(T)四个变量的函数。公式如下:

$$V = f(D, U, S, T) \tag{3-10}$$

DUST 模型四个变量的主要含义是:①需求是指有效需求,即有购买力的需求;②效用是指住宅为潜在的需求者提供多少利益或满足;③稀缺性是指满足潜在购买者需求的住宅供给水平;④可转让性是指住宅产权从一个人转移向另一个人的过程。

DUST 模型把 D、U、S、T 这四个要素各分成若干二级要素,将每个二级要素又分成若干三级要素,这样可以将影响住宅价值的各种因素几乎全部考虑进去。从本质上讲,效用可归结为需求因素,可转让性与稀缺性可归结为供给因素,所以 DUST 模型仍属于供需模型。

3.1.3 动态供需价格模型

动态供需价格模型,又称为蛛网模型,是把时间引入均衡分析中,运用弹性原理解释某些生产周期较长的商品在失去均衡时发生的不同波动情况的一种动态分析理论,是微观经济学里分析动态均衡价格比较经典的模型,一般用来分析诸如农产品、畜产品、住宅等生产周期较长的产品的均衡。蛛网理论分别由美国经济学家 H. Schultz、意大利经济学家 U. Ricel和荷兰经济学家 J. Tinbergen 提出,1934 年由英国经济学家 N. Kaldor 命名。

建立动态供需价格模型的前提假设条件包括:①住宅市场是一个完全自由竞争市场;②住宅供给存在较长的滞后期;③住宅市场信息不对称,供给者缺乏对住宅价格的预见力;④需求变动取决于当前的价格;⑤市场出清。因为住宅的生产需要一个较长的周期,一般从设计到竣工销售需要比较长的时间,如果把 D、S、P 都看做是时间 t 的函数,则静态均衡价格模型将会转变为动态供需价格模型。

$$\begin{cases} D_t = a + bP_t \\ S_t = d + eP_{t-1} \\ D_t = S_t \end{cases} \tag{3-11}$$

其中 D_t 表明现期需求依赖于现期价格,S_t 表明现期供给依赖于上一期价格,这是假设上一期的价格引致了本期供给,即住房供给量滞后于价格一个周期。式 $D_t = S_t$ 为供需均衡的条件。

动态供需价格模型虽然考虑了住宅供给的滞后性,但同时也假设市场出清、需求取决于当期价格,而供给取决于上一期的价格。事实上,除价格外,还存在着宏观经济状况、预期等诸多影响供给和需求的因素。

3.1.4 非均衡价格模型

由于住宅消费需求包含了对住宅的投资需求和消费需求,通常情况下这两种需求并不相同,所以住宅市场同时具有资本市场和商品市场的特点。市场较高的交易成本,迟缓的供给响应,信贷和抵押等金融市场的不完善及市场信息的不对称,这些市场摩擦均会阻碍住宅市场迅速出清，形成住宅市场的非均衡状态。

采用一般均衡理论模型（Evans,1992）可以解释住宅市场的非均衡性质，如图3-2所示，两个交易者A和B以及两种商品X和Y，A的原点为O_A，B的原点为O_B，X最初由A所有，数量为O_AX，在横轴上表示；Y则由B所有，数量为O_BY，在纵轴上表示，由图形的右下角出发的效用无差异曲线A和B分别交契约曲线O_AO_B于M点和N点。显然，A和B会进行商品交换，A、B曲线的交集部分中的任意点均比初始条件更优，而最终的商品分配会位于契约曲线MN段上（经济核）。当市场中有大量的生产者和消费者时，核的范围会缩小，最终核将收敛为一个均衡点，均衡价格取决于交易市场。然而，当市场中只有一个生产者和一个消费者时，最后的价格则无法完全由市场决定，还需考虑其他因素，而价格本身也在MN之间游走。

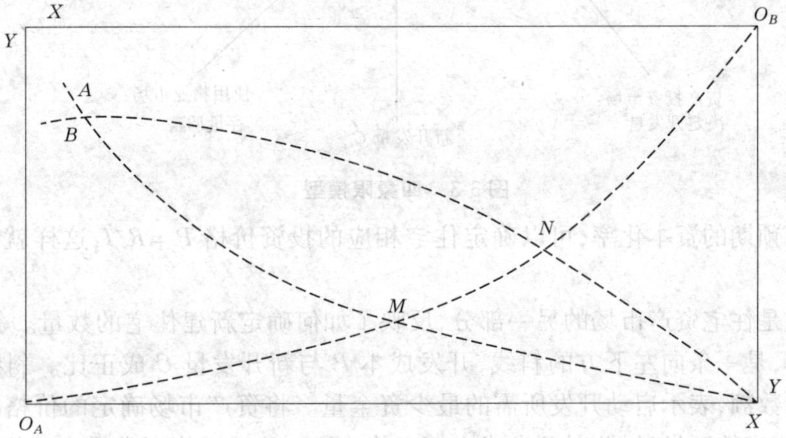

图3-2　埃奇沃思盒型

在非均衡价格模型中，虽然考虑了住宅市场的非均衡性质，但供给者期望价格永远保持在前一期的水平上，而实际上，生产者是可以利用过去的信息形成对未来价格的预期的。

3.1.5　四象限价格模型

四象限价格模型由美国学者 Dennis Dipasquale 和 William C. Wheaton 在1996年提出，该模型能够追踪宏观经济对住宅市场的各种不同影响，分析住宅市场长期均衡问题。四象限模型是静态地分析住宅市场运行规律的简单模型，在假设其他市场因素不变的条件下，分析某一单因素的变化对住宅市场的影响。通过对住宅资产市场和使用市场相互作用过程的解剖，能够全面分析住宅市场达到均衡的过程。四象限模型可用图3-3表示。在图3-3中，右半部分的第一、第四象限代表住宅使用市场，左半部分的第二、第三象限代表住宅资产市场，二者通过纵坐标租金R和新开发量C相联系。横坐标分别是价格P和存量S。

第一象限是住宅使用市场，横坐标为住宅使用权的存量S，纵坐标为住宅使用权的价格即租金R，dd为租赁需求曲线。在一定的经济状况下，供给和需求相等时，租金水平R随之确定。

第二象限是住宅资产市场，横坐标为住宅所有权的买卖价格P，以原点为起点的射线ii的斜率等于住宅的资本化率I，是投资者希望通过拥有住宅得到的收益率。由第一象限的

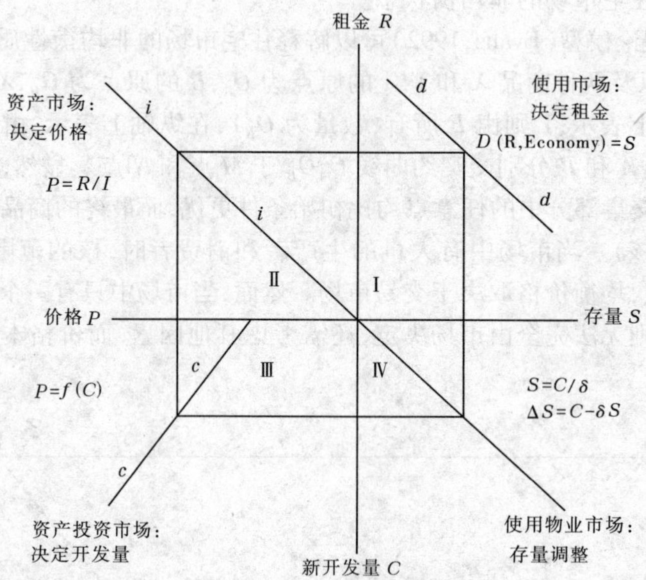

图 3-3　四象限模型

租金水平以及预期的资本化率，可以确定住宅相应的投资价格 $P=R/I$，这样就确定了住宅价格 P。

第三象限是住宅资产市场的另一部分，反映了如何确定新建住宅的数量。斜线 cc 是住宅的开发成本，是一条向左下方的斜线，开发成本 P 与新开发量 C 成正比。斜线与横轴相交处的横坐标数额，表示启动开发所需的最少资金量。将资产市场确定的价格投影到成本曲线上，得出相应的开发量，此时开发成本等于价格 $P=f(C)$。当开发量小于住宅资产市场所需的开发量时，开发商获得超额利润；反之，则无利可图。

第四象限是住宅使用市场的另一部分，反映了新开发量 C（增量）如何转化成使用市场的存量 S。在一定的时期内，存量的变化（流量）ΔS 等于新开发量 C 减去由于房屋拆除（折旧）导致的存量损失 δS，即 $\Delta S=C-\delta S$，δ 为拆除率或折旧率。由原点出发的斜线表示存量与新开发量的关系，斜线上任意一点对应的新开发量刚好抵消折旧量，以保证存量不变，即 $\Delta S=0$，$C=\delta S$。

在这个四象限模型中，从某一存量开始，由使用市场决定租金，租金在资产市场决定价格，价格再决定开发量，开发量又导致存量的变化。当存量的终值和起始值保持相同时，资产市场和使用市场达到均衡。当存量的终值和起始值不同时，图中的变量如租金、价格、开发量、存量都没有达到完全均衡。如果起始值大于终值，则租金、价格、建设量必须上升以达到均衡；如起始值小于终值，则租金、价格、建设量必然下跌以达到均衡。

四象限模型描述了住宅资产市场和使用市场的长期均衡，但却不适应于分析住宅市场的短期动态变化，不能跟踪分析市场实现均衡的瞬间变化。

3.1.6　三部门价格模型

三部门价格模型的三个部门是指产品和服务提供部门、劳动力提供部门和区域住宅提供部门，对应的三个市场是区域产出市场、区域劳动力市场和区域住宅市场。

在产出市场中,一个区域的产出 Q,或者用于区域间输出 X,或者用于本区域消费 C,或者用于本区域投资 I,如果区域内输入为 M,那么:

$$Q = C - M + I + X \tag{3-12}$$

在本区域输入、消费和投资一定的情况下,区域总产出的需求首先依赖于区域间的输出需求。从短期来看,输出需求又取决于其相对于其他区域的价格,因而可以假设区域间输出是当地产品价格的减函数 $X(P)$,区域的产出需求曲线如图 3-4(a)所示。

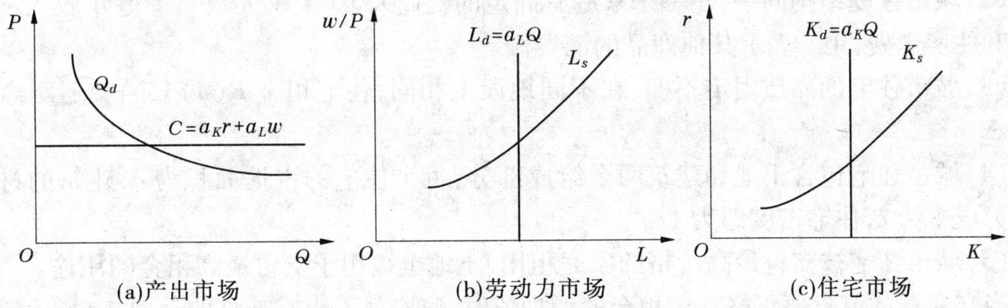

图 3-4　三部门价格模型

从图 3-4 中的曲线可以看出,为了保证产出需求量(横轴),当地商品和服务所必须保持的价格水平。若该曲线是垂直的,表示区域输出需求是显著价格非弹性;若该曲线是水平的,表示区域输出所面对的市场是一个非常具有竞争性的广域(全国市场或全球)大市场。由于劳动力和住宅存在着很大的区域差别,将会导致较大的成本差异。假设劳动力和住宅之间不存在替代作用,则实现任何的单位产出,都需要固定数量的劳动力 a_L 和住宅 a_K,每单位产出的成本是 $a_K r + a_L w$,这里 r 和 w 分别为使用住宅和劳动力的成本(租金和工资)。

图 3-4(b)和图 3-4(c)描述了劳动力市场和住宅市场。竖直线表示为满足产出市场的产量而需要的要素水平,劳动力的需求 L_d 等于 $a_L Q$,住宅需求 K_d 等于 $a_K Q$。由于假设不存在要素替代,这两种要素的需求仅依赖于产出数量,不依赖于要素的价格,表现为要素需求曲线垂直于横轴,而随着产出水平的提高将向右平移。向上倾斜的曲线 L_s 和 K_s 反映了该区域劳动力、住宅要素的供给情况。

图 3-4 中的三个子图之间联系紧密。如果图 3-4(a)中产出需求给定,那么就由租金和工资决定产出成本并决定产量,这一产量在图 3-4(b)和图 3-4(c)中又决定了对要素的需求。如果要素的供给曲线是给定的,要素需求又决定了要素的价格,对于某一个区域,如果产出量、价格、工资和租金相互匹配一致,那么该区域的经济就达到了均衡,并由此决定了该区域住宅的均衡价格。

总之,三部门价格模型考虑了地区经济增长和住宅市场相互影响及均衡价格决定,主要用于解释住宅产业发展和地区经济发展的关系。

3.2　商品住宅价格空间分异的理论基础

3.2.1　商品住宅价格空间分布模型

商品住宅价格空间分布模型包括李嘉图租金模型,城市的规模、形态价格模型和城市空间增长价格模型等三个相互联系的子模型。

3.2.1.1 李嘉图租金模型

李嘉图租金模型是基于一个理想化的城市为前提的，这种理想化的城市必须满足以下几个基本条件：

(1)城市有唯一的就业中心，居民从居住地到达就业中心的交通线路为直线，家庭位置用居住地和就业中心之间的直线距离 d 来表示，年度交通费为 k。

(2)城市家庭结构同一，每一个家庭有固定的就业人数(上班人数)，家庭年收入 y 用于交通和住房消费，用 x 表示其他商品的消费额。

(3)城市住宅的品质固定不变，在不同地段上相同，住宅租金 $R(d)$ 只随交通距离 d 而变化。

(4)城市住宅包含土地和建筑两个组成部分，每个住宅的占地面积为 q，建筑的材料和劳动力成本为 c，住宅密度即为 $1/q$。

(5)城市住宅被支付最高价格的家庭租用，土地也被用于支付最高租金的用途。

当交通费的节省值正好等于租金的增加值时，家庭就不再有迁移的动力，市场达到平衡状态，所有家庭在其他商品上的消费额相同，均为 x^0，住宅租金可用下式表示：

$$R(d) = y - kd - x^0 \tag{3-13}$$

3.2.1.2 城市的规模、形态价格模型

城市的规模、形态价格模型分析了城市人口规模、住宅密度和城市形态对住宅价格分布的影响。李嘉图城市租金模型假设交通费用线性变化，交通路线呈放射状。而在城市规模、形态价格模型中则引入了描述城市形态的变量 $v(0\sim1)$，当 $v=0.1$ 时，城市是一个36°圆心角的半岛；当 $v=0.5$ 时，城市位于直线水岸的边上；当 $v=1$ 时，城市是一个完整的圆形。如果城市内总家庭数为 n，每户住宅的占地面积为 q，城市总面积等于所有家庭住宅的占地面积之和，即 $v\pi b^2=nq$，因此：

$$b = \sqrt{\frac{nq}{v\pi}} \tag{3-14}$$

式(3-14)表明在城市其他变量不变的情况下，城市人口增加、住宅密度降低及扇形圆周角减小，都会使该城市边缘到城市中心的空间半径增大，城市住宅价格就越高。

3.2.1.3 城市空间增长价格模型

对式(3-14)中的 n 取偏微分可得：$\frac{\partial b}{b}=\frac{\partial n}{2b}$，当城市人口增加时，城市边缘会以其城市人口扩张率一半的速度增加，若用 t 表示时间，用 b_0 表示当前的城市半径，g 表示城市半径未来的增长速度，$2g$ 是城市人口的增长速度，城市边缘 b_t 随时间以指数形式增长，可表示为如下公式：

$$b_t = \lim_{n\to\infty} b_0\left(1+\frac{g}{n}\right)^{tn} = b_0 e^{gt} \tag{3-15}$$

这就是城市空间增长价格模型，反映了城市空间增长时住宅价格的变化规律：

(1)如果一个城市从总体上不再有增长的预期时，资本化率等于折现率，且在城市的所有位置都相同。

(2)当城市空间有增长时，资本化率小于折现率，且在城市的不同地方有所不同。相对

于城市中心，城市边缘的住宅价格增长较快，而资本化率相对较低。当城市边缘随着时间变化而扩张时，城市内部的资本化率将会上升。

(3)住宅价格与住宅租金以相近的速度随着时间增长。

综上所述，城市住宅价格空间分布模型研究了住宅价格在城市内部的空间分布及住宅价格随人口规模、城市空间扩张时的变化规律，对于城市住宅估价和城市内部住宅价格的变化趋势具有很强的解释力，但对一个经济体在一个时期内的住宅价格的整体变化却无法解释。

3.2.2 城市商品住宅的区位理论

城市商品住宅的区位理论基础是区位经济理论，起源于古典经济学，经历了古典区位论、近代区位论和现代区位论阶段，产生了很多有代表性的区位理论，如杜能区位理论、韦伯(A. Weber)工业区位理论、克里斯塔勒(W. Christaller)中心地理论和廖什市场区位理论等。

城市商品住宅区位是指城市特定住宅区域所处的空间位置及其相邻住宅区域间的相互关系。“城市不动产的三条最重要的特征：一是区位，二是区位，三还是区位。”(M. 歌德伯戈等，1990)。可见，选择最佳区位(地理位置)对城市住宅价格至关重要。

城市土地由于区位特点的不同，其作为住宅生产要素的资源性质也具有较大的差异。城市住宅开发活动无非面临两种大的区位选择：是在中心区建设，还是在边缘区投资？作为一个开发商，当其他条件一样时，其决策主要是从住宅生产的边际成本上去考虑问题；而作为消费者的个人和家庭，则依据家庭消费效用最大化标准进行判断。

3.2.2.1 住宅需求中的区位理论分析

1)基于地租的分析

(1)居住区位关系模型。居民选择自己的居住空间，往往是从决定自己的居住区位开始的，在何处定居最经济合理，取决于两个因素：一是价格，二是收入。首先构建家庭效用函数：

$$U = U(X,L) \tag{3-16}$$

式中：X 为非居住类的商品和服务的消费量；L 为住宅用地的消费量。之所以用土地面积来替代住宅面积，是因为在某一具体的地块上，住宅面积与用地面积之间客观上存在着一定的关联性，因此可以将家庭效用函数中对住宅的需求转化为对用地的需求，从而集中到居住用地的区位选择上。将家庭收入分解为三大部分，分别用于地租、交通成本和其他开支，即：

$$Y = PX + T(d) + Lr(d) \tag{3-17}$$

式中：Y 为家庭收入；P 为非居住类商品和服务的价格；$T(d)$ 为交通成本；d 为居住地点到城市中心的距离；L 为住宅用地面积；$r(d)$ 为单位用地租金。

为得到家庭效用最大化的条件，将式(3-16)设为目标函数，将式(3-17)设为约束条件，建立拉格朗日函数，令：

$$\varphi = U + \lambda\{Y - [PX + T(d) + Lr(d)]\} \tag{3-18}$$

式中：λ 为拉格朗日函数。

为使 φ 最大，必要条件是一阶偏导数均为零，分别对 X、L、d 求偏导，并使其等于零：

$$\frac{\partial \varphi}{\partial X} = \frac{\partial U}{\partial X} - \lambda P = 0 \tag{3-19}$$

$$\frac{\partial\varphi}{\partial L}=\frac{\partial U}{\partial L}-\lambda r(d)=0 \tag{3-20}$$

$$\frac{\partial\varphi}{\partial d}=-\lambda\frac{\partial r(d)}{\partial d}L-\lambda\frac{\partial T(d)}{\partial d}=0 \tag{3-21}$$

用式(3-19)除以式(3-20),推导得到:

$$\frac{\partial d/\partial X}{\partial d/\partial L}=\frac{P}{r(d)} \tag{3-22}$$

式(3-22)说明,当家庭效用最大时,住宅与非住宅商品和服务的边际替代率等于二者的价格比率。

(2)住宅的最佳区位选择。将式(3-21)重新整理,可得:

$$\frac{\partial r(d)}{\partial d}=-\frac{1}{L}\frac{\partial T(d)}{\partial d} \tag{3-23}$$

式中:$\frac{\partial r(d)}{\partial d}$为每增加一个单位的到城市中心的距离所增加的地租;$\frac{\partial T(d)}{\partial d}$为每增加一个单位的到城市中心的距离所增加的交通成本,也即单位距离的运费率,它是一个常数(见图 3-5 中的曲线 AT)。由于 L 是正数,$\frac{\partial T(d)}{\partial d}$也是正数,故$\frac{\partial r(d)}{\partial d}$肯定是一个负数,即随着从城市中心向外迁移距离的增加,地租在下降;地租下降将使居民对住宅的消费量上升,即 L 在递增,而$\frac{\partial r(d)}{\partial d}$则在递减,这也意味着,随着距离的增加,地租的节省程度是在递减的(见图 3-5 中的曲线 BC)。

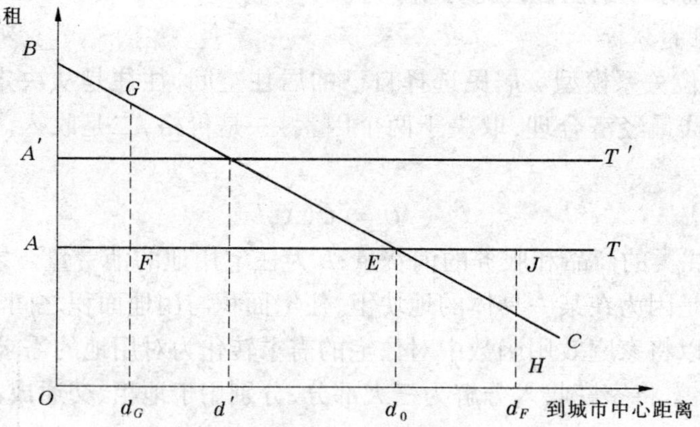

图 3-5　住宅区位的最佳选择

从图 3-5 可见:在 BE 区段,随着距离增加地租在减少,但减少的幅度也在递减,并且边际地租节省额超过了边际交通成本,因此居民有持续的动力,会推动位于 Od_0 范围内的居民朝着远离城市中心、靠近 d_0 的方向移动;而在 EC 区段,虽然随着距离增加地租仍在减少,且减少的幅度还在下降,但边际地租节省额已经小于边际交通成本,表明这时再向外移动对于居民来说是得不偿失的举动,故位于 d_0 以外的居民会有向 d_0 靠拢的动力;两种移动趋势的结果,使得具有上述效用函数和收入约束的居民,以在 d_0 点处定居为其最佳选择。也就是说,在家庭效用最大化的前提下,当边际地租节省额等于边际交通成本时,即 AT 与 BC 的交点 E 处是住宅的最佳区位。

2)基于房租的分析

(1)空间分布关系模型。与李嘉图租金模型相类似,Mac Donald(1979)提出了关于居住行为的"断面空间分布关系"(Access Space Relationship)模型的一般公式。如果家庭效应函数为:

$$U = U(A,Q,N,C,H) \tag{3-24}$$

式中:A 为非住宅商品的混合矢量;Q 为住宅及与住宅相关的区位性服务的矢量(这里假设住宅服务流量的产出 Q 是从一个线性的同性质家庭生产函数中产生的:$Q = Q_i(Z,E^t)$,Z 为住宅及其区位特征的矢量,E^t 为家庭时间投入的矢量);N 为其他活动的矢量;C 为交通的矢量;H 为工作时间的矢量。

在收入和时间约束下要使家庭效用最大化,则收入 Y 和时间 T 约束条件是:

$$\begin{cases} Y = qP_{(t)} + C_{(t)} + \sum (r_i a_i) \\ T = w + t + \sum a_i \end{cases} \tag{3-25}$$

式中:q 为住宅的单位空间数量;$P_{(t)}$ 为住宅的单位空间价格;$C_{(t)}$ 为出行的交通成本(包括直接成本与间接成本);a_i 为家庭从事其他活动的时间($i=1,2,\cdots,n$),r_i 为每一个 a_i 的单位时间成本;$\sum(r_i a_i)$ 为家庭的其他活动开支;t 为出行时间;w 为工作时间。

可见,家庭收入被分成了三大部分,分别用于居住、交道和其他生活开支;家庭的时间支配也被分成了三大部分,分别用于工作、出行和其他活动。

对上述目标函数和收入约束条件,建立起拉格朗日函数,令:

$$\varphi = U + \lambda\{Y - [qP_{(t)} + C_{(t)} + \sum (r_i a_i)]\}$$

为求 φ 最大,则必要条件是一阶偏导数均为零,则有:

$$\frac{\partial \varphi}{\partial q} = \frac{\partial U}{\partial q} - \lambda P_{(t)} = 0$$

整理得:

$$\frac{\partial U}{\partial q} = \lambda P_{(t)} \tag{3-26}$$

同理可得:

$$\frac{\partial U}{\partial t} = \mu + \lambda\left(q \cdot \frac{\partial P}{\partial t} + \frac{\partial C}{\partial t}\right) \tag{3-27}$$

$$\frac{\partial U}{\partial w} = \mu - \lambda r \tag{3-28}$$

$$\frac{\partial U}{\partial a_i} = \mu + \lambda r_i \quad (i = 1,2,\cdots,n) \tag{3-29}$$

式中:μ 和 λ 分别为时间和收入约束的拉格朗日函数,可以被视为时间和收入的边际效用。

(2)房租与出行时间的关系。用式(3-27)除以式(3-28),进行整理,并令 $\frac{\mathrm{d}V}{\mathrm{d}t} = \frac{\frac{\partial U}{\partial t} - \mu}{\frac{\partial U}{\partial w} - \mu}$,可得:

$$q\frac{\mathrm{d}P}{\mathrm{d}t} = -\left(\frac{\mathrm{d}C}{\mathrm{d}t} + r\frac{\mathrm{d}V}{\mathrm{d}t}\right) \tag{3-30}$$

式(3-30)表明,对于住宅区位或出行时间的选择,会使得从较远的选址中所获得的租金节约量($q\frac{\mathrm{d}P}{\mathrm{d}t}$)等于增加的出行成本($\frac{\mathrm{d}C}{\mathrm{d}t}+r\frac{\mathrm{d}V}{\mathrm{d}t}$)。由于工资率通常总是正数($r>0$),直接的出行成本显然是随着距离的增加而增加的($\frac{\mathrm{d}C}{\mathrm{d}t}>0$),间接的出行成本根据实证的调查可知其取值范围是个正数(一般$0<\frac{\mathrm{d}V}{\mathrm{d}t}<0.3$),住宅空间消费量也是个正数($q>0$),因此与出行时间相关的住宅租金一定是个负数($\frac{\mathrm{d}P}{\mathrm{d}t}<0$),也就是说,单位住宅空间的租金会随着到城市中心的出行时间的增加而下降。

(3)房租与出行距离的关系。由于出行距离是出行时间的函数,即:

$$K = K(t) \tag{3-31}$$

故有:

$$\frac{\mathrm{d}P}{\mathrm{d}t}=\frac{\mathrm{d}P}{\mathrm{d}K}\frac{\mathrm{d}K}{\mathrm{d}t} \tag{3-32}$$

由于出行距离越长,所需的出行时间也会越多,即$\frac{\mathrm{d}K}{\mathrm{d}t}>0$,又因$\frac{\mathrm{d}P}{\mathrm{d}t}<0$,所以与出行距离相关的住宅租金一定是个负数,也就是说,单位住宅空间的租金会随着到城市中心的出行距离的增加而下降。

(4)过滤效应和比益论。如果一个城市的住宅市场是均衡的,并且高收入的家庭比低收入的家庭对住宅有更高的需求,当家庭收入普遍提高,或者有新住宅进入市场(即供给扩大)时,这时会有一系列的住宅迁移现象发生,高收入家庭搬到价格昂贵的新居,他们遗留下来的旧宅被中等收入家庭接手,而中等收入家庭腾出来的旧宅又被低收入家庭看中,低收入家庭迁走后,他们的廉价而劣质的旧宅则被最低收入家庭和外来贫民阶层所居住,整个过程好似层层过滤的流水一般,因此称为过滤效应。英国经济学家 Heilbrun(1974)将住宅市场的过滤效应定义为:它发生在当较高收入的集团迁出,使得其遗留的原住宅对于较低收入的集团能够以较低成本入住的过程。20 世纪上半叶,过滤论是最具有权威性的住宅区位理论,并广泛应用于美国的城市更新运动。

其后,一种新的区位理论比益论(Trade-off Theory)又被提出,它是指在均衡的土地供应和交通条件下,人们对于居住地点的考虑主要取决于在居住费用和交通费用之间,通过权衡比较而选择一种适当的平衡关系。例如,愿意靠近城市中心,则将支付较高的居住费用和较低的交通费用;愿意移向郊区,则将支付较低的居住费用和较高的交通费用。比益论认为在居住费用和交通费用之间存着互逆的增减关系。居民家庭如果对居住空间的面积有偏好的话,多会选择郊外的社区,以便获取较低的住宅价格,从而扩大住宅消费的数量;如果对城市文化生活和商业设施更加讲究和在意的话,多会选择城市中心的社区,哪怕压缩居住空间、支付高额住宅价格,也在所不惜。可见,在居住区位的选择中,个人的偏好和心理因素也起到了相当重要的作用。

(5)住宅区位选择中的非经济因素。以上分析主要集中在有关成本与效益的权衡之中,即基于经济因素的考虑来定住宅的区位选择。但在现实生活中,人们对于自己居住场所的决策过程远比这些描述要复杂得多,还有许多非经济因素起着十分重要的、有时甚至是决定性的作用。

在同一个城市的两个不同地段,即使是自然状况(包括自然环境、住宅质量等)极其相似的两个居住区,在住宅价格上往往有较大的差异,单纯用经济因素来解释显然是不够的。因此,一些非经济因素必须考虑进去,例如,交通便捷程度、基础设施完善程度、公共设施完备程度、人口集聚程度、环境、治安状况和文化传统等。有时,家长为了孩子能够进入一所声誉良好的中小学校就读,不惜花费更高的代价搬迁到就近的区域,此时经济因素在决策中的作用显然退居其次。

3.2.2.2 住宅供给中的区位理论分析

1)住宅开发商的生产函数

假设住宅服务是一种同质性的标准商品,通过使用土地以及非土地投入(亦即除土地以外的其他一切生产要素)而被生产出来。假设某一城市地区是一个均质的平原,围绕着一给定的中心(它既是交通中心,也是商业中心和就业中心);各个地点到达中心的交通同样便利,因此唯一区别就在于到达中心的距离和所花费的时间。这样,在区位 u 处的住宅生产函数可以表示为:

$$Q(u) = f[L(u), K(u)] \tag{3-33}$$

式中:$Q(u)$为住宅服务的产出;$L(u)$为土地使用的投入;$K(u)$为非土地使用的投入。

若住宅生产开发商是投入和产出品市场的价格制定者,在任一区位上,开发商都可自由使用投入品,直至投入品的边际产出价值等于投入品的价格,则有:

$$\begin{cases} P_2(u) = \dfrac{\partial f[L(u), K(u)]}{\partial L(u)} = R(u) \\ P_2(u) = \dfrac{\partial f[L(u), K(u)]}{\partial K(u)} = r(u) \end{cases} \tag{3-34}$$

式中:$P_2(u)$为住宅服务价格;$R(u)$为土地价格;$r(u)$为非土地投入品的价格。

由于土地和非土地投入品均为存量,它们的服务流量是生产函数的投入品,因此 $R(u)$ 与 $r(u)$实际上是每单位土地和非土地投入品的租金。这个模型的重要意义是:投入品和产出品的价格是随着城市区位不同而变动的,所以收益最大化的企业将会在城市的不同空间上有不同的产出水平和投入比率。

2)住宅开发商的空间决策

假设非土地投入品的价格在城市的各个区位都是相同的,也即在任意一点的供给都有完全弹性;住宅服务价格(即租金)与距离(即到城市中心)相关,并且生产函数的规模报酬不变;各个区位上的开发商都无意改变区位,因为在各个点上的收益都是一样的,因此在长期均衡条件下,每一区位的经济收益均为零。由于土地供给在每一区位都是确定的,收益最大化的土地使用者将投标竞争每一区位、提升土地租金,直至经济收益为零。在此,住宅开发商的生产决策符合式(3-34),并且总收益会等于总支付。住宅开发商的空间均衡见图 3-6。

因为规模报酬不变,在任意的产出水平上,区位 u'的总收益为 $P_2(u')$,住宅开发商的等成本线的垂直截点是 A,即$\dfrac{P_2(u')}{r}$,在收益最大化和空间均衡条件下,等成本曲线将会通过 A 并与无差异曲线相切,水平截点 B 将是每单位土地的租金 $R(u)$;所有位于区位 u'的开发

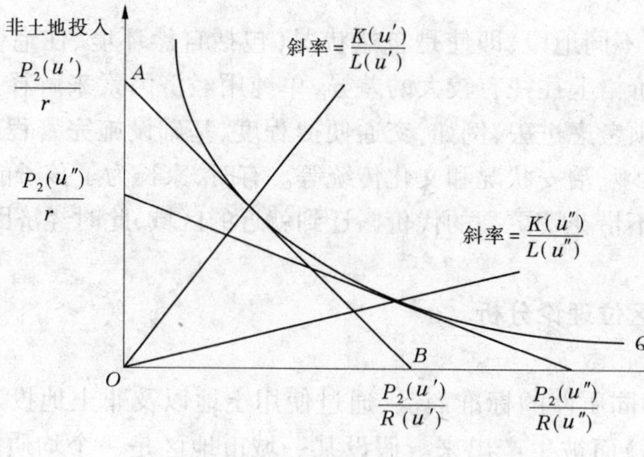

图 3-6　住宅开发商的空间均衡

商将以一个既定的投入组合(即土地与非土地的比例)来从事住宅生产。

而对于另一个区位 u'',它位于离城市中心更远一些的地方,在这里住宅开发商会面临一个较低的住宅服务价格和较低的单位土地租金,即土地的相对价格较低、非土地的价格较高,因此土地投入就会部分替代非土地投入,使得住宅生产维持在一个较低的非土地投入比例之上。也就是说,当人们从城市中心向外迁移时,单位土地上的非土地投入比例会减小。人们可以直接观察到的一个明显现象,就是建筑的密度和高度——高层建筑往往集聚在城市中心,而越向外围则建筑的密度越稀、高度越矮。

如果住宅服务的价格函数在所有地点都是上升的,那么住宅服务的产出也会上升,因为在每一地点都有更多的土地被投入到居住用途,从而使生产得以扩大。

3.3　小　结

正如所有的新古典经济学模型一样,住宅价格形成的理论模型都是建立在严格的假设基础之上的,都是在不同宏观背景下,从不同角度和侧重点进行分析的,这就使得模型的应用范围受到了极大的限制。上述理论模型的局限性也反映了住宅价格形成机制的复杂性,也多是建立在发达的市场经济前提下的研究,用这些模型指导实际应用时,要根据研究案例具体问题具体分析,特别是应用于我国住宅市场的分析,更应该注意这些模型的适用性。

上述诸多住宅价格形成理论的基本观点可以归纳为:在完全竞争市场下,商品住宅价格的形成主要来自市场的需求与供给的平衡,因此分析完全竞争市场下均衡商品住宅价格的影响因素,主要从需求价格的影响因素和供给价格的影响因素两方面入手。但是,从住宅市场运行实践来看,地区的差异性、交易的非公开性、商品的个别性、市场的分散性、供求调节的滞后性等特征决定了住宅商品市场是一个不完全竞争的市场。在不完全竞争市场下,供给和需求通常总是不相等的,住宅价格通常不处于均衡状态,除受到供给因素和需求因素的影响外,还受到供给和需求差额的直接影响,同时宏观经济和政府政策干预程度也会通过影响供给和需求因素而对房价形成间接影响。

城市商品住宅价格的空间差异,从广义上来说,也就是其空间区位的不同。以上介绍的有关住宅区位的基本理论,都涉及了居民家庭(或开发商)在选择土地和住宅产品时所考虑到的因素，以及在这些因素条件下进行决策的方法。但是这些理论也存在一些缺陷，例如，过分强调交通因素在区位选择中的作用，将区位比较简单地用交通费用进行衡量；假定城市单一中心与均质观点，认为区位条件和地价与地块到城市中心距离为线性关系，且连续变化；模型过于简化，考虑到的因素不够充分；具体的居民家庭对于土地和住宅产品的选择被认为是唯一确定的，其区位的决策过于刚性，而对居民家庭偏好性考虑不足，没有认识到选择权及其选择可能性增加后自由决策本身带来的效用；最关键的是，上述研究方法都是立足于土地私有制而进行的，若用于我国住宅的区位选择问题，则显得土地价值分析的色彩过重，必须有鉴别地加以利用。

对于过分强调交通和假设单一城市中心的简单论断所进行的批评，从 Pand F Wendt 等就开始了。他们提出了新的关于土地价值的多因素理论模型，即

$$V = \frac{f_x(P,Y,S,P_w,P_i) - \sum (T + O_c + i_m + D_m)}{f_x(i,R,G)} \tag{3-35}$$

式中：V 为城市土地价值的总和；f_x 为预期值；P 为人口；Y 为家庭平均收入；S 为土地供给量；P_w 为地区吸引力；P_i 为公共投资；T 为地方税负；O_c 为运行费用；i_m 为土地改进费用利率；D_m 为土地改进工程的折旧；i 为利率；R 为投资风险；G 为资本增值可能性。

第 4 章　商品住宅价格的空间分析方法

研究商品住宅价格的空间分异和时间演变，传统的地理学分析方法侧重于表面现象分析与文字描述，很难深刻揭示其内在规律性，探索性空间数据分析、空间自相关分析、空间回归分析和地统计学等现代分析方法的出现和应用，特别是 GIS 等软件技术的实现，为大量的、繁杂的空间分析提供了可靠的技术支撑和保障。

4.1　探索性空间数据分析方法

Tobler(1970)曾指出“地理学第一定律：任何东西与别的东西之间都是相关的，但近处的东西比远处的东西相关性更强”。空间自相关(Spatial Autocorrelation)是指一些变量在同一个分布区内的观测数据之间潜在的相互依赖性(Griffth, 1987; Anselin, 1992)。空间自相关统计量是用于度量地理数据的一个基本性质：某位置上的数据与其他位置上的数据间的相互依赖程度(Ord, 1975)。通常把这种依赖叫做空间依赖(Spatial Dependence)。地理数据由于受空间相互作用和空间扩散的影响，彼此之间可能不再相互独立，而是相关的。例如，视空间上互相分离的许多市场为一个集合，如市场间的距离近到可以进行商品交换与流动，则商品的价格与供应在空间上可能是相关的，而不再相互独立。实际上，市场间距离越近，商品价格就越接近、越相关。

判断地区间的空间相关存在与否，首先要进行探索性空间数据分析。探索性空间数据分析的核心是认识与地理位置相关的数据间的空间依赖、空间关联或空间自相关，涉及空间权重矩阵的构建，全局空间自相关、局部空间自相关的度量及空间关联的识别等(马荣华等，2007)。

4.1.1　空间权重矩阵

空间自相关的概念源于时间自相关，但比后者复杂。主要是因为时间是一维函数，而空间是多维函数。因此，在度量空间自相关时，还需要解决地理空间结构的数学表达问题，定义空间对象的相互邻接关系。空间经济计量学引入了空间权重矩阵，这是与传统计量经济学的重要区别之一，也是进行探索性空间数据分析的前提和基础。如何合适地选择空间权重矩阵一直以来也是探索性空间数据分析的重点和难点问题。

空间权重矩阵(Spatial Weight Matrix，记为 W)表达了不同空间对象之间的空间布局，如拓扑、邻接关系等，相应地构成了统计检验或模型建立的出发点。W 的具体形式为：

$$W = \begin{bmatrix} w_{11} & w_{12} & \cdots & w_{1n} \\ w_{21} & w_{22} & \cdots & w_{2n} \\ \vdots & \vdots & & \vdots \\ w_{n1} & w_{n2} & \cdots & w_{nn} \end{bmatrix} \tag{4-1}$$

其中，n 表示空间单元个数。如果第 i 个空间单元和第 j 个空间单元属于邻居关系，则 $w_{ij}=1$；否则，$w_{ij}=0$。通常约定，一个空间单元与其自身不属于邻居关系，即 $w_i=0$。这样，对第 i 行而言，其中的非 0 元素 w_{ij}定义了该单元 i 的"邻居集合"。

为便于解释，通常将空间权重矩阵元素加以行标准化处理，即将每一个元素除以该行所有元素之和，使得每一个元素值的范围介于 0～1。

$$w_{ij}^{s}=(w_{ij}/\sum_{j}w_{ij}) \tag{4-2}$$

对于多边形空间单元，我们可以采用多边形的质心代表多边形，将质心距离 d_{ij}作为权重，d_{ij}表示空间单元 i 与单元 j 质心之间的距离。在对空间过程建模时，常以倒数的形式使用距离权重，因为两个多边形之间的距离增大时，它们之间的大部分空间关系都会减弱。所以，将权重表示为 $w_{ij}=1/d_{ij}$。然而，有关空间过程的实证研究表明，许多空间关系的强度并不刚好随着单元间距离的增加而成比例减小，它们往往会减小得更快。因此，可用距离平方的倒数计算权重，即 $w_{ij}=1/d_{ij}^{2}$。

空间权重矩阵的元素一般为常数，但也可以包含参数，如 $w_{ij}=1/d_{ij}^{\beta}$或 $w_{ij}=e^{-\beta d_{ij}}$（其中 d_{ij}是 i 和 j 之间的距离，β 是待估参数）。当 $w_{ij}=b_{ij}^{\alpha}/d_{ij}^{\beta}$（$b_{ij}$是单元 i 和 j 间的公共边界占 i 周长的比例，α 和 β 是待估参数）时，称为 Clif-Ord 广义权重（Cliff 等，1981；Anselin，1988）。在实际应用中，这些参数通常都预先设定。例如，当 $\beta=2$，矩阵元素设定为 $w_{ij}=1/d_{ij}^{2}$时，成为引力模型。

GIS 为空间权重矩阵的构建提供了极大便利，特别是当空间单元数目非常庞大，根本不可能用目视方法定义空间单元之间的邻接关系时，GIS 就显得非常合适。在 GIS 环境内，上述两种空间权重矩阵定义方法都比较容易实现。

4.1.2 空间自相关指数

4.1.2.1 全局空间自相关指数

当不同观察对象的同一属性变量在空间上表现出一定的规律性，而不是随机分布时，则认为它们之间存在空间自相关。全局空间自相关（Global Spatial Autocorrelation）指数，如 Moran's I、Geary's C 等，可以用来描述整个研究区域上所有空间对象之间的平均关联程度、空间分布模式及其显著性等。

1）全局 Moran's I

Moran（1950）最早提出度量空间自相关的指数，故后来人们就以他的名字来命名该指数：Moran's I。

Moran's I 统计量是一种应用非常广泛的全局空间自相关指数，它的具体表达形式如下：

$$I=\frac{n}{S_0}\frac{\sum_{i=1}^{n}\sum_{j=1}^{n}w_{ij}(x_i-\bar{x})(x_j-\bar{x})}{\sum_{i=1}^{n}(x_i-\bar{x})^2} \tag{4-3}$$

其中，x_i 表示第 i 个空间单元（位置）上的观测值（如住宅价格），$\bar{x}=\frac{1}{n}\sum_{i=1}^{n}x_i$，矩阵元素 w_{ij}表示空间拓扑关系，S_0 是空间权重矩阵的所有元素之和，$S_0=\sum_{i=1}^{n}\sum_{j=1}^{n}w_{ij}$。

对观测值在空间上不存在全局空间自相关，即它们在空间上随机分布这一原假设进行检验时，一般根据标准化以后的 Moran's I 值（或 z 值）：

$$z_I = \frac{I - E(I)}{\sqrt{Var(I)}} \tag{4-4}$$

在进行统计推断的过程中，通常需要对变量 x 的分布预先做出假设。一般分两种情况：一是假设变量 x 服从正态分布；二是在分布未知的情况下，用随机化方法得到 x 的近似分布。通过在正态分布或随机分布两种假设下得到 I 的期望值和方差来分别对原假设进行检验。

在正态分布假设下，Moran's I 的期望值和方差分别为：

$$E_N(I) = -\frac{1}{n-1} \quad Var_N(I) = \frac{n^2 S_1 - nS_2 + 3S_0^2}{S_0^2(n^2-1)} - E_N^2(I) \tag{4-5}$$

在随机分布假设下，Moran's I 的期望值和方差分别为：

$$E_R(I) = -\frac{1}{n-1}$$

$$Var_R(I) = \frac{n[(n^2-3n+3)S_1 - nS_2 + 3S_0^2] - b_2[(n^2-n)S_1 - 2nS_2 + 6S_0^2]}{S_0^2(n-1)(n-2)(n-3)} - E_R^2(I) \tag{4-6}$$

式中：$S_0 = \sum_{i=1}^{n}\sum_{j=1}^{n} w_{ij}$，$S_1 = \frac{1}{2}\sum_{i=1}^{n}\sum_{j=1}^{n}(w_{ij}+w_{ji})^2$，$S_2 = \sum_{i=1}^{n}(w_i + w_i')^2$；$w_i$、$w_i'$分别为空间权重矩阵中的第 i 行和第 i 列的和，$w_i = \sum_{j=1}^{n} w_{ij}$，$w_i' = \sum_{j=1}^{n} w_{ji}$，$b_2 = \frac{n\sum_{i=1}^{n}(x_i-\bar{x})^4}{[\sum_{i=1}^{n}(x_i-\bar{x})^2]^2}$。

通常将 Moran's I 解释为一个相关系数，取值范围介于 $-1 \sim 1$。在给定显著水平下，当 Moran's I 显著为正时，表示观测值之间存在显著的正相关，高的观测值倾向于和高的观测值集聚在一起，低的观测值倾向于和低的观测值集聚在一起，呈现高高集聚或低低集聚分布格局；当 Moran's I 显著为负时，表示观测值之间存在显著的负相关，高的观测值倾向于和低的观测值集聚在一起，高低相异，呈现空间分散格局；当 Moran's I 接近期望值（随着样本数量 n 的增大，该值趋于 0）时，表明不存在空间自相关，观测值在空间上随机排列。此时，数据满足经典统计分析所要求的独立、随机分布假设。

2）Global Geary's C

继 Moran 提出 Moran's I 不久，Geary（1954）提出了一个类似的空间自相关指数。后来就用他的名字命名了该指数：Geary's C。

Geary's C 也是一种较为常用的空间自相关统计量。它的具体表达形式为：

$$C = \frac{n-1}{2S_0} \frac{\sum_{i=1}^{n}\sum_{j=1}^{n} w_{ij}(x_i - x_j)^2}{\sum_{i=1}^{n}(x_i - \bar{x})^2} \tag{4-7}$$

对该统计量的统计推断也是根据相应的标准化 z 值。在正态分布假设下，Geary's C 的期望值和方差分别为：

$$E_N(C) = 1 \qquad Var_N(C) = \frac{1}{2(n+1)S_0^2}[(2S_1 + S_2)(n-1) - 4S_0^2] \tag{4-8}$$

在随机分布假设下,Geary's C 的期望值和方差分别表示如下:

$$E_R(C) = 1$$

$$\begin{aligned} Var_R(C) = \frac{1}{n(n-2)(n-3)S_0^2}\{ & (n-1)S_1[n^2 - 3n + 3 - (n-1)b_2] - \\ & \frac{1}{4}(n-1)S_2[n^2 + 3n - 6 - (n^2 - n + 2)b_2] + \\ & S_0^2[n^2 - 3 - (n-1)^2 b_2]\} \end{aligned} \tag{4-9}$$

式中:S_0、S_1、S_2、b_2 的表达式同上。

Geary's C 总是正值,取值范围一般介于0~2。Geary's C 的解释类似于 Moran's I。不同的是,当 Geary's C 值趋近1时,表示观测值之间不存在空间自相关,在空间上呈现随机排列分布格局;当 Geary's C 介于0~1时,表示观测值之间存在正的空间自相关,相似的观测值在空间上集聚;当 Geary's C 大于1时,表示观测值之间存在负的空间自相关,相异的观测值在空间上集聚。

根据传统的抽样理论,Moran's I 和 Geary's C 的分布都较容易确定。Cliff 和 Ord (1975)发现通常 Moran's I 有着比 Geary's C 更好的性质与效能。因此,Moran's I 后来更常用和流行。

4.1.2.2 局部空间自相关指数

通过全局空间自相关指数,如 Morarn's I、Geary's C 等,测度数据之间的空间关联程度时,我们可以得到关于总体的一种空间关联结构模式。由于计算结果是一个单一数值,并不能了解不同位置上的空间变异程度。此外,全局空间自相关指数建立在空间平稳性这一假设基础之上,即所有位置上观测值的期望值和方差均是常数。然而,现实中的空间过程很有可能是不平稳的,特别是当数据量非常庞大时,空间平稳性的假设就变得非常不现实(Ord 等,1995)。即便在一个存在全局空间自相关的样本中,也有可能存在局部的随机性,或是在全局随机分布的样本中,存在局部的空间关联模式。因此,需要一些能够识别局部不平稳的技术与方法。局部空间自相关指数可以用来识别不同空间位置上可能存在的不同空间关联、集聚模式,从而可以观察空间局部不平稳性,发现数据之间的空间异质性,为分类或区划提供决策依据。

空间关联的局部分布很有可能成为全局指标所不能反映的"非典型"情况,尤其在大样本数据中,在强而显著的全局空间关联情况下,可能会掩盖着完全随机化的样本数据子集,有时甚至会出现局部的空间关联趋势和全局的趋势恰恰相反的情况,这就很有必要使用空间关联局部指标(LISA:Local Indicators of Spatial Association)来分析空间关联的局部特性。

Anselin(1995)介绍了 ESDA 及 LISA 分析方法。LISA 是 ESDA 的主要构成内容。根据 Anselin 的定义,一般而言,LISA 分析满足下列两个条件:一是每个区域空间观测单元的 LISA描述了围绕该区域单元显著的相似值空间单元之间空间集群程度;二是所有空间单元的 LISA 之和与对应的全局空间关联指标成比例。

LISA 主要有两个目的:一是识别局部的空间集聚或热点,二是识别局部的非平稳性。若某个位置上的 LISA 非常显著,则可将该位置看做热点/冷点;若某个位置上的 LISA 与均值之间的差距非常大，则表明该位置对全局空间关联程度的贡献超过了它的预期份额，可将该位置看做是离群点/异常点或强影响点（如与均值之差超过 2 个标准差）。

1）局部 Moran's I_i

在空间位置 i 上，其局部 Moran's I_i 指数的定义如下：

$$I_i = \sum w_{ij} z_i z_j \tag{4-10}$$

式中：$z_i = x_i - \bar{x}$，$z_j = x_j - \bar{x}$ 为观测值的均值标准化，空间权重矩阵元素 w_{ij} 采用行标准化形式（$\sum_{i=1}^{n}\sum_{j\neq i}^{n} w_{ij} = n$），$I_i$ 表示位置 i 上的观测值与周围邻居观测值的加权平均的乘积。这样，全局 Moran's I 和局部 Moran's I_i 指标之间的关系是：

$$I = \frac{\sum_{i=1}^{n}\sum_{j\neq i}^{n} w_{ij} z_i z_j}{S^2 \sum_{i=1}^{n}\sum_{j\neq i}^{n} w_{ij}} = \frac{1}{n}\sum_{i=1}^{n}\left(z_i \sum_{j\neq i}^{n} w_{ij} z_j\right) = \frac{1}{n}\sum_{i=1}^{n} I_i \tag{4-11}$$

全局 Moran's I 取值范围介于 $-1 \sim 1$，类似于一个相关系数，而局部 Moran's I_i 的取值范围并不限于 $-1 \sim 1$，与数据有很大关系。

局部 Moran's I_i 指数的精确分布形式一般未知，对其检验通常采用条件随机化（Conditional randomization）或随机排列（Permutation）方法。条件随机化是指将位置 i 的观测值固定，其他观测值在整个空间位置上随机排列。这样可以得到 I_i 的经验分布函数，为计算所观测到的 I_i 的显著性检验提供参考依据。在一定显著性水平下，若 I_i 显著为正且 z_i 大于 0，则表明位置 i 和周围邻居观测值都相对较高，属高高集聚；若 I_i 显著为正且 z_i 小于 0，则表明位置 i 和周围邻居观测值都相对较低，属低低集聚；若 I_i 显著为负且 z_i 大于 0，则表明周围邻居观测值远低于位置 i 上的观测值，属高低集聚；若 I_i 显著为负且 z_i 小于 0，则表明周围邻居观测值远高于位置 i 上的观测值，属低高集聚。

2）局部 Geary's C_i

空间位置 i 的局部 Geary's C_i 指数的定义如下：

$$C_i = \sum_{j\neq i}^{n} w_{ij}(z_i - z_j)^2 \tag{4-12}$$

式中：z_i 和 z_j 是观测值的标准化形式，空间权重矩阵中的元素 w_{ij} 采用行标准化。

全局 Geary's C 和局部 Geary's C_i 统计量之间的关系是：

$$C = \frac{(n-1)\sum_{i=1}^{n}\sum_{j=1}^{n} w_{ij}(z_i - z_j)^2}{2nS^2 \sum_{i=1}^{n}\sum_{j=1}^{n} w_{ij}} = \frac{(n-1)\sum_{i=1}^{n}\sum_{j=1}^{n} w_{ij}(z_i - z_j)^2}{2n^2} = \frac{(n-1)}{2n^2}\sum_{i=1}^{n} C_i \tag{4-13}$$

局部 Geary's C_i 指数的伪显著水平 p 值的计算与局部 Moran's I_i 指数类似。若 p 值较大（如 $p > 0.95$），表明 C_i 值异常小，说明位置 i 的观测值与周围邻居的观测值之间是正相关（即相似）；若 p 值较小（如 $p < 0.05$），表明 C_i 值异常大，说明位置 i 的观测值与周围邻居的观测值之间是负相关（即不相似或差异大）。

4.1.2.3 时空自相关指数

Cliff 和 Ord（1981）曾提出一个简单的时空自相关指数形式：

$$I_{s-t} = \sum_{i=1}^{n} \sum_{j=1}^{n} w_{ij} y_{ij} \tag{4-14}$$

其中当$|t_i - t_j| \leqslant \eta$时，$y_{ij}=1$；否则$y_{ij}=0$。这里$y_{ij}$度量第$i$个事件与第$j$个事件在时间上的接近程度；$\eta$为一常数。

López - Hernández 和 Chasco-Yrigoyen(2007)提出了更有实用意义的单变量时空自相关指数STI_k(Space - time Moran's I)，其标准形式：

$$STI_k = \frac{Z'_{t-k} W I_t}{\sqrt{Z'_{t-k} Z_{t-k}} \sqrt{Z'_t Z_t}} \tag{4-15}$$

这里k是指时滞(Timelag)的阶数；Z_t与Z_{t-k}分别是同一个变量在时间t与时间$t-k$的平均偏差向量；Z'_t与Z'_{t-k}分别是Z_t与Z_{t-k}的转置；W是行标准化的空间权重矩阵。当$k=0$时，该指数就是 Moran's I 在时刻t的标准形式。

4.1.3　空间自相关指数的检验

Cliff 和 Ord(1981)论证了全局 Moran's I 指数服从渐进正态分布，因此通常对 Moran's I 指数做正态逼近检验，但也可以做置换(或随机)检验。对于局部 Moran's I 指数，由于无法确切知道其分布，一般做置换检验(Anselin,1995)。Tiefelsdorf(2002)提出了对全局 Moran's I 指数与局部 Moran's I 指数的鞍点逼近(Saddle Point Approximation)检验。Tiefelsdorf 发现鞍点逼近比正态检验能更精确高效地估计空间指数的分布。尤其是当局部 Moran's I 指数不收敛于正态分布时，鞍点逼近是除计算其确切的经验分布以外的唯一逼近方法。时空自相关指数通常采取置换检验(Anselin 等,2002)。

4.2　地理空间回归分析方法

4.2.1　回归分析概述

回归分析(Regression Analysis)是一个术语，用于描述试图对一个(或多个)因变量或响应变量与若干预测变量之间的关系进行建模的一组方法集合。一个典型的(线性)关系(Ordinary Linear Model, OLM)可以用下式表达：

$$y = \beta_0 + \beta_1 x_1 + \beta_2 x_2 + \beta_3 x_3 + \cdots \quad 或 \quad Y = X\beta \tag{4-16}$$

其中，β是一个具有p个待定参数的列矢量，X是由自变量组成的行矢量，其第1个元素为1。

如果$Y=\{y_i\}$是一组因变量的n个观测值，而且具有相应自变量数据集相匹配的数据记录，就可以构建一系列与式(4-16)相同类型的线性方程。通常情况下，观测值数量要大于系数个数。这个问题的一种解决办法是寻找最佳拟合方案，最佳拟合意味着使这些数据点的观测值与模型拟合值之间的偏差最小的矢量β的一个解。在实际中，广泛使用的求解方法是使差值平方和最小，也就是"最小二乘法"(Ordinary Least Squares, OLS)。

每一个线性表达式都需要一个额外的误差项ε_i来表示表达式与观测值之间的拟合程度。用ε_i表示这些误差，上面表达式的通用表示形式为：

$$y_i = \beta_0 + \beta_1 x_{1i} + \beta_2 x_{2i} + \beta_3 x_{3i} + \cdots + \varepsilon_i \quad 或 \quad Y = X\beta + \varepsilon \tag{4-17}$$

X 是一个第 1 列元素均为 1 的矩阵；ε 是误差矢量，在概念上假定用来表达观察值的测量误差和非观测变量的影响。这种包括 p 个未知数、$n(n>p)$ 个方程的方程组的通用解法是：求解矢量 β 使误差项的平方和 $\varepsilon\varepsilon^{\mathrm{T}}$ 最小，即普通最小二乘法。采用这种方法的系数的解由矩阵表达式推导得到：

$$\hat{\beta} = (X^{\mathrm{T}}X)^{-1}X^{\mathrm{T}}Y \tag{4-18}$$

$$Var(\hat{\beta}) = \sigma^2(X^{\mathrm{T}}X)^{-1}$$

"^"表示总体参数的样本估计值，ε 是总体误差的样本估计值，称为"残差"。该模型的方差通常由拟合模型的残差来估计，使用下式：

$$\hat{\sigma}^2 = \frac{\sum_{i=1}^{n}(y_i - \hat{y}_i)^2}{n-p} \tag{4-19}$$

4.2.2 简单空间回归分析

简单回归技术已在空间分析领域得到很长时间的应用，一般格式可以用下式表示：

$$y = f(x_1, x_2, w) \tag{4-20}$$

其中，y（可能是变换过的）是一些连续因变量在位置 (x_1, x_2) 上的观测值；$f()$ 是需要定义的普通函数，经常是系数的线性表达式；w 是 $(x_1,\ x_2)$ 上测得的属性矢量。如果 $f()$ 简单地建模为坐标线性函数，那么公式可以写为：

$$y = \beta_0 + \beta_1 x_1 + \beta_2 x_2 \tag{4-21}$$

模型性能可以用经典统计学中的许多统计量来评价，如相关系数 R（或 R^2）统计量，这个统计量表示模型能够解释的数据变化的比例。

对于研究区内不同地方得到的一组 n 个观测值 $y_i(x_{1i}, x_{2i})$，则可以建立 n 个方程并利用 OLS 求解 $p=3$ 个未知数。这就是通过点集 $\{y_i\}$ 的线性趋势面或最佳线性拟合表面。各观测值与最优拟合表面间存在差异，可以用下式表达：

$$\varepsilon_i = \hat{y}_i - y_i \tag{4-22}$$

$\hat{y}$（估计值）是通过在各点 i 利用趋势面计算获得的。假定 n 值足够大，并为研究区的位置集合提供了一个代表性的覆盖，这些残差可以视为连续表面的采样值，并使用简单的等值线图或填充等值线图制图输出，如果采样点代表区域（预定义的区域或生成的区域，如 Voronoi 多边形）质心，残差可视化可以作为区域分布图利用。不管采用何种方法，趋势面拟合和残差制图都是探测性空间数据分析（ESDA）的一种形式，许多 GIS 及相关软件包支持这些功能，在 GIS 软件中，这种残差图可以用预定义的透明度叠加到拓扑图或专题图上，使得较大的正（负）残差间的空间关联可以可视化地与潜在的探测分析因子进行比较。

最常用的描述趋势面或相似回归拟合质量的指标是确定相关系数的平方，即 R^2，这是一个标准化残差平方的函数，残差使用观测值与总体平均值的偏差平方和进行标准化：

$$R^2 = 1 - \frac{\sum \varepsilon_i^2}{\sum (y_i - \bar{y})^2}, \quad R^2 \in [0,1] \tag{4-23}$$

在适当条件下，如 $\varepsilon \sim N(0, \sigma^2 I)$，$R^2$ 的显著性可通过一种有意义的途径进行估计，当值接近 1 时表示高度显著。但在更多情况下，由于不能满足分布条件，该指数的统计显著性也无法确定。因此,获得的数据只能被当做匹配良好度的指示。

4.2.3 空间自回归分析

4.2.3.1 空间自回归模型

1)简单空间自回归模型

对空间自回归模型做出开创性工作的是 Whittle(1954),为解决变量的空间自相关问题而提出了一个具有如下形式的联立自回归(Simultaneous Autoregressive,SAR)模型:

$$y = \rho W y + \varepsilon \tag{4-24}$$

这个模型源于经典统计学中的基于时间序列分析的标准线性自回归模型。W 是预定义的 $n \times n$ 的空间权重矩阵(一般都要标准化以使其各行总和为1),ρ 是观测变量 y 的空间自回归系数,通常由数据估计而来。

2)混合空间自回归模型(空间滞后模型)

简单 SAR 模型中仅仅包含了因变量 y 的空间滞后。如果给简单 SAR 模型加上附加的自变量 X,就得到了混合空间自回归(Mixed Regressive Spatial Autoregressive,MRSA)模型(Ord,1975),定义如下:

$$y = X\beta + \rho W y + \varepsilon \tag{4-25}$$

式中:y 为因变量的观测值向量;W 为预定义的 $n \times n$ 的空间权重矩阵;Wy 为因变量的空间滞后;X 为自变量的观测值矩阵($n \times k$);ε 为 $n \times 1$ 的误差项向量;ρ 为空间自回归系数;β 为 $k \times 1$ 的回归系数向量。

可以看出,这等同于标准线性回归模型再附加上 SAR 组分。这种混合模型的设计包括了空间自相关,同时也包括其他非空间预测变量。这种修正方法的目的是在标准 OLS 模型的基础上获得显著改进。在上述模型中,一个空间位置上的因变量不仅与该位置的自变量有关,还与相邻位置的因变量有关。若空间自回归系数 ρ 显著,则表明因变量之间的确存在实质性的空间依赖,ρ 的大小则度量了单元之间空间扩散或空间溢出等相互作用的程度。参数 β 反映了自变量 X 对因变量 y 的影响,空间滞后变量 Wy 是一内生变量,反映了空间距离对自变量的作用。该模型又称为空间滞后模型(Spatial Lag Model,SLM)。

要想对实质性的空间依赖作出正确的解释,必须具备的前提条件是,假设我们所考虑的事物和现象发生的空间尺度与其测量尺度(即空间观测单元)之间完全匹配,并且该模型能够反映它们之间真正的空间相互作用。当空间观测单元与事物和现象发生的空间尺度不相匹配时,上述空间滞后模型的设定则存在一定的问题。

3)空间误差模型

当数据存在测量误差或在建模过程中考虑的因素不够周全时,也会产生空间依赖性。将这种性质的空间依赖以一种空间过程的形式反映在误差项中。在建模过程中,考虑到普通线性回归残差的自相关性,把 SAR 模型应用于普通线性回归模型的残差结构中,将误差项设定为一个空间自回归过程,即得到空间误差模型(Spatial Error Model,SEM):

$$y = X\beta + \varepsilon \qquad \varepsilon = \lambda W \varepsilon + \mu \tag{4-26}$$

式中:λ 为误差项的空间自回归系数;$w\varepsilon$ 为误差项的空间滞后;ε 为不相关的、同方差的误差项;μ 为正态分布的随机误差向量。

SEM 中参数 β 反映了自变量 X 对因变量 y 的影响,参数 λ 衡量了样本观测值中的空间依赖作用，即相邻地区的观察值 y 对本地区观测值 y 的影响方向和程度。存在于扰动误差项之中的空间依赖作用，度量了邻近地区关于因变量的误差冲击对本地区观测值的影响程度。由于 SEM 时间序列中的序列相关问题类似，也被称为空间自相关模型（Spatial Autocorrelation Model, SAC）。

若空间自回归系数显著，则说明在建模过程中的确存在一些因素导致了误差项的空间自相关，如数据中存在测量误差、变量选择的不合适或空间权重矩阵 W 没有较好地表达空间关系等。在实际应用中，需要针对不同情况区别对待，直至得到一较为满意的模型。

4）广义空间过程模型

Anselin（1988）对上述模型进行推广得到广义空间过程模型（General Spatial Process Model, GSPM）：

$$\begin{aligned} y &= \rho W_1 y + X\beta + \varepsilon; \\ \varepsilon &= \lambda W_2 \varepsilon + \mu, \quad \mu \sim N(0, \sigma^2 I) \end{aligned} \tag{4-27}$$

式中：y 为 $n \times 1$ 依赖向量；ρ、λ 分别为空间滞后向量和自回归结构中滞后残差的系数；X 为 $n \times k$ 解释向量矩阵（k 个自变量，每个变量有 n 个观测值）；β 为对应于 X 的回归系数 $k \times 1$ 向量；ε 为误差项；μ 为干扰项；W_1、W_2 为分别与依赖变量 y 和残差 ε 对应的 $n \times n$ 空间权重矩阵。

当 $\rho = 0$ 且 $\lambda = 0$ 时，该模型即为 OLM 模型；当 $\lambda = 0$ 且 $\rho \neq 0$ 时，该模型即为 SLM 模型；当 $\rho = 0$ 且 $\lambda \neq 0$ 时，该模型即为 SEM 模型；当 $\beta = 0$ 且 $\lambda = 0$ 时，该模型即为 SAR 模型。

5）移动平均模型

在 SAR 模型基础上，通过对比时间序列中的方法。Cliff 和 Ord（1981）提出了移动平均模型（Moving Average Model, MAM）：

$$y_i = \varepsilon_i + \sum_{j \neq i}^{n} G_{ij} \varepsilon_j \tag{4-28}$$

这里 $E(\varepsilon_i) = 0$，$E(\varepsilon_i^2) = \sigma_i^2$，若 $i \neq j$，有 $E(\varepsilon_i \varepsilon_j) = 0$。因为此模型常用于转移回归模型中残差的自相关成分，且矩阵 G 可写为 λW，所以后来该模型的通用形式为：

$$\varepsilon = \lambda W \mu + \mu, \quad \mu \sim N(0, \sigma^2 I) \tag{4-29}$$

6）时空双向自回归模型

类似于空间过程模型，Cliff 和 Ord（1981）曾提出过两种形式的时空回归模型：

$$y_t = H y_{t-1} + X_t \beta, \quad t = 1, 2, \cdots, T \tag{4-30}$$

$$\begin{aligned} y_t &= X_t \beta + \varepsilon_t \\ \varepsilon_t &= H \varepsilon_{t-1} + \mu_t, \quad \mu_t \sim N(0, \sigma^2 I_n) \end{aligned} \tag{4-31}$$

式中：H 为依赖一个或多个参数的 $n \times n$ 矩阵；t 和 $t-1$ 为相邻的两时刻。

4.2.3.2 空间自回归模型的估计

空间依赖性的表现形式不同，空间自回归模型的估计方法也会有所不同。当空间依赖性以空间滞后的因变量形式出现在模型中时，不管误差项 ε 的性质如何，OLS 估计量不仅是有偏的，而且是不一致的；当空间依赖性出现在误差项中时，OLS 估计量虽然仍是无偏的，但不再是有效的估计量。因此，一般说来，在模型中出现了空间依赖性或空间自相关时，采用 OLS 估计会对参数估计和统计推断等产生一定的影响，需要通过工具变量法（IV）、极大似然法（ML）或广义最小二乘估计（GLS）、广义矩（GMM）等其他方法来进行估计。Anselin

(1988)建议采用极大似然法(Maximum Likelihood,ML)估计空间自回归模型的参数,ML 估计量在一定条件下能够取得一致性、渐近有效性和渐近正态性,且绝大部分场合中,模型的参数估计量是无偏的。

ML 估计方法的出发点是对模型中的误差项指定联合正态密度函数,从中得到似然函数,然后对该函数进行最大化。空间自回归模型的似然函数具有一个重要特征,即雅可比变换(Jacobian of transformation):$|I-\rho W|$ 和 $|I-\lambda W|$,前者表示空间滞后,后者表示误差项的空间自回归形式,其中 ρ 和 λ 为空间自回归系数,W 为空间权重矩阵。正是该雅可比变换形式使得空间自回归模型的估计变得非常复杂。

Ord(1975)提出了将雅可比变换分解为空间权重矩阵 W 的特征根($w_i, i=1,2,\cdots,n$)的函数形式,极大地简化了计算,从而使得空间自回归模型的估计、推断成为可能。雅可比变换分解的具体形式为:

$$|I-\rho W| = \prod_{i=1}^{n}(1-\rho w_i) \tag{4-32}$$

式中:w_i 为空间权重矩阵 W 的特征根。

4.2.3.3 空间自回归模型的检验

Anselin 和 Griffith(1988)提出这样的问题:"空间效应在回归分析中真的重要吗?"他们得出结论:当空间效应存在时,对于空间数据不应该采用传统的诊断与统计量检验方法,哪怕是一种近似手段。他们的结论被在考虑异方差性与空间依赖的相互作用下所做的模拟试验所证实。空间因素引起的异方差性可以用广义最小二乘估计处理。然而,对于空间依赖,既没有标准的检验方法,也没有标准的估计量来解释空间依赖的具体性质(Anselin,2001)。因此,探索对线性回归模型中的空间自相关的完整检验方法成为空间回归分析的焦点问题。

空间自回归模型的参数估计和假设检验属于空间经济计量学范畴,在空间经济计量学发展的早期阶段,主要侧重于模型的估计,对空间自相关的检验最早可以追溯到 Moran(1950)提出的 Moran's I 检验统计量。随着估计方法的成熟与完善,对空间关联效应,即空间依赖性或空间自相关的检验引起研究人员的广泛兴趣。20 世纪 80 年代,在经济计量学研究领域内基于极大似然理论框架提出的各种检验方法,包括沃尔德(Wald,W)检验、似然比(Likelihood Ratio,LR)检验和拉格朗日乘子(Largrange Multiplier,LM)检验等,对空间自相关检验方法的研究起到了很大的推动作用,相应地提出了上述检验统计量的空间形式或空间版本。Burridge(1980)发现对于一个空间自回归残差模型来说拉格朗日乘子 LM 检验与 Moran 统计量的乘方成比例。这标志着空间自相关检验的一个转折点,使得在极大似然估计框架下有了一个明确的备选假设。与具有同样渐近性的 LR 检验、W 检验的空间形式相比,LM 检验统计量建立在 OLS 残差基础上,不需要对空间模型进行 ML 估计,方法比较容易实现,也较为常用,在各种检验方法中表现最为突出(Anselin 等,1998;Florax 等,2004)。

4.2.3.4 空间自回归模型的选择

判断城市内部商品住宅价格的空间相关性是否存在,以及选择哪些空间自回归模型更恰当,如上所述,一般可通过包括 Moran's I 检验、拉格朗日乘子 LM 检验等形式来实现。由于事先无法根据先验经验推断在空间自回归模型中是否存在空间依赖性,选择回归模型也是一个特殊的挑战,有必要构建一种判别准则,评价得到的模型在多大程度上对样本数据进行了解释,以决定哪种空间模型更加符合客观实际。

在传统的回归分析中，拟合优度 R^2 是说明模型拟合程度的一个非常重要的度量指标。但用 R^2 进行空间相关模型的评价不再合适，因为在空间依赖性出现的情况下，该系数不能说明整个模型的显著水平。对于空间自回归模型而言，由 ML 估计得到的对数似然函数(Log Likelihood,LogL)可能是描述模型拟合程度的一种更为合适的评价方式(Anselin,1988)，对数似然值越大，模型拟合效果越好。

在模型构建时，任何一个附加参数都会提高模型对样本集(或数据集)的拟合，但往往以增加模型复杂度为代价。回归模型的构建应当在简约的准则指导下进行，即选择符合建模目的要求的最简模型，过于复杂的模型通常会损失关于主要关系本质的信息。从信息量视角考察建模，通常使用一个信息论统计量来指导模型选择，最常用的统计量是赤池信息准则(Akaike Information Criterion,*AIC*)，通常用它的小样本修正版(*AICc*)计算，这是标准版的渐近表示。它们的定义分别是：

$$AIC = -2\ln(L) + 2k, AICc = -2\ln(L) + 2k\left(\frac{n}{n-k+1}\right) \tag{4-33}$$

式中：n 为样本数量；k 为模型中的参数个数；L 为最大化的对数似然函数。

除非 $n/k>40$，否则建议使用修正版。如果假定误差项是正态分布的，标准表达式就可以改写为：

$$AIC = n[\ln(2\pi\sigma^2) + 1] + 2k \tag{4-34}$$

也经常使用另一种信息论测度，它对使用的参数个数赋予大的权重，这就是贝叶斯信息准则(Bayesian Information Criterion, *BIC*)，有时也称为 Swartz 准则，它的形式很简单：

$$BIC = -2\ln(L) + k\ln(n) \tag{4-35}$$

AIC 和相关的信息准则等度量方法一方面能够用来评价哪一个模型是拟合程度最优的模型，但同时该准则又依赖于对数似然函数的选择和极大似然函数估计的正确性。因此，当对数似然函数的设定不合适时，例如没有充分考虑到数据中的空间依赖性，信息准则可能是不可靠的。

4.2.4 地理加权回归分析

4.2.4.1 地理加权回归模型

地理加权回归(GWR)模型是对普通线性回归全局模型的扩展，将数据的地理位置嵌入到回归参数之中，容许局部而不是全局的参数估计，扩展后的模型如下：

$$y_i = \beta_0(u_i,v_i) + \sum_{k=1}^{p}\beta_k(u_i,v_i)x_{ik} + \varepsilon_i, i = 1,2,\cdots,n \tag{4-36}$$

式中：(u_i,v_i)为第 i 个采样点的地理空间坐标(如经纬度)；$\beta_k(u_i,v_i)$为第 i 个采样点上的第 k 个回归参数，是地理坐标(u_i,v_i)的 $p+1$ 元函数；GWR 为可以对每个观测值估计出 p 个参数向量的估计值；ε_i 为第 i 个采样点的随机误差，满足 $\varepsilon_i \sim N(0,x^2)$，$C_{0v}(\varepsilon_i,\varepsilon_j)=0(i\neq j)$等球形扰动假定。为了表述方便，可将式(4-36)简写为：

$$y_i = \beta_{i0} + \sum_{k=1}^{p}\beta_{ik}x_{ik} + \varepsilon_i, i = 1,2,\cdots,n \tag{4-37}$$

从式(4-37)中可以看出，如果 β_{ik} 在空间上保持不变，$\beta_{1k}=\beta_{2k}=\cdots=\beta_{nk}$，则该模型就变为前述的普通线性回归全局模型。因此，GWR 模型的应用前提是空间不稳定性，不同空间

位置参数是变化的,并且为此提供了一种可度量的估计方法。将式(4-37)写成矩阵形式:

$$y = (X\beta')I + \varepsilon \tag{4-38}$$

设有 n 个数据采样点和 p 个自变量,则 X 与 β 都是 $n \times (p+1)$ 维的矩阵,I 为 $(p+1) \times 1$ 单位向量。β 由 n 组局部回归参数构成,形式如下:

$$\beta = \begin{bmatrix} \beta_{10} & \cdots & \beta_{i0} & \cdots & \beta_{n0} \\ \beta_{11} & \cdots & \beta_{i1} & \cdots & \beta_{n1} \\ \vdots & & \vdots & & \vdots \\ \beta_{1p} & \cdots & \beta_{ip} & \cdots & \beta_{np} \end{bmatrix} \tag{4-39}$$

4.2.4.2 地理加权回归模型的估计

由于 GWR 模型中的回归参数在每个数据采样点上都是不同的,因此其未知参数的个数为 $n \times (p+1)$,远远大于观测个数 n,这样就不能直接利用参数回归估计方法估计其中的未知参数,而一些非参数光滑方法为拟合该模型提供了一个可行的思路。Foster 和 Gorr (1986)及 Gorr 和 Olligschiaeger(1994)利用广义阻尼负反馈(Generalized Damped Negative Feedback)方法估计未知参数在各地理位置的值,这种估计方法只是在很直观的意义上考虑数据的空间结构,加之估计方法较为复杂,很难对估计量作深入的统计推断方面的研究。Brunsdon 和 Fotheringham(1996)在局部多项式光滑思想上提出了偏差和方差折中(Bias-Variance Trade-off)的解题思路:假设回归参数为一连续表面,位置相邻的回归参数非常相似,在估计采样点 i 的回归参数时,以采样点 i 及其邻域采样点上的观测值构成局部子样,建立全局线性回归模型,然后采用最小二乘法得到回归参数估计($k=1,2,\cdots,p$)。对于另一个采样点 $i+1$ 采用另一个相应的局部子样来估计,以此类推。由于在回归分析过程中,以其他采样点上的观测值来估计 i 点上的回归参数,因此得到的 i 点上的参数估计不可避免地存在偏差,即参数估计为有偏估计。显然,参与回归估计的子样规模越大,参数估计的偏差就越大,参与回归估计的子样规模越小,参数估计的偏差就越小。从降低偏差这一角度考虑应尽量减小子样规模,但子样规模的减小必然导致回归参数估计值的方差增加,精度降低。为了充分利用已有的观测值,并能减小子样规模扩大引起的偏差增加,后来 Brunsdon 等又对这种方法进行了修正:在估算采样点 i 的回归参数时,不同观测点处观测值的重要性有所不同,距离 i 点越近的观测值重要性越大,越远的观测值重要性越小,根据加权最小二乘法(Weighted Least Square, WLS),i 点的回归参数可通过使

$$\sum_{j=1}^{n} w_{ij}(y_j - \beta_{i0} - \sum_{k=1}^{p} \beta_{ik} x_{ik})^2 \tag{4-40}$$

达到最小来估计,这里 w_{ij} 为回归点 i 与其他观测点 j 之间地理距离 d_{ij} 的单调递减函数。令 $\beta_i = [\beta_{i0}, \beta_{i1}, \cdots, \beta_{ip}]'$,$W_i = \mathrm{diag}(w_{i1}, w_{i2}, \cdots, w_{in})$,则 i 点上的回归参数估计 $\hat{\beta}_i$ 为:

$$\hat{\beta}_i = (X'W_iX)^{-1}X'W_iy \tag{4-41}$$

得到 i 点上的因变量回归值(或拟合值)$\hat{y}_i$ 为:

$$\hat{y}_i = X_i\hat{\beta}_i = X_i(X'W_iX)^{-1}X'W_iy \tag{4-42}$$

这里 X_i 表示 X 矩阵的第 i 行向量。将 $S_i = X_i(X'W_iX)^{-1}X'W_i$ 称为 i 点的帽子向量,则 $\hat{y}_i = S_iy$。由式(4-42)可进一步得到 i 点上的因变量回归值 $\hat{y}_i$ 的数学期望为:

$$E(\hat{y}_i) = X_i(X'W_iX)^{-1}X'W_iE(y) \tag{4-43}$$

由于

$$X'W_iE(y) = (X'_1, X'_2, \cdots, X'_n) = \begin{bmatrix} w_{i1} & 0 & \cdots & 0 \\ 0 & w_{i1} & \cdots & 0 \\ \vdots & \vdots & & \vdots \\ 0 & 0 & \cdots & w_{i1} \end{bmatrix} \begin{bmatrix} X_1\hat{\beta}_1 \\ X_2\hat{\beta}_2 \\ \vdots \\ X_n\hat{\beta}_n \end{bmatrix} = \sum_{j=1}^{n} w_{ij}X'_jX_j\hat{\beta}_j \tag{4-44}$$

所以式(4-43)可变为:

$$E(\hat{y}_i) = \sum_{j=1}^{n} w_{ij}X_i(X'W_iX)^{-1}X'_jX_j\hat{\beta}_j \tag{4-45}$$

根据 GWR 模型的假设,误差项 $\varepsilon_1, \varepsilon_2, \cdots, \varepsilon_n$ 之间相互独立,且 $E(\varepsilon_i) = 0$, $Var(\varepsilon_i) = \sigma^2$,因此 $Var(y) = \sigma^2 I_n$,于是:

$$\begin{aligned} Var(\hat{y}_i) &= Var[X_i(X'W_iX)^{-1}X'W_iVar(y)] \\ &= X_i(X'W_iX)^{-1}X'W_iVar(y)W_iX(X'W_iX)^{-1}X'_i \\ &= \sigma^2 X_i(X'W_iX)^{-1}X'W_i^2X(X'W_iX)^{-1}X'_i \end{aligned} \tag{4-46}$$

由拟合值 $\hat{y}_i$ 和观测值 y_i 可以得到该点上的残差 $e_i = y_i - \hat{y}_i = y_i - S_iy$。

按上述方法逐点进行回归计算,得到包含各采样点上回归参数估计的矩阵 $\hat{\beta}$ 如下:

$$\hat{\beta} = \begin{bmatrix} \hat{\beta}_{10} & \cdots & \hat{\beta}_{i0} & \cdots & \hat{\beta}_{n0} \\ \hat{\beta}_{11} & \cdots & \hat{\beta}_{i1} & \cdots & \hat{\beta}_{n1} \\ \vdots & & \vdots & & \vdots \\ \hat{\beta}_{1p} & \cdots & \hat{\beta}_{ip} & \cdots & \hat{\beta}_{np} \end{bmatrix} \tag{4-47}$$

其中每一行表示同一个回归参数在不同采样点上的估计值,它反映了该参数所对应的变量间的关系在研究区域内的变化情况,这样通过 GWR 模型就可以探测到这种空间关系的空间非平稳性。

各采样点上的回归值 $\hat{y} = (\hat{y}_1, \hat{y}_2, \cdots, \hat{y}_n)$ 为:

$$\hat{y} = \begin{bmatrix} S_1 \\ S_2 \\ \vdots \\ S_n \end{bmatrix} y = \begin{bmatrix} X_1(X'W_1X)^{-1}X'W_1 \\ X_2(X'W_2X)^{-1}X'W_2 \\ \vdots \\ X_n(X'W_nX)^{-1}X'W_n \end{bmatrix} y = Sy \tag{4-48}$$

这里 S 称为帽子矩阵。由观测值 y 和回归值 $\hat{y}$ 可以计算残差 e:

$$e = (I - S)y \tag{4-49}$$

令 RSS 表示残差平方和,则:

$$RSS = \sum_{i=1}^{n} e_i^2 = e'e = y'(I - S)'(I - S)y \tag{4-50}$$

假设拟合值 $\hat{y}_i$ 为 $E(\hat{y}_i)$ 的无偏估计,即 $E(\hat{y}_i) = E(y_i)$,则 $E(e) = E(y) - E(\hat{y}) = 0$。$RSS$ 还可以表示为:

$$
\begin{aligned}
RSS = e'e &= [e - E(e)]'[e - E(e)] \\
&= [y - E(y)]'(I - S)'(I - S)[y - E(y)] \\
&= \varepsilon'[y - E(y)]'(I - S)'(I - S)\varepsilon
\end{aligned} \tag{4-51}
$$

从而有：

$$
\begin{aligned}
E(RSS) &= E\{\mathrm{tr}[\varepsilon'(I - S)'(I - S)\varepsilon]\} \\
&= \mathrm{tr}[(I - S)'(I - S)E(\varepsilon'\varepsilon)] \\
&= \sigma^2 \mathrm{tr}[(I - S)'(I - S)] \\
&= \sigma^2 [n - 2\mathrm{tr}(S) + \mathrm{tr}(S'S)]
\end{aligned} \tag{4-52}
$$

这样随机误差项的方差 σ^2 的无偏估计 $\hat{\sigma}^2$ 为：

$$
\hat{\sigma}^2 = \frac{RSS}{n - 2\mathrm{tr}(S) + \mathrm{tr}(S'S)} \tag{4-53}
$$

这里 $2\mathrm{tr}(S) + \mathrm{tr}(S'S)$ 为地理加权回归方程的有效参数，$n - 2\mathrm{tr}(S) + \mathrm{tr}(S'S)$ 为地理加权回归方程的有效自由度，在地理加权回归方程中有效参数的个数经常不是整数，而是在观测值个数 n（当带宽趋向 0 时）和未知参数 $p+1$（当带宽趋向无穷时）之间变化。在很多情况下，$\mathrm{tr}(S)$ 非常接近 $\mathrm{tr}(S'S)$，因此有效参数可以近似为 $\mathrm{tr}(S)$（矩阵 S 的迹，即矩阵 S 的对角元素之和），有效自由度可以近似为 $n - \mathrm{tr}(S)$，这样式(4-53)就可以更进一步简化为：

$$
\hat{\sigma}^2 = \frac{RSS}{n - \mathrm{tr}(S)} \tag{4-54}
$$

需要说明的是，关于拟合值的无偏性假定是统计推断研究的前提条件，但严格地讲，对于 GWR 模型中的局部加权最小二乘估计，一般是不成立的，除非 y 与确定性变量 $x_1, x_2, \cdots, x_p$ 真正满足全局线性关系。但是，正如 Cleveland 等(1988)所指出的，局部拟合技术的重要目的是寻求小偏差的估计(Low Bias Estimate)，只要权重函数中的带宽取得适当，拟合值的偏差可以很小甚至忽略不计。从这个意义及实用的观点上看，这个假定是可行的。

4.2.4.3 空间权重函数的选择

GWR 模型的系数是通过检验每个采样点明确定义的邻域内的点集来确定的。这个邻域通常是围绕每个数据点的半径为 r 的圆。然而，如果 r 取固定值，圆内所有点都同等重要，圆可能包含所有点（当 r 很大时），或不包含任何点（当 r 很小时）。代替使用一个固定的 r，可以采用距离衰减函数（空间权重函数）确定空间权重矩阵。通过选取不同的空间权重函数来表达对数据间空间关系的不同认识。空间权重函数的正确选取对 GWR 模型参数的正确估计非常重要。

1）距离阈值函数

距离阈值函数是最简单的空间权重函数，它的关键是选取合适的距离阈值 D，然后将数据点 j 与回归点 i 之间的距离 d_{ij} 与其比较，若大于该阈值则权重为 0，否则为 1，即：

$$
w_{ij} = \begin{cases} 1, & d_{ij} \leqslant D \\ 0, & d_{ij} > D \end{cases} \tag{4-55}
$$

这种权重计算方法其实质就是移动窗口法，计算虽然简单，但却存在函数不连续的缺点，在具体应用中，会出现随着回归点的改变，参数估计因为一个观测值移入或移出窗口而发生突变，所以在 GWR 模型参数估计中不宜采用。

2）距离倒数函数

由于空间相近的地物比相远的地物具有更强的相关性，因此在估计回归点 i 的参数时，应对回归点的邻域给予更多的关注。根据这种思路，人们自然想到用距离来衡量这种空间关系：

$$w_{ij} = 1/d_{ij}^{\alpha} \tag{4-56}$$

指数 α 具有随着距离的增加而减小其他位置影响的作用。当 $\alpha=0$ 时，距离没有影响；当 $\alpha=1$ 时，距离的影响是线性的；当 $\alpha\geqslant 2$ 时，快速地减少了遥远位置对表达式的贡献。这种函数简洁明了，最普通的应用之一是利用距离倒数加权（IDW）进行表面插值。但对于回归点本身也是样本数据点的情况，就会出现回归点观测值权重无穷大的情况，若要从样本数据中剔除却又会大大降低参数估计精度，所以距离倒数函数在 GWR 模型参数估计中也不宜直接采用，需要对其进行修正。

3）无限幂指数函数

该方法的基本思想就是通过选取一个连续单调递减函数来表示 w_{ij} 与 d_{ij} 之间的关系，以此来克服以上两种方法的缺点。满足要求的函数有多个，幂指数函数因其普适性而得到广泛应用，其函数的一般形式如下：

$$w_{ij} = \mathrm{e}^{-(\varphi d_{ij})^{k}}, k \in [0,2], \varphi > 0 \tag{4-57}$$

式中：φ 为主要的衰减参数，把衰减模式与有意义的相互关系的有效范围联系起来；参数 k 起到一个平滑因子的作用，当 $k=2$ 时，实际上就是高斯距离衰减函数。

GWR 模型中使用了类似的衰减函数（又称为核函数），这个函数的形式有：

$$\begin{cases} w_{ij} = \mathrm{e}^{-d_{ij}^{2}/2h^{2}} \\ \text{或 } w_{ij} = \mathrm{e}^{-d_{ij}/h} \\ \text{或 } w_{ij} = \left(1 - \dfrac{d_{ij}^{2}}{h^{2}}\right)^{2} \end{cases} \tag{4-58}$$

在这些函数中，参数 h 也被称为带宽（Bandwidth），是决定权重计算方案的重要因子，当带宽小时距离衰减迅速，反之，带宽大时则可得到平滑的权重方案。当带宽为 0 时，只有回归点 i 上的权值为 1，其他各观测点的权值均趋于 0，由局部加权最小二乘原理可知，这时只有 $\hat{y}_i = y_i$，即估计过程只是数据的重新表示；当带宽趋于无穷大时，所有观测点的权值都趋于 1，局部加权最小二乘即为通常拟合普通线性回归模型的最小二乘法。对于某个给定的带宽，当 $d_{ij}=0$ 时，$w_{ij}=1$，权重达到最大，随着数据点离回归点距离的增加，w_{ij} 逐渐减小；当 j 点离 i 点较远时，w_{ij} 接近于 0，即这些点对回归点的参数估计几乎没有影响。

4）有限高斯函数

上述的高斯函数是一个无限界函数，在实际应用中，为了提高计算效率，人们往往将那些对回归参数估计几乎没有影响的数据点截掉，不予计算，并且用有限高斯函数来代替高斯函数以提高计算效率，最常采用的有限高斯函数便是 Bi－Square 函数（Brunsdon 等，1997）：

$$w_{ij} = \begin{cases} \left(1 - \dfrac{d_{ij}^{2}}{h^{2}}\right)^{2}, d_{ij} \leqslant h \\ 0 \qquad\qquad\quad, d_{ij} > h \end{cases} \tag{4-59}$$

从式（4-59）可以看出，Bi-Square 函数可以看成是距离阈值函数和高斯函数的结合。在回归点 i 的带宽 h 范围内，通过有限高斯连续单调递减函数计算数据点权重，而在带宽之外数据点权重为 0，并且带宽越大，权重随距离增加衰减得越慢，带宽越小，权重随距离增加衰减得越快。在距离为 h 附近的数据点权重接近 0,因此个别数据点的移进移出对地理加权回归影响不大,不会出现像距离阈值函数那样的剧变。

高斯函数和有限高斯函数是目前 GWR 模型最常用的两类权重函数。

作为一个可选项,也可以设定为有限的圆盘距离衰减函数:

$$w_{ij} = \begin{cases} \dfrac{2}{\pi}\arccos(d_{ij}/\alpha) - \dfrac{2}{\pi}\{(d_{ij}/\alpha)[1-(d_{ij}/\alpha)^2]\}^{1/2}, & d_{ij} < \alpha \\ 0 & ,d_{ij} \geqslant \alpha \end{cases} \tag{4-60}$$

这个模型在区间$[0,\alpha)$内,特别是在区间的初始部分,衰减的速度比直线略快一些。这里的参数 α 与上述 GWR 表达式中带宽的作用类似。

4.2.4.4 带宽的确定与优化

地理加权回归分析对 Gauss 权重函数和 Bi-Square 权重函数的选择并不是很敏感,但对特定权重函数的带宽却很敏感,带宽的确定对 GWR 模型的运行结果有巨大的影响。带宽过大,使模型过于光滑,一个过于光滑的模型使整个研究区域内的参数趋于类似,回归参数估计的偏差过大;带宽过小使模型过于不光滑,一个过于不光滑的模型使局部之间不存在影响,又会导致回归参数估计的方差过大。最好的带宽则应该在这两种情形之间,那么如何选择一个合适的带宽呢?最小二乘平方和是最常采用的优化原则之一,但对于地理加权回归分析中的带宽选择却失去了作用,这是因为对$\sum_{i=1}^{n}[y_i-\hat{y}_i(h)]^2=\min$而言,带宽 h 越小,参与回归分析的数据点的权重越小,预测值 $\hat{y}_i(h)$ 越接近实际观测值 y_i,从而使$\sum_{i=1}^{n}[y_i-\hat{y}_i(h)]^2\approx 0$,也就是说最优带宽是只包含一个样本点的狭小区域。

为了解决这个问题,Cleveland(1979)建议采用一种叫交叉验证(Cross Validation,*CV*)的方法,该方法的公式为:

$$CV = \frac{1}{n}\sum_{i=1}^{n}[y_i - \hat{y}_{\neq i}(h)]^2 \tag{4-61}$$

其中 $\hat{y}_{\neq i}(h)$ 是 y_i 的拟合值,在拟合过程中省略了点 i 的观测值。这样,当 h 变得很小时,模型仅仅拟合点 i 附近样本而没有包括 i 本身。把不同的带宽 h 和它对应的 *CV* 值绘制成趋势线,就可以非常直观地找到最小的 *CV* 值所对应的最优带宽 h。

在实际应用中为了减少计算量,Loader(1999)提出了一种近似交叉验证统计量的方法,称为广义交叉验证方法(Generalized Cross Validation,*GCV*):

$$GCV = \frac{1}{n}\frac{\sum_{i=1}^{n}[y_i-\hat{y}_i(h)]^2}{\{1-\mathrm{tr}[(S(h)/n)]\}^2} = \frac{n\sum_{i=1}^{n}[y_i-\hat{y}_i(h)]^2}{\{n-\mathrm{tr}[S(h)]\}^2} \tag{4-62}$$

由帽子矩阵 S 的构成可知,当带宽很小时,地理加权回归分析的有效参数个数趋近样本数量 n,式(4-62)中的分母趋于零,这样即便预测值 $\hat{y}_i(h)$ 趋向 y_i,*GCV* 也不会等于 0。

为了取得最优的带宽,另外一个普遍采用的方法是使 GWR 模型的 *AIC* 最小:

$$AIC = 2n\ln(\hat{\sigma}) + n\ln(2\pi) + n\frac{n+\mathrm{tr}(S)}{n-2-\mathrm{tr}(S)} \tag{4-63}$$

这里帽子矩阵 S 的迹 $\mathrm{tr}(S)$ 是带宽 h 的函数,$\hat{\sigma}$ 是随机误差项方差的极大似然估计,即 $\hat{\sigma}=\dfrac{RSS}{n-\mathrm{tr}(S)}$。对于同样的样本数据,使 *AIC* 值最小的地理加权回归权重函数所对应的带宽就是最优的带宽。

4.2.4.5 地理加权回归模型的检验

地理加权回归探测数据关系的空间非平稳性非常有效,但我们还不能肯定探测出来的这种空间非平稳性是空间数据本身所固有的,而不是由于某些偶然因素造成的。这是因为,对于一组不存在空间关系变化的样本数据,由于存在随机误差,应用 GWR 模型进行拟合,得到的参数估计也会呈现空间变化。因此,在实际应用中判断 GWR 模型探测到的空间非平稳性是真实的空间关系变化,还是随机因素干扰引起的,变得非常重要。

GWR 模型作为普通线性回归模型的扩展,其统计检验就是对给定的空间数据集,解决如下 3 个问题(梅长林,2000,2003):

(1)从整体上看,因变量 y 与自变量 $x_1,x_2,\cdots,x_p$ 之间是否存在显著的空间非平稳性?

(2)若整体上存在显著的空间非平稳性,那么是否每个回归参数都存在显著的空间非平稳性,即是否每个回归参数都随地理位置的变化而显著变化?

(3)若回归参数随地理位置的变化是显著的,那么其在每个点上的置信区间是多大?

1)回归模型的空间非平稳性显著性检验

GWR 模型优于普通线性回归模型的显著性检验可采用拟合优度检验。拟合优度检验就是通过回归方程与样本观测值之间的残差平方和 RSS 来判断回归拟合效果。普通线性回归模型和 GWR 模型的 RSS 可分别表示为:

$$\begin{aligned} RSS_H &= y'(I-H)'(I-H)y = y'R_Hy \\ RSS_S &= y'(I-S)'(I-S)y = y'R_Sy \end{aligned} \tag{4-64}$$

其中 R_H 和 R_S 均为半正定实对称矩阵。为了证明 GWR 模型优于普通线性回归模型,建立拟合优度检验的原假设和备则假设分别为:

H_0:$\hat{y}_S=Sy$ 的拟合优度与 $\hat{y}_H=Hy$ 的拟合优度无明显差异。

H_1:$\hat{y}_S=Sy$ 的拟合优度优于 $\hat{y}_H=Hy$ 的拟合优度。

为此构建如下的检验统计量:

$$F_1 = \frac{RSS_H}{RSS_S} = \frac{y'R_Hy}{y'R_Sy},\quad F_2 = \frac{RSS_H - RSS_S}{RSS_S} = \frac{y'(R_H - R_S)y}{y'R_Sy} \tag{4-65}$$

在 $E(\hat{y}_S)=E(y)$,$E(\hat{y}_H)=E(y)$ 条件下,式(4-65)等价于:

$$F_1 = \frac{\varepsilon' R_H \varepsilon}{\varepsilon' R_S \varepsilon},\quad F_2 = \frac{\varepsilon'(R_H - R_S)\varepsilon}{\varepsilon' R_S \varepsilon} \tag{4-66}$$

如果原假设 H_0 不为真,那么 F_1 和 F_2 的值均有偏大的趋势。设 f_1 和 f_2 分别为检验统计量 F_1 和 F_2 的观测值,则检验假设 H_0 对于 H_1 的检验 p 值分别为:

$$\begin{aligned} p_1 &= P_{H_0}(F_1 > f_1) = P_{H_0}[\varepsilon'(R_H - f_1R_S)\varepsilon > 0] \\ p_2 &= P_{H_0}(F_2 > f_2) = P_{H_0}\{\varepsilon'[R_H - (f_2+1)R_S]\varepsilon > 0)\} \end{aligned} \tag{4-67}$$

虽然对于 F_1 和 F_2 的检验 p 值可以精确求得,但由于其中包含广义无穷积分,计算非常复杂耗时,实际应用中多采用三阶矩 χ^2 逼近和 F 分布逼近等。

2)回归参数的空间非平稳性显著性检验

通过拟合优度检验虽然能从整体上判断因变量 y 与自变量 $x_k(k=0,1,\cdots,p$,且 $x_0=1)$ 之间存在明显的空间非平稳性,但还不能断定每个回归参数都存在空间非平稳性,也就是说还必须对每个回归参数 β_k，检验其在 n 个观测位置上的变化是否显著，即检验如下假设：

$H_0: \beta_{1k}=\beta_{2k}=\cdots=\beta_{nk}=\beta_k$；

H_1：至少存在 $i\neq j$，使得 $\beta_{ik}=\beta_{jk}$。

为了检验上述假设，首先必须构建一个能够充分反映 $\beta_{ik}(i=1,2,\cdots,n)$ 随地理位置变化强弱的统计量。β_{ik} 的估计值 $\hat{\beta}_{ik}$ 的样本方差 V_k^2 便是符合这一要求的一个理想的统计量，其表达式为：

$$V_k^2=\frac{1}{n}\sum_{i=1}^{n}\left(\hat{\beta}_{ik}-\frac{1}{n}\sum_{i=1}^{n}\hat{\beta}_{ik}\right)^2=\frac{1}{n}\beta'_k\left(I-\frac{1}{n}J\right)\beta_k \tag{4-68}$$

其中 $\beta'_k=(\hat{\beta}_{1k},\hat{\beta}_{2k},\cdots,\hat{\beta}_{nk})'$，$J$ 表示元素全为 1 的 n 阶矩阵，V_k^2 的值越大，说明 $\hat{\beta}_{ik}(i=1,2,\cdots,n)$ 的变化越大。β'_k 是变量 y 的线性组合，即 $\beta'_k=By$，由此式(4-68)可进一步变为：

$$V_k^2=\frac{1}{n}y'B'(I-\frac{1}{n}J)By \tag{4-69}$$

这里

$$B=\begin{bmatrix} e'_k(X'W_1X)^{-1}X'W_1 \\ e'_k(X'W_2X)^{-1}X'W_2 \\ \vdots \\ e'_k(X'W_nX)^{-1}X'W_n \end{bmatrix} \tag{4-70}$$

其中 e_k 为第 $k+1$ 个元素值为 1，其余元素为 0 的 $p+1$ 维列向量，矩阵 $B'(I-\frac{1}{n}J)B$ 为半正定矩阵，在 $E(\hat{y})=E(y)$ 条件下，式(4-69)等价于：

$$V_k^2=\frac{1}{n}\varepsilon'B'(I-\frac{1}{n}J)B\varepsilon \tag{4-71}$$

式(4-71)为随机误差向量 ε 的二次型，其方差的无偏估计 $\hat{\sigma}^2=RSS_S/[n-\mathrm{tr}(R_S)]$。略去常数项，构建统计量：

$$F_3(k)=\frac{V_k^2}{RSS_S}=\frac{y'B'(I-\frac{1}{n}J)By}{y'R_Sy} \tag{4-72}$$

同样，$F_3(k)$ 的值越大，$\hat{\beta}_{ik}(i=1,2,\cdots,n)$ 的变化越大，应该拒绝零假设 H_0，对 $F_3(k)$ 的检验 p 值为：

$$p_3(k)=P_{\mathrm{H}_0}\quad[F_3(k)>f_3(k)] \tag{4-73}$$

其中 $f_3(k)$ 为 $F_3(k)$ 的观测值，由式(4-72)求得。需要指出的是，GWR 模型要对 $p+1$ 个回归参数基于其估计值的样本方差进行空间非平稳性的显著性检验，而各个回归参数在各回归点上估计值的样本方差是彼此相关的(均与 y 有关)，因此涉及统计检验中的多重比较问题。解决这个问题的一般途径是利用 Bonferroni 不等式(Johnson 和 Wiehem，1992)或 Sidak 方法(Sidak，1967)对所设定的显著性水平加以调整，即为了使得整体显著性水平为 α，按 Bonferroni 方法，检验各回归参数空间非平稳性的显著性水平 α' 应调整为 $\alpha'=\frac{\alpha}{p+1}$，按 Sidak 方法，应调整为 $\alpha'=1-(1-\alpha)^{p+1}$。与拟合优度检验相似，在实际应用中很少精确求解 p 值，多采用三阶矩 χ^2 逼近法和 F 分布逼近法。

通过回归参数空间非平稳性的显著性检验,可以确认哪些回归参数是不随地理位置变化而变化的,称之为常参数;哪些回归参数是随地理位置变化而变化的,称之为变参数。对于既包含常参数又包含变参数的回归模型,称之为混合地理加权回归模型。

4.3 地统计学分析方法

4.3.1 地统计学基本模型

4.3.1.1 区域化变量

区域化变量是地统计学的研究对象,是指在一定的研究领域内以空间点 x 坐标(x_u,x_v,x_w)为自变量的随机场 $Z(x)=Z(x_u,x_v,x_w)$ 的随机场。类似于随机过程,区域化变量在观测前可看成是随机场(依赖于坐标(x_u,x_v,x_w)),观测后可看成一个普通三元实值函数(空间点函数),一次观测就得到一个观测值 $Z(x)$。区域化变量具有如下属性:

(1)时空局限性。区域化变量被限制在一定的时空范围,该时空范围称为区域化的几何域。区域化变量是按几何支撑定义的。

(2)连续性。不同的区域化变量具有不同程度的连续性,这种连续性用变量的变异函数来刻画。

(3)异向性。当区域化变量在各个不同的研究方向具有相同性质时称其表现各向同性,否则称为各向异性。

(4)具有变程。区域化变量只有在一定的范围(变程)内才具有时空相关,当超出这一范围之后,相关性减弱甚至消失。大多数地理信息具有这种现象,一般的统计方法很难识别,这也是地统计学的一大优势。

(5)具有套合结构。地理信息通常是由多期次地理过程作用形成的,特殊的变异性叠加在一般的规律性之上,这种现象可以用套合结构来描述。

4.3.1.2 平稳假设与内蕴假设

1)平稳假设

设 $Z(x_1)$, $Z(x_2)$,…, $Z(x_n)$ 是联合分布的随机变量,在这里 x_1, x_2,…,x_n 是在一维、二维或三维空间中样本点的位置,对于 x_1, x_2,…,x_n 和任何矢量 h 的任何集合,如果 $Z(x_1)$, $Z(x_2)$,…, $Z(x_n)$ 的联合分布与 $Z(x_1+h)$, $Z(x_2+h)$,…, $Z(x_n+h)$ 相同,那么就说变量 Z 是平稳的。如果 Z 是平稳的并且在某一点上的方差是有限的,那么变量在所有的点上都具有相同的有限方差,变量在任何位置上的均值都相同。

平稳是对随机变量的一个比较严格的假定条件,如果我们只假定:

(1)区域化变量 $Z(x)$ 在整个研究区域内数学期望存在且等于常数(不依赖于测定点 x),即

$$E[Z(x)] = m(\text{常数}) \tag{4-74}$$

(2)每对 $Z(x)$、$Z(x+h)$,其协方差存在且平稳(只取决于其间隔 h),即

$$Cov[Z(x),Z(x+h)] = E[Z(x)Z(x+h)] - m^2 = C(h) \tag{4-75}$$

则称其为二阶平稳假设(The Second Order Stationarity),这时区域化变量 $Z(x)$ 的方差称为先验方差(Priori Variance)。

2)内蕴假设

在实际工作中,有时协方差函数不存在,如某些地理信息具有无限的离散性,即无协方差及先验方差,但有变异函数。这时,我们可以放宽条件,内蕴假设(固有假设)应满足两个条件:

(1)随机函数 $Z(x)$ 的增量 $Z(x)-Z(x+h)$ 的数学期望为0:

$$E[Z(x)-Z(x+h)]=0 \tag{4-76}$$

(2)所有区域化变量的增量 $Z(x)-Z(x+h)$ 的方差函数存在且平稳:

$$Var[Z(x)-Z(x+h)]=E[Z(x)-Z(x+h)]^2=2\gamma(x+h)=2\gamma(h) \tag{4-77}$$

即要求 $Z(x)$ 的变异函数 $\gamma(h)$ 存在且平稳。

内蕴假设是区域化变量最基本的假设。

3)准平稳(准内蕴)假设

如果随机函数只在有限大小的邻域(如以 a 为半径的范围)内是平稳的(或内蕴的),则称该随机函数服从准平稳(或准内蕴)假设,准平稳或准内蕴假设同时兼顾了现象相似性的尺度和有效数据的多少。

4.3.1.3　变异函数及其检验

变异函数能够反映区域局部范围和特定方向上特征的变化,由于它能透过其随机性反映区域化变量的结构性,因此变异函数也称为结构函数、变差函数、变异矩。

设 x 和 $x+h$ 为空间上的任意两点,h 为两点间的距离,$Z(x)$ 是随机变量 Z 在 x 处的取值,满足 $E[Z(x)]=\mu$,即随机变量 $Z(x)$ 的平均值不依赖于空间分布位置。在一维条件下变异函数定义为:当空间点 x 在一维 x 轴上变化时,区域化变量 $Z(x)$ 在点 x 和 $x+h$ 处的值 $Z(x)$ 与 $Z(x+h)$ 差的方差的一半为区域化变量 $Z(x)$ 在 x 轴方向上的变异函数,记为 $\gamma(h)$,即:

$$\begin{aligned}\gamma(h)&=\frac{1}{2}Var[Z(x)-Z(x+h)]\\&=\frac{1}{2}E[Z(x)-Z(x+h)]^2-\frac{1}{2}\{E[Z(x)]-E[Z(x+h)]\}^2\end{aligned} \tag{4-78}$$

在实际应用时,空间位置 x_i 和 x_i+h 的观测值分别为 $Z(x_i)$ 和 $Z(x_i+h)$,其中 $i=1,2,\cdots,N(h)$,$N(h)$ 表示相同空间距离 h 的观测数据对的数目,则变异函数的离散公式为:

$$\gamma(h)=\frac{1}{2N(h)}\sum_{i=1}^{N(h)}[Z(x_i)-Z(x_i+h)]^2 \tag{4-79}$$

变异函数一般用变异曲线来表示,它显示了滞后距 h 与相应的变异函数值 $\gamma(h)$ 的对应关系。图4-1为空间变异曲线。

块金系数、变程、基台值是半变异拟合函数的重要参数,是空间结构分析的基础。图4-1中 C_0 称为块金系数,是样本间距 $h=0$ 时的半方差值,主要表示由试验误差和小于取样尺度引起的变异,较大的块金系数表明较小尺度上的某种过程不容忽视,反映了在取样范围内仍有"微结构"存在。a 称为变程,是半方差达到稳态的最小距离,用来判断空间自相关的最大范围;当 $h\leqslant a$ 时,任意两点间的观测值有相关性,相关性随 h 的变大而减小,当 $h>a$ 时就不再具有相关性。C 称为总基台值,它反映某区域化变量在研究范围内总变异的强度,当无块金效应时,$C=C_1$,当有块金效应时,$C=C_1+C_0$。C_1 称为基台值,又称结构方差,表

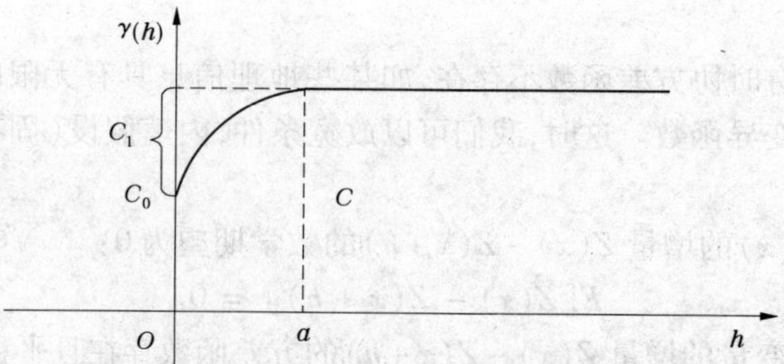

图 4-1　空间变异曲线

示由于区域因素的空间自相关部分引起的变异。C_0/C 表示随机因素引起的空间异质性占系统总变异的比例，如果该比值较高，说明由随机部分引起的空间变异性程度较大；相反，则由空间自相关部分引起的空间变异性程度较大；如果该比值接近 1，则说明该变量在整个尺度上具有恒定的变异。从结构性因素的角度来看，C_0/C 的比例可表示系统变量空间相关程度，如果比例 <25%，说明变量具有强烈的空间相关性；比例在 25% ~75%，变量具有中等的空间相关性；比例 >75%，变量空间相关性很弱（Cambardella 等，1994）。

常见的变异函数拟合模型可分为有基台值模型、无基台值模型和孔穴效应模型三大类。

1）有基台值变异函数模型

（1）球状模型。其一般公式为：

$$\gamma(h)=\begin{cases}0 & h<0\\ C_0+C_1\left[\dfrac{3}{2}\dfrac{h}{a}-\dfrac{1}{2}\left(\dfrac{h}{a}\right)^3\right] & 0\leqslant h\leqslant a\\ C_0+C_1 & h>a\end{cases}\tag{4-80}$$

（2）高斯模型。其一般公式为：

$$\gamma(h)=\begin{cases}0 & h=0\\ C_0+C_1(1-\mathrm{e}^{-\frac{h2}{a2}}) & h>0\end{cases}\tag{4-81}$$

（3）指数模型。其一般公式为：

$$\gamma(h)=\begin{cases}0 & h=0\\ C_0+C_1(1-\mathrm{e}^{-\frac{h}{a}}) & h>0\end{cases}\tag{4-82}$$

（4）线性有基台值模型。其一般公式为：

$$\gamma(h)=\begin{cases}C_0 & h=0\\ Ah & 0<h\leqslant a\\ C_0+C_1 & h>a\end{cases}\tag{4-83}$$

2）无基台值变异函数模型

（1）幂函数模型。其一般公式为：

$$\gamma(h)=Ah^{\theta},\quad 0<\theta<2\tag{4-84}$$

（2）对数模型。其一般公式为：

$$\gamma(h)=A\lg h\tag{4-85}$$

（3）纯块金效应模型。其一般公式为：

$$\gamma(h) = \begin{cases} 0 & h = 0 \\ C_0 & h > 0 \end{cases} \tag{4-86}$$

(4)线性无基台值模型。其一般公式为:

$$\gamma(h) = \begin{cases} 0 & h = 0 \\ Ah & h > 0 \end{cases} \tag{4-87}$$

上述模型中的 A 为常数,表示直线的斜率。当 h 很小时可用线性模型代替在原点处有线性性状的任一模型(如球状模型或指数函数模型)。

3)孔穴效应变异函数模型

常用的一维孔穴效应模型的公式为:

$$\gamma(h) = C_0 + C_1\left[1 - \mathrm{e}^{-\frac{r}{a}} \cdot \cos(2\pi \frac{r}{b})\right] \tag{4-88}$$

变异函数模型的形状会对结果产生影响,在原点附近呈抛物线形的变异函数模型(比如高斯模型)表示了一种非常连续的现象,从而估值过程中更多地使用近距离的样本点而加强了屏蔽效应,这样就会出现负的权重。在实际应用中,一方面,应避免使用原点附近呈抛物线形的变异函数,因为负的权重太多会使结果过于异常;另一方面,增加块金系数可使估值过程更接近于简单的数值算术平均。极端的情况为:如果变异函数模型是纯块金模型,那么样点之间就完全独立,待估点的估值就变成了 N 个样点值的算术平均,即每个样点的权重都相等($1/N$)。这样一来,结果就同传统统计方法的结果完全相同,并且,如果变异函数的变程变小了,则表示样点间的空间连续性也减弱了。当变程变得很小时,样点与待估点之间、样点与样点之间都变得更独立,即它们之间的距离可认为几乎没有差别,从而导致与纯块金效应相似的结果:待估点的估值变成了样点值的简单算术平均。

在上述各种模型中,目前应用最广的是球状模型。

对选定变异函数模型的检验可采用交叉验证法,就是每一个实测点,用周围的 $n-1$ 个其他点数据对该点进行克里格估值(赵鹏大,2004)。设各点的实测值为 Z,估计值为 $\hat{Z}$,求其误差平方的均值,该均值越小越好。

另外,也可采用离差方差进行检验,可用 I 值作为综合指标进行变异函数模型的最优性检验(王仁铎等,1988):

$$I = \overline{(Z - \hat{Z})^2} \times \{P \times |1 - 1/\overline{[(Z - \hat{Z})/\hat{S}]^2}| + (1 - P)\} \tag{4-89}$$

式中:$\hat{Z}$ 为某实测点上的克里格估计值;Z 为实测值;$\hat{S}$ 为相应的克里格估计标准差;P 为经验性参数:

$$P = \begin{cases} 0.1 & 0 \leqslant \overline{(Z - \hat{Z})^2} < 100 \\ 0.2 & \overline{(Z - \hat{Z})^2} \geqslant 100 \end{cases}$$

I 值越小,表明变异函数模型对变量结构的代表性越好。

4.3.2 空间结构分析

由于区域化变量的变化往往很复杂,可能在不同方向上具有不同的变化,甚至在同一个方向上也包含着不同尺度上的多层次变化,因此无法用一种模型来拟合。为了全面地了解区域化变量的变异性,就必须进行结构分析。结构分析是指构造一个变异函数模型,对于全部有效结构信息进行定量化的概括,以表征区域化变量的主要特征。结构分析的主要方法是套合结构,即将分别出现在不同距离 h 上和(或)不同方向 a 上同时起作用的变异性进行组合。套合结构可表示为多个变异函数之和,每一个变异函数代表一种特定尺度上的变异性,并可以是不同模型的变异函数。

$$\gamma(h) = \gamma_0(h) + \gamma_1(h) + \cdots + \gamma_n(h), \quad n = 1,2,3\cdots \tag{4-90}$$

4.3.2.1 单方向套合结构

图 4-2 所示为单一方向上的套合结构过程,总的套合结构式为:

$$\gamma(h) = \gamma_0(h) + \gamma_1(h) + \gamma_2(h) \tag{4-91}$$

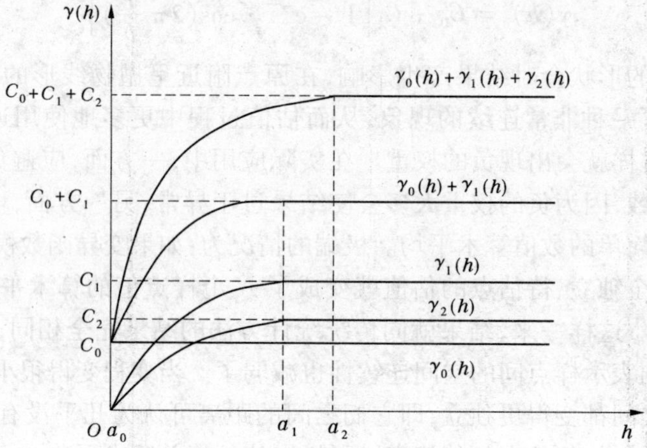

图 4-2 单一方向上的套合结构过程

4.3.2.2 不同方向套合结构

当从多个方向上研究区域化变量时,就必须研究各个方向上的变异函数或协方差函数,以研究不同方向上的差异。各向异性分为几何异向性及带状异向性两类。

区域化变量在不同方向上表现出变异程度相同而连续性不同时,称为几何异向性。它可以经过简单的几何图形变换化为各向同性。有相同的基台值 C(设 $C_0=0$)而变程 a 不同,如图 4-3(a)所示。当区域化变量在不同方向上变异性之差不能用简单的几何变换得到时,称为带状异向性。其中,$\gamma(h)$ 具有不同的基台值 C_1、C_2,如图 4-3(b)所示,变程可以相同也可以不同,每一组成结构可以是几何异向性,也可以是带状异向性。

1)几何异向性结构的套合

对于几何异向性,可以将向量 h 的直角坐标(h_u,h_v)线性变换,将其约简为各向同性,即

$$\gamma(h_u,h_v) = \gamma' \sqrt{h_u'^2 + h_v'^2} \tag{4-92}$$

其中:

$$\begin{cases} h_u' = a_{11}h_u + a_{12}h_v \\ h_v' = a_{21}h_u + a_{22}h_v \end{cases} \tag{4-93}$$

对于大多数各向异性来说,各个方向的变程图近似于一个椭圆(见图 4-4)。

实际计算中,必须先将各向异性转换成各向同性,采用的方法是将变程椭圆转变为以长轴为半径的圆,即先将坐标轴旋转角 ω 使之平行于椭圆的主轴,再通过用椭圆的异向性比 λ

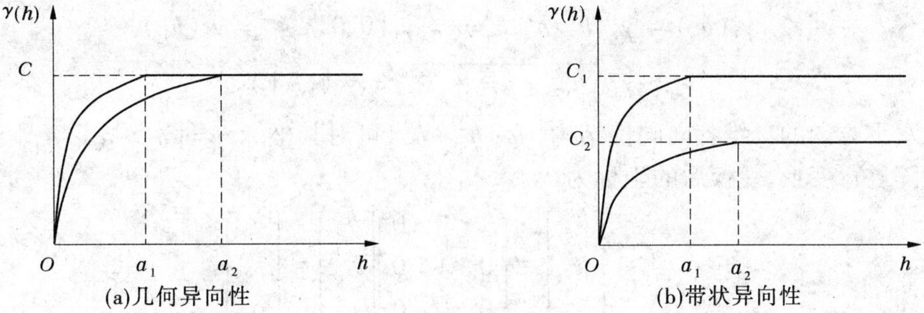

图 4-3　各向异性结构

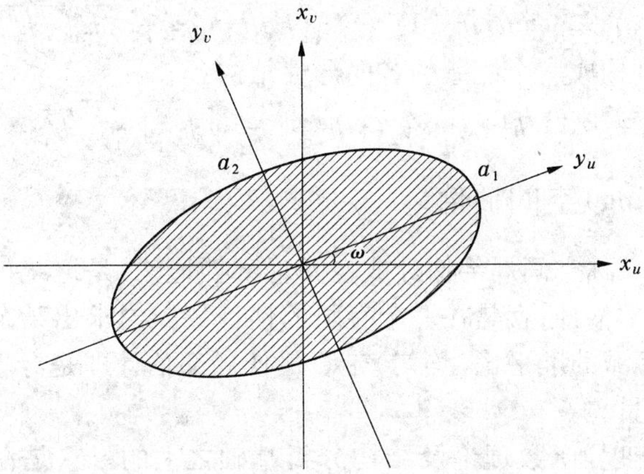

图 4-4　各向异性变程椭圆

(>1)乘以坐标 X_v,将椭圆变换为半径等于椭圆的主变程的圆,最后旋转角 $-\omega$,恢复坐标系的初始位向,即

$$\begin{bmatrix} Y'_u \\ Y'_v \end{bmatrix} = [R_{-w}] \cdot [\lambda] \cdot [R_w] \cdot \begin{bmatrix} Y_u \\ Y_v \end{bmatrix} = A\begin{bmatrix} Y_u \\ Y_v \end{bmatrix} \tag{4-94}$$

其中:

$$A = \begin{bmatrix} a & c \\ c & b \end{bmatrix}, \quad \begin{cases} a = \cos^2\omega + \lambda\sin^2\omega \\ b = \sin^2\omega + \lambda\cos^2\omega \\ c = (1-\lambda)\sin\omega \cdot \cos\omega \end{cases} \tag{4-95}$$

2)带状异向性结构的套合

带状异向性模型主要包括水平和垂直方向上的结构,可将两个方向的结构各自当做独立成分进入套合结构式,结构模型中不同方向上的变异函数值以变换矩阵区别。具体步骤为:

设变换前的坐标向量为 $h=[h_u \quad h_v \quad h_w]'$,选用线性变换矩阵先对垂向结构 $\gamma_1(h_w)$ 的坐标进行变换,变换后的坐标为:

$$h' = \begin{bmatrix} h'_u \\ h'_v \\ h'_w \end{bmatrix} = \begin{bmatrix} 0 & 0 & 0 \\ 0 & 0 & 0 \\ 0 & 0 & 1 \end{bmatrix} \begin{bmatrix} h_u \\ h_v \\ h_w \end{bmatrix} = \begin{bmatrix} 0 \\ 0 \\ h_w \end{bmatrix} \tag{4-96}$$

即 $h'_u=0, h'_v=0, h'_w=h_w$。$\gamma_1(h')$即为三维各向异性。其中：

$$\begin{aligned}\gamma_1(h') &= \gamma_1(h'_u, h'_v, h'_w) = \gamma_1(0,0,h_w) = \gamma_1(h_w) \\ &= \gamma_1\sqrt{h'^2_u + h'^2_v + h'^2_w} = \gamma_1(|h'|)\end{aligned}$$

对水平方向的二维各向同性结构，$\gamma_2\sqrt{h_u^2+h_v^2}$，可对其坐标 $h=[h_u \quad h_v \quad h_w]'$ 选用线性变换矩阵进行变换，变换后的坐标为：

$$h'' = \begin{bmatrix} h''_u \\ h''_v \\ h''_w \end{bmatrix} = \begin{bmatrix} 1 & 0 & 0 \\ 0 & 1 & 0 \\ 0 & 0 & 0 \end{bmatrix} \begin{bmatrix} h_u \\ h_v \\ h_w \end{bmatrix} = \begin{bmatrix} h_u \\ h_v \\ 0 \end{bmatrix} \tag{4-97}$$

即 $h''_u=h_u, h''_v=h_v, h''_w=0$。$\gamma_2(h'')$即为三维各向异性。其中：

$$\gamma_2(h'') = \gamma_2(h''_u, h''_v, h''_w) = \gamma_2(h_u, h_v, 0) = \gamma_2(h_u, h_v) = \gamma_2\sqrt{h''^2_u + h''^2_v + h''^2_w} = \gamma_2(|h''|)$$

把两者进行套合，则构成一个统一的各向异性结构：

$$\gamma(h) = \gamma_1(|h'|) + \gamma_2(|h''|) = \gamma_2 h_w + \gamma_2\sqrt{h_u^2 + h_v^2} \tag{4-98}$$

4.3.3 克里格(Kriging)空间插值

克里格空间插值法又称空间局部估计或空间局部插值法，是地统计学中应用最广的最优插值法。所谓空间局部估计，就是在一个有限的估计邻域内求出某个待估块段的最佳估计量，估计邻域应小于区域的准平稳(均匀)带。最佳局部估计即是寻求准平稳带内待估块段平均取值的最佳估计量。

Kriging 法是建立在变异函数理论及结构分析基础之上的。它是在有限区域对区域化变量的取值进行无偏最优估计的一种方法。对于一种估计方法，要求是无偏估值，即没有系统误差，同时要求误差方差最小。Kriging 法就是一种最好的线性无偏方法，即 BLUE(Best Linear Unbiased Estimator)方法。Kriging 法是线性的(Linear)，因为它的估计值是根据已有资料的加权线性结合而获得的；Kriging 法是不偏的(Unbiased)，因为此方法使平均残差误差接近于零；Kriging 法是最好的(Best)，因为 Kriging 法使估计误差的方差最小。与其他的估计方法相比，使误差的方差最小是 Kriging 法的显著特点。Kriging 法适用的条件是：如果变异函数和相关分析的结果表明区域化变量存在空间相关性，则可以运用 Kriging 法对空间未抽样点或未抽样区域进行估计。其实质是利用区域化变量的原始数据和变异函数的结构特点，对未采样点区域化变量的取值进行线性无偏、最优估计。

Kriging 法是一簇空间局部插值模型的总称。一般来说，Kriging 法有以下几种类型：普通克里格法(Ordinary Kriging)，包括对点估计的点克里格法(Puctual Kriging)和对块段估计的块段克里格法(Block Kriging)两种；泛克里格法(Universal Kriging)，适用于样本存在非平稳或有漂移现象的区域化变量；协同克里格法(Co-Kriging)，适用于有多个变量存在的协同区域化现象；对数正态克里格法(Logistic Normal Kriging)，适用于样本服从对数正态分布的区域化变量。此外还有指示克里格法(Indicator Kriging)、折取克里格法(Disjuctive Kriging)等。

普通克里格法及普通克里格法的变化形式，是 GIS 软件包中最广泛实现的方法。以下将对普通 Kriging 法进行重点介绍。

设某空间区域内，空间位置 x_i 点处的因子观测值分别为 $Z(x_i)(i=1,2,\cdots,n)$，则待估目标点 x_0 的因子估算值为 $Z(x_0)$。Kriging 空间插值法的目标是要找出一组权重 λ_i 使得

$Z(x_0)$的加权平均值为：

$$\hat{Z}(x_0) = \sum_{i=1}^{n} \lambda_i Z(x_i) \tag{4-99}$$

式中：λ_i 为权重系数，是各已知样本 $Z(x_0)$ 在估计 $\hat{Z}(x_0)$ 时影响大小的系数。

可见，估计量 $\hat{Z}(x_0)$ 就是实际值 $Z(x_0)$ 的克里格估计量（Kriging Estimator）。

Kriging 法的目标就是求一组权重系数 $\lambda_i(i=1,2,\cdots,n)$，使得加权平均值 $\hat{Z}(x_0)$ 成为待估目标点 x_0 的平均值 $Z(x_0)$ 的线性无偏、最优估计量。为此，要满足以下两个条件：

（1）无偏性，指 $Z(x_0)$ 与 $\hat{Z}(x_0)$ 偏差的期望 $E[\hat{Z}(x_0)-Z(x_0)]=0$，，即满足 $\sum_{i=1}^{n}\lambda_i=1$。

（2）最优性，指估计方差 $\sigma^2[Z(x_0)-\hat{Z}(x_0)]$ 应尽可能小。

由此可得 Kriging 方程组：

$$\begin{cases} \sum_{i=1}^{n} \lambda_i = 1 \\ \sum_{i=1}^{n} \lambda_j \gamma(x_j - x_i) + \varphi = \gamma(x_j - x_i) \quad j = 1,2,\cdots,n \end{cases} \tag{4-100}$$

式中 φ 为拉格朗日算子，令：

$$K = \begin{bmatrix} \gamma(x_1-x_1) & \gamma(x_1-x_2) & \cdots & \gamma(x_1-x_n) & 1 \\ \gamma(x_2-x_1) & \gamma(x_2-x_2) & \cdots & \gamma(x_2-x_n) & 1 \\ \vdots & \vdots & & \vdots & \vdots \\ \gamma(x_n-x_1) & \gamma(x_n-x_2) & \cdots & \gamma(x_n-x_n) & 1 \\ 1 & 1 & \cdots & 1 & 0 \end{bmatrix}, D = \begin{bmatrix} \gamma(x_1-x_0) \\ \gamma(x_2-x_0) \\ \vdots \\ \gamma(x_n-x_0) \\ 1 \end{bmatrix}, \lambda = \begin{bmatrix} \lambda_1 \\ \lambda_1 \\ \vdots \\ \lambda_n \\ \varphi \end{bmatrix} \tag{4-101}$$

上述方程组用矩阵表示为： $K\lambda = D$ （4-102）

其方程组的解 λ 为： $\lambda = K^{-1}D$ （4-103）

4.4 空间数据的可视化技术

可视化，也称做科学计算可视化，其定义为："可视化是一种计算方法，它将符号或数据转换为直观的几何图形，便于研究人员观察其模拟和计算过程。可视化包括了图像综合，这就是说，可视化是用来解释输入到计算机中的图像数据，并从复杂的多维数据中生成图像的一种工具。"

地理空间信息要被计算机所接受并处理就必须转换为数字信息存入计算机中。这些数字信息对于计算机来说是可识别的，但对于人的肉眼来说是不可识别的，必须将这些数字信息转换为人可识别的地图图形才具有实用的价值。这一转换过程即为地理信息的可视化过程，其内容表现在如下几个方面：

（1）地图数据的可视化表示：根据数字地图数据分类、分级特点，选择相应的视觉变量（如形状、尺寸、颜色等），制作全要素或分要素表示的可阅读的地图，如屏幕地图、纸质地图或印刷胶片等。

（2）地理信息的可视化表示：利用各种数学模型，把各类统计数据、试验数据、观察数据、地理调查资料等进行分级处理，然后选择适当的视觉变量以专题地图的形式表示出来，如分级统计图、分区统计图、直方图等。这种类型的可视化正体现了科学计算可视化的初始含义。

（3）空间分析结果的可视化表示：地理信息系统的一个很重要的功能就是空间分析，分析的结果往往以专题地图的形式来描述。

前述的探索性空间数据分析、空间回归分析及地统计分析等空间分析过程中，也不可能离开图形、地图等可视化表达方式，这些方法十分重视可视化技术在发现隐含的空间关系和空间相关模式、空间拟合及空间插值过程中所起的作用。在空间自相关分析的基础上，将统计、拟合、插值结果以图表、地图等可视化的形式表达出来，能更好地发挥人类的视觉功能，帮助我们发现更为有价值的空间相关结构模式，揭示地理信息空间分布规律。

4.4.1 Moran 图

4.4.1.1 Moran 散点图

散点图是数据分析中较为常见的一种图形可视化方法，通常用来表示两个变量之间的相关关系。当散点图的横轴表示一个变量在不同位置上的观测值向量（z），而纵轴表示该变量的空间滞后（Wz）时，就相应地构成了 Moran 散点图（Moran Scatterplot）。该图每一个位置上的观测值和其空间滞后之间的拟合程度，就是 Wz 对 z 的二元回归系数（$z'Wz/z'z$）。该系数在数值上等价于全局 Moran's I，这也是 Moran 散点图名称的由来。

Moran 散点图可用来探索不同研究对象之间的全局空间关联结构特征。当把同一个量不同时间段上的空间相关程度分别表现在多幅 Moran 散点图上时，就可以非常直观地对不同时间段上的空间关联模式加以比较，并作出合理的评价。此外，还可以采用最小二乘法对散点图的斜率作出估计，从而识别那些对回归斜率影响较大的观测值（强影响点），以显著偏离直线斜率的观测值（空间异常值）。

更重要的是，Moran 散点图还可以用来识别局部的空间相关模式，以及空间异常值或局部不平稳性等。例如，通过绘制的空间相关系数的 Moran 散点图可将城市各个住宅小区的商品住宅价格分为四个象限的集群模式，分别识别各个住宅小区及其与邻近小区的关系：图的右上方的第一象限，表示高价格的小区被高价格的其他小区所包围（HH）；左上方的第二象限，表示低价格的小区被高价格的其他小区所包围（LH）；左下方的第三象限，表示低价格的小区被低价格的其他小区所包围（LL）；右下方的第四象限，表示高价格的小区被低价格的其他小区所包围（HL）。

Moran 散点图的右上和左下两个象限分别对应正的空间相关模式（高值集聚）和负的空间相关模式（低值集聚）。通过观察这两个象限中散点的分布密度，可以大致表明全局空间关联模式在多大程度上是由高值集聚还是低值集聚决定的。类似地，通过观察左上和右下两个象限的相对密度，可以表明何种负的空间相关模式占主导地位，并可发现潜在的空间异常。以 Moran 散点图的象限中心点为圆心，作一个半径为 2 的圆，根据 2σ 规则，可以认为圆以外的观测点是空间异常值。

4.4.1.2 Moran 派生图

Moran 散点图的四个象限所对应的四种空间相关模式分别以不同的形式表现出来，可以分别得到 Moran 散点图的几种派生图。

当把几种空间相关模式分别用不同的颜色、阴影或图案表现在地图上时，得到 Moran 散点地图（Moran Scatterplot Map）。在 Moran 散点图的基础上，进一步将上述几种空间关联类型加以地图可视化，直观、清晰地表现其空间分布格局特征。

在 Moran 散点地图中，当显示那些在给定的显著性水平（如 $p=0.05$）下显著的空间关联模式类型时，即得到 Moran 散点图的另一种派生图——Moran 显著性地图（Moran Significance Map）。在不同的显著性水平下，对同一种空间关联模式类型而言，显著性会有差异。如一种显著性水平（如 $p=0.05$）下不显著的类型，在另一种显著性水平（如 $p=0.10$）下会显著。当把不同显著性水平下分别显著的空间相关模式统一表示到一幅显著性地图时，则得到 Moran 概率地图（Moran Probability Map）。与 Moran 散点图一样，上述几种 Moran 派生图都是非常有效的空间相关结构模式发现工具。

4.4.2 空间滞后分析图

在对传统的柱状图、饼状图或散点图等形式加以变换的基础上，通过建立每一个空间位置上的观测值与其空间滞后之间的数量对比关系，不仅可以将研究对象之间的空间相关程度、空间分布模式以直观、形象的方式表现出来，而且为我们进一步探测更为隐含的空间相关结构模式提供了很好的途径。

4.4.2.1 空间滞后柱状图

柱状图是专题地图中用来表示事物或现象内部结构组成的一种可视化方法。一个变量在某个位置上的观测值和其空间滞后之间的相关程度也可以用柱状图加以表现。

将每个位置上观测值 y_i 和其空间滞后 $(Wy)_i$ 分别用大小不同的长方形表示，则构成空间滞后柱状图。如果某一位置上的观测值 y_i 较大，而空间滞后 $(Wy)_i$ 较小，则表明该位置可能存在负的空间自相关，从图形上来看它们之间的高度悬殊较大；如果该位置上的观测值 y_i 和其空间滞后 $(Wy)_i$ 的高度相差不大，则表明该位置可能存在正的空间自相关。一般来说，空间滞后柱状图仅适用于观测值为正的情况。

4.4.2.2 空间滞后饼状图

在空间滞后饼状图中，将一个圆一切为二，划分为两个大小相等或不等的扇形，其中一个扇形表示该位置上观测值 y_i 的比例，数值为 $y_i/[y_i+(Wy)_i]$，另一个扇形表示该位置上观测值的空间滞后 $(Wy)_i$ 所占的比例，数值为 $(Wy)_i/[y_i+(Wy)_i]$。若 $y_i=(Wy)_i$，两个扇形面积大小相等，为整个圆的一半。如果该位置上的观测值比重大，则空间滞后的比重将变小，两个扇形的面积大小悬殊较大，表明该位置可能存在负的空间自相关；如果该位置上的观测值和空间滞后的比例相差不大，表明该位置可能存在正的空间自相关。一般而言，空间滞后饼状图也仅适用于测值为正的情形。

也可以用大小不等的圆表示每个位置上的数值差异。此外，y_i 和 $(Wy)_i$ 之间的大小差异还可以采用其他方案。例如，差值 $[y_i-(Wy)_i]$、差的绝对值 $[|y_i-(Wy)_i|]$、差的平方 $[y_i-(Wy)_i]^2$ 和二者的比值 $[y_i/(Wy)_i]$ 等。

4.4.3 地统计学可视化表达

地统计学的可视化就是指把地统计学的基本原理应用于现代的科学计算可视化当中，

运用科学可视化的手段把原本抽象的数据通过图形、图表等可视化语言更为直观、形象地表达出来。可视化表达过程大致包括三部分内容:数据检查、表面分析预测和表面质量评价。涉及多类图形的可视化表达,其中的残差图建立在连续空间过程的假设基础上,是一种较为典型的空间自相关可视化表现方法。

如果随着距离变化的观测模式(残差图)可以用相对简单的方程式(一些距离函数)建模,那么未知位置点的值可以通过这个模型获得的插值过程中使用的权重来估计。残差图可以用输入数据的样本方差变换尺度,当需要比较基于不同变量的残差图时,这种方法是有用的。

4.5 地理空间分析软件介绍

尽管过去半个世纪以来空间分析技术的内容得到了发展,但许多内容仍然局限于特定的范围,而另外一些内容则由于未能在当前主流 GIS 产品中得到实现而被忽略。这一领域正处在快速变化之中,越来越多的 GIS 软件包正在将各种分析工具作为标准内置模块或可选工具包、插件或分析工具。表 4-1 列出了涉及探索性空间数据分析、空间回归分析和地统计分析等功能的部分 GIS 软件工具。

表 4-1　部分 GIS 空间分析软件工具

产品名称	关键内容	公司或作者	是否免费
ArcGIS	通用的、综合的且具有大量扩展工具集的软件,与 OGC(Open Geospatial Consortium)标准兼容	ESRI	N
CommonGIS	基于 Java 的 GIS 软件包,具有强大的专题制图和探测性数据分析功能		Y
GeoDa	探测性空间数据分析	L. Anselin	Y
Geomedia	数据库驱动的通用 GIS 软件包	INTERGRAPH	N
GS +	一个全面的地学统计软件,提供了所有的地学统计部件,从半变差分析到克里格方法、映射方法	Gamma Design Software	N
GWR	地理加权回归	S. Fotheringham C. Brunsdon M. Charlton	Y
ISATIS	用于地球科学的地质统计软件		N
MapInfo	通用软件,以矢量为主,同时支持栅格,与工业/市场等结合	Pitney Bowes	N
MATLAB	有可选制图工具箱、图像处理工具箱和统计工具箱的矩阵/数学软件包,提供免费空间统计工具箱	L. Pace	N
Rookcase	Excel 插件,计算简单空间自相关	M. Sawade	Y
SaTScan	地理数据的时间、空间和时空分析		N
STARS	区域系统的时空分析,一些技术与 GeoDa 中的技术对应		Y
Surfer	表面建立和建模软件包,具有非常强的格网化、地统计和可视化功能,主要用于地球科学	Golden Software	N
WinBUGS GeoBUGS	用马尔可夫链蒙特卡罗方法的贝叶斯统计分析软件包		Y

选择软件工具的过程要求我们提出这样的问题:“我们需要考虑 GIS 软件的什么功能?”针对研究目的,选择的 GIS 产品至少要支持基于矢量或格网数据的二维制图,并具有一定的基本地图操作工具(如 ArcGIS);同时,也要考虑到一些特殊的、有用的分析功能,如一些包括一定地图工具但其主要目的是空间或时空数据探测分析的软件(如 GeoDa、GS +、STARS、GWR),以及一些包含有地图功能的通用和专业分析工具(如具有地图工具箱的 MATLAB,具有 GeoBUGS 的 WinBUGS)。

下面对本书中经常用到的四个 GIS 软件的空间分析功能作一简要介绍。

4.5.1 GeoDa

GeoDa(Geography Data Analysis)是由 Luc Anselin、Ibnu Syabri 等设计和开发的空间统计分析软件。其在探索性空间数据分析中,功能全面,参数设置多样,具有明显的优势。

GeoDa 支持点和多边形数据集,针对多边形区域的简单的“车步”和“后步”邻接权重。通常这些是 1 阶邻接值,但也可以生成 2 阶或更高阶的权重。其次,基于距离的权重可以基于多边形质心位置或选中多边形内定义 1 个(x,y)坐标对来生成。这需要设定一个阈值,所有这个距离带宽内的多边形将在赋权时被包括。GeoDa 中支持投影距离(即欧氏距离)和非投影距离(近似弧形距离)。

GeoDa 还支持更深入基于最近邻居个数的方法。这要求邻居数量作为参数,然后通过改变距离来反映数值集合(也就是自适应方法)。GeoDa 程序使用马里兰大学开发的 Approximate Nearest Neighbour (ANN)软件库来判断这些近邻关系。这种最近邻方法的优点在于:在相同的研究区内,紧凑密集的小区域的空间权重与大区域非常相近,这在单纯的基于距离的选择中往往不是事实。软件包可以接受用户定义的空间权重矩阵,当然这要求仔细构造权重矩阵,以保证反映拓扑关系和目的权重格局。对于点集数据,可以通过构造点集的 Voronoi 多边形并计算共享边界长度来确定权重,但目前的软件不直接支持该功能。Voronoi 多边形形成的信息可以用来产生空间权重文件,GeoDa 可以读取,在这种情况下,通过修改或增加程序生成的标准权重文件,就可以生成更接近特定应用意义的权重矩阵。

4.5.2 GWR

Fotheringham、Charlton 和 Brunsdon 于 1996 年首先提出了 GWR 模型,它是一个空间统计模型,在空间上进行局部参数估计,反映地理现象的空间相关与空间变化特征。GWR 是对常规多元线性回归(OLS)模型的扩展,它在接受多数空间数据集的非平稳性方面很有吸引力。

在 GWR V3.0 中,除支持高斯模型外,还支持泊松模型(GWPR)和 Logistic 模型(GWLR),泊松和 Logistic GWR 都要求使用迭代重赋权最小二乘法(Iteratively Reweighted Least Squares,IRLS)这一技术进行模型拟合。这个分析过程与 OLS 的非常相似,只是计算 *AIC* 和 *AICc* 时不同于 OLS 表达式。

Fotheringham 等(2005)指出:“在有些情况下,很难判断为什么有些关系会在空间上变化。在其他情况下,经验结果显示一些关系在空间上是固定的,而另一些则显著变化。在这种情况下,有些关系随空间变化而有些保持不变时,采用混合 GWR 模型似乎更合适。”对于这样的情况,正在计划发行支持这种混合模型的 GWR 软件版本 V4.0。

4.5.3 GS+

GS+是一个全面的地学统计软件,提供了所有的地学统计部件,从半变差分析到克里格方法、映射方法。与其他地统计软件相比,GS+最大的优点是能够根据输入的数据,自动拟合试验变差函数(包括高斯模型,椭圆和指数模型),GS+的另一个优点是可以导入/导出Surfer、ArcGIS Grid 等常用的网格文件。

GS+的主要功能是进行空间异质性、空间相关性和空间格局的分析,包括:①数据准备和转换(Data Summary),准备研究单元的位置坐标 x、y,属性数据(如住宅价格),转化为符合正态分布的数据格式;②半方差函数模型分析(Isotropic Variogram Model),综合考虑决定系数、残差 *RSS*、变程和块金系数等参数,从球状模型、指数模型和高斯模型(聚集分布)和线性模型(随机分布)中选择最优模型;③进行分形、Moran's *I* 分析和 Kriging 插值。

4.5.4 ArcGIS

4.5.4.1 空间统计工具

空间统计主要的工作是研究空间自相关性(Spatial Autocorrelation),分析空间分布的模式,例如聚类(Cluster)或离散(Dispersed)。通过使用 ArcGIS V9.3 中的空间统计工具,可以以一种非常直观而简单的方式获得这些信息。ArcGIS 中的空间统计工具箱包括了一系列工具,用来分析地理要素的空间分布形态。传统的统计并不考虑地理要素的空间关系,而在空间统计中,要素的空间关系是分析中需要考虑的必要的,处于绝对重要地位的。因此,对于空间数据分析的目的来说,使用空间统计工具比使用原来的不考虑空间信息而进行统计的工具要更为合适。通过使用这些工具,GIS 用户可以采用一种更高级的方法来解决空间数据分析中的问题。表4-2 列出了 ArcGIS 主要的空间统计工具集及其功能。

表4-2 ArcGIS 主要的空间统计工具集及其功能

工具集	功能
空间分布模式分析工具集(Analyzing Patterns)	确定空间要素的某些属性值在一个区域中是集聚分布、均匀分布,或者是随机分布;全局自相关指数 *G*、Moran's *I* 分析
集聚分布制图工具集(Mapping Clusters)	确定统计量上重要的 Hot Spots(最受关注地区),Cold Spots(不受关注地区)以及一些有特例的地区(局部 Moran's *I* 分析)
测量地理分布性工具集(Measuring Geographic Distributions)	确定数据的中心位置,数据分布的形状及方向性,离散数据的离散度等
空间关系建模工具集(Generate Spatial Relation Model)	确定空间权重矩阵,地理加权回归,最小二乘法

4.5.4.2 地统计分析模块和工具

ArcGIS 地统计分析扩展模块(ArcGIS Geostatistical Analyst)是 ArcGIS 桌面系统(ArcView、ArcEditor、ArcInfo)一个功能强大的扩展分析模块。它科学地运用确定性方法(Deterministic Methods)和地统计方法,根据研究对象在地理景观(Landscape)中不同位置上获取的采样数据,进行高级表面(Surface)建模,从而准确预测研究对象在地理景观中的连续分布,获得其在任意空间位置上的数值特征。ArcGIS 地统计分析扩展模块具有开创性意义,它在 GIS 与地统计学中间架起了一座桥梁,在大型商用、通用 GIS 平台上第一次实现了科学与技术盼望已久的高端结合,是 ESRI 坚持不懈的探索精神的结晶。

地统计分析模块提供两类插值方法:确定性插值法和地统计学插值法。这些方法都根据相邻样点的空间相似性原理来生成表面。前者运用数学函数进行插值,以研究区域内部的相似性(如反距离加权法,IDW)或者以平滑度为基础(如径向基函数插值法,Radial Basis Function),由已知样点创建表面;后者依赖统计和数学两种方法,根据已知样点的统计特征来生成表面。由于地统计方法是基于统计特征的,所以用它进行插值不仅可以获得预测表面,而且能够获得误差表面,这样有利于评估预测结果的不确定性。地统计学中有很多方法,但它们都源自同一个家族——克里格(Kriging)。地统计分析模块提供的方法有普通克里格法、简单克里格法、泛克里格法、概率克里格法、指示克里格法、析取克里格法和协同克里格法。

运用 ArcGIS 地统计分析方法进行表面拟合主要包括三个步骤:①探索性空间数据分析;②样点的空间结构量化分析;③表面预测与结果评估。对应的软件功能主要由三个模块组成,探索性空间数据分析(ESDA)、地统计分析向导(Geostatistical Wizard)以及生成数据子集(Create Subsets)。利用这些基本功能模块,可以方便地完成多种地统计分析,创建完善的表面预测专题地图。

另外,ArcGISV9.3 还提供了一系列独立的地统计分析工具,如创建地统计模型、设置和获取模型参数、Z 值计算、地统计模型的等值线/格网/点转换、高斯地统计模拟、移动窗口克里格、邻域搜索、半变异函数灵敏度测度等。

4.6 小 结

(1)探索性空间数据分析(ESDA),建立在空间自相关这一概念基础上,是探索和发现隐含在 GIS 数据库中的空间关系模式的一种非常有效的技术方法。具体而言,全局空间自相关统计量,如 Moran's I、Geary'C 等,可表征研究对象之间的平均空间关联程度以及总体的空间分布格局;局部空间自相关统计量(如 LISA 等)及相关统计图(如 Moran 散点图、Moran 派生图等),可进一步识别局部的空间关系模式或空间异常值,表明空间关系的类型或空间非平稳性。

(2)本质上,ESDA 是一种"数据驱动"方法,即对数据不施加任何先验的理论或假设,让数据自己说话。这决定了基于 ESDA 的空间关系的发现尚是初步的,有必要对从 GIS 数据库中发现的空间关系模式进一步加以检验、评估和证实。空间滞后模型(SLM),通过引入自变量或因变量的空间滞后形式,将一个空间位置上的变量与周边邻居位置上的变量联系在一起,在一定程度上解释了由于空间扩散、空间溢出等相互作用造成的实质性空间依赖;而空间误差模型(SEM),通过将误差项设定为某种空间过程(如空间自回归)的形式,能够将由于测量误差等原因造成的冗余空间依赖加以显式表达。对于因变量空间滞后模型和误差模型,常采用 ML 进行估计。在模型的验证阶段,利用 AIC 信息准则、ESDA 中的 Moran 散点图、Moran 派生图等可视化方法可对空间相关模型的拟合程度做出评价。

(3)传统的 OLS 及 SLM、SEM 只是对参数进行"平均"或"全局"估计,不能反映参数在不同空间的空间非稳定性,当用横截面数据建立空间相关模型时,由于这种数据在空间上表现出的复杂性、自相关性和变异性,使得自变量对因变量的影响在不同空间位置之间可能是不同的,假定不同空间位置之间的因变量在空间上具有异质性的差异可能更加符合现实。空间变系数回归模型中的地理加权回归模型(GWR)是一种解决这种问题的有效方法。将空间效应因素引入住宅价格的空间分异研究,建立 GWR 模型进行空间统计分析时,一般采用空间权值矩阵来表达空间相互作用。在构建空间权值矩阵时,阈值距离和衰减参数(带宽)的选择非常关键。

(4)地统计学方法中的变异函数和结构分析是定量化研究地理因子空间变异的有效方法;建立在变异函数理论及结构分析基础之上的多种类型的 Kriging 空间插值方法,在具体选择时,要根据对样本数据的统计检验结果,选择最适用的方法。

(5)众多的通用 GIS 和专业 GIS 软件,提供了 EDSA、OLS、SLM、SEM、GWR、Kriging 等空间分析方法的多种实现途径和空间可视化表达形式,软件各有优缺点,在实践应用时,应依据数据特点和分析目的,有选择地使用其全部和部分功能。

第5章　商品住宅价格的探索性空间数据分析

从本章开始，以开封市为案例，应用前述的理论和技术方法，研究和探讨商品住宅价格的空间分异和演变规律。研究的第一步，是对商品住宅价格进行全方位的探索性空间数据分析，从全局到局域、从空间到时间全面分析商品住宅价格的空间相关性和空间依赖性。

5.1　数据获取与预处理

5.1.1　数据获取

在翔实而可靠的数据基础上，研究才具有现实性和应用性。因此，研究基础数据的获取，是本书的关键性问题之一。

5.1.1.1　商品住宅样点数据的获取

本书主要通过“开封市房地产交易管理信息系统”，从房地产交易数据库中采集和提取新建商品住宅实际交易价格，数据具有较强的可靠性、真实性、权威性和准确性。

“开封市房地产交易管理信息系统”是为开封市房地产交易管理处和开封市土地房屋交易中心(办证服务大厅)开发的一套经过官方认可的管理软件系统，系统能够录入、处理和分析房地产转让、商品房过户与合同备案、房地产租赁与抵押等多项业务数据。系统网络数据库采用 MS SQL Server 存储和管理，数据库中有若干数据表项，分别存储系统信息及各种业务信息，如表5-1所示。

表5-1　房地产交易网络数据库主要数据

数据表名	主要内容
FDCJY_ZR	房地产(商品房、存量房)转让信息
FDCJY_SPF	商品房预售许可信息
FDCJY_HT	商品房合同备案信息
FDCJY_DY	房地产抵押信息
FDCJY_ZL	房地产租赁信息
FDCJY_ZJJG	房地产中介信息
FDCJY_Limit	房地产权利限制信息

通过对房地产交易网络数据库的分析，多个数据表中都有新建商品住宅价格的数据，最终从商品房转让、商品房合同备案、房地产抵押等数据表中采集和提取新建商品住宅数据，剔除重复样点，获取有效样点34 992个。

1) 商品住宅样点的时间特征

对34 992个商品住宅交易样点数据,按交易时间进行统计,得到的基本统计学特征如表5-2和图5-1所示,这是对商品住宅价格进行时间演变分析的基础。

表5-2 商品住宅交易样点数量的时间特征

月份	年份								
	2001	2002	2003	2004	2005	2006	2007	2008	2009
1	1	11	71	46	825	272	388	741	130
2	1	1	39	58	443	297	236	230	159
3		1	78	101	1 442	368	406	394	403
4		3	73	130	809	342	436	276	565
5		6	77	127	420	375	559	863	396
6	1	59	86	1 285	593	280	570	771	206
7	31	74	165	668	665	257	437	506	272
8	26	95	105	908	512	286	471	207	159
9	1	61	85	951	464	289	580	828	272
10	1	51	67	551	434	288	772	652	
11	3	76	98	921	387	294	1 126	115	
12		52	116	1 197	427	381	512	646	
小计	65	490	1 060	6 943	7 421	3 729	6 493	6 229	2 562
总计	34 992								

数据时间范围为2001年1月至2009年9月。从样点的时间分布上看,2004年6月以前样点较少,其中2001年只有65个样点,从2004年6月开始,每月的样点数量成倍增长,其主要原因是"开封市房地产交易管理信息系统"在2004年6月开始正式投入运营,强制要求所有交易样点必须录入网络数据库,而在这之前,没有强制性。2004年6月至2005年8月,每月的交易数量波动较大(2005年3月交易量最大),之后至2007年5月是一个相对稳定期,然后又是一个波动期(2007年11月交易量最大)。这与期间商品房开发新楼盘数量,商品房交易契税、交易管理费收取的政策及抵押贷款政策的变化时间有密切关系。此外,交易样点的时间特征,与节假期也有一定的联系,如每年的2月是交易低峰,这一期间正是农历春节假期。

为了避免通货膨胀和住宅市场的变化因素对不同时段商品住宅价格的影响,采用开封市2001~2009年新建商品住宅价格指数,以2009年9月为基期,计算各年度月份修正系数,将其他年度的房价修正到2009年9月。开封市新建商品住宅价格指数以国家公布的

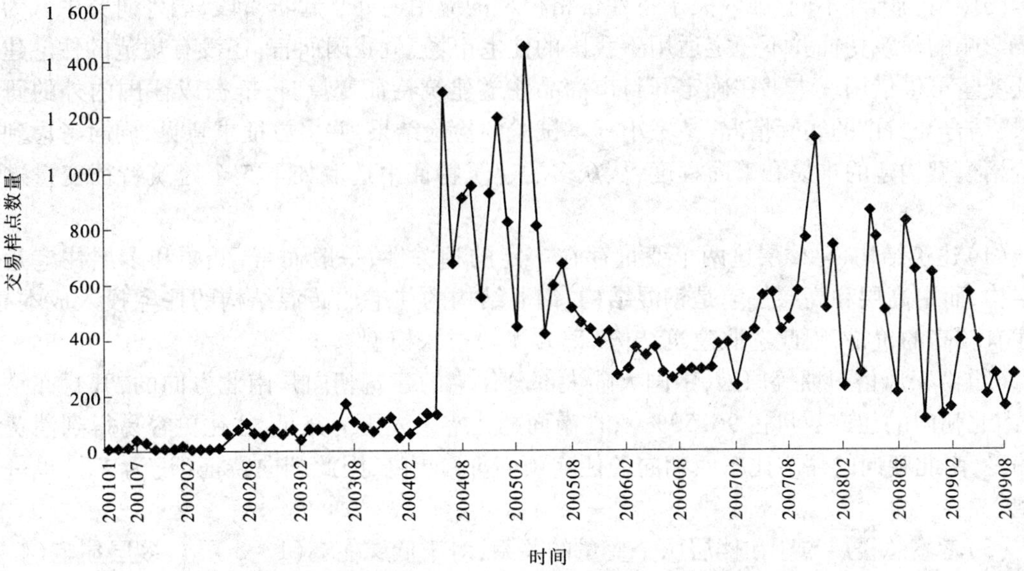

图 5-1　商品住宅交易样点数量的时间特征曲线

《70 个大中城市新建住宅价格指数》为依据（2005 年 6 月之前只有季度数据），以邻近开封的郑州市为基础，参照开封市的经济社会指标和商品零售物价指数进行修正而得（详见附表 1）。

2）商品住宅样点建筑特征

依据特征价格的理论，住宅的建筑特征能够最直观地表现住宅间差异，商品住宅价格常常跟住宅建筑本身的特征相关。显然，如果只考虑建筑特征对住宅价格的影响，一套拥有更多令人满意的建筑特征的住宅理应具有更高的价格。当然，随着产业的进步和人们对建筑功能的要求也在不断的变化，建筑特征的重要性也会随时间的推移而产生变化，而在不同的国家和不同的地区，由于气候、风俗等方面存在的不同，建筑特征对住宅价格的影响程度也不尽相同。总结已有的研究成果，可以将影响住宅价格的建筑特征分为两类：一类是住宅本身的功能性建筑特征，如建筑面积、房间数目、住宅年龄等，除住宅年龄外，功能性特征多与住宅价格呈正相关关系；另一类是住宅的附属特征，如宗地大小、装修状况、是否有独立车库等，这类特征也多与住宅价格呈正相关关系。

在选择建筑特征变量时，应当重点考虑研究对象所在区域的基本特点，包括气候特点、城市规划、住宅产业发展状况、建筑特色等。比如在中国的北方地区，气候四季分明，消费者对住宅的保温、通风要求比较高，则供暖状况及朝向、户型等建筑特征对住宅价格的影响就较为明显，在变量选择时应重点考虑；而我国在城市规划和住宅产业发展状况上与国外的差异，则要求我们不能盲目地照搬国外相关研究所采用的特征变量，例如对于独立车库、院落面积、壁炉、中央空调系统等特征，国内大多数普通住宅是不具备的，也就不能纳入到研究中来。另外，还应注意到研究区域中消费者的一些风俗习惯，例如建筑的风水及消费者对数字、方位的偏好等。

商品住宅建筑特征应该越多越能全面分析各因素对住宅价格的影响程度，理论上只有包含了全部的住宅建筑特征，才能完整地描述住宅价格随建筑特征的变动。但实际操作中资料缺乏、不易获得，再加上计量方面的问题，实际应用中可供分析的建筑特征并不多，而且我国的国情与国外不同，国内关于特性价格模型的应用还处于起步阶段，国外研究中认为有重要影响的建筑特征并不一定适用于我国的住宅市场，就我国而言，还没有规范的住宅建筑特征变量可供借用。本书在确定开封市商品住宅建筑特征变量时，依据以往国内外的研究成果，结合开封市的实际情况，参考小样本试验的检验结果，并多方征求意见，同时考虑到特征价格模型构建的难易和繁简程度，从众多的建筑特征中选取如下5个建筑特征变量进入模型：

(1)建筑结构、总楼层这两个变量存在一定的相关性，一般而言，低层和多层住宅是砖混结构，而中高层和高层住宅是钢混结构，钢混结构的住宅比砖混结构的住宅投入成本高，往往有较高的价格，因此选取建筑结构(记为 X_{A1})进入模型。

(2)由于风俗习惯等原因，中国大陆大部分住宅的建筑朝向是南北方向的，开封亦是如此(南北朝向的住宅数量占96.59%)，在南面的住宅采光更为充足，往往更容易得到消费者的偏爱，南北朝向的住宅比东西朝向的住宅预期价格更高，因此朝向特征(记为 X_{A2})也进入模型。

(3)考察总楼层与所在楼层两个变量的关系，对于低层住宅(1~3层)、多层住宅(4~6层)、中高层住宅(7~9层)和高层住宅(10层及以上)，住宅所在楼层对住宅价格的影响程度是不一样的。对于多层住宅，一般是3~4层价格最高，2层和5层次之，1层和6层最低；而对于中高层和高层住宅，一般是随着楼层的升高，价格逐渐上涨，7~9层的价格可作为基准价格。所以，选择考虑到总楼层影响后的住宅所在楼层(记为 X_{A3})进入模型。

(4)在小样本试验中，建筑面积和室、厅数目对住宅价格解释能力都很强，而且国外相关研究也肯定了建筑面积和房间数目对住宅价格的影响，但是室、厅数目与建筑面积存在较强的正相关性，相关系数分别为0.826和0.768，因此只选用建筑面积(记为 X_{A4})进入模型。

(5)住宅的附属特征中，宗地面积(记为 X_{A5})与住宅价格呈正相关关系，选择其进入模型。

虽然消费者对住宅的户型非常重视，但是由于住宅户型设计千变万化，难以分类和量化，建议删除。由于样点数据都是新建商品房，所以住宅年龄也可以不予考虑。

对所有获取的住宅交易样点，从网络数据库中多个数据表中选取住宅样点的详细建筑特征，建立样点属性数据库。各类建筑特征的交易样点数量统计如表5-3所示。

如第1章所述，本书把商品住宅的概念界定为新建普通商品住宅，不包括别墅等类型的高档住宅。本书提取的样点数据中共有546个别墅样点，通过实际调查分析发现，这些类型的住宅对研究区域整体住宅价格的空间分异有明显的影响，且多是连体式别墅，土地使用年限与普通商品住宅一致，因此最终保留了这些样点，没有剔除，以便进行细分市场的对比分析发现，但在计算住宅小区均价及特征价格模型建立时，需要根据所在小区的普通住宅对其进行类型修正。通过对546个别墅样点价格与同小区的同层次(按1层)、邻位置的普通住宅价格的对比分析发现，二者有一个相对稳定的比例关系，介于1.2~2.0，为简便计算，统一取1.5作为对别墅样点的价格修正系数，也就是说，将别墅样点的价格除以1.5即得到修正为普通住宅后的价格。

表 5-3　商品住宅各类建筑特征的交易样点数量统计

建筑特征	分类	样点数量	比例(%)	建筑特征	分类	样点数量	比例(%)
建筑结构	砖混	33 121	94.65	所在楼层	1	4 607	13.17
	钢混	1 871	5.35		2	5 548	15.86
楼房总层次	3	538	1.54		3	6 404	18.30
	4	28	0.08		4	6 338	18.11
	6	30 329	86.67		5	5 788	16.54
	7	2 377	6.79		6	4 197	11.99
	10	57	0.16		7	395	1.13
	11	71	0.20		8	148	0.42
	12	435	1.24		9	142	0.41
	13	98	0.28		10	125	0.36
	16	138	0.39		11	88	0.25
	17	300	0.86		12	80	0.23
	18	402	1.15		>12	68	0.19
	21	188	0.54		1~2	205	0.59
	25	31	0.09		1~3	448	1.28
房屋类型	普通	34 173	97.66		1~4	10	0.03
	复式	273	0.78		2~3	15	0.04
	别墅	546	1.56		3~4	75	0.21
房屋朝向	南北	33 799	96.59		3~5	9	0.03
	东西	1193	3.41		4~5	12	0.03
建筑面积(m^2)	<60	1 959	5.60		4~6	2	0.01
	60~90	5 953	17.01		5~6	14	0.04
	90~144	22 726	64.95		6~7	18	0.05
	144~180	2 890	8.26				
	≥180	1 464	4.18				
宗地面积(hm^2)	<1.00	4 934	14.10				
	1.00~5.00	15 977	45.66				
	5.00~10.00	7 964	22.76				
	≥10.00	6 117	17.48				
总计		34 992	100.00	总计		34 992	100.00

另外,住宅样点数据中还有 273 个复式类型,这些类型的住宅的使用年限、建筑及其区

位和邻里特征与同位置的普通住宅并无差别,所以也保留了这些样点,但需对其进行所在楼层修正,修正的原则是取其价值最高的层次作为修正后的所在楼层。如 1 ~ 2 层修正为 2 层,2 ~ 3 层修正为 3 层等。修正结果如表 5-4 所示。

表 5-4　复式商品住宅的楼层修正结果

原所在楼层(复式)	修正后所在楼层(普通住宅)	原所在楼层(复式)	修正后所在楼层(普通住宅)
1 ~ 2	2	3 ~ 5	3
1 ~ 3	3	4 ~ 5	4
1 ~ 4	3	4 ~ 6	4
2 ~ 3	3	5 ~ 6	5
3 ~ 4	3	6 ~ 7	6

5.1.1.2　城市基础地理信息的获取

以开封市城镇地籍调查成果图件(来源:开封市房地产产权产籍监理处,2006 年)为基本底图,提取行政区、交通、水域、公园、绿地和宗地等基础地理要素,参照近期的交通旅游图、城市和土地规划图等图件,采用独立坐标系,按 1∶10 000 比例尺精度要求,编制研究工作底图。

5.1.1.3　住宅小区空间信息的获取

从商品住宅交易样点数据库中提取的属性数据(楼盘名称、坐落、开发单位等)显示,所有样点在空间上涉及开封市城区 5 个行政辖区,分属于 306 个商品住宅小区,基本覆盖了开封市城区内所有的商品住宅小区。

依据地籍图,参照历届房展会新建楼盘分布图,在工作底图上确定所有住宅小区的空间坐标范围和面积,并对其进行实地校核,建立住宅小区空间及属性数据库。开封市商品住宅小区基本情况见附表 1,分布情况见表 5-5 和图 5-2。

表 5-5　开封市商品住宅小区分布情况统计

行政辖区	小区个数	比例(%)
鼓楼区	92	30.07
金明区	82	26.80
龙亭区	42	13.73
顺河回族区	58	18.95
禹王台区	32	10.45
总计	306	100.00

5.1.1.4　空间特征信息的获取

如前所述,按照特征价格模型,商品住宅空间特征包括其区位特征和邻里特征,对这两类空间特征可进一步分为基本设施、交通条件、环境条件、繁华程度及人口状况等五个方面，又可分为多种因素、因子或指标。按照重要程度及层次关系排列，如表5-6所示。

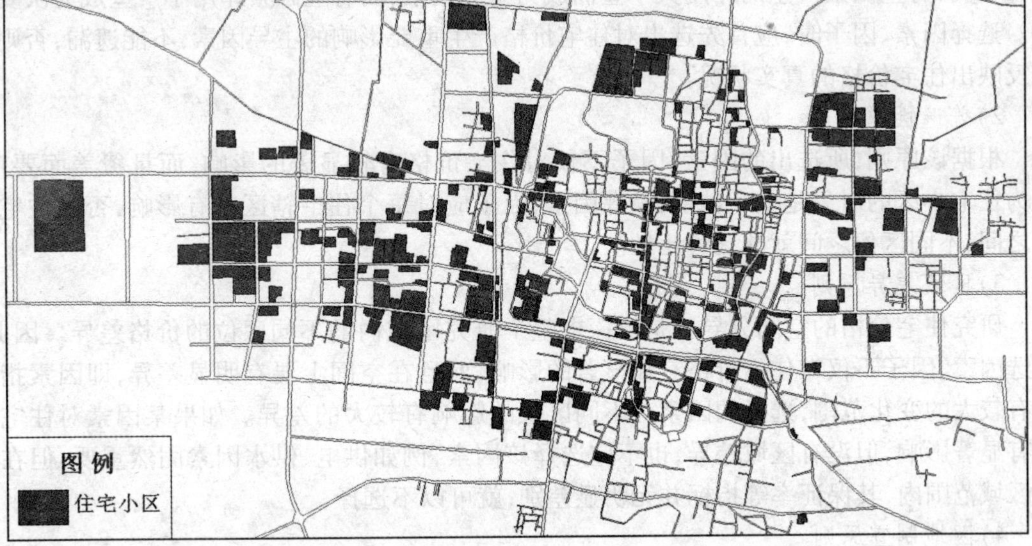

图5-2　商品住宅小区分布示意

表5-6　商品住宅空间特征因素、因子体系一览

特征	方面	重要程度排序	因素	因子及指标
区位特征	交通条件	2	道路通达程度	道路网分布、道路类型、级别标准、车流量、道路长度及宽度等
			公交便捷程度	公共汽车线路、站点分布、车流量及停靠次数
			对外交通便利程度	长途汽车、城际公交、火车站等客运设施的规模及分布
	繁华程度	4	商服繁华程度	商业服务业中心的数量、位置和范围
邻里特征	基本设施	1	基础设施完善程度	电力、供水、排水、供气、供热、电信等设施的保证率、规模、级别及分布
			公用设施完备程度	中小学、幼儿园、医院、诊所、体育场馆、文化场馆、影剧院、菜场、银行、邮局等设施的数量、分布、规模级别、服务水平及服务范围
	环境条件	3	环境质量优劣程度	大气、水及声环境的污染分布状况和质量指标
			绿地覆盖程度	公园、绿地的位置、面积、服务范围及规模
	人口状况	5	人口密度	常住、暂住人口及客流人口密度

表5-6所列内容只是理论上的分析，对不同的研究区域，这些空间特征是有差别的，如何选取这些因素、因子，应遵循以下基本原则。

1）主导性原则

影响住宅价格的因素、因子很多，这些因素、因子对住宅价格都会产生影响，但其影响程度却不同，有些因素产生的作用大一些而成为主导因素，而有些因素作用小一些成为次要因素。选择因素、因子时，应首先选出对住宅价格产生重要影响的主导因素，不能遗漏，否则很难反映出住宅价格的真实状况。

2）普遍性原则

根据该原则，所选出的因素、因子不仅对住宅价格有较显著的影响，而且覆盖面要广。因为住宅小区的对象是整个城区，参评因素、因子应对每个住宅辖区都有影响，否则住宅小区之间、不同区位之间就缺乏可比性。

3）区域差异原则

研究住宅价格的空间分异就是要探求整个研究区域内的不同区位的价格差异。因此，所选因素、因子不仅对住宅价格有较显著的影响，而且在空间上要有明显差异，即因素指标值有较大的变化范围，选择的因素对不同区位的影响有较大的差异。如果某因素对住宅价格有显著影响，但没有区域差异，也不应选择该因素，例如供电、供水因素固然重要，但在研究区域范围内，其保证率等指标并无明显差别，就可以不选择。

4）因地制宜原则

因素、因子的选择要考虑研究区域的具体情况，进行合理筛选。例如，在分析居民购房意愿调查资料时，发现城市规划因素对价格有显著的影响，一部分居民（特别是高收入群体）对规划的汴西新区范围内的住宅有较强的购房意愿，因此增加了城市规划分区影响因素。在与当地有关部门专家充分协商并结合 Delphi 专家咨询测定的基础上，最终确定了开封市城区住宅空间特征因素、因子体系，共有 20 个因素、因子（见图 5-3）。

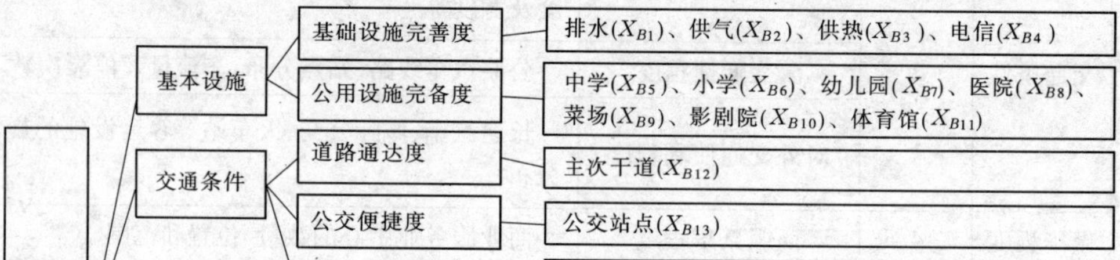

图 5-3　商品住宅空间特征因素、因子选择

研究区域住宅空间特征因素、因子的数据主要来源于城镇土地定级的调查资料（开封市国土资源局，2000～2002 年，2006～2008 年），数据资料的时间区间与住宅交易样点数据库相吻合。同时,对部分因素、因子,通过实地观察、访问等方式,进行补充调查,获取第一手调查资料。依据这些资料建立各类因素、因子的空间和属性数据库。

5.1.2 数据预处理

5.1.2.1 商品住宅时间和建筑特征的量化处理

1)商品住宅样点时间特征的量化处理

商品住宅样点属性数据库中的交易时间(记为 X_T)具体到年月日,本书采用年月数字的6位整型值对交易时间进行量化处理,如"200606"表示2006年6月。

2)商品住宅样点建筑特征的量化处理

(1)建筑结构(X_{A1})采用虚拟变量进行量化,钢混结构的住宅赋值为1,其他结构赋值为0;楼房朝向(X_{A2})也采用虚拟变量进行量化,南北朝向的住宅赋值为1,其他朝向赋值为0。

(2)所在楼层(X_{A3})、建筑面积(X_{A4})和宗地面积(X_{A5})直接采用原始数值进行量化。

5.1.2.2 商品住宅空间特征因素的量化处理

由于住宅各类空间特征因素的量纲不一致,不具有比较性,必须对其进行统一化无量纲处理。

住宅样点空间特征因素按照其空间分布形式可分为点状、线状和面状三种类型,按照因素对住宅价格的影响规律,又可分为渐近性影响和均质性影响两种情况。

1)渐近性影响因素、因子的量化处理

渐近性影响因素、因子是指那些随离该中心距离的增加而影响程度逐渐递减的因素、因子,包括中学、小学、幼儿园、医院、菜场、影剧院、体育馆、道路、公交站点、汽车客运站(含城际客运站及站点)、火车客运站、公园绿地和商服中心(CBD)等点状、线状和面状因素。一般可采用直线衰减或指数衰减规律计算某因素、因子在某相对距离上对住宅价格的作用分值。公式如下:

$$f_i = M \times (1 - r_i) \qquad f_i = M^{1-r_i} \qquad r_i = d_i/d \tag{5-1}$$

式中:f_i 为某因素、因子在某相对距离上对住宅价格的作用分值(以标准化值100计);M 为某因素、因子个体中心作用分值;r_i 为某评价单元(如住宅小区或住宅样点)相对距离;d_i 为实际距离;d 为其影响距离。如果某评价单元同时受多个因素、因子个体的影响,取其最大值作为该单元的作用分值。

在这里,有关距离有多种形式的表示方式,有按两点间直线计算的直线距离、沿着地理空间中限定线路计算的旅行距离、计算多维空间中不同类别样本分布差异的统计距离等。在实际应用中,由于受其他地理事物的阻隔影响(如河流、铁路、城墙等),在求算实际影响距离时,要充分考虑实际可达的最短线路。

利用GIS的网络(Network)分析和缓冲区分析模块可完成对研究区域所有空间位置单元间的最短距离和各类因素、因子的作用分值的求算,建立空间要素作用分值数据库,采用20 m×20 m精度的网格数据结构进行存储。

(1)中心作用分值 M 的计算。某因素、因子中心作用分值的求算,可用综合规模指数来确定。某一个因素、因子的规模可以从多个方面来反映,如:商服中心(CBD)的规模可以用营业面积表示,也可以用营业额或店铺个数等表示;中、小学规模,可以用用地面积表示,也可以用在校教师人数、在校学生人数表示。为了全面准确地反映因素、因子的规模,应从多个方面进行综合分析,形成综合规模指数。由于不同规模指标单位不一样,不具有可比性,因此在计算综合规模指数以前,需要对原始调查数据进行标准化处理,处理方法为:

$$M_i = 100 \times A_i / A_{max} \tag{5-2}$$

式中:M_i 为某项指标标准化值;A_i 为某项指标值;A_{max} 为某项指标最大值。计算出各指标标准化值后,根据其权重,进行加权平均,得到综合规模指数,以综合规模指数大小为依据,并以最大综合规模指数作 100 分,其他与之相比较,计算其他各规模指数的作用分值。

(2)确定影响距离 d。对于渐近性影响因素、因子,需要确定其各自的影响距离或作用半径,以便进行缓冲区分析。确定影响距离的主要方法有:最大距离法,把因素、因子的个体到研究区域边界的最大距离作为影响距离,这种方法主要适用于影响全区域的某些因素、因子,如市级商服中心、火车站、全市最好的中学、公园等;算术平均分割法,某些因素、因子可分为若干类型,每种类型都可作用于整个研究区域,对这些因素、因子的每种类型的影响距离可采用该方法求得,对于点状或面状因素、因子计算公式为 $d = \sqrt{S/(N \times \pi)}$($S$ 为研究区域面积,N 为某类因素或因子个体数),对于线状因素、因子(道路),采用的计算公式为 $d = S/(2L)$(S 为研究区域面积,L 为主干道或(和)次干道长度;实际调查访问确定法,对于某些因素、因子由于个体数量少,作用不了整个定级区域,只对其所在的局部区域产生影响,这时不能采取最大距离法,也不能用算术平均分割法,只能依据实际调查访问的结果来确定,例如绿地,开封市城区分布有大片集中绿地,共有 5 块,其影响距离根据实际的调查访问,以到绿地休憩的一定数量城市居民居住地距绿地的距离作为绿地影响距离;距离分割法,对于有些因素、因子不宜采用上述几种方法的或者采用上述方法算出的影响距离明显不合理的,采用距离分割法来确定其影响距离。例如:公交站点的影响距离,就可以采用距离分割法确定,以几个站点所包围的区域中距站点的最大距离作影响距离。

2)均质性因素、因子的量化处理

均质性影响因素、因子是指那些在某评价单元或区域对住宅价格影响保持相对一致的因素、因子,包括排水、供气、供热、电信、环境和人口密度等因素、因子。在对调查的均质性因素、因子进行标准化处理前,首先要作初步分析,以满足标准化处理的需要。就环保部门提供的环境质量调查资料,热力公司部门提供的供热管道分布图,市政部门提供的排水管道分布图,燃气公司提供的供气管道分布图及电信公司提供的电信线路分布图等来说,这些资料并不能直接为住宅价格分析所使用,通常需要作初步的分析、整理,为标准化处理作好准备。

对于均质性因素、因子作用分值确定采用区域赋值法,有指标值表示的面状因素、因子,其分值计算采用如下公式:

$$f_i = 100 \times (X_i - X_{min})/(X_{max} - X_{min}) \tag{5-3}$$

式中:f_i 为某因素、因子在某一区域的作用分值;X_{min}、X_{max}、X_i 分别为所分区域最小指标值、最大指标值和某指标值。对无指标值表示,只有定性说明的因素、因子,可直接按各区域因素、因子作用方式、实际状况赋以一定分值,分值体系采用 0~100 的封闭区间。

针对上述两种性质的空间特征因素、因子,分年度(2001~2009 年)对其进行量化处理,计算空间评价单元的作用分值。图 5-4 是这两类空间特征因素、因子作用分值的两个实例,2009 年度的处理结果如附表 3、附表 4 所示(其他年度数据未列出)。

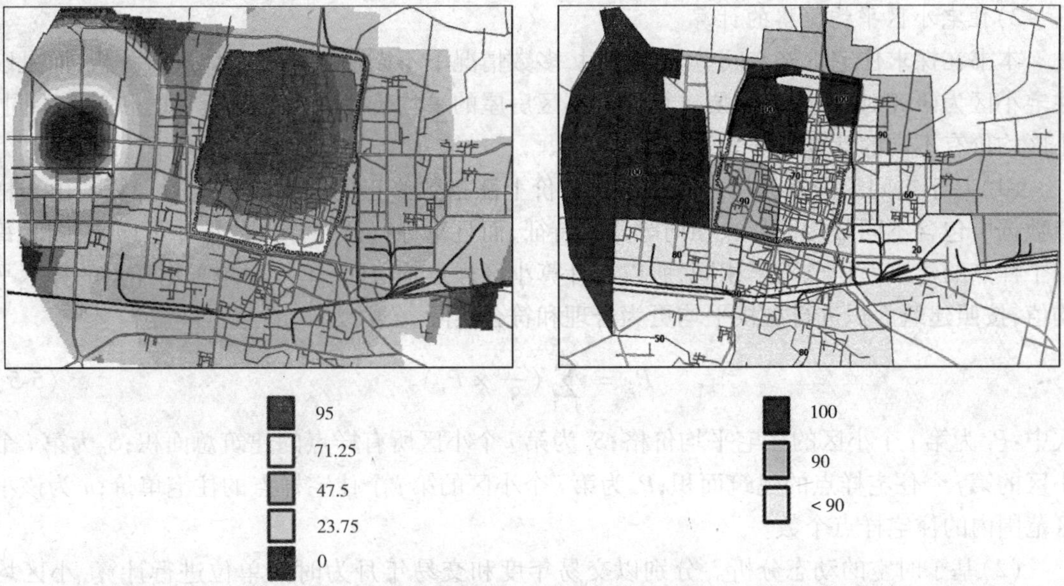

(a)渐近性因素——公园绿地　　(b)均质性因素——综合环境质量

图5-4　空间特征因素、因子作用分值示例

5.1.2.3　住宅样点数据的地理编码和属性匹配

1)住宅样点数据库地理编码

从原始交易数据库中提取的住宅样点并不具有空间坐标,为了使这些样点数据具有空间坐标,必须进行地理编码。样点属性数据中有坐落、门牌号码、所在小区等字段信息,利用这些信息与地籍房产图中的对应空间信息进行地址匹配,得到含有空间坐标的住宅样点数据库。

2)住宅样点数据库的空间特征要素信息的匹配

利用得到的含有空间坐标的住宅样点数据库,分别与空间要素作用分值数据库(分年度)进行叠加分析,提取每一个样点的各类因素、因子的作用分值,得到具有空间特征要素信息的住宅样点数据库。

5.1.2.4　住宅小区空间数据库的建立

1)住宅小区空间特征要素信息(作用分值)的计算

通过上述处理,住宅小区具备了空间位置,但是住宅小区还没有其他空间特征要素信息,需要从建立的空间特征要素信息库中提取。提取的方法不同于住宅样点数据库,这是因为住宅小区为多边形区域,包含多个空间网格单元,应取多个网格单元的某因素(因子)作用分值的平均值作为该小区的该因素(因子)的特征值。住宅小区空间特征要素信息可按下式进行计算:

$$F_{ij} = \frac{1}{n}\sum_{k=1}^{n} f_{ijk} \tag{5-4}$$

式中:F_{ij}为第 i 个小区第 j 个因素(因子)的空间特征要素信息;f_{ijk} 为该因素在该小区范围内第 k 个网格单元的作用分值;n 为该小区范围内的网格单元个数。

依据分年度空间特征要素信息,按上述方法可计算每一小区不同年度的空间特征要素信息,最后可求算各年度的平均值,作为住宅小区空间特征的综合评判指标。

2)住宅小区平均价格的计算

本书在探求住宅价格空间分异规律时,多数情况下不以住宅样点个体进行分析,而是以住宅小区为研究对象,因此需要求算住宅小区房屋的平均价格。根据分析目的和角度不同,小区均价有不同的计算方法。

(1)基于空间的静态分析。利用经过物价上涨指数修正的样点价格进行计算。由于样点数据中包含不同结构、层次、朝向等建筑特征,而且每种特征的样点数量并不均等,同时每一个样点的建筑面积也不尽相同,所以在计算小区样点均价时,不能简单采用样点的算术平均值,按照建筑面积进行加权平均更为合理和符合实际,公式为:

$$P_i = \sum_{j=1}^{n} \left(\frac{S_{ij}}{S_i} \times P_{ij}\right) \tag{5-5}$$

式中:P_i 为第 i 个小区的住宅平均价格;S_i 为第 i 个小区所有样点的建筑总面积;S_{ij}为第 i 个小区的第 j 个住宅样点的建筑面积;P_{ij}为第 i 个小区的第 j 个住宅样点的住宅单价;n 为该小区范围内的住宅样点个数。

(2)基于时空的动态分析。分别以交易年度和交易年月为时间单位进行计算,小区均价的计算方法也采用按建筑面积加权平均法。

5.2 商品住宅价格的统计特征

5.2.1 样点价格的统计特征

根据商品住宅样点价格的数据所做的统计分析,2001 ~ 2009 年各年度的基本统计特征如表 5-7 所示。

表 5-7 商品住宅样点价格分年度统计特征

年份	样点数量	价格(元/m²)			方差	标准差
		最小值	最大值	平均值		
2001	65	169.78	1 681.5	872.473	102 737.98	320.53
2002	490	138.02	3 746.15	1 075.02	209 724.81	457.96
2003	1 060	148.40	4 308.54	994.734	218 084.53	466.99
2004	6 943	145.71	4 582.09	1 222.59	180 078.71	424.46
2005	7 421	131.31	4 343.85	1 404.17	199 134.46	446.25
2006	3 729	120.15	4 413.62	1 578.23	313 675.68	560.07
2007	6 493	128.66	8 879.64	2 190.77	848 498.53	921.14
2008	6 229	151.37	9 065.76	2 357.08	967 597.02	983.67
2009	2 562	201.89	8 558.94	2 327.12	888 181.98	942.43

图 5-5 是按年月统计的住宅样点平均价格折线图,反映出住宅价格总体变化趋势。虽然从 2001 年到 2009 年的住宅价格逐月都有所波动,波动最大的时间段有两个:一是 2005

年以前，二是 2007～2008 年，这与全局性质的税收、财政政策和宏观经济形势密切相关，但总体住宅价格是呈上升的趋势。

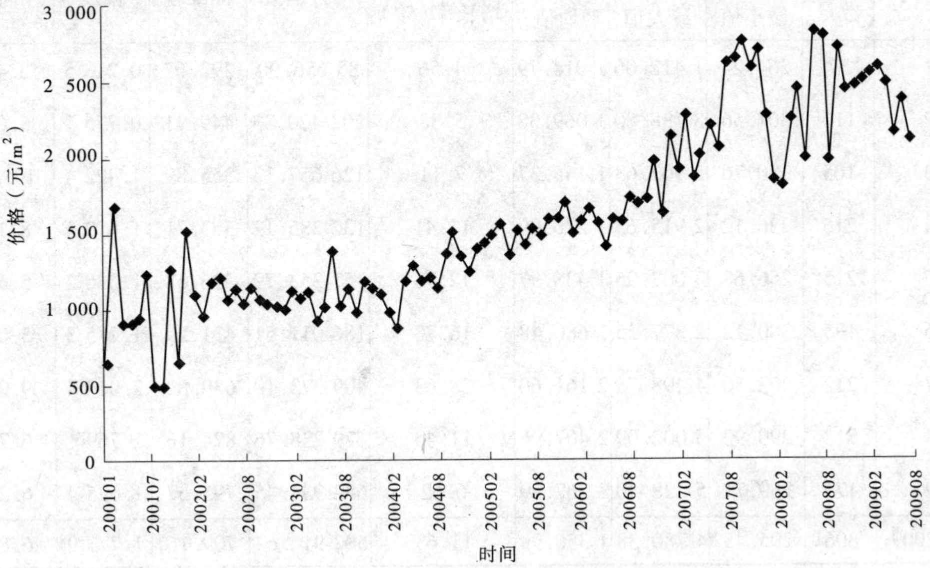

图 5-5　住宅样点价格随时间变化的总体趋势

图 5-6 显示的是 2001～2009 年全部住宅样点价格的原始数据直方图（左）和经过 Log 转换后的直方图（右），可以看出，原始数据直方图的偏度为 1.753，呈正偏态，变换后直方图的偏度为 0.313，数据更加集中于平均值附近，基本上符合正态分布特征，只是在最右端存在一些异常值。各年度的样点价格数据的统计分布特征与整体样本基本一致（直方图略）。

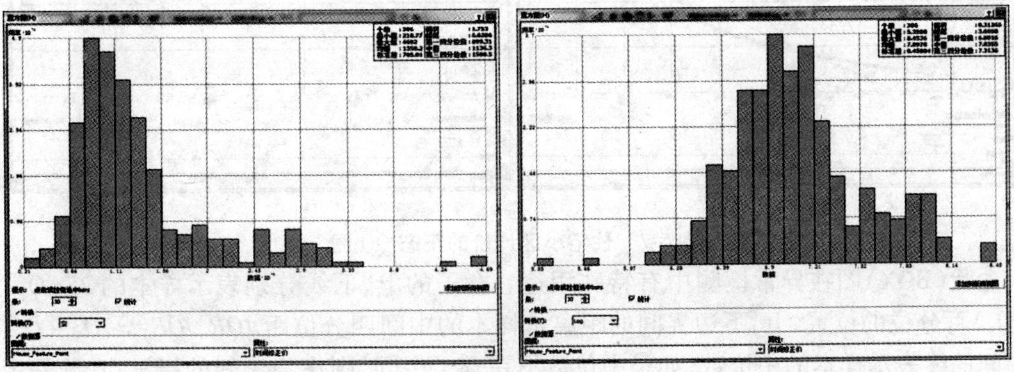

图 5-6　住宅样点价格的直方图

5.2.2　小区均价的统计特征

开封市 2001～2009 年各年度商品住宅小区均价的基本统计特征如表 5-8 所示。住宅小区均价与住宅样点价格的统计特征基本保持一致。

QQ 图提供了另外一种度量数据正态分布的方法，利用 QQ 图，可以将现有数据的分布与标准正态分布对比，如果数据越接近一条直线，则它越接近于服从正态分布。图 5-7 是各年度全部住宅小区均价数据 Log 转换前后的正态 QQ 图（分年度图略），诸小区数据 Log 转换后的散布态势与直线有相当程度的接近。

表 5-8 商品住宅小区均价基本统计特征

年份	小区数量	价格(元/m^2)			平均增长率(%)	方差	标准差	偏度	峰度
		最小值	最大值	平均值*					
2001	37	264.24	1 412.00	1 014.79	4.56	85 656.90	292.67	0.218 5	3.470 0
2002	117	301.56	3 138.80	1 069.38	5.38	202 420.33	449.91	0.775 1	5.011 7
2003	165	180.76	2 907.63	1 145.37	7.11	126 657.13	355.89	1.422 4	10.395 0
2004	215	236.12	2 915.65	1 276.09	11.41	132 285.12	363.71	1.672 3	8.169 7
2005	215	256.68	3 007.95	1 438.97	12.76	157 353.79	396.68	1.330 2	5.620 4
2006	195	380.12	2 877.25	1 680.48	16.78	186 011.51	431.29	1.275 5	5.045 5
2007	212	203.50	4 498.78	2 161.60	28.63	409 373.19	639.82	2.010 4	9.096 6
2008	212	290.92	5 002.09	2 407.96	11.40	679 238.76	824.16	1.769 1	6.766 8
2009	175	269.71	5 228.40	2 567.29	6.62	632 934.45	795.57	1.625 4	6.244 1
2001~2009	306	205.45	4 780.38	1 356.99	11.63	502 912.64	709.16	1.773 9	6.811 4

注:这里的平均值是住宅样点的建筑面积加权平均值,而非算术平均值。

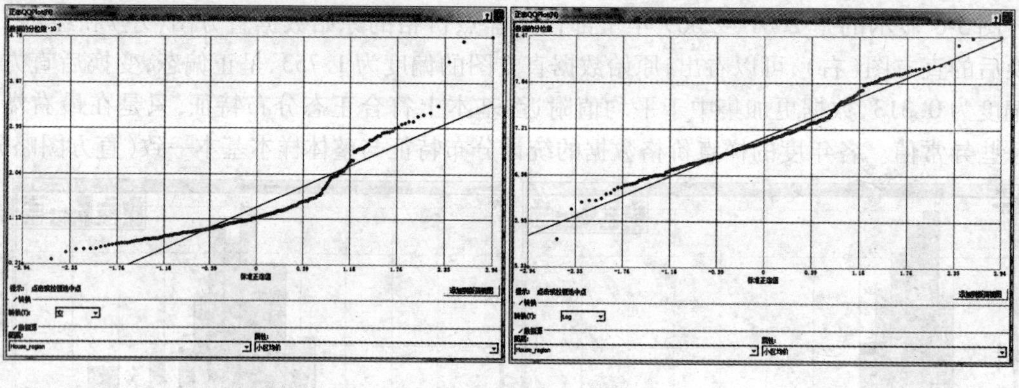

图 5-7 住宅小区均价的正态 QQ 图

盒状(BOX)图在异常检测中有特殊用途。盒子的上、下线分别表示样本的 25(Q_1)和 75(Q_3)百分位的位置,上、下边界间的距离是样本的中间四分位距 IQR,$IQR = Q_3 - Q_1$;盒子中间的线表示样本的中位数,如果中位数不在盒子中间,则作为偏斜的指示;盒须是由盒子向上、下的延长线,如果没有异常值,则表示其余样本的范围,假设没有异常值,样本的最大值对应上须的顶端,样本的最小值对应下须的底端,按照默认,异常值处于距离盒子顶部以上或底部以下大于 1.5 倍 IQR 的范围(一个 Hinge 值为 1.5,Hinge 称为关键点,在统计学中用来表示数据值域的位置,与样本的四分位值相匹配),因此如果包含异常值,须线就显示截断范围的一种形式,即排除异常值;图上位于图的上部或下部的一个符号,如一个小圆圈,表示样本中的一个异常值,这一点可能是数据录入错误、测量不精确的结果,也可能是一个非常有意义的观测值。GeoDa 支持将盒状图与基于区域的空间数据集连接起来,即地图化的盒状图。图 5-8 是 2001~2009 年所有住宅小区均价的地图化的盒状图,显示了落在二分位数范围内的小区和每一四分位范围内的小区数目，以及上和下异常小区，对于所有年份来说，有 116 个上异常且具有复杂的形状，这与图 5-7 的识别结果一致。

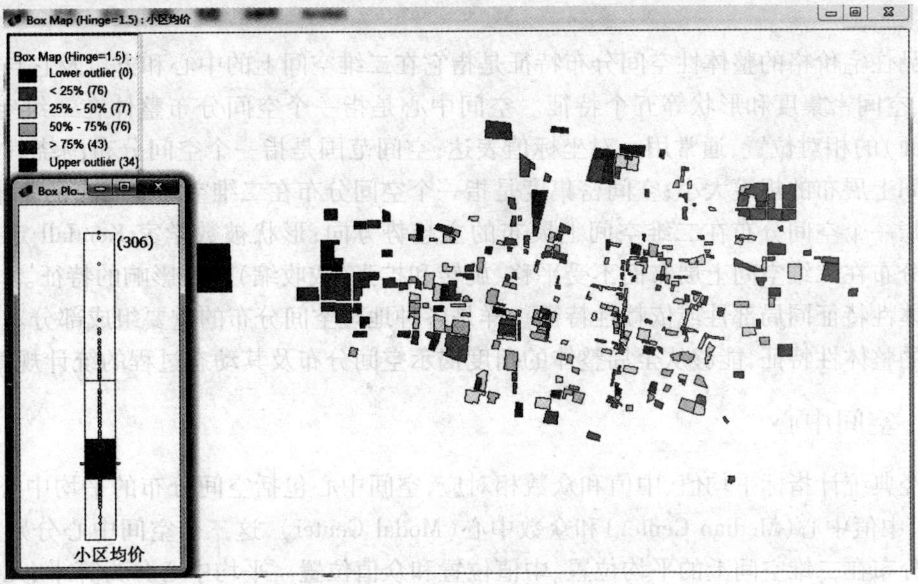

图 5-8　住宅小区均价的地图化 BOX 图

与地图化盒状图相类似，还可以通过制作 Circle Cartogram 统计图来揭示住宅小区均价的统计分布特征，用于区分正常值与异常值，增强对异常值的诊断分析和关注。图 5-9 是开封市住宅小区均价 2001 ~ 2009 年的 Circle Cartogram 统计图（Hinge = 1.5），图中圆的大小表示价格的高低，灰色圆圈表示正常，黑色圆圈表示高价异常，白色表示低价异常。每年度都出现了高价异常，但数量和空间分布有差异，而只在 2002 年和 2003 年各有一低价异常（图略）。

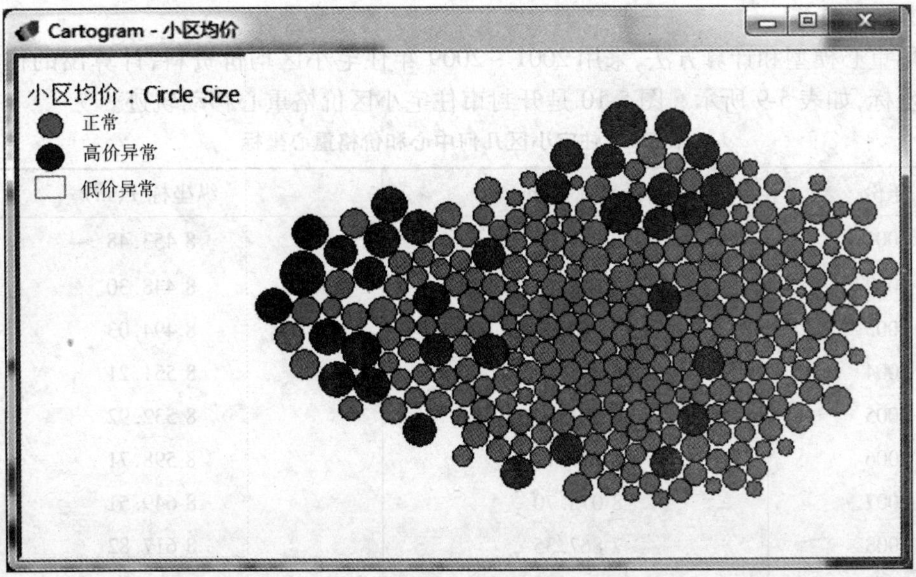

图 5-9　2001 ~ 2009 年住宅小区均价的 Circle Cartogram

5.3 商品住宅价格的整体性空间分布特征

商品住宅价格的整体性空间分布特征是指它在二维空间上的中心和方位及它自身的空间范围、空间密集度和形状等五个特征。空间中心是指一个空间分布整体在二维空间(平面或球面)的相对位置,通常用一对坐标值表达;空间范围是指一个空间分布围绕其中心在二维空间上展布的规模大小;空间密集度是指一个空间分布在二维空间上展布的密集程度;方位是指一个空间分布在二维空间上展布的主趋势方向;形状被数学家 Kendall 定义为一个空间分布在二维空间上展布而不受平移、旋转和扩张(或收缩)转型影响的特征。

整体性特征同局部性或依赖性特征一样是各种地理空间分布的重要组成部分。分析空间分布的整体性特征,能够从全局整体的角度揭示空间分布及其动态过程的统计规律。

5.3.1 空间中心

与经典统计指标平均值、中值和众数相对应,空间中心包括空间分布的平均中心(Mean Center)、中值中心(Median Center)和众数中心(Modal Center),这三个空间中心分别描述一个空间分布在二维空间上的平均位置、中值位置和众值位置。平均中心分为算术、几何和调和三种,其中算术平均中心有时也叫重心(Centroids or the Center of Gravity)。重心的数学模型为:

$$\begin{cases} \bar{X} = (\sum_{i=1}^{n} P_i X_i)/(\sum_{i=1}^{n} P_i) \\ \bar{Y} = (\sum_{i=1}^{n} P_i Y_i)/(\sum_{i=1}^{n} P_i) \end{cases} \tag{5-6}$$

式中:X_i、Y_i 为第 i 个住宅小区中心位置的横、纵坐标;P_i 为该住宅小区的均价;n 为住宅小区的个数。

利用重心模型和计算方法,采用 2001 ~ 2009 年住宅小区均价资料,计算出的住宅价格重心的坐标,如表 5-9 所示。图 5-10 是开封市住宅小区价格重心移动轨迹。

表 5-9 住宅小区几何中心和价格重心坐标

年份	横坐标 X(m)	纵坐标 Y(m)
2001	8 785.89	8 453.48
2002	8 641.51	8 448.30
2003	8 568.92	8 494.03
2004	8 489.58	8 551.21
2005	8 361.80	8 532.92
2006	8 247.17	8 598.71
2007	8 073.70	8 649.51
2008	7 867.35	8 617.82
2009	7 559.08	8 662.15
几何中心	8 677.20	8 488.95

图 5-10　住宅价格重心移动轨迹

从表 5-9 和图 5-10 可以看出,2001 年到 2003 年度,住宅价格重心非常接近其几何中心,表明这期间开封市住宅价格分布相对比较均衡。从 2003 年到 2009 年,价格重心逐渐由东向西迁移,而且迁移速度呈加速趋势,表明这期间开封市住宅价格的空间分布出现不均衡状态,主要是由于开封西区的规模化、高档小区的大量建设,拉动了价格重心的迁移。

5.3.2　空间范围、方向和形状

描述空间范围的常用指标有标准差椭圆和标准距离等,标准差椭圆包括椭圆的中心坐标(表示所有住宅小区的 x、y 坐标与其坐标平均值之差的平均值),椭圆的长、短轴的值(X、Y 方向上的标准距离)及椭圆的旋转方向等属性。使用标准差椭圆可以概括房价的空间分布范围,识别方向的趋势,长轴为空间分布最多的方向,短轴为空间分布最少的方向。可以用标准差椭圆的长短轴之比来描述一个空间分布接近于圆的程度,从而测度空间分布的形状。

标准距离是标准差在二维空间的表现形式,是基于标准差椭圆发展起来的,它是一个测度中心周围要素离散度的指标。用一个以标准距离为半径的圆来概括密集分布特征,该圆覆盖了要素的大部分,标准距离愈大,说明要素的分布愈分散。

标准差椭圆参数的计算公式为:

$$\begin{cases} \theta = \arctan\left[\dfrac{\sum\limits_{i=1}^{n}(x_i-\bar{x})^2-\sum\limits_{i=1}^{n}(y_i-\bar{y})^2+\sqrt{C}}{2\sum\limits_{i=1}^{n}(x_i-\bar{x})(y_i-\bar{y})}\right] \\ C = \left[\sum\limits_{i=1}^{n}(x_i-\bar{x})^2-\sum\limits_{i=1}^{n}(y_i-\bar{y})^2\right]^2+4\sum\limits_{i=1}^{n}\left[(x_i-\bar{x})(y_i-\bar{y})\right]^2 \\ SD_x = \sqrt{\left\{2\sum\limits_{i=1}^{n}\left[(x_i-\bar{x})\cos\theta-(y_i-\bar{y})\sin\theta\right]^2\right\}/(n-2)} \\ SD_y = \sqrt{\left\{2\sum\limits_{i=1}^{n}\left[(x_i-\bar{x})\sin\theta-(y_i-\bar{y})\cos\theta\right]^2\right\}/(n-2)} \end{cases} \tag{5-7}$$

式中:θ 为 y 轴(顺时针)旋转的角度;SD_x、SD_y 分别为 X、Y 方向上的标准距离。在确定 SD_x、SD_y 时并不使用原始坐标数据,而是使用评价要素(如小区价格)加权变换后(旋转后)的坐标。如果 X 和 Y 方向上的标准差相等,即为标准距离圆。

利用 ArcGIS 的度量空间分布工具，测算的开封市 2001～2009 年住宅小区均价的标准差椭圆如表 5-10 和图 5-11 所示。

表 5-10　住宅小区均价标准差椭圆参数

年度	中心 X(m)	中心 Y(m)	X 标准距离(m)	Y 标准距离(m)	旋转角度(°)	标准距离(m)
2001	8 785.89	8 453.48	1 674.48	2 992.24	82.501 3	2 424.60
2002	8 641.51	8 448.30	1 502.90	2 714.19	88.8620	2 211.20
2003	8 568.92	8 494.03	1 545.39	2 581.46	85.325 3	2 127.45
2004	8 489.58	8 551.21	1 442.83	2 748.33	87.935 6	2 262.77
2005	8 361.80	8 532.92	1 474.48	2 826.40	89.764 3	2 262.77
2006	8 247.17	8 598.71	1 537.58	2 806.45	88.686 7	2 262.77
2007	8 073.70	8 649.51	3 116.37	1 577.87	92.431 8	2 469.96
2008	7 867.35	8 617.82	1 727.38	3 385.57	89.376 7	2 687.56
2009	7 559.08	8 662.15	3 300.14	1 723.63	90.722 1	2 632.66

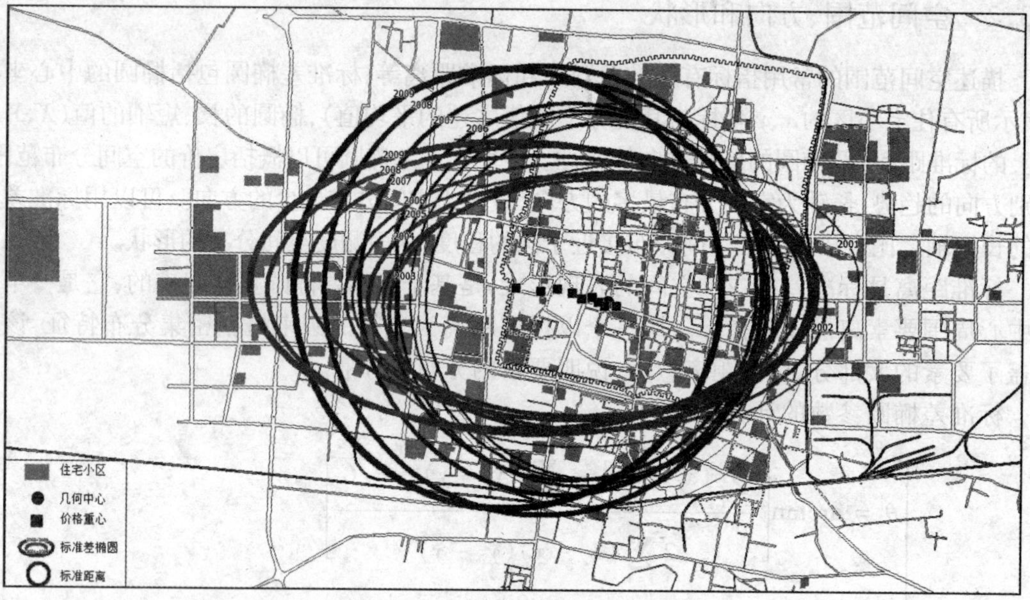

图 5-11　住宅小区均价标准差椭圆空间分布变化

从表 5-10、图 5-11 中可以看出，2001～2009 年度，住宅小区均价的标准差椭圆总体上长轴呈东西延伸，X、Y 轴标准距离逐渐增大，东西方向增长快于南北方向，椭圆的中心逐年西移。这与重心迁移规律基本一致。以标准距离为半径的圆覆盖了开封市旧城区的大部分，且逐年增大，说明住宅小区均价呈现出由市中心区域向郊外扩散的趋势。

5.3.3　空间密集度

度量空间密集度的常用方法是核密度估计（Kernel Density Estimation，KDE）。用到的主要核函数有正态（高斯）、四次（球状）、指数、三角（二次曲线）和抛物线等，如表 5-11 所示。

表 5-11　主要核密度估计函数

核	公式	类型	说明：$t=d_{ij}/h$，h 是带宽，d_{ij}是位置 j 到事件点 i 的距离
正态（高斯）	$\frac{1}{2k}e^{\frac{t^2}{2}}$	无界	t 无定义，h 为标准差
四次（球状）	$\frac{3}{k}(1-t^2)^2, t\leqslant 1,$ $t=0, t>1$	有界	近似于正态核，k 为常量
指数	$Ae^{-k\|t\|}, \|t\|\leqslant 1,$ $t=0, t>1$	可选是否有界	A 是常量（如 $A=3/2$），k 为参数（如 $k=3$），中心点的权重远比其他核大
三角（二次曲线）	$1-\|t\|, \|t\|\leqslant 1,$ $t=0, t>1$	有界	随距离简单线性递减
抛物线/二次	$\frac{3}{4}(1-t^2), \|t\|\leqslant 1$ $t=0, t>1$	有界	平滑函数

一个特殊事件点的核是否对一个网格点产生作用，取决于：①核函数的类型（有界与否）；②参数 k；③带宽 h 的选择。一个较大的带宽将事件点的影响扩展到一个较大的距离，但也更可能造成靠近研究边界处的边缘效应。可以给事件点集加权，从而使某些事件点比其他事件点有更大的影响。

利用 ArcGIS 的 Spatial Analyst 工具箱，对 2001 ~ 2009 年住宅小区（取其质心）均价进行核密度估计（Epanechnokow 核，二次核），结果如表 5-12 和图 5-12 所示（2004 年和 2008 年，其他图略）。为便于不同时期的对比，这里带宽以软件自适应提供的最小邻近距离为参考，取其多年平均值，统一采用固定带宽，即 $h=200$ m 为搜索范围。从图表中可以看出，2001 ~ 2009 年度，住宅小区均价的高集聚区（图中深色网格）逐渐由中山路、西坡街等旧城区向西区、龙亭区北部移动。

表 5-12　住宅小区均价二次核密度估计参数

年度	最小邻近距离（m）	带宽设定（m）	网格尺寸（m）	最大核密度值
2001	168.81	200	10	0.033 608
2002	195.99	200	10	0.109 049
2003	197.56	200	10	0.114 098
2004	197.56	200	10	0.112 337
2005	168.81	200	10	0.104 205
2006	172.41	200	10	0.081 628
2007	203.96	200	10	0.107 169
2008	204.69	200	10	0.119 183
2009	190.08	200	10	0.124 488

(a)2004 年，核密度值 0 ~ 0. 112 337　　　　(b)2008 年，核密度值 0 ~ 0. 119 183

图 5-12　住宅小区均价二次核密度空间分布变化

5.4　商品住宅价格的空间分布差异及趋势分析

5.4.1　空间分布差异

从全市的平均水平来看(见表 5-8)，开封市住宅小区均价是不断增长的，而且在 2006 ~ 2007 年呈高涨幅，超过了 25%。将 2001 ~ 2009 年的小区均价按从小到大排列，生成位序图(见图 5-13)，横轴表示小区位序，从低到高排列，纵轴表示小区均价。从图中可以看出，2001 ~ 2006 年住宅小区均价大多集中在 1 000 ~ 3 000 元/m^2，从 2006 ~ 2009 年，住宅小区均价增长幅度较大，出现 3 000 ~ 5 000 元/m^2 的小区，且高值小区与低值小区之间的差距明显增大，说明住宅小区均价增长不均衡，这从另一个方面反映出空间差异有增大的趋势。

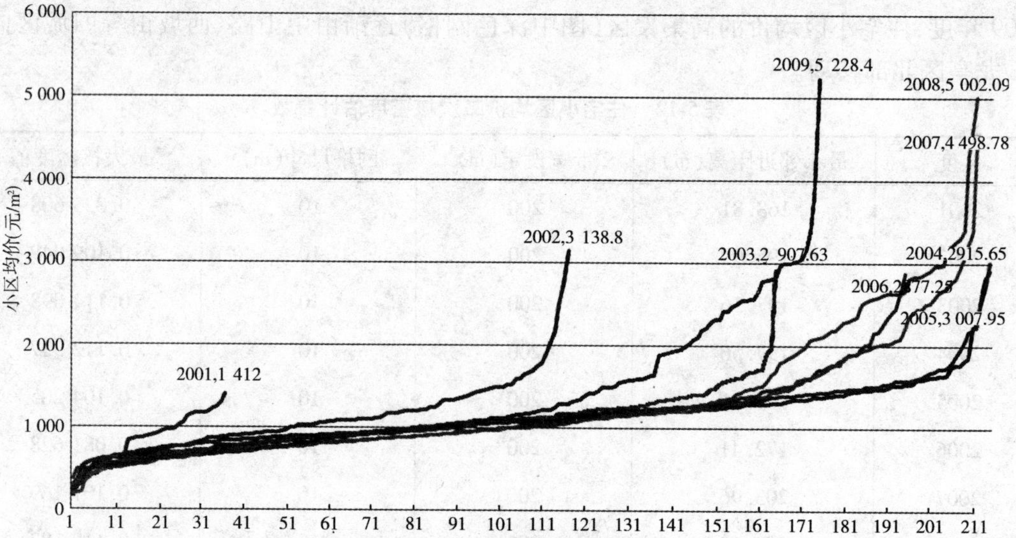

图 5-13　住宅小区均价的年度变化位序

为进一步考察住宅小区均价空间分布的差异性，按照标准差绘制住宅小区均价的空间分布图（见图 5-14）（2004 年和 2009 年，其他图略），并统计其小区数量（见表 5-13）。对比分析 2004 年和 2009 年住宅小区均价的空间分布图，2001～2004 年，住宅小区均价分布比较均衡，高值和低值区域比较均衡地分布于城市的东部、中部和西部；2004～2009 年，高值小区的数量明显集中分布于城市的西部（以开元名都为中心）和北部（以九鼎颂苑为中心），而东部和中部为相对低值区域。可以从空间上说明西部房价增长的幅度要大于其他区域，空间差异不断扩大。

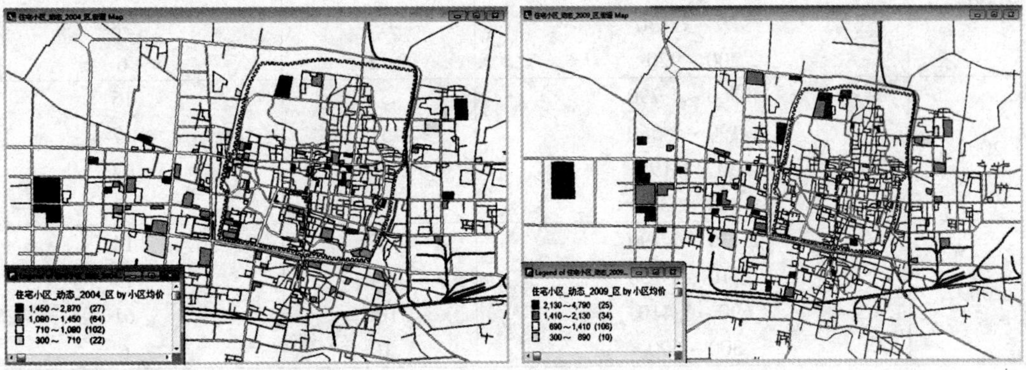

（a）2004 年　　　　（b）2009 年

图 5-14　住宅小区均价的空间分布变化

表 5-13　住宅小区均价空间分布标准差统计

年度	标准差价格范围（元/m^2）	小区数量	所占比率（%）
2001	1 220～1 610	4	11
	960～1 220	15	41
	700～960	14	38
	300～700	4	11
2002	1 300～2 160	15	13
	1 020～1 300	44	38
	740～1 020	39	33
	300～740	19	16
2003	1 320～2 870	22	13
	1 020～1 320	56	34
	710～1 020	68	41
	200～710	19	12
2004	1 450～2 870	27	13
	1 080～1 450	64	30
	710～1 080	102	47
	300～710	22	10
2005	1 530～2 800	27	13
	1 150～1 530	61	28
	760～1 150	102	47
	300～760	25	12

续表 5-13

年度	标准差价格范围(元/m²)	小区数量	所占比率(%)
2006	1 630 ~ 2 800	24	12
	1 190 ~ 1 630	55	28
	750 ~ 1 190	95	49
	300 ~ 750	21	11
2007	1 450 ~ 4 790	29	14
	1 130 ~ 1 450	48	23
	920 ~ 1 130	123	58
	200 ~ 920	12	6
2008	1 560 ~ 4 790	31	15
	1 190 ~ 1 560	37	17
	930 ~ 1 190	131	62
	300 ~ 930	12	6
2009	2 130 ~ 4 790	25	14
	1 410 ~ 2 130	34	19
	690 ~ 1 410	106	61
	300 ~ 690	10	6

5.4.2 空间分布趋势

观察 2001 ~ 2009 年所有小区均价的趋势投影曲线，明显具有二次多项式趋势特征，如图 5-15 所示（深灰色点为在 *YZ* 平面上的投影，黑色点为在 *XY* 平面上的投影，浅灰色点为在 *XZ* 平面上的投影），可以看出投影到东西方向上的趋势线（黑色）和南北方向上趋势线（深灰色）从东往西和从南往北呈阶梯状过渡，从中我们可以大致得知，研究区域的房价从东往西、从南往北逐渐上升，且上升幅度西部明显高于东部、北部明显高于南部。分析得出的结果和此区域的真实房价基本吻合。

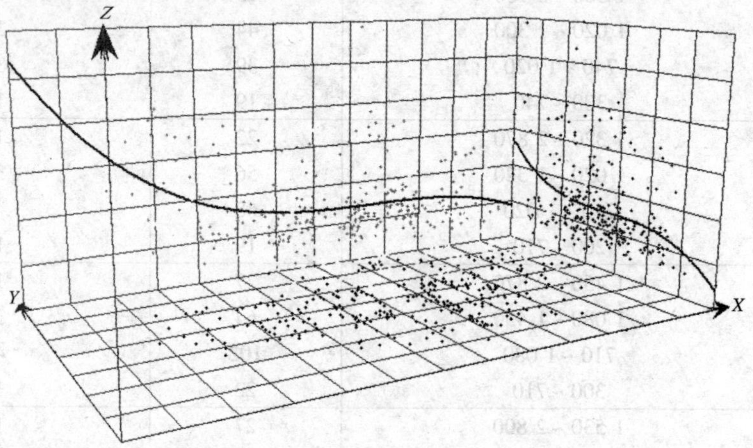

图 5-15　住宅小区价格空间趋势投影曲线

5.5 商品住宅价格的空间自相关分析

5.5.1 空间权重矩阵的建立

在空间权重矩阵的确定上有多种方式:①距离方式,其选择的测度是空间对象间的距离(如反距离,距离负指数等)及2个空间单元的共享边界长度等指标;②面积方式,空间对象的面积对其之间的关系也有重要的作用,故权重矩阵的确定应该包括其空间单元面积;③可达度方式,随着人们对空间对象的认识和空间数据处理手段的提高,权重矩阵的确定应该包括一个可达度的概念,即空间对象之间的相互关系和相互影响受到二者可达方式的影响。

在空间分析软件 GeoDa 中,各多边形之间的权重表示为一个邻接矩阵,邻接矩阵有不同的形式,基本上分为以距离为基础和以多边形为基础两种类型。以区域(多边形)为基础的邻接矩阵又可分为两种:一种是以上下左右定义邻接关系,而另一种是在前一种的基础上再加上对角线,为扩大邻接范围还可以指定高阶的邻接关系。邻接矩阵可进一步编辑和修改,以符合一些区域的邻接关系。以距离为基础的邻接矩阵是将一定距离内定义为邻接,计算机将自动计算所有两区块间最短距离的平均(平均最邻近距离 *AIC* 值最小)作为基数(阈值),以此基数的倍数定义邻近距离。K-Nearest Neighbors 自动选 *N* 个距离,把最近者定义为邻接,也可以根据距离基数,通过指定邻接距离来建立邻接矩阵。

在研究本案例时,由于各个住宅小区没有全区域覆盖,在空间上小区多边形并不直接相连构成拓扑关系,因此以距离为基础构建空间权重矩阵更为合理。同时考虑到小区在空间上分布的不均性,最终采用距离基数作为邻接距离构建各年度住宅小区的空间权重矩阵,并对矩阵进行行标准化处理。表5-14是各年度住宅小区的距离阈值,图5-16是各年度空间权重矩阵中小区邻接情况统计。

表5-14 商品住宅小区空间权重矩阵距离阈值

年度	小区个数	距离阈值(m)	最多邻接小区数
2001	37	2 160.27	9
2002	117	1 804.64	40
2003	165	1 107.02	56
2004	215	714.01	72
2005	215	719.12	36
2006	195	1 107.02	27
2007	212	1 107.02	64
2008	212	1 107.02	117
2009	175	1 380.01	108
2001～2009	306	1 804.64	162

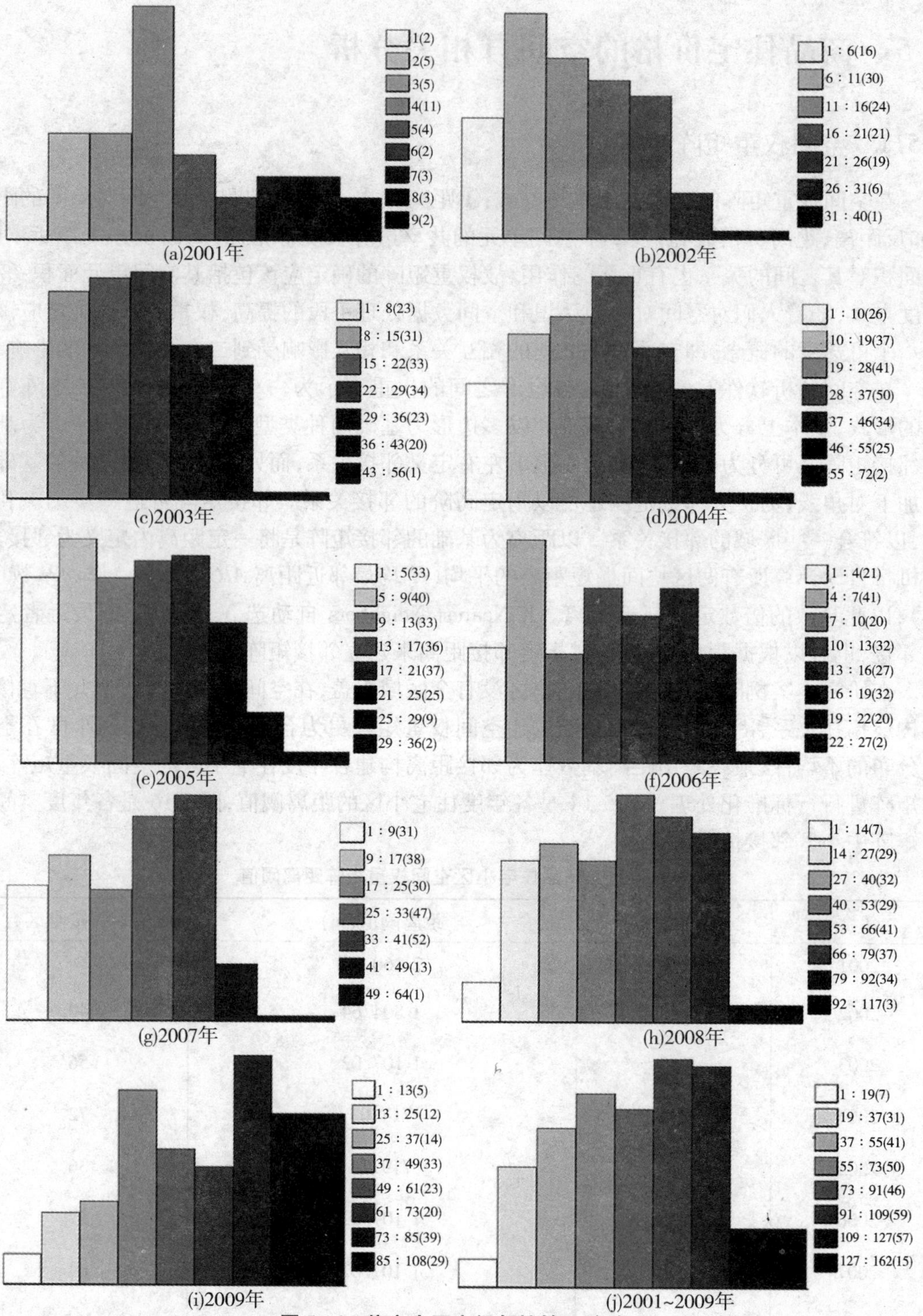

图 5-16 住宅小区空间邻接情况统计

注:括号内数字为小区数量。

5.5.2 全局空间自相关分析

利用 GeoDa 软件计算出开封市 2001 ~ 2009 年各年度住宅小区均价的全局空间自相关指数，进而计算出其相应的标准化值（z 值），其结果如表 5-15 所示。

表 5-15 商品住宅小区均价的全局 Moran's I 值

年度	全局 Moran's I	期望值 $E(I)$	均值 Mean	标准差 SD	显著水平 p-value	标准化 z 值
2001	0.250 5	-0.027 8	-0.025 3	0.114 1	0.006	2.439 1
2002	0.237 9	-0.008 6	-0.008 8	0.041 9	0.001	5.883 1
2003	0.074 3	-0.006 1	-0.006 9	0.027 4	0.005	2.934 3
2004	0.099 9	-0.004 7	-0.003 5	0.022 9	0.001	4.567 7
2005	0.188 7	-0.004 7	-0.004 0	0.032 1	0.001	6.024 9
2006	0.242 8	-0.005 2	-0.007 9	0.036 2	0.002	6.850 8
2007	0.212 3	-0.004 7	-0.005 9	0.022 1	0.001	9.819 0
2008	0.198 2	-0.004 7	-0.004 8	0.014 5	0.001	13.993 1
2009	0.145 0	-0.005 7	-0.005 2	0.014 4	0.001	10.465 3
2001 ~ 2009	0.238 3	-0.003 3	-0.003 0	0.009 8	0.001	24.653 1

上述结果表明：第一，整个考察期的商品住宅价格表现出了更强的空间相关性，全局 Moran's I = 0.238 3，而在各个年份内的空间相关性相对较弱；第二，2001 ~ 2009 年开封市商品住宅价格不仅在整个考察期内表现出了显著的空间集聚特征，而且在各个子时段也表现出了显著的空间集聚特征；第三，商品住宅价格的空间相关程度在不同时段存在明显差异，在 2003 ~ 2006 年阶段有随时间递增的趋势，这可能暗示着商品住宅价格的近邻效应有所增强，一个小区的商品住宅价格变得越来越多地依赖相邻小区的商品住宅价格，而从 2006 ~ 2009 年开始呈现递减的趋势，空间依赖性逐渐减弱。

为了检验 Moran's I 是否显著，在 GeoDa 中采用蒙特卡罗模拟的方法来检验，各年的 p-value小于等于 0.006，说明在大于等于 99.4% 置信度下空间自相关是显著的。

5.5.3 局部空间自相关分析

本部分运用 Moran's I 散点图和 LISA 来辨识各小区各个时段商品住宅价格的局部空间分布特征，并进一步考察这种特征如何随时间变化。表 5-16 是各种局部相关类型统计，图 5-17 显示了 2001 ~ 2009 年开封各小区的 Moran's I 散点图（图中纵轴"W - 小区均价"表示空间滞后）。

表 5-16 商品住宅小区均价局部相关类型统计

年度	小区数量	局部相关类型小区比例及平均局部 Moran's I 值(在统一显著水平 p-value = 0.05 下)									
		High-High(第一象限)		Low-Low(第三象限)		Low-High(第二象限)		High-Low(第四象限)		Not Significant	
		%	I_i	%	I_i	%	I_i	%	I_i	%	I_i
2001	37	13.51	0.508 3	5.41	1.146 6	2.70	−0.201 1	2.70	−0.468 3	75.68	0.173 3
2002	117	13.68	1.189 1	6.84	0.954 1	3.42	−0.209 2	2.56	−0.265 4	73.50	0.078 5
2003	165	9.09	0.649 5	9.70	0.464 9	3.03	−0.417 6	4.24	−0.603 2	73.94	0.010 8
2004	215	9.30	0.728 5	9.77	0.340 5	6.98	−0.313 9	6.05	−0.213 2	67.91	0.048 9
2005	215	7.44	1.620 2	11.63	0.421 4	3.72	−0.666 6	2.33	0.333 2	74.88	0.068 0
2006	195	9.74	1.544 3	11.28	0.442 7	3.59	−0.484 8	2.56	−0.396 1	72.82	0.094 3
2007	212	4.72	3.911 4	5.66	0.212 7	2.36	−0.247 3	2.83	−0.393 7	84.43	0.037 5
2008	212	9.91	1.597 2	41.51	0.115 8	2.36	−0.199 5	9.43	−0.214 8	36.79	0.043 4
2009	175	5.71	2.194 4	26.29	0.110 5	2.29	−0.120 8	6.86	−0.280 7	58.86	0.019 9
2001 ~ 2009	306	8.82	1.247 1	38.89	0.114 7	4.90	−0.206 0	13.07	−0.185 8	34.32	0.057 2

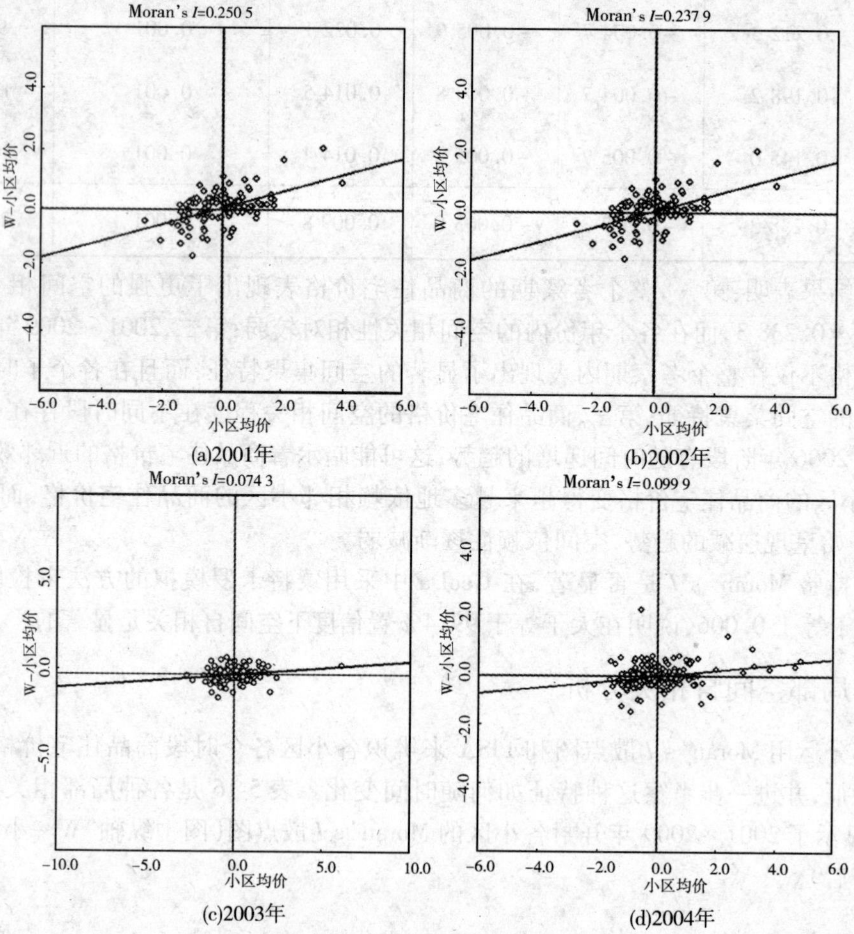

图 5-17 住宅小区均价的 Moran's I 散点图

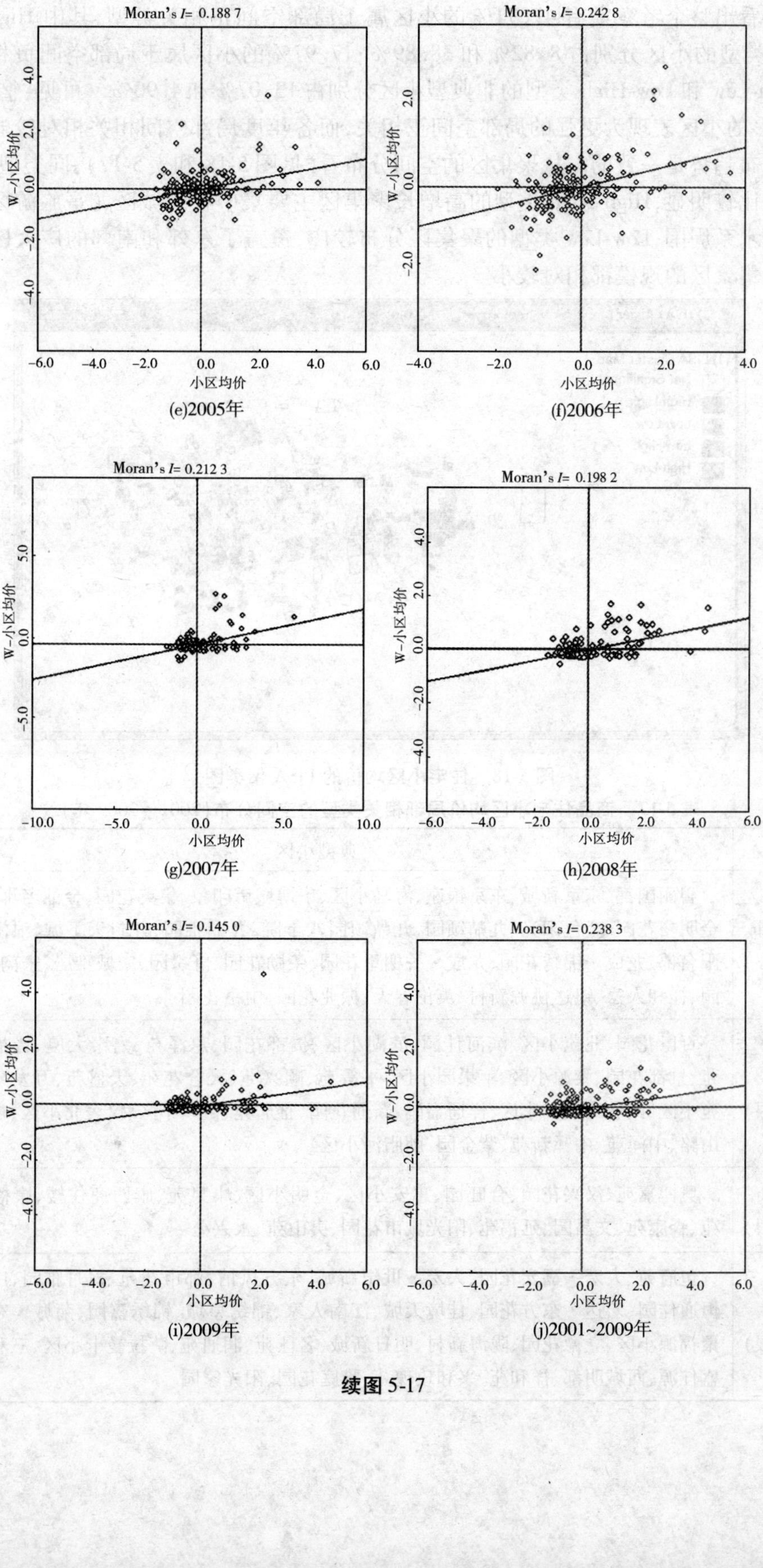
Moran's I= 0.188 7
W-小区均价
小区均价
(e)2005年
Moran's I= 0.242 8
W-小区均价
小区均价
(f)2006年
Moran's I= 0.212 3
W-小区均价
小区均价
(g)2007年
Moran's I= 0.198 2
W-小区均价
小区均价
(h)2008年
Moran's I= 0.145 0
W-小区均价
小区均价
(i)2009年
Moran's I= 0.238 3
W-小区均价
小区均价
(j)2001~2009年

续图 5-17

可以看出整个考察期有 47.71% 的小区属于局部空间正相关类型,其中 High-High 和 Low-Low 类型的小区分别占 8.82% 和 38.89%;17.97% 的小区属于局部空间负相关类型,其中 High-Low 和 Low-High 类型的非典型小区分别占 13.07% 和 4.90%。可见,整个考察期内,有较多的小区表现为更强的局部空间正相关,而各年度局部空间相关相对较弱,这与全局空间分布趋势是一致的。从聚集区的空间分布看(见图 5-18 和表 5-17),同类型小区的集聚特征也比较明显,High-High 类型的高增长聚集区主要集中在老城区龙亭旅游区周围、西区金明池水系周围;Low-Low 类型的聚集区分布较广,覆盖了东郊和南郊的广大区域;而两类非典型集聚区的规模都相对较小。

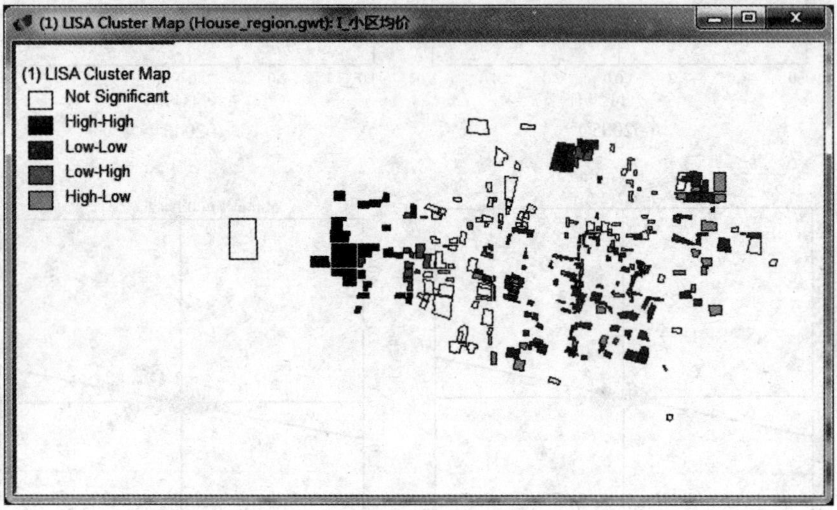

图 5-18　住宅小区均价的 LISA 聚类图

表 5-17　商品住宅小区均价局部相关类型的空间分布(2001～2009 年)

年度	典型小区
High-High(第一象限)	碧丽国都、东京新城、东京银座、海马小区、华博城市印象、集英花园、金池名郡、金康苑、金明裕花园、金色阳光、九鼎颂园、九鼎颂园八十院、九鼎雅园、开封天下城、浪漫之都、丽阳名郡、龙成·锦绣花园、龙成·香榭里花园、荣勋花园、舒馨园、宋城雅居、宋韵雅庭·宸园、祥和人家、银达桃源新村、英伦春天、振业花园、中亨花园
Low-Low(第三象限)	百臣花园、北苑小区、滨河佳园、滨湖小区、贵都花园、惠泽苑、嘉泰大厦、晋福苑、京都苑、景都花园、黎源小区、苹果园小区、平等苑、顺兴苑、天合花苑、天盛苑、万发苑、五一南苑小区、西坡街瑞安小区、祥通嘉园、新通花园、雅居苑、伊园小区、仪表北小区、裕康苑、中山路、中泽苑、中驿新苑、紫金园、胭脂河小区
Low-High(第二象限)	奥博嘉苑、汉兴花园、合旺园、惠安小区、金明小区、康泉苑、康西商住楼、康禧苑、龙瑞苑、森康苑、文昌园、延福苑、阳光城市花园、夷山苑、永兴苑
High-Low(第四象限)	包府苑、大宏·嘉宏花园、大宏·世纪新城、东方风情、都市花苑、枫丹雅园、广裕花园、恒通佳园、宏达·东方花园、佳境天城、江南人家、锦绣皇城、锦绣嘉园、菊城·东方明珠、聚福源小区、立德花园、陇海新村、明日新城、名仕苑、润通苑、萨拉曼卡小区、三和花园、文盛佳源、西城明都、祥和苑、兴和玫瑰苑、雅庭花园、阳光家园

Moran 散点图中各小区的局部相关类型及其聚集区是否在统计意义上显著，需要结合 LISA，通过 Moran 显著性地图加以反映。图 5-19 显示，在统计意义上显著（1% 的拟显著性水平）的小区中，2001 ~ 2009 年，High-High 类型的占 6.78%，主要集中在城市的西区，形成了以九鼎雅园、开元名都、荣勋花园、龙城·香榭里花园等小区为中心的价格增长集聚区，这些小区商品住宅价格的增长速度高于全市的平均水平；Low-Low 类型的占 28.30%，主要集中在城市外围的东部、南部、老城区的东南部，表现为多个显著的低增长聚集区；High-Low 类型的占 5.6%（14 个小区），Low-High 类型的地区仅有 5 个。可见，显著的非典型小区较少，而且没有形成比较明显的非典型聚集区。在 5% 显著性水平的小区中，东北部的苹果园小区表现出较强的空间自相关（Low-Low 类型）。

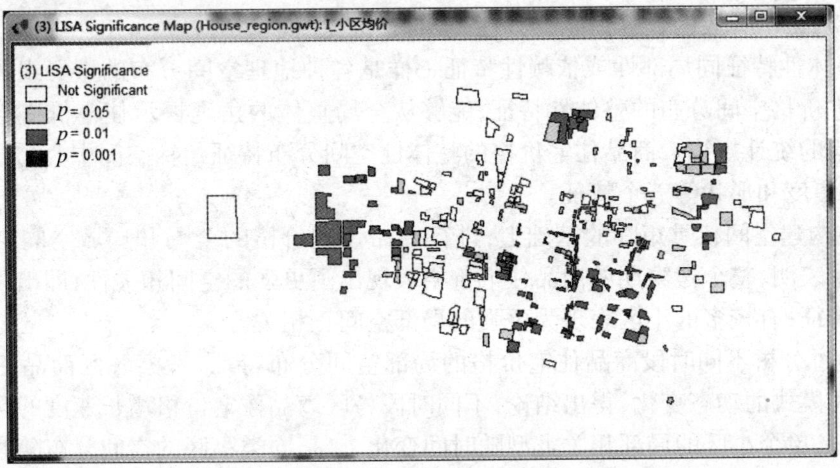

图 5-19　住宅小区均价的 LISA 显著水平

通过分析 2001 ~ 2004 年、2005 ~ 2009 年两个时段商品住宅价格的局部空间分布特征（见图 5-20），考察各区商品住宅价格增长速度空间模式的动态变化，可以看出，不同时段各区商品住宅价格增长速度的空间模式明显不同，主要表现在两个层面：一是单个小区的局部相关类型随时间变化，二是同类小区的空间分布随时间变化。以高增长聚集区的空间分布为例，各个时段具有较高增长速度的地区都倾向于在空间上聚集，但不同时段高增长聚集区的空间分布变化较大，2001 ~ 2004 年，高增长聚集区主要分布向老城区中心部位、西区的晋

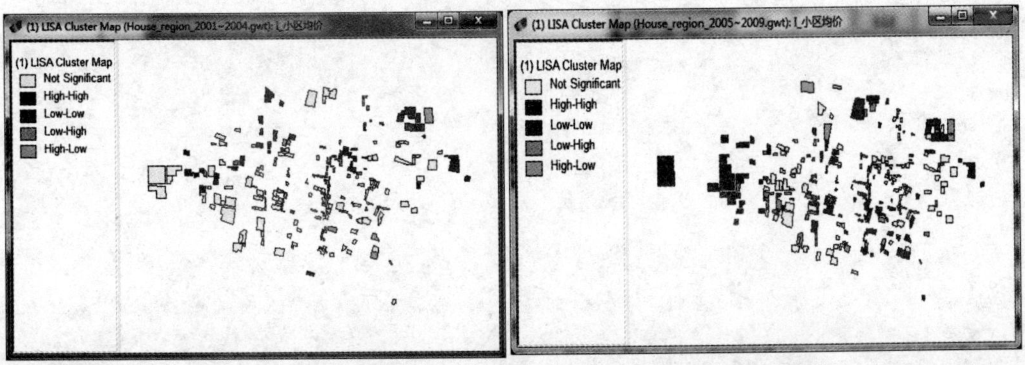

(a) 2001 ~ 2004 年　　(b) 2005 ~ 2009 年

图 5-20　住宅小区均价的 LISA 集聚模式动态变化

安路中段附近小区周围;2005~2009年,高增长区集中于西区的金明广场、河南大学新校区南部及龙亭公园北部的九鼎小区。而低增长聚集区2004年以前主要集中于东北部的苹果园小区和东部的沙岗寺小区,之后范围不断向老城区的中部和东南部区域扩展。这种不稳定的空间模式,在Moran显著性地图中表现得更加明显。

5.6 小 结

(1)翔实可靠、具有代表性的属性和空间数据是利用GIS等技术进行空间分析,预期得出正确研究结论的前提。对通过多种渠道采集的大量的具有权威性的住宅交易数据的统计分析和检验,得出有效的数据信息,为进一步的分析提供了基础。

(2)整体性特征同局部性或依赖性特征一样是各种地理空间分布的重要组成部分。分析商品住宅价格空间分布的整体性特征,能够从全局整体的角度揭示住宅价格空间分布及其动态过程的统计规律。商品住宅价格的整体性空间分布特征包括空间中心、方位、空间范围、空间密集度和形状等五个特征。

(3)在构建空间权重矩阵的基础上,进行商品住宅价格的全局和局域空间自相关指标的计算结果表明,整个考察期的商品住宅价格表现出了更强的空间相关性,即出现了显著的空间集聚特征;有较多的小区表现为更强的局部空间正相关。

(4)通过分析不同时段商品住宅价格的局部空间分布特征,考察各区商品住宅价格增长速度空间模式的动态变化,得出结论,不同时段各区商品住宅价格增长速度的空间模式明显不同,一是单个小区的局部相关类型随时间变化,二是同类小区的空间分布随时间变化。

第 6 章　商品住宅价格的空间关系模型构建

本章从影响商品住宅价格的微观因素分析入手，以住宅个体为研究对象，首先构建商品住宅的特征价格模型，提取出重要的空间特征因素、因子，然后，以住宅小区为单元，通过构建空间自相关模型，从全局的角度考察各种空间特征因素的影响程度，进一步通过构建地理加权回归模型，从局域、时序等方面探讨住宅价格的时空关系，最后采用地统计学方法和技术，构建住宅价格的空间预测模型。

6.1　商品住宅的特征价格模型

为了便于与空间自回归模型和地理加权回归模型进行比较，首先利用前述确定的商品住宅特征变量构建特征价格模型。

6.1.1　基本模型的函数形式

特征价格模型没有一个固定的理论形式，通常根据具体的研究对象和数据特征来确定。使用特征价格模型对商品住宅价格进行研究时，一般将住宅的价格作为因变量，而将住宅的各种特征属性作为自变量，其关系可表达为：

$$P = f(Z) = f(S,N,L) \tag{6-1}$$

式中：P 为商品住宅的市场价格；Z 为住宅特征向量，包括 S、N、L 三个部分；S 为住宅的建筑特征向量；N 为住宅的邻里特征向量；L 为住宅的区位特征向量。

在基本模型中，函数形式采用最为常见的线性形式，模型的估计方法采用最小二乘法。即有：

$$\begin{cases} P = a_0 + \sum\limits_{i=1}^{n_1} a_i S_i + \sum\limits_{j=1}^{n_2} a_{n_1+j} N_j + \sum\limits_{k=1}^{n_3} a_{n_1+n_2+k} L_k + \varepsilon \\ P = a_0 + \sum\limits_{i=1}^{n} a_i Z_i + \varepsilon, n = n_1 + n_2 + n_3 \end{cases} \tag{6-2}$$

在其他条件相同的情况下，对该方程求各个住宅特征的偏导数就得到住宅特征相应的隐含价格，即特征价格：

$$P' = \partial P / \partial Z_i = a_i \tag{6-3}$$

方程的系数 a_i 即为特征价格，住宅的总价格就等于特征价格的代数和。由此也可以看出，由基本模型得到的各个特征的隐含价格是一个常数。

实际应用时，特征价格模型的函数形式并不确定，线性函数、二次函数、对数函数、半对数函数、反半对数函数、指数函数等都曾在研究中被采用。其中最常用的有三种，除线性函数形式外，还有对数函数形式和半对数函数形式，对数形式(Log – Log)为：

$$\ln P = a_0 + \sum_{i=1}^{n} a_i \ln Z_i + \varepsilon \tag{6-4}$$

自变量和因变量以对数形式进入模型,则回归系数对应着特征的价格弹性,此时是一常数。

半对数形式(Log - Linear)为:

$$\ln P = a_0 + \sum_{i=1}^{n} a_i Z_i + \varepsilon \tag{6-5}$$

自变量采用线性形式,因变量采用对数形式,则回归系数对应着特征价格与住宅总价格之比,即 $a_i = P_{Zi}/P$。

6.1.2 模型的变量统计与设定

表 6-1 显示了要纳入模型的变量的基本统计量。通过绘制自变量与因变量之间的散点图(见图 6-1,只列出了时间和建筑特征变量,其他变量略),观察变量间的趋势,可以确定选择各变量间关系基本呈线性关系。另外,在第 5 章对住宅价格数据进行统计分析时,考察了数据的分布,发现 34 992 个住宅样点价格数据经过对数变换后也基本呈正态分布。因此,可选用半对数模型对住宅样点价格进行回归分析。

表 6-1 特征价格模型变量的基本统计量

变量名称	最小值	最大值	平均值	标准差
样点价格 P	120.15	9 065.76	1 751.86	866.42
Log 价格 $\ln P$	4.79	9.11	7.35	0.51
交易时间 X_T	200101	200909	200606	175.70
建筑结构 X_{A1}	0	1.00	0.05	0.22
建筑朝向 X_{A2}	0	1.00	0.03	0.18
所在楼层 X_{A3}	1.00	25.00	3.69	2.16
建筑面积 X_{A4}	11.22	5 840.04	114.98	59.64
宗地面积 X_{A5}	515.59	565 899.67	56 263.76	75 941.29
排水 X_{B1}	20.00	100.00	81.70	17.91
供气 X_{B2}	0	100.00	66.17	33.70
供热 X_{B3}	10.00	100.00	76.90	19.93
电信 X_{B4}	0	100.00	34.96	30.30
中学 X_{B5}	10.00	90.00	60.57	17.68
小学 X_{B6}	0	90.00	34.60	23.51
幼儿园 X_{B7}	0	90.00	45.85	18.03
医院 X_{B8}	0	90.00	65.72	14.24
菜场 X_{B9}	0	90.00	5.70	9.66
影剧院 X_{B10}	0	90.00	31.60	25.17
体育馆 X_{B11}	0	90.00	47.14	20.53
主次干道 X_{B12}	0	100.00	48.60	24.69
公交站点 X_{B13}	0	60.00	5.43	9.53
汽车站 X_{B14}	15.00	90.00	46.26	16.26
火车站 X_{B15}	10.00	95.00	53.13	19.03
环境质量 X_{B16}	20.00	100.00	83.60	16.64
公园绿地 X_{B17}	15.00	95.00	54.72	24.48
商服繁华 X_{B18}	10.00	95.00	66.20	18.47
人口密度 X_{B19}	20.00	100.00	69.35	21.94
规划分区 X_{B20}	10.00	100.00	62.18	33.29

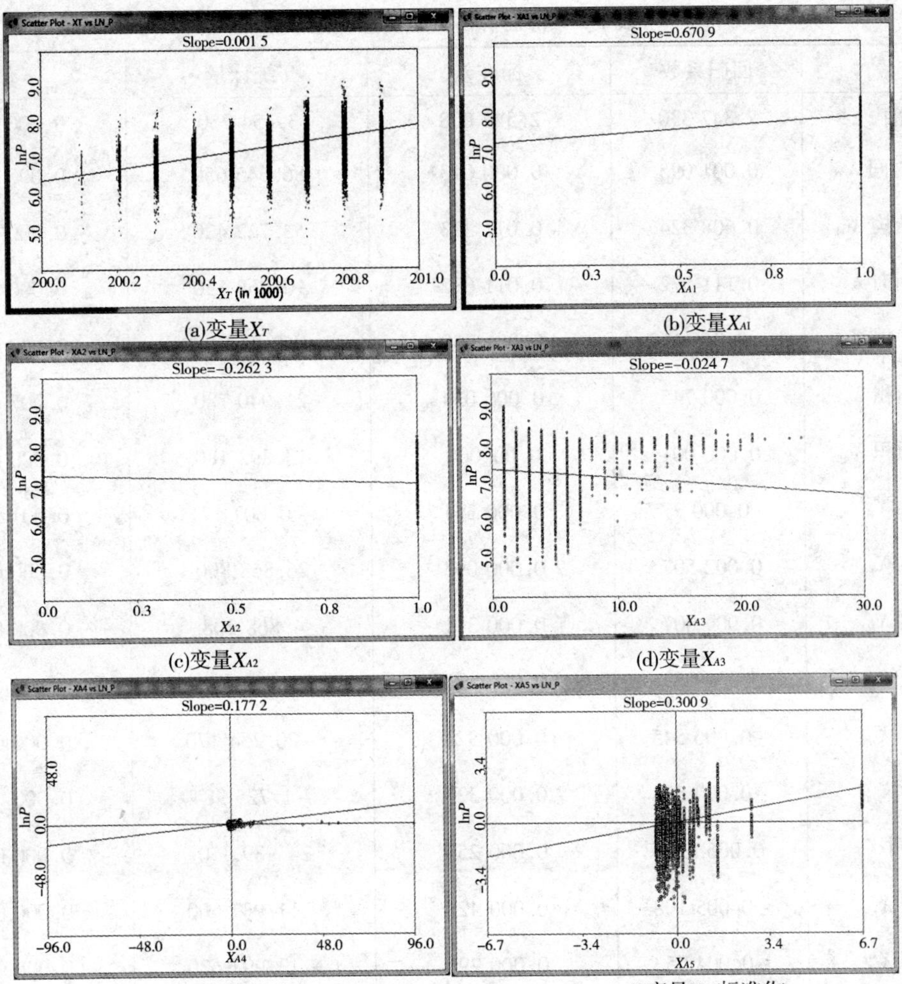

(a)变量X_T (b)变量X_{A1}

(c)变量X_{A2} (d)变量X_{A3}

(e)变量X_{A4}(标准化) (f)变量X_{A5}(标准化)

图 6-1 特征价格模型变量与价格关系散点图(部分)

6.1.3 模型的估计和检验

模型的估计方法为最常用的最小二乘法(OLS)。采用 ArcGIS 的 OLS 工具操作完成,所选择的 26 个模型特征变量都进入模型。模型估计的基本参数如表 6-2 和表 6-3 所示。

表 6-2 特征价格模型估计参数

相关系数 R^2(R-squared)	0.676 594	F-statistic	1 224.53
调整后 R^2(Adjusted R-squared)	0.676 105	小概率 p 值 Prob(F-statistic)	0
残差平方和 RSS (Sum squared residual)	4 695.19	对数似然函数 (Log likelihood)	−14 509.4
ε^2 Sigma-square	0.134 283	赤池信息准则 (Akaike info criterion)	29 072.8
回归标准差 (S. E. of regression)	0.366 446	Schwarz 准则 (Schwarz criterion)	29 301.3
极大似然估计 ε^2 (Sigma-square ML)	0.134 179	极大似然估计回归标准差 (S. E. of regression ML)	0.366 305

表 6-3　特征价格模型变量回归系数

变量	回归系数	标准差	t 统计量	p 值
截距	7.347 330	2.542 008	3.354 750	0.000 000
交易时间 X_T	0.001 095	0.000 013	86.645 650	0.000 000
建筑结构 X_{A1}	0.608 324	0.011 323	53.722 420	0.000 000
建筑朝向 X_{A2}	0.111 572	0.011 082	10.068 150	0.000 000
所在楼层 X_{A3}	-0.055 152	0.001 050	-52.513 080	0.000 000
建筑面积 X_{A4}	0.000 745	0.000 034	21.940 780	0.000 000
宗地面积 X_{A5}	0.000 001	0.000000	13.892 180	0.000 000
排水 X_{B1}	-0.000 275	0.000 341	-0.807 171	0.001 280
供气 X_{B2}	0.002 507	0.000 093	26.868 800	0.000 000
供热 X_{B3}	0.004 807	0.000 371	4.868 208	0.000 001
电信 X_{B4}	0.000 052	0.000 127	0.407 324	0.000 040
中学 X_{B5}	-0.006 545	0.000 323	-20.254 170	0.000 000
小学 X_{B6}	-0.000 558	0.000 323	-1.725 984	0.000 002
幼儿园 X_{B7}	0.006 324	0.000 254	24.939 950	0.000 000
医院 X_{B8}	-0.005 108	0.000 428	-11.937 500	0.000 000
菜场 X_{B9}	-0.004 053	0.000 290	-13.997 630	0.000 000
影剧院 X_{B10}	-0.001 129	0.000 296	-3.809 254	0.000 140
体育馆 X_{B11}	0.005 936	0.000 387	15.344 760	0.000 000
主次干道 X_{B12}	0.000 123	0.000 111	1.111 994	0.006 270
公交站点 X_{B13}	-0.005 663	0.000 266	-21.262 070	0.000 000
汽车站 X_{B14}	-0.001 979	0.000 303	-6.533 280	0.000 000
火车站 X_{B15}	-0.007 576	0.000 540	-14.039 330	0.000 000
环境质量 X_{B16}	0.001 787	0.000 270	6.607 115	0.000 000
公园绿地 X_{B17}	0.001 442	0.000 199	7.242 088	0.000 000
商服繁华 X_{B18}	-0.004 460	0.000 663	-6.727 047	0.000 000
人口密度 X_{B19}	-0.001 692	0.000 178	-9.494 099	0.000 000
规划分区 X_{B20}	0.004 963	0.000 146	6.576 561	0.000 000

表 6-2 显示，复相关系数 $R=0.822\,553$，说明自变量和因变量之间的线性关系比较强。判定系数 $R^2=0.676\,594$，调整后的 $R^2=0.676\,105$，表示基本模型所能解释因变量差异的百分比约为 67.61%，说明模型的拟合程度较好，具有一定的解释能力。回归方程方差分析的显著性检验值为 0，即小于 0.001，说明方程是高度显著的，拒绝全部系数均为 0 的原假设，表明进入方程的住宅特征变量与住宅均价之间的线性关系能够成立。

从表 6-3 的估计结果来看，住宅样点价格的高低与交易时间呈正相关，与建筑结构（钢混）、房屋朝向（南北）、建筑面积、宗地面积等建筑特征呈正相关，与房屋层次呈负相关。

住宅样点价格与道路、供气、供热、电信、幼儿园、体育馆、公园绿地、环境质量和规划分区等区位和邻里特征因素、因子有正相关关系。

在参数估计结果中，呈负相关的因素因子中，有些因素与预期相一致，如人口密度、距主要道路的距离等，而另外的因素表现出了与预期的不一致性，如商服繁华程度、医院、菜市场、交通站点、中小学、影剧院等。这从一个方面体现出了开封市住宅分布的独特性，旧城区内这些商服中心、公共设施、交通设施相对数量较多、功能完备，但由于该区域环境条件较差、人口密度大、交通拥挤、缺乏大面积的公共绿地等原因，住宅价格并不是最高的。而距中心城区相对较远、环境条件较好的新区，商服业繁华程度、公共设施和基础设施又相对较弱，房价反而是较高的。

6.2 商品住宅价格的空间自回归模型

基于样点数据的特征价格模型，只是从全局考察了诸多因素因子对房价的影响，其前提假设是这些因素的影响在空间上是平稳的。而事实上，通过前面的空间自相关分析，商品住宅价格存在较强的空间自相关，因此特征价格模型是有缺陷的，并不能用于全面分析住宅价格的空间分布规律。另外，由于住宅样点价格中，包含着诸多建筑特征因素，因此采用样点价格考察价格的空间分异特征时，不易发现区位、邻里特征等因素因子的作用规律及作用程度。

为了分析开封市住宅价格与其影响因素之间关系的空间非平稳性，利用 2001～2009 年住宅小区均价（忽略建筑特征等具有空间平稳性因素的影响，共 1 543 个样本记录），选择上述 20 个区位和邻里特征变量，采用半对数回归方程，构建空间自回归模型。为便于对比，首先进行普通 OLS 模型估计，结果见表 6-4。

由表 6-4 中结果可知，OLS 估计的 306 个住宅小区均价（分年度统计为 1 543，各年度有重叠）的拟合优度达到 75.73%（高于基于样点数据的拟合度），F 值为 5.976 2，模型整体上通过了 5% 水平的显著性检验。变量的显著性检验显示，回归系数符号的正负，与前面基于样点价格的分析基本一致，相关程度都有进一步的提高。但由于前述的空间统计的 Moran's I 检验已经证明了住宅小区均价之间具有明显的空间自相关性，存在明显的空间集群现象，特别是高价格在城市西部集聚的现象，从 OLS 模型中并没有反映出来，这说明忽视空间自相关性直接采用 OLS 法建立模型进行估计分析存在一定问题。

表 6-4　住宅小区均价的 OLS 模型估计结果(2001 ~ 2009)

变量	回归系数		标准差	t 统计量	p 值
截距	6.302 399	排序*	0.333 762	18.882 910	0.000 000
时间 X_T	0.001 179	+7	0.000 013	88.656 960	0.016 488
排水 X_{B1}	-0.000 630	-9	0.000 355	-1.771 836	0.000 000
供气 X_{B2}	0.000 592	+9	0.000 099	26.254 310	0.000 000
供热 X_{B3}	0.003 597	+3	0.000 388	9.283 925	0.003 769
电信 X_{B4}	0.000 385	+10	0.000 133	2.897 362	0.005 600
中学 X_{B5}	-0.008 153	-2	0.000 342	-23.852 160	0.000 004
小学 X_{B6}	-0.001 532	-7	0.000 341	-4.491 043	0.000 000
幼儿园 X_{B7}	0.002 216	+5	0.000 263	22.910 910	0.000 000
医院 X_{B8}	-0.005 956	-4	0.000 446	-13.363 190	0.000 000
菜场 X_{B9}	-0.000 845	-8	0.000 308	-15.748 080	0.022 420
影剧院 X_{B10}	-0.000 557	-11	0.000 299	-1.863 335	0.000 000
体育馆 X_{B11}	0.006 411	+1	0.000 404	15.863 230	0.006 299
主次干道 X_{B12}	0.000 947	+8	0.000 114	0.412 234	0.000 000
公交站点 X_{B13}	-0.000 597	-10	0.000 282	-19.860 150	0.006 686
汽车站 X_{B14}	-0.005 303	-5	0.000 302	-1.000 977	0.000 000
火车站 X_{B15}	-0.006 523	-3	0.000 574	-11.361 610	0.000 005
环境质量 X_{B16}	0.001 301	+6	0.000 285	4.567 880	0.000 000
公园绿地 X_{B17}	0.003 009	+4	0.000 209	14.389 590	0.000 000
商服繁华 X_{B18}	-0.008 278	-1	0.000 663	-12.480 700	0.000 000
人口密度 X_{B19}	-0.002 243	-6	0.000 189	-11.852 620	0.000 211
规划分区 X_{B20}	0.005 535	+2	0.000 155	3.440 469	0.000 000
Adjusted R^2	0.757 344				
F-statistic	5.976 18				
Log Likelihood(LogL)	-65.892				
Akaike Info Criterion (AIC)	273.784				
Schwarz Criterion(SC)	363.672				

注:* 正、负号表示正、负相关,数值表示重要性排序。

出现这种问题的原因可能有两个:一是遗漏了重要的变量;二是模型设定有问题,譬如未能考虑小区之间的空间相关性。针对第一种情况,认真分析选择的 20 个变量,虽然基本涵盖了住宅的主要区位和邻里特征,但这些因素都是开封市本地因素,由前文分析知道,郑汴产业带的建设和城际间轻轨的规划,郑州的辐射和吸引作用对开封西区的房价有较大的影响,这一外部因素应该纳入模型,增加外部区位变量(记为 Xb_{21}),同时对先前选择的20个因素因子,依据其OLS回归系数的重要性排序和显著性检验结果,并参考其区域分布的差异性,剔除一些未通过10%显著水平检验、排序靠后且空间差异性不明显的次要性因素因子,如排水条件 X_{B1}、供气 X_{B2}、电信条件 X_{B4}、菜场 X_{B9}、影剧院 X_{B10} 和公交站点 X_{B13}。对第二种情况,抛弃普通OLS模型,引入空间自回归模型。

为了区分空间自相关是内生的空间滞后还是空间误差自相关,利用极大似然估计(ML)的参数估计法,给出了空间滞后模型SLM和空间误差模型SEM的估计参数,结果见表6-5。

表6-5　空间滞后模型SLM和空间误差模型SEM估计结果(2001~2009年)

变量	SLM				SEM			
	回归系数	标准差	t 统计量	p 值	回归系数	标准差	t 统计量	p 值
截距	6.605 20	1.846 43	3.577 28	0.000 35	6.019 56	1.649 87	2.879 92	0.000 00
时间 X_T	0.001 21	0.000 01	8.656 00	0.013 46	0.001 35	0.000 03	5.326 87	0.084 07
供热 X_{B3}	0.005 54	0.002 70	2.425 10	0.015 30	0.005 86	0.002 21	1.487 92	0.000 15
中学 X_{B5}	-0.006 15	0.003 50	-1.759 38	0.078 51	-0.005 55	0.003 78	-1.059 76	0.090 63
小学 X_{B6}	-0.003 59	0.003 22	-1.734 28	0.082 87	-0.002 67	0.002 58	-1.033 56	0.017 62
幼儿园 X_{B7}	0.001 09	0.003 07	0.355 16	0.022 47	0.002 03	0.020 47	0.300 67	0.014 11
医院 X_{B8}	0.001 81	0.005 10	0.944 23	0.005 05	0.001 76	0.005 12	0.824 38	0.078 94
体育馆 X_{B11}	0.004 52	0.004 94	1.076 13	0.001 87	0.005 46	0.003 86	1.088 00	0.009 86
主次干道 X_{B12}	0.000 13	0.001 18	0.023 15	0.081 54	0.000 23	0.001 11	0.457 63	0.052 00
汽车站 X_{B14}	0.000 25	0.003 50	1.357 50	0.074 62	0.000 31	0.003 31	1.059 81	0.014 59
火车站 X_{B15}	0.000 41	0.005 82	0.413 79	0.079 03	0.000 56	0.003 47	0.410 11	0.009 97
环境质量 X_{B16}	0.003 84	0.002 92	1.317 83	0.007 56	0.003 65	0.003 33	1.237 63	0.000 63
公园绿地 X_{B17}	0.008 02	0.002 04	3.925 34	0.000 09	0.008 02	0.002 04	2.876 54	0.008 23
商服繁华 X_{B18}	-0.015 13	0.008 60	-1.759 81	0.078 44	-0.016 45	0.005 69	-1.932 81	0.009 30
人口密度 X_{B19}	-0.002 34	0.002 12	-1.103 13	0.269 97	-0.001 23	0.001 22	-1.000 56	0.068 54
规划分区 X_{B20}	0.006 45	0.001 74	0.029 20	0.006 71	0.006 33	0.002 33	0.136 21	0.027 58
外部区位 X_{B21}	0.003 06	0.006 71	0.009 00	0.002 82	0.004 12	0.005 62	0.008 56	0.002 77
ρ/λ	0.525 72	0.099 35	1.253 49	0.003 98	0.614 76	0.079 97	0.987 19	0.000 21
统计检验	统计值				统计值			
Adjusted R^2	0.780 945				0.813 562			
LogL	-53.677 2				-42.532 1			
AIC	202.564 3				180.567 3			
SC	312.567 8				270.895 2			

比较表6-5和表6-4中的检验结果发现，经过因素调整后的空间滞后模型和空间误差模型拟合优度检验值均高于OLS模型，个别因素因子的相关类型发生了变化，如医院、主次干道、汽车站和火车站等由负相关变为正相关，因素因子回归系数的大小和重要性排序发生了较大变化，如公园绿地、规划分区和外部区位等因素的影响更加突出。这与预期基本一致，与实际情况更加接近。

由于采用ML法估计参数，基于残差平方和分解的拟合优度检验的意义不是很大。为此，比较对数似然函数值LogL、AIC和SC值就会发现，SEM的LogL值最大，而AIC和SC值最小，相对而言，SEM模型比SLM和OLS估计的模型更好一些。由此可见，基于OLS法的经典线性回归模型由于遗漏了空间误差自相关而设定的模型不够恰当。这也验证了这样的观点：住宅小区之间的价格都不可能没有关系，上述基于小区之间相互独立的OLS估计结果及推论可能不够可靠，需要通过引入空间差异性和空间依赖性对经典的线性模型进行修正。

6.3 商品住宅价格的地理加权回归模型

由于OLS、SLM和SEM模型均为全域(Global)估计，这些模型给出回归系数整体上被假定为一个常数，无法揭示小区的局部(Local)因素对局域价格的影响。为了分析开封市住宅小区均价与其影响因素之间关系的空间非平稳性，引入地理加权回归模型(GWR)。

6.3.1 地理加权回归模型

利用地理加权回归模型(GWR)进行模拟估计，首先确定距离加权与带宽的形式和方法，本书在试验对比分析过程中，最终采用高斯距离加权最小二乘法(WLS)、AICc方法验证的自适应带宽计算方法，优化后的带宽2001～2004年和2005～2009年两个时段分别为222 m和288 m。

以2001～2004年和2005～2009年两个时段(在模型中不再引入时间变量X_T)的住宅小区均价($\ln P$)为因变量进行局域估计，模型的全局回归参数及显著性检验结果如表6-6和表6-7所示。

从表6-6和表6-7可以看出，两个时段的地理加权模型的拟合优度检验值均高于前述的OLS、SLM和SEM模型，也就是说，考虑影响因素因子的局域差异性后的模型结果更具有可靠性，开封市住宅小区均价与其影响因素之间的整体关系确实存在空间非平稳性。从变量的p值检验来看，绝大多数参数的检验p值小于10%的显著水平，表明它们所表示的空间关系具有明显的空间非平稳性；幼儿园X_{B7}、体育馆X_{B11}、主次干道X_{B12}和人口密度X_{B19}的检验p值虽然小于显著水平，但比较接近显著水平，表明这些参数所表示的空间关系的非平稳性不是很显著。

从模型的全局回归参数分析，不同时段，全局回归参数的类型、大小、主次关系有明显差异。对开封市而言，2001～2004年，全局正相关回归系数从大到小排列依次是汽车站、商服繁华程度、供热、外部区位、公园绿地等因素因子，全局负相关回归系数从大到小排列依次是火车站、体育场馆、幼儿园等因素因子；2005～2009年，全局正相关回归系数从大到小排列依次是体育场馆、火车站、外部区位、公园绿地、供热等因素因子，全局负相关回归系数从大到小排列依次是商服繁华程度、环境质量、中学、医院等因素因子。这说明影响住宅价格的因素因子是多方面的、错综复杂的。从模型的全局回归参数中,只能大致获得影响因素因子重要程度的整体概念,并不能较好地加以解释,但局域估计参数可以在时间上、空间上得到较好的解释。

表 6-6 GWR 模型全局回归参数结果

变量(Variable)	2001~2004 年(小区样本数量 228)				2005~2009 年(小区样本数量 296)			
	回归系数		标准差	t 统计量	回归系数		标准差	t 统计量
截距	6.192 37	排序	0.399 86	15.486 34	7.006 36	排序	0.588 85	11.898 46
供热 X_{B3}	0.004 93	+3	0.002 26	2.179 32	0.004 22	+5	0.002 51	1.679 58
中学 X_{B5}	-0.001 77	-4	0.003 18	-0.558 06	-0.004 54	-3	0.003 23	-1.404 53
小学 X_{B6}	0.001 75	+6	0.002 89	0.605 09	-0.001 46	-6	0.003 21	-0.455 89
幼儿园 X_{B7}	-0.002 72	-3	0.002 83	-0.959 29	-0.000 89	+9	0.003 00	-0.298 13
医院 X_{B8}	-0.001 19	-6	0.004 00	-0.296 15	-0.002 29	-4	0.004 73	-0.484 98
体育馆 X_{B11}	-0.006 47	-2	0.004 44	-1.456 88	0.012 77	+1	0.005 12	2.493 67
主次干道 X_{B12}	0.001 69	+7	0.001 05	1.606 52	-0.000 56	+8	0.001 28	-0.437 50
汽车站 X_{B14}	0.012 94	+1	0.012 15	1.065 62	0.003 91	+6	0.003 58	1.093 74
火车站 X_{B15}	-0.014 77	-1	0.013 29	-1.111 57	0.009 45	+2	0.005 13	1.842 63
环境质量 X_{B16}	0.001 50	+8	0.002 67	0.560 94	-0.005 28	-2	0.003 06	-1.725 06
公园绿地 X_{B17}	0.003 14	+5	0.002 27	1.388 01	0.007 94	+4	0.002 35	3.386 04
商服繁华 X_{B18}	0.006 11	+2	0.007 52	0.812 45	-0.021 50	-1	0.008 10	-2.655 16
人口密度 X_{B19}	0.000 78	+9	0.002 09	0.371 85	-0.001 98	-5	0.002 29	-0.862 37
规划分区 X_{B20}	-0.001 69	-5	0.002 30	-0.734 39	0.000 23	+7	0.002 66	0.085 30
外部区位 X_{B21}	0.004 28	+4	0.005 99	0.715 14	0.008 82	+3	0.007 64	1.154 54
统计检验	统计值				统计值			
Adjusted R^2	0.820 34				0.838 745			
AIC	148.529 54				372.177 74			
残差平方和	20.358 96				27.447 73			
Sigma	0.318 521				0.428 130			
方差分析	SS		DF	F	SS		DF	F
OLS 残差	21.7		17.00		53.3		17.00	
GWR 改进	1.3		10.33		4.1		10.45	
GWR 残差	20.4		200.67	1.258 6	49.2		268.55	2.135 4

表 6-7　GWR 模型全局回归参数显著性检验

变量(Variable)	2001～2004 年 p 值	2005～2009 年 p 值
截距	0.03	0.00
供热 X_{B3}	0.01	0.02
中学 X_{B5}	0.04	0.05
小学 X_{B6}	0.03	0.02
幼儿园 X_{B7}	0.08	0.09
医院 X_{B8}	0.01	0.02
体育馆 X_{B11}	0.09	0.08
主次干道 X_{B12}	0.09	0.07
汽车站 X_{B14}	0.01	0
火车站 X_{B15}	0.09	0.03
环境质量 X_{B16}	0.03	0.02
公园绿地 X_{B17}	0.02	0.05
商服繁华 X_{B18}	0.03	0.02
人口密度 X_{B19}	0.08	0.09
规划分区 X_{B20}	0.05	0.05
外部区位 X_{B21}	0.04	0.01

表 6-8 是对 GWR 模型参数局部回归系数估计结果的四分位统计,可以看出,影响住宅小区均价的诸多空间因素因子在空间分布上的非平稳性是比较明显的,由此可以得出预期的基本结论,即住宅小区均价的空间非平稳性确实客观存在。

GWR 模型逐个小区参数估计的结果获得了每个参数的 228 个(2001～2004 年)和 296 个(2005～2009 年)估计值,如附表 5 和附表 6 所示。将这些估计值通过 ArcMap 进行可视化显示,能够非常直观地反映出参数估计值的空间变化情况。

图 6-2 所示为"截距"变量对应的常量参数估计值在空间上的分布情况,在给定的社会经济条件下,该参数表示开封市住宅小区价格对数的平均水平。从图 6-2 上可以看出开封市住宅小区均价分布格局比较清晰,非常接近开封市住宅市场的基本现状,比较详细地呈现了开封市住宅小区平均价格水平在空间区域上的分布信息。2001～2004 年,由中心城区向城市外围呈现出显著的两极分化,由中心城区向西不如向东、北、南发展那么均衡,西部住宅小区均价水平明显高于东部、北部和南部的价格水平,表明该地区的住宅价格水平高于在本地区社会经济条件下其应该有的期望水平。全市有两个明显的高值中心:一个是在市中心位置,以中山路北段、西大街、书店街和寺后街所包围的区域(中城花园)为高值中心;另一个是在市区西部,以金明广场南部的浪漫之都、荣勋花园为高值中心;在城市的东北部、西北部和东南部出现了三个相对低值区域。2005～2009 年,住宅小区均价水平的空间格局发生了显著变化,由中心城区向城市外围的两极分化格局被打破,西部高值区域的范围进一步扩

大、强度进一步加强；中心城区内原来的高值中心位置发生了显著漂移，移向城区的北部（九鼎颂苑）；中心城区内出现了明显的低值区域（中山路南段）；原来城市西北部的低值区域消失，住宅小区均价得到了提升。

表 6-8　GWR 模型局部回归系数四分位统计

变量		最小	下分位	中值	上分位	最大
2001 ~ 2004 年	截距	5.225 64	5.636 13	6.115 44	5.225 64	6.515 83
	X_{B3}	0.003 18	0.003 94	0.004 90	0.003 18	0.006 95
	X_{B5}	-0.006 21	-0.004 73	-0.003 28	-0.006 21	0.000 09
	X_{B6}	-0.000 07	0.001 26	0.002 18	-0.000 07	0.005 99
	X_{B7}	-0.004 90	-0.003 98	-0.003 62	-0.004 90	-0.001 65
	X_{B8}	-0.011 72	-0.008 62	-0.005 38	-0.011 72	0.001 90
	X_{B11}	-0.008 76	-0.005 76	-0.004 38	-0.008 76	-0.001 69
	X_{B12}	-0.000 07	0.000 56	0.000 93	-0.000 07	0.002 38
	X_{B14}	0.009 38	0.011 28	0.014 02	0.009 38	0.018 90
	X_{B15}	-0.020 91	-0.015 82	-0.014 22	-0.020 91	-0.008 72
	X_{B16}	-0.001 99	0.001 16	0.002 96	-0.001 99	0.005 82
	X_{B17}	0.001 62	0.002 72	0.003 71	0.001 62	0.005 75
	X_{B18}	0.003 62	0.007 66	0.008 63	0.003 62	0.016 27
	X_{B19}	-0.002 27	-0.001 82	-0.001 45	-0.002 27	0.002 51
	X_{B20}	-0.004 56	-0.002 70	-0.002 27	-0.004 56	0.000 19
	X_{B21}	0.001 238	0.003 02	0.008 00	0.012 60	0.019 68
2005 ~ 2009 年	截距	5.381 34	5.925 18	6.465 88	7.778 02	9.158 97
	X_{B3}	0.001 12	0.002 03	0.003 33	0.005 20	0.009 20
	X_{B5}	-0.007 82	-0.005 56	-0.003 51	-0.000 87	0.001 87
	X_{B6}	-0.004 40	-0.001 56	0.000 93	0.001 50	0.002 46
	X_{B7}	-0.006 37	-0.005 50	-0.004 06	-0.000 50	0.002 09
	X_{B8}	-0.013 61	-0.008 85	-0.000 23	0.002 33	0.005 99
	X_{B11}	0.007 73	0.009 29	0.010 18	0.011 72	0.014 01
	X_{B12}	-0.001 83	-0.001 19	-0.000 38	0.000 22	0.000 89
	X_{B14}	-0.004 96	0.003 51	0.007 35	0.010 28	0.014 10
	X_{B15}	-0.002 03	0.000 78	0.003 34	0.006 82	0.015 55
	X_{B16}	-0.008 04	-0.005 49	-0.003 02	0.000 44	0.002 23
	X_{B17}	0.003 81	0.004 99	0.005 75	0.006 35	0.008 55
	X_{B18}	-0.023 72	-0.019 58	-0.013 80	-0.010 82	-0.008 15
	X_{B19}	-0.003 10	-0.001 47	-0.000 02	0.000 31	0.000 55
	X_{B20}	-0.003 10	-0.001 99	-0.001 41	-0.000 98	0.002 19
	X_{B21}	-0.011 82	0.001 91	0.008 40	0.012 65	0.019 24

图 6-3 所示为公园绿地变量 X_{B17} 对应的参数估计值在空间上的分布情况。从图上我们可以发现，该参数估计值在空间上呈现明显的变化，影响值较大的区域基本上分布于市区的北部，影响峰值出现在以龙亭公园、清明上河园、中国翰园碑林为中心的旅游景区周围。由于西区金明广场绿地和金明池遗址公园的作用，该影响值在 2005 ~ 2009 年比 2001 ~ 2004 年有所提高，与现实情况吻合良好，这也说明地理加权回归模型能够较好地拟合样本数据。

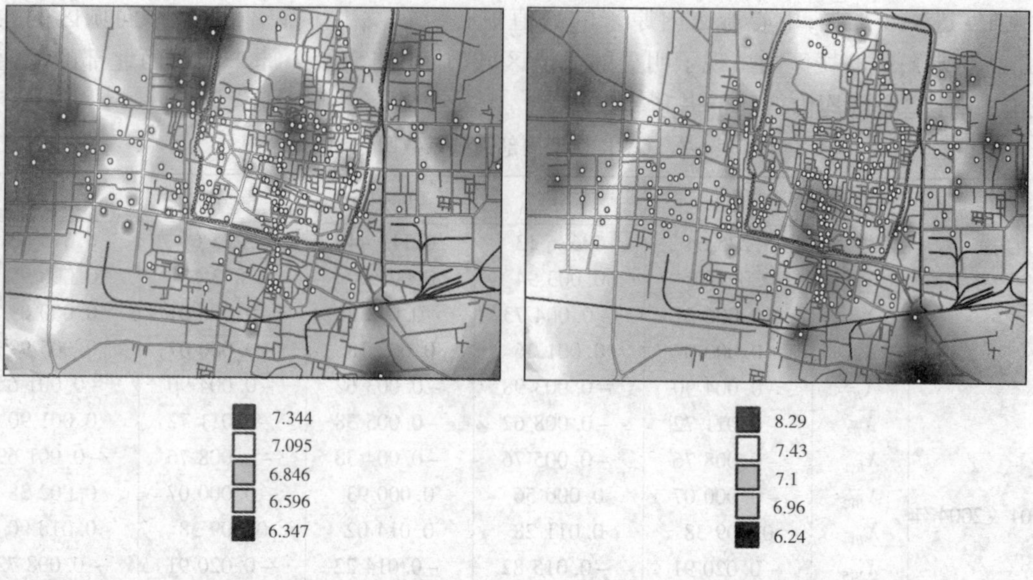

(a)2001～2004 年　　(b)2005～2009 年

图 6-2　GWR 模型中"截距"变量对应的常量参数估计值在空间上的分布情况

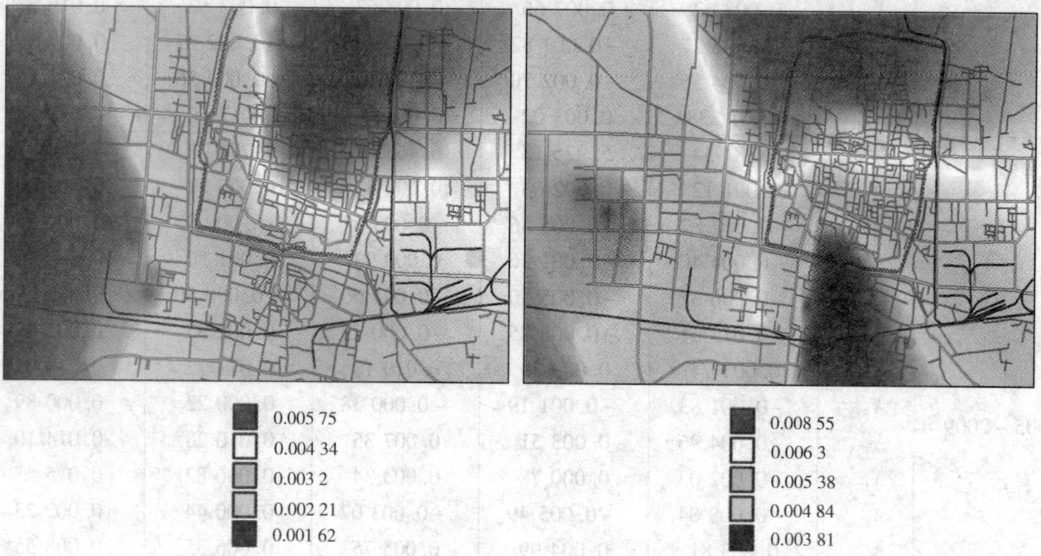

(a)2001～2004 年　　(b)2005～2009 年

图 6-3　GWR 模型中公园绿地变量 X_{B17} 对应的参数估计值在空间上的分布情况

图 6-4 所示为环境质量变量 X_{B16} 对应的参数估计值在空间上的分布情况。从图上我们可以发现，该参数估计值在空间上呈现明显的变化，2001～2004 年影响值大致由西北向东南方向逐渐降低，而 2005～2009 年则由西南向东北方向逐渐降低，这与开封市综合环境质量的变化趋势是相吻合的。

相对全局 OLS、SLM 和 SEM 模型全局性参数的单一估计值而言，GWR 模型的回归参数估计值提供了更多、更丰富的信息，给出了这些回归变量在不同地理位置对住宅价格的不同影响程度。其他参数估计的情况也有类似结果，篇幅所限这里不再一一列出。

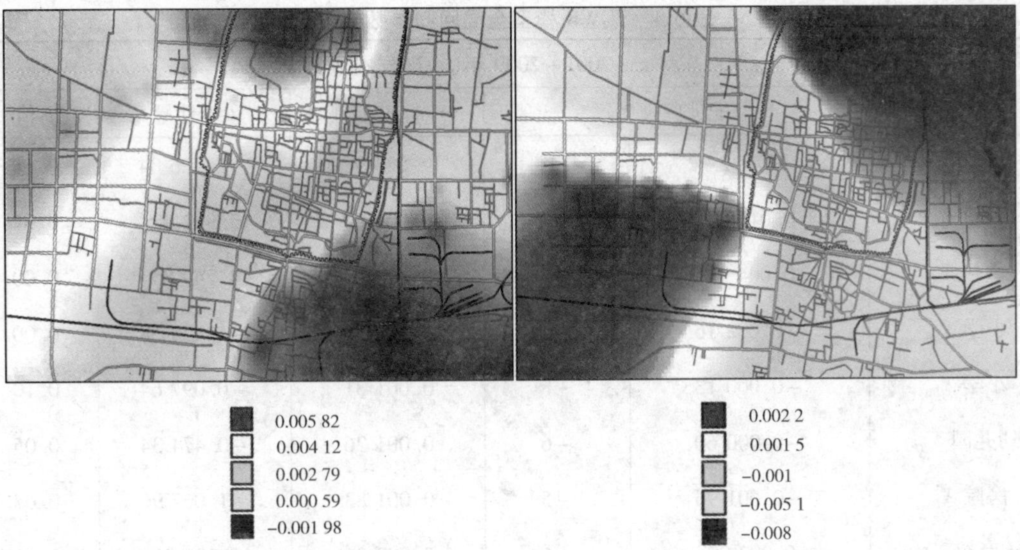

(a)2001～2004 年　　(b)2005～2009 年

图 6-4　GWR 模型中环境质量变量 X_{B16} 对应的参数估计值在空间上的分布情况

6.3.2　时空加权回归模型

上述分时段建立的 GWR 模型，从总体上可以刻画不同时期住宅小区均价的空间格局。但是，由于住宅小区均价及其影响因素取值采用的是阶段平均值，并不能很好地反映其动态变化。为此，我们试图将时间变量引入到 GWR 模型中，构建基于时空的加权回归模型（Time GWR，TGWR）：

$$y_{it} = \alpha_i + \beta_i X_{it} - \mu_{it} \quad i = 1,2,\cdots,n;t = 1,2,\cdots,T \tag{6-6}$$

式中：y_{it}为因变量在特定时间和空间的值，如不同时段各住宅小区均价；X_{it}为 K 个自变量在特定时间和空间上的观测值，$X_{it} = x_{1it}, x_{2it}, \cdots, x_{Kit}$；$K$ 为除去截距项的自变量的个数；n 为空间样点个数（小区个数），$n = 306$；T 为时期总数，为计算简便，这里的时间“步长”设定为 1 年，$T = 9$；α_i 为截距项；β_i 为各自变量的回归参数；μ_{it}为随机扰动项。

上述模型是基于这样的假设，即住宅小区均价的主要差异表现在横截面（空间）上的不同个体之间的，时间序列参数是齐性的，且参数满足时间一致性，也就是说，参数值不随时间的变化而不同。此时，可以将 T 个时期、n 个小区的样本数据直接融合成一个混合样本，样本容量为 nT，采用 GWR 模型进行模拟和估计，结果如表 6-9 和表 6-10 所示。

为便于对比，距离加权仍采用高斯函数，带宽选择仍采用 *AICc* 优化值，为 256 m。

由表 6-9 和表 6-10 可以看出，考虑时间变量后的地理加权模型的拟合优度检验值高于前述分时段的 GWR 模型，也就是说，TGWR 模型结果更接近于实际。开封市住宅小区均价与其影响因素之间的整体关系不仅确实存在空间非平稳性，而且这种空间非平稳性有随时间不断变化的特点。从变量的 p 值检验来看，所有参数的检验 p 值均小于或等于 10% 的显著水平，表明采用 TGWR 模型分析住宅小区均价的时空分布规律，是恰当和适宜的。

表 6-9　TGWR 模型全局回归参数结果

变量(Variable)	2001～2009 年(小区样本数量 1 543)				
	回归系数		标准差	t 统计量	p 值
截距	－20.532 92	排序	9.223 97	－2.226 04	0.08
时间 X_T	0.013 62	+2	0.004 60	2.962 42	0.07
供热 X_{B3}	0.004 91	+3	0.001 03	4.749 85	0.00
中学 X_{B5}	－0.002 16	－4	0.001 46	－1.478 38	0.00
小学 X_{B6}	－0.000 13	－8	0.001 31	－0.097 64	0.10
幼儿园 X_{B7}	－0.000 60	－6	0.001 26	－0.474 34	0.05
医院 X_{B8}	－0.001 96	－5	0.001 83	－1.067 96	0.07
体育馆 X_{B11}	0.002 80	+6	0.002 01	1.392 25	0.10
主次干道 X_{B12}	－0.000 09	－9	0.000 50	－0.173 63	0.01
汽车站 X_{B14}	0.031 18	+1	0.004 92	6.334 69	0.00
火车站 X_{B15}	－0.027 73	－1	0.005 50	－5.041 96	0.03
环境质量 X_{B16}	－0.003 22	－3	0.001 24	－2.601 41	0.06
公园绿地 X_{B17}	0.003 74	+5	0.001 07	3.487 96	0.00
商服繁华 X_{B18}	－0.006 33	－2	0.003 43	－1.846 19	0.06
人口密度 X_{B19}	0.000 06	+7	0.000 97	0.064 63	0.00
规划分区 X_{B20}	－0.000 59	－7	0.001 07	－0.549 08	0.09
外部区位 X_{B21}	0.004 28	+4	0.002 71	1.575 75	0.04
统计检验	统计值				
Adjusted R^2	0.890 109				
AIC	－1 308.541 9				
残差平方和	27.539 755				
Sigma	0.144 442				
方差分析	SS		DF	F	
OLS 残差	245.6		17.00		
GWR 改进	218.1		206.01		
GWR 残差	27.5		1 319.99	50.743 1	

表 6-10 TGWR 模型局部回归系数四分位统计

变量	最小	下分位	中值	上分位	最大
截距	-195.688 63	15.155 03	24.552 43	37.950 23	65.369 99
X_T	-0.029 47	-0.015 40	-0.008 77	-0.004 12	0.100 98
X_{B3}	-0.010 36	-0.000 34	0.002 58	0.005 21	0.056 01
X_{B5}	-0.042 46	-0.006 68	-0.000 80	0.003 06	0.017 89
X_{B6}	-0.018 74	-0.005 09	-0.002 59	0.000 63	0.022 57
X_{B7}	-0.022 84	-0.003 31	-0.000 36	0.002 84	0.016 13
X_{B8}	-0.024 79	-0.005 94	0.000 61	0.005 91	0.022 07
X_{B11}	-0.021 19	-0.005 40	0.000 59	0.003 80	0.035 75
X_{B12}	-0.005 46	-0.001 80	-0.000 39	0.001 07	0.008 35
X_{B14}	-0.147 92	-0.000 78	0.007 37	0.013 79	0.081 70
X_{B15}	-0.101 28	-0.017 81	-0.006 91	0.000 80	0.137 49
X_{B16}	-0.017 64	-0.003 90	-0.000 44	0.001 61	0.011 08
X_{B17}	-0.015 20	-0.002 86	-0.000 30	0.002 46	0.029 93
X_{B18}	-0.053 68	-0.002 45	0.005 80	0.013 99	0.052 37
X_{B19}	-0.017 81	-0.002 09	0.000 30	0.002 84	0.015 54
X_{B20}	-0.012 10	-0.003 36	-0.001 28	0.001 02	0.021 33
X_{B21}	-0.045 89	-0.007 99	-0.001 02	0.005 51	0.038 90

图 6-5 所示为时间变量 X_T 对应的参数估计值在空间上的分布情况。从图上我们可以

图 6-5 TGWR 模型中时间变量 X_T 对应的参数估计值在空间上的分布情况

发现，该参数估计值在空间上呈现明显的变化，2001～2009 年影响值，城市西部和北部区域为高值中心，中心城区及东部、东南部为低值中心，总体上由西北向东南方向呈明显的递减趋势。该参数的实际意义，表示 2001～2009 年各住宅小区均价的平均增长率，这与前面关于开封市住宅小区均价随时间的变化趋势是十分吻合的，即西部和北部区域住宅价格的增长速度高于老城区和东南部区域。

进一步分析 TGWR 模型的其他影响因素因子的回归参数，与 GWR 模型结果基本一致，在此不再一一阐述。

6.4 商品住宅价格的空间预测模型

6.4.1 支撑尺度及区域化变量

在进行住宅价格空间预测时，可将整个研究区域作为支撑尺度。即认为，在整个研究区域内区域化变量（住宅价格）具有一致的结构性，建立的变异函数对整个区域都是适合的。

本书采用网格法划分了研究区域范围，以 20 m×20 m 大小的固定网格作为住宅价格空间插值的基本单元。将网格的大小定为 20 m×20 m 的原因是：若网格间隔太大，则不能反映区域化变量实际的空间特征变化；间隔太小则过多地出现一样本跨多个网格，不利于样本定位和计算。同时，以固定网格单元作为基本评价单元，适于计算机系统处理。

6.4.2 变异函数计算及结构分析

区域化变量的变异函数反映其空间变异特征及样本的空间相关性。在 Kriging 插值中，试验变异函数是求解 Kriging 权系数的基础。

在进行住宅价格空间预测的实际操作中，由于所采集的样点之间的间隔是不规则的，因此需选择两个参数来确定变异函数分离距离：一个是分离距离的增量 h，另一个是分离距离可允许的变化值或窗口 $\varepsilon(r)$，$\varepsilon(r)$ 也称为距离允许误差限，$\varepsilon(r)$ 通常不大于 $h/2$。那么分离距离就是根据这两个参数在研究的区域内搜索到的各对样本数之间距离的平均值，即可以将样点按间隔 $kh \pm \varepsilon(r)$ 组合成距离组，然后以此计算 $\gamma(kh)$ 的值。

本书分别以开封市 2001～2004 年和 2005～2009 年两个时段的住宅小区均价对数（$\ln P$）为区域化变量，针对东西、南北两个方向，分离距离的增量取网格的边长 20 m 的整数倍，$\varepsilon(r)=10$ m，而对东南—西北、东北—西南方面则分离距离的增量取网格的对角线的距离 $20\sqrt{2}$ m，根据变异函数的计算公式，分别计算得到四个方向的变异函数 $\gamma(h)$，并绘制出相应的变异函数图（见图 6-6、图 6-7）。

变异函数的形状反映了随机变量空间分布的结构或空间相关的类型，同时还反映出区域化变量空间相关的范围。如果空间相关性存在，$\gamma(h)$ 会随着 h 的增大而增大。通过对计算出来的试验变异函数的研究，发现 2001～2004 年的试验变异函数在原点附近具有线性关系。因此，选择原点处为线性形状的带块金常数的指数模型对变异函数进行拟合；2005～2009 年的试验变异函数整体符合高斯模型。四个方向及各向同性变异函数的参数见表 6-11。

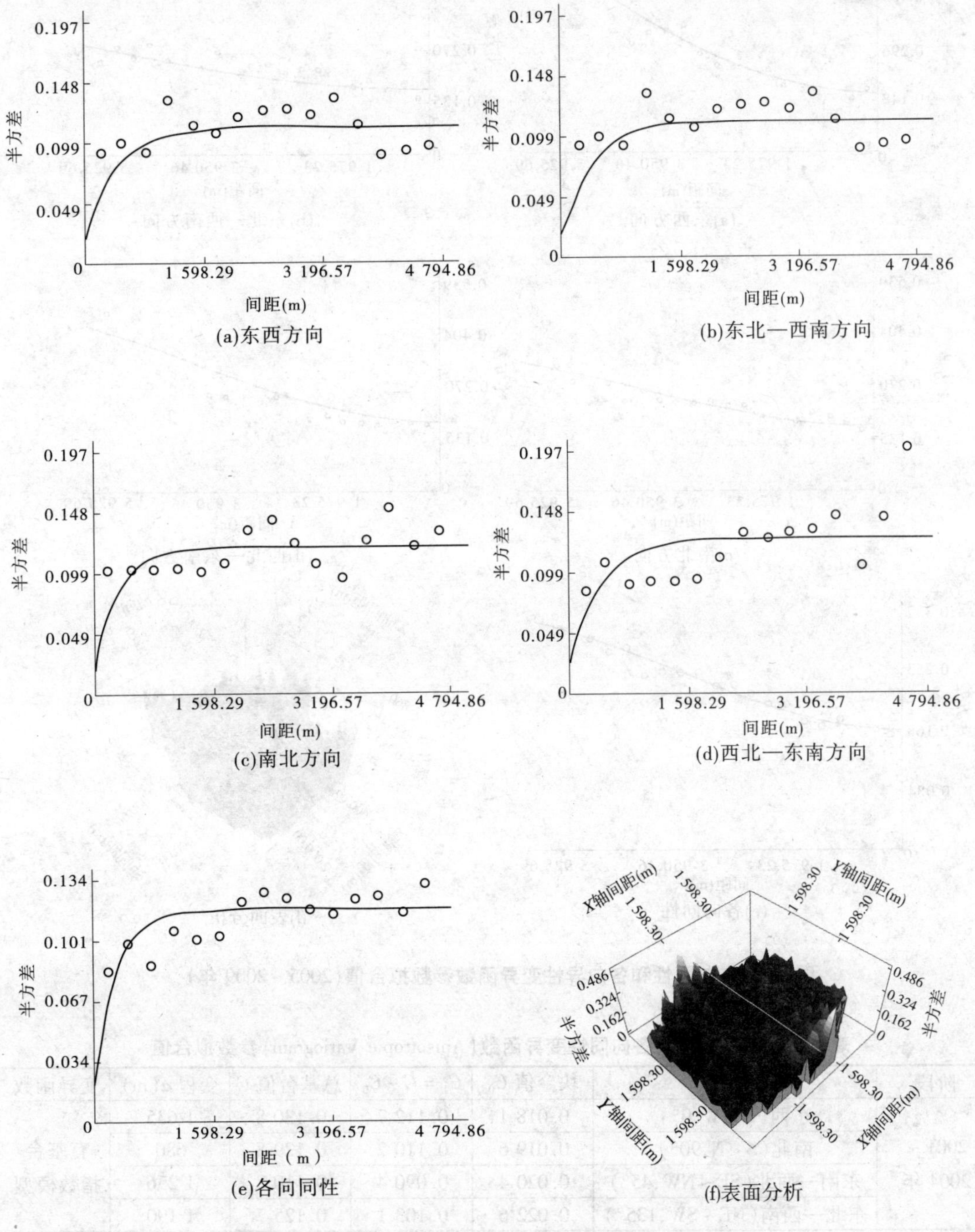

图 6-6 各向同性和各向异性变异函数参数拟合值(2001～2004 年)

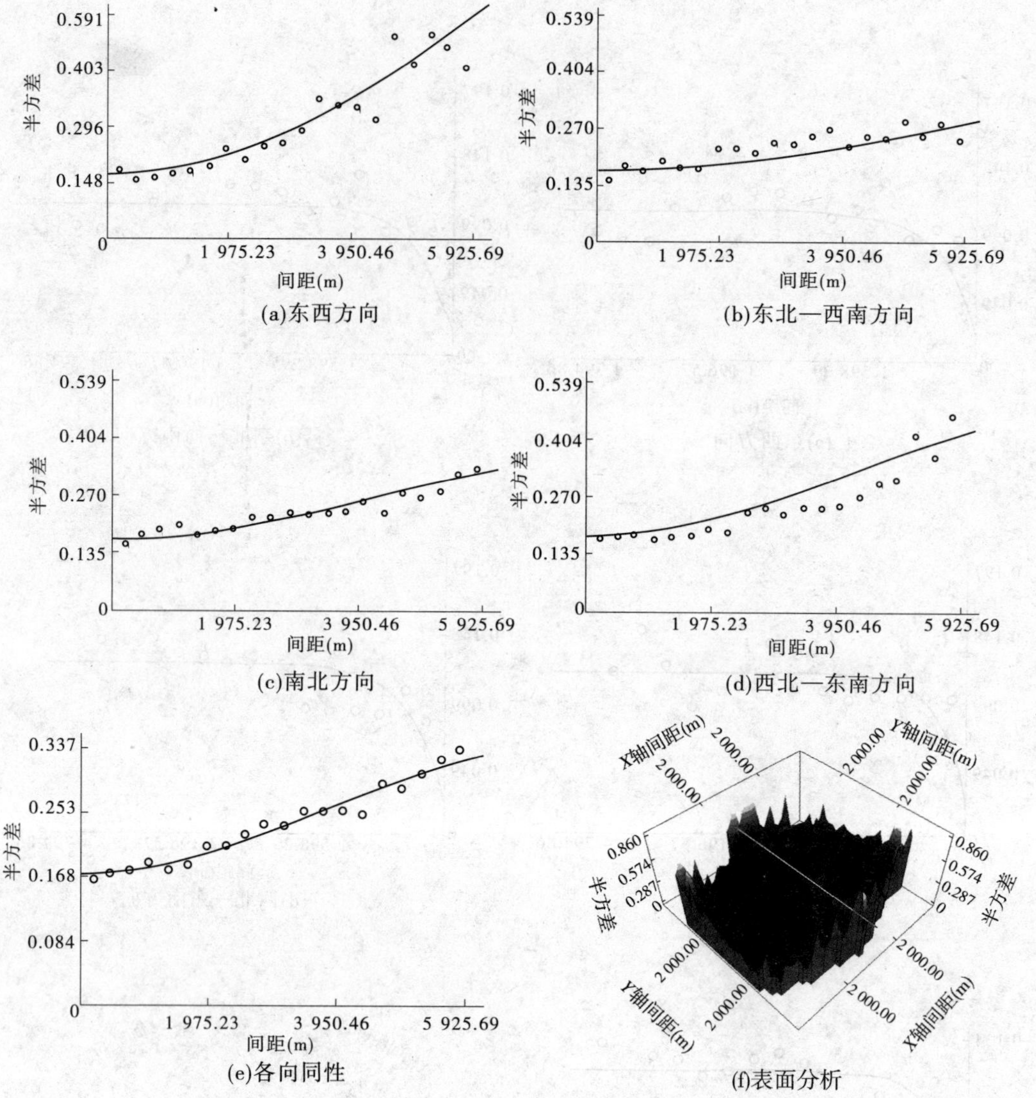

图 6-7　各向同性和各向异性变异函数参数拟合值(2005～2009 年)

表 6-11　四个方向及各向同性变异函数(Anisotropic Variogram)参数拟合值

阶段	方向	块金值 C_0	$C_1 = C - C_0$	总基台值 C	变程 a(m)	变异函数
2001～2004 年	东西(E～W,0°)	0.018 1	0.112 7	0.130 8	1 635	有基台指数模型
	南北(S～N,90°)	0.019 6	0.110 2	0.129 8	680	
	东南—西北(SE～NW,45°)	0.020 4	0.090 4	0.110 8	1 256	
	东北—西南(NE～SW,135°)	0.022 6	0.103 1	0.125 7	1 190	
2005～2009 年	东西(E～W,0°)	0.172 0	0.419 5	0.591 5	9 889	有基台高斯模型
	南北(S～N,90°)	0.160 7	0.307 2	0.467 9	8 934	
	东南—西北(SE～NW,45°)	0.174 6	0.241 7	0.416 3	7 656	
	东北—西南(NE～SW,135°)	0.183 6	0.367 9	0.551 5	8 823	

由表 6-11 可以看到,四个方向的变异函数存在几何异向性,即有接近的基台值而变程不同,其各个方向的变程图近似于一个椭圆,对其进行简单的几何图形变换化为各向同性。对四个方向进行各向异性转变后,对变异函数进行拟合,得到的参数拟合值见表 6-12。

表 6-12 各向同性变异函数(Isotropic Variogram)参数拟合值

阶段	块金值 C_0	$C_1 = C - C_0$	总基台值 C	变程 a(m)	变异函数
2001~2004 年	0.020 6	0.099 6	0.120 2	1 045	有基台指数模型
2005~2009 年	0.173 0	0.252 6	0.425 6	9 023	有基台高斯模型

上述模型中的不同参数均具有确定的物理含义,它们从定量角度揭示了不同的参数、变量在研究尺度下所表现出的空间连续性及非连续性特征。变程 a 定量揭示了区域化变量在空间各方向上自相关的平均影响范围。a 值愈大,其自相关平均影响范围愈大,相应方向上区域化变量的变化速度就愈小。总基台值 C 是在考虑空间值点相对位置的基础上对区域化变量值相对离散程度的一种定量描述,它是区域化变量空间随机变化与结构变化的极限值。一般来讲,基台值越大,其区域化变量值总的变化幅度就越大。块金值 C_0 反映的是一种随机变化成分,它一方面提供观测尺度上区域化变量非连续性变化和试验量测误差的信息,另一方面也提供小于观测尺度时区域化变量结构性与随机性的整体变化信息。

6.4.3 泛克里格空间插值结果分析

由第 5 章针对住宅小区均价的统计分析可知,样本数据不符合正态性的要求,因此不能直接使用简单克里格法或普通克里格法进行空间插值预测,而是必须使用泛克里格(Universal Kriging)法进行处理,因为泛克里格能够对非平稳的区域化变量作分析。

泛克里格假设数据中存在主导趋势,且该趋势可以用一个确定的函数或多项式来拟合。在进行泛克里格分析时,首先分析数据中存在的变化趋势,获得拟合模型;其次,对残差数据(即原始数据减去趋势数据)进行克里格分析;再次,将趋势面分析和残差分析的克里格结果加和,得到最终结果。由此可见,克里格方法明显优于趋势面分析,泛克里格的结果也要优于普通克里格的结果。针对开封市而言,住宅小区均价的空间分布具有明显的二次趋势,最终采用二次趋势的泛克里格空间插值法,生成的住宅小区均价的等值线如图 6-8 所示,图 6-9则是相应的立体透视。

通过与实际数据和其他空间插值方法(如 IDW)模拟结果的对比分析,由于 IDW 没有考虑数据场在空间的分布和样点的不均匀而使其估计结果产生较大的偏差,特别是在研究区域的边沿地带,偏差更为严重。而地统计学模型的空间插值结果避免了该问题,使偏差得到了有效的控制。

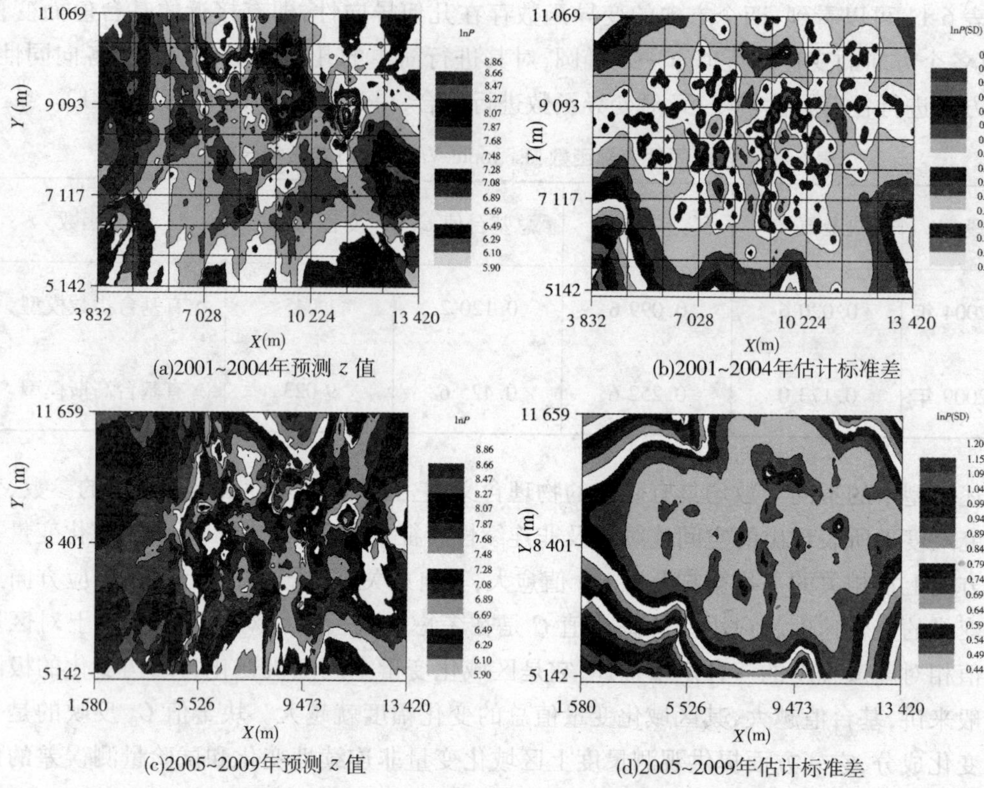

图 6-8　住宅小区均价对数($\ln P$)的泛克里格插值等值线

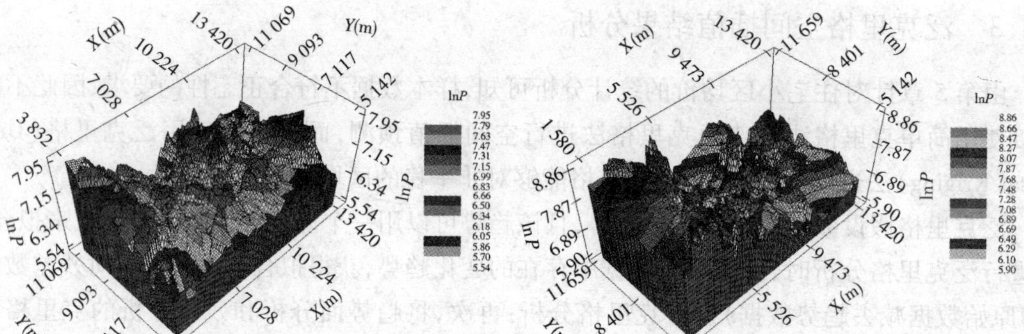

图 6-9　住宅小区均价对数($\ln P$)的泛克里格插值立体透视

6.5　小　结

(1)通过对研究案例地区的商品住宅特征价格模型的分析发现,商品住宅价格与选择的特征变量之间存在较强的线性关系。住宅样点价格的高低与交易时间呈正相关,与建筑结构、房屋朝向、建筑面积、宗地面积等建筑特征呈正相关,与房屋层次呈负相关。住宅样点价格与道路、供气、供热、电信、幼儿园、体育馆、公园绿地、环境质量和规划分区等区位和邻里特征因素因子呈正相关。在呈负相关的因素因子中,有些因素因子与预期相一致,有些因素因子与基于一般理论的预期相比出现了偏差,这说明两个问题:一是基于 OLS 的特征价格模型在解释某些因素的影响时可能存在一定的局限性,二是这些因素的影响与研究区域的特殊性有关。通过分析发现,这与开封旧城改造、新区开发的实际情况是密切联系的,模型的结果是符合实际的。

(2)通过构建住宅小区均价的 OLS、SLM、SEM 及 GWR 模型,从全局、局域的尺度,对影响开封市商品住宅价格的区位和邻里特征因素进行了全面而深入的分析,可以得出一个基本结论,GWR 模型是揭示住宅价格空间分异及其影响因素的最有效的方法之一。通过不同时段的 GWR 模型及纳入时间变量的 TGWR 模型的对比分析,证明 TGWR 模型能更好地反映住宅价格的时间变化特征。

(3)在对住宅小区均价对数的变异函数及结构分析的基础上,构建了泛 Kriging 空间预测模型,实践证明,Kriging 方法优于一般的空间插值和趋势面分析方法,泛 Kriging 空间插值方法优于其他 Kriging 插值方法。从理论上讲,泛 Kriging 更加适合对非平稳的区域化变量作分析,这从另一角度也证明,开封市商品住宅价格确实存在空间分异性。

第7章 商品住宅价格的空间分异与居住空间结构演变

在前面的章节中,我们从不同的角度出发、分不同的层次、采用不同的技术和方法,全面探讨、分析了开封市商品住宅价格空间分布及时间变化特征,综合上述研究结果,总结出开封市商品住宅价格的空间分异和演变规律。在商品住宅价格空间分异的背景下,城市的居住空间开始新的空间重组过程。本章在对商品住宅价格空间分异特征和演变分析的基础上,研究自住房制度改革以来,开封市居住空间结构的演变特征、形成原因和动力机制,并提出相应的调控策略。

7.1 商品住宅价格的空间分布特征

将 Kriging 插值产生的等值线转换为实际价格后,与矢量化的开封市交通网图叠加,按照相等的间距(500 元/m^2)生成的住宅小区均价的空间分布图,如图 7-1 所示。可以看出,开封市商品住宅价格具有显著的空间分异特征和演变规律。

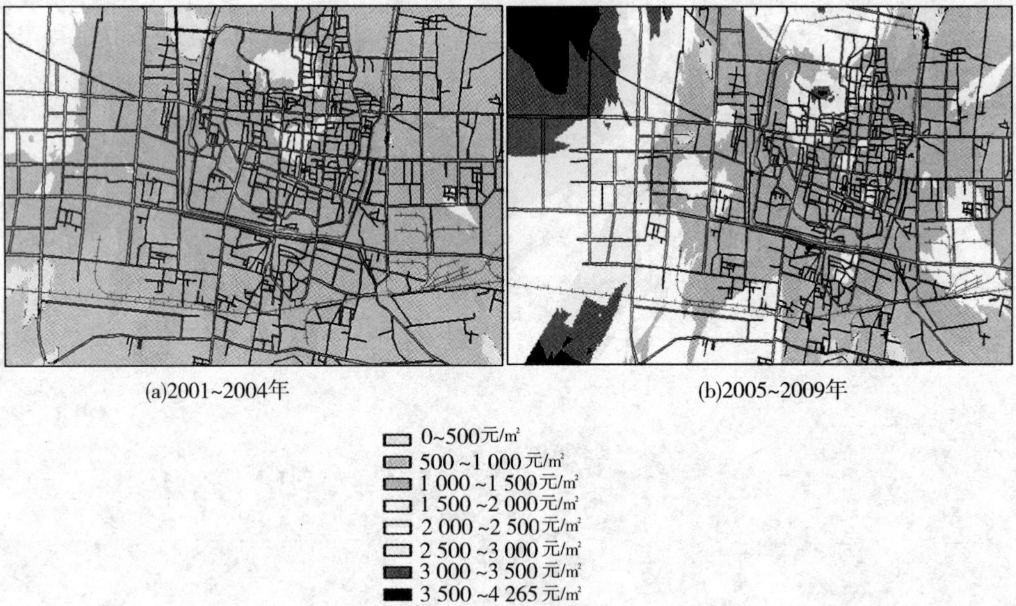

图 7-1 开封市商品住宅价格空间分布

7.1.1 2001 ~2004 年商品住宅价格空间分布分析

(1)商品住宅价格整体呈"中心高,四周低"的"圈层"分布态势,商服繁华、基础设施和公共设施影响住宅价格比较明显，离市中心的增加，住宅价格呈明显递减趋势。中心城区住宅价格等值线分布密集，而四周则分布比较稀疏。中心城区从 1 000 元/m^2 等值线逐步扩展至 2 500 元/m^2 等值线，而周围广大区域的等值线范围为 500～1 000 元/m^2。

(2)与中低价位住宅价格相比，高价位住宅空间呈离散分布，形成了 3 个相对高价位中心，主要分布在市中心鼓楼广场地区、龙亭湖地区和西部的金明广场地区。从价位看，住宅价格峰值 2 656 元/m^2 出现在位于书店街西边的中城花园。

(3)从行政区域看，鼓楼区、龙亭区为高价格区，金明区、顺河区为次高价格区，禹王台区为价格最低区。

(4)西部的金明广场地区开始形成的相对高值区，主要受环境条件、绿地等因素的影响所致。

7.1.2　2005～2009 年商品住宅价格空间分布分析

(1)商品住宅价格整体呈现多中心的格局。在中心城区，虽然商服繁华、基础设施和公共设施仍是影响住宅价格的主要因素，但绿地公园的影响重要程度得到了提高，中心城区从 1 000 元/m^2 等值线逐步扩展至 3 500 元/m^2 等值线；在中心城区外围，东部、南部与西部、北部出现不同的分布格局，东部、南部区域的等值线范围为 500～2 000 元/m^2，而西部、北部的等值线范围则为 2 000～4 000 元/m^2。

(2)与中低价位住宅价格相比，高价位住宅空间呈相对集中分布，相对高价位中心的范围和位置都发生了显著变化，主要分布在龙亭湖周围地区和西部的金明广场地区。从价位看，住宅价格峰值 4 265 元/m^2 出现于位于金明广场西边的金明池小区。

(3)从行政区域看，金明区、龙亭区为高价格区，鼓楼区、顺河区为次高价格区，禹王台区为价格最低区。

(4)西部区域尽管远离市中心，但高值区的范围有了显著的扩大，已演变为全市住宅最高价区，外部区位、城市规划、城市建设和城际交通是主要影响因素。随着河南大学金明校区的建设，其周边的商品住宅价格呈现出高值；郑开大道两侧的商品住宅价格明显上升。如位于城市最西部的建业森林半岛住宅小区，由于距离郑州最近，又紧邻郑开大道，其房价已接近全市的最高值，2009 年均价已达 3 800 元/m^2。

7.2　商品住宅价格的空间分异规律

通过上述不同时段的开封市商品住宅价格空间分布和演变分析，总体上可以归纳成以下现象：2001～2004 年开封市中心城区商品住宅价格总体上以鼓楼广场和龙亭湖为中心向周边呈梯度下降趋势，在城西的金明广场出现了次中心的萌芽；到 2009 年，尽管商品住宅价格以龙亭湖为中心向周边呈梯度下降趋势的总体格局没有变化，但是中心的强度降为次级中心，在城市西部形成了商品住宅价格的峰值中心。同时，研究还表明距离商服中心距离、公共设施等影响住宅价格的基础性因素的影响程度在逐渐降低，有些还呈现明显的空间负相关。而新区建设、城市规划、城际交通等影响因素对住宅价格的影响很大。进一步通过对 2001～2004 年和 2005～2009 年商品住宅价格空间分布经济地形叠加发现，从绝对变化量来看，旧城区的住宅价格变化较小，而新城区变化很大；从相对变化量来看，总体上城郊商品住宅价格的上涨幅度高于中心城区,但又有明显的区域差异性,城市西部和北部的住宅价格的梯度高于东部和南部的住宅价格的梯度。

进一步对上述现象进行理论归纳,得到如下基本结论:

(1)城市商品住宅价格的空间分布总体上遵循离“中心”越远价格越低的特性。城市经济学认为,这一中心一般为商务中心或就业中心。开封市城区的实证表明,这一中心也有可能是休闲中心或旅游中心。换句话说,商品住宅价格受到商务中心、就业中心和休闲中心、旅游中心位置的多重影响。

(2)在城市化建设和发展过程中,当商品住宅价格上涨时,城郊住宅价格的上涨幅度往往高于市中心。这是由于城郊的住宅价格中隐含了未来的预期价格,但是由于预期具有很大的不确定性,从而也使得城郊的住宅价格具有更大的风险。

(3)随着城市规模的扩大,一个城市可能不仅有一个住宅中心,还会出现多个住宅次中心的格局。同时,由于住宅次中心往往位于城郊,使得其价格变化的幅度较住宅中心更大。开封市的实证表明,这种特征更加显著,城郊的住宅中心已由次中心提升为全市的住宅中心。

(4)不仅公用设施、基础设施建设影响住宅价格,基础设施的规划也会影响住宅价格。此时,住宅价格中也隐含了未来的预期价格。

(5)随着人民生活水平的提高,对住宅环境的要求越来越高。这要求城市规划者不仅要考虑住宅景观对住宅区的积极影响,还要考虑铁路、轻轨、高架公路及工业园区的合理布局,以减少大气、水和噪声污染对住宅区的负面影响。

(6)考察影响城市商品住宅价格空间分异的诸多因素时,应该多角度、多尺度分析,不仅要分析本地“内生”的、局部性因素,还应该从全局性、大尺度考察某些“外生”因素的影响,特别是在“内生”变量不能全面解释住宅价格的空间分异的情况下。开封市的实证研究,发现“郑汴融城”、“郑汴一体化”、“郑开大道产业带”等政策因素及郑州市的辐射能力对商品住宅价格及其空间分异的影响是十分重要的。

7.3 城市居住空间结构演变特征

7.3.1 高档居住区呈多中心组团分布,且呈“郊区化”趋势

2001~2004 年全市形成的 3 个住宅价格高值中心,主要是集中分布于中心城区,2005~2009 年除中心城区的住宅中心强度进一步得到加强、空间位置发生向北漂移外,在城市西部形成了一个较大范围的高档居住区。从中心数量上来看,随着时间的推移,住宅价格中心数量有增加的趋势。从中心区位来看,住宅价格中心有“郊区化”的趋势,这里所说的“郊区化”不是真正意义上的郊区化(与空心化相对应,是城市发展到更高阶段时出现的空间结构,对开封而言,远没有达到这个阶段),而是城市发展的一种分散模式。从居住对象看,主要为外地人士(郑州、开封郊县)和高收入阶层,这些区域代表了开封高收入、高阶层的居住区域(见图 7-2)。

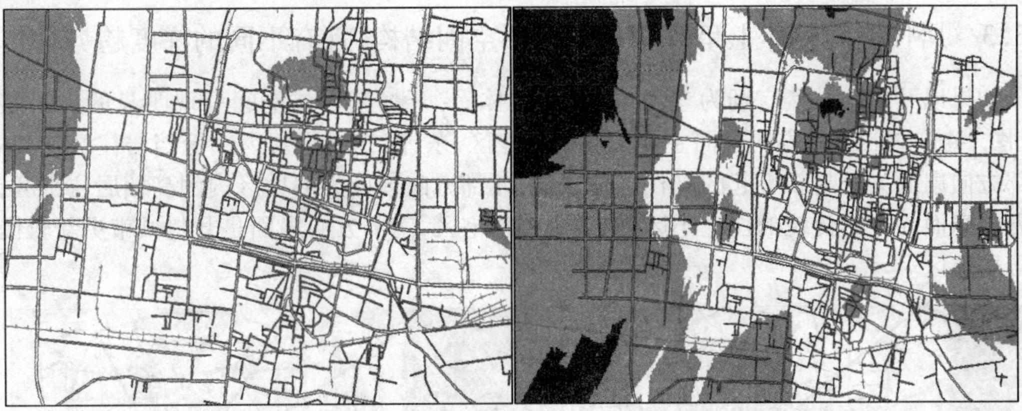

(a)2001 ~ 2004 年　　　　(b)2005 ~ 2009 年

(住宅价格白色区域低于 1 500 元/m², 浅灰色区域为 1 500 ~ 3 000 元/m², 深灰色区域高于 3 000 元/m²)

图 7-2　开封市高档居住区空间分布

7.3.2　中低档居住区呈不规则的交错状圈层结构,且存在内聚趋势

在价格中心以外的其他区域,中低收入家庭居住的中低档居住区呈现出了不规则的交错状圈层结构,总体上中等收入家庭主要围绕高档居住区外围分布,低收入阶层又处于中等收入阶层的外层,但呈现明显的交错状态。

从发展趋势来看,中低档居住区有向内聚集趋势。如果以均价 1 500 元/m² 等值线为衡量中低档住宅价格的分界线,2001 ~ 2004 年 1 500 元/m² 等值线覆盖了全市的大部分区域,2005 ~ 2009 年该等值线的范围大面积缩小聚集(由于住宅价格的整体上涨,这属正常),但这种聚集状态主要集中在中心老城区,而不是主要在城市边缘,大有“农村包围城市”的态势,这是开封市的特有现象(见图 7-3)。

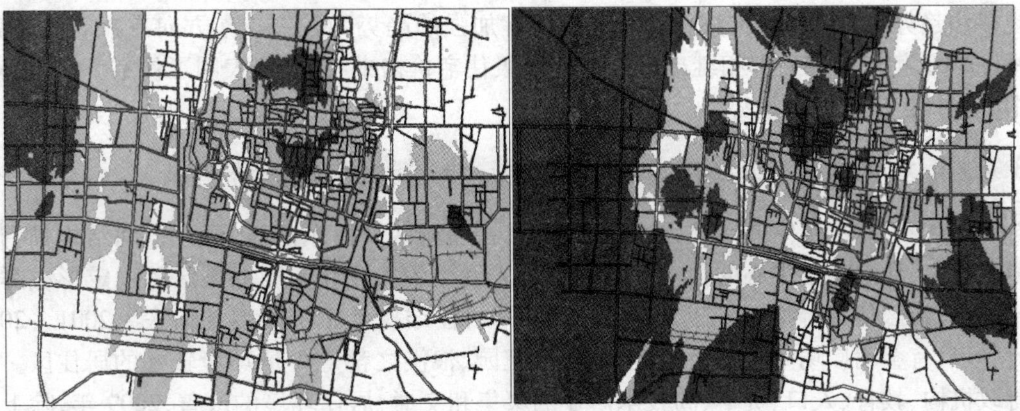

(a)2001 ~ 2004 年　　　　(b)2005 ~ 2009 年

(住宅价格白色区域低于 1 000 元/m², 浅灰色区域为 1 000 ~ 1 500 元/m², 深灰色区域高于 1 500 元/m²)

图 7-3　开封市中低档居住区空间分布

7.3.3 居住空间整体上呈现明显的扇形空间结构，且有不同的梯度趋势

如果以开封市鼓楼广场为参考中心，从整体看，开封市居住空间呈现明显的扇形结构（见图7-4）。在西、北方向扇面主要为高档居住区，东、南方向主要为中低档居住区。其中，西部方向扇面为开封新崛起的高档居住区域，北部方向扇面为旧城区内的高档居住小区，东部方向扇面为开封传统的住宅小区，属于中档住宅区，南部方向扇面是开封城市更新较慢的低档居住区。

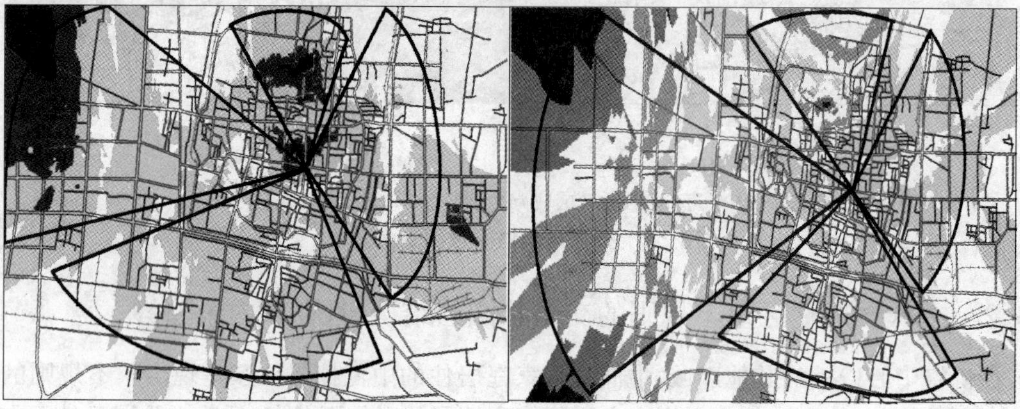

(a)2001～2004年　　(b)2005～2009年

（深灰色为住宅高价区域，浅灰色为住宅低价区域）

图7-4　开封市居住空间扇形结构

在居住空间的扇形结构中，不同方向的扇面，住宅价格随距市中心距离的增加而变化的趋势显著不同。在东、南部方向的扇面，住宅价格有随距市中心距离增加而降低的基本规律，而在西、北方向的扇面，住宅价格有明显的随着距市中心距离的增加而升高的趋势。这种规律和趋势随着时间的推移，在西、北方向有加强的趋势，而在东、南方向有减弱的趋势，2005～2009年东部和南部相继出现了一些次级住宅价格中心，这也表明了住宅价格中心由市中心向外扩展的发展趋势。

7.3.4 旧城区居住空间结构具有相对稳定性，新区重构趋势明显

从2001～2009年住宅空间分布特征来看，在旧城区及以东区域，居住空间结构具有相对稳定状态，住宅价格中心的强度和空间位置未发生较大变化。与旧城区的稳定形成鲜明对比的是，新区住宅价格处于迅速的上升势头，居住结构处于不断变化阶段。2001～2004年，新区只有金明广场附近的荣勋花园、集英花园、浪漫之都等少量环境较好的居住区。随着行政机构、教育、人口、资本、高技术产业的聚集和交通、居住环境的改善，2009年，除上述小区外，在较大范围出现了如金池明郡、金明裕花园、龙成·香榭花园、龙成·锦绣花园、英伦春天、建业森林半岛等数量众多的高档居住区，而且随着新区开发的进程，新区的居住结构还将处于不断的变化之中。

7.4 商品住宅价格空间分异及居住空间结构演变的动力机制

7.4.1 国家制度、政策是基本推动因素

7.4.1.1 土地制度改革

起源于20世纪80年代的中国土地管理制度的改革,创立了以市场手段配置土地的新制度,即按照土地所有权与使用权分离的原则,国家在保留土地所有权的前提下,通过拍卖、招标、协议、挂牌等方式,将土地使用权以一定的价格、年期及用途出让给使用者,出让后的土地可以转让、出租、抵押。在使用权上,变过去无偿、无限期使用为有偿、有限期使用,使其真正按照其商品的属性进入市场。土地市场的形成使土地能够以地价的形式,按照级差地租、经济区位的规律重塑城市居住空间结构,即形成了地价中心高外围低的环状结构。土地价格是住宅价格的基础,在居住用地有偿使用、招拍挂的出让形式下,住宅价格也显现了土地价格所形成的结构。这在开封旧城区具有明显的表现。

7.4.1.2 住房制度改革

1998年下半年,我国开始停止住房实物分配,逐步实行住房分配货币化。住房分配的货币化推动了住宅价格居住空间结构的演变,即城市的居住空间结构不再由其就业单位所决定,实现了就业与居住的分离,长久以来“单位制”的居住空间结构开始转变。在住房分配货币化制度下,居民住宅选择的自主性大大增强,居民可以按照其住宅的货币支付能力和意愿,选择住宅的区位和品位。住房制度的改革是开封城市居住空间结构演变的重要推动因素。

7.4.2 城市规划起主导推动作用

城市规划是一定时期内城市发展的目标和计划,是城市建设的总体部署,也是城市建设的管理依据,它的制定和实施必然影响着城市空间发展,影响着城市的居住空间结构。因此,城市规划的变动必然引起城市居住空间结构的演变。汴西新区的开发建设是推动开封市住宅空间扩展的主导因素。产业结构在空间上的调整造成人口的空间移动,引发居住空间的变化。20世纪末期,随着政府机关、职能部门的相继西迁,开封经济技术开发区在城西近郊成立,经济迅速发展,吸引了大量的社会资源和人口的集聚,规划并形成了新的居住区。居住区依托开发区完备的基础设施和市政设施、优美的城市景观,成为高档次住宅的聚集地。在开发区产业快速发展的带动下,新的居住区不断扩大,尤其从2001年住宅全面商品化以来,更成为开封居住的首选地带。

另外,河南大学新校区、郑开大道的规划与建设,为住宅区提供了良好的文化氛围和便利的交通条件,将会给城市居住空间结构的变化带来深远的影响。

7.4.3 城市居民收入差异推动了居住空间的进一步分化

在住房分配货币化的制度框架下,收入分配机制也间接地推动了住宅价格的空间分异和城市居住结构的形成。在现有按劳分配、多种分配形式并存的收入分配制度下,城镇居民的收入分化加剧。从开封住房制度改革后的1998~2008年居民收入情况对比分析(见

表7-1),无论是从增长幅度还是增长的绝对数量,各个阶层收入差距都在进一步加大,尤其是高收入阶层与中低收入阶层的差距急剧扩大。收入层面的分化使得居民在住宅货币支付能力上显现出巨大的差别,从而导致了居民居住的区位及住宅品位的空间分异。

表7-1　2001～2009年开封城市居民的平均每户家庭总收入情况对比

序号	居民用户分组	1998年(元)	2008年(元)	平均增长速度(%)
1	最低收入户	1 629.94	3 346.56	105.32
2	低收入户	2 140.22	5 035.94	135.30
3	中等偏下收入户	2 606.07	7 661.82	194.00
4	中等收入户	3 332.57	11 373.2	241.27
5	中等偏上收入户	4 417.72	14 031.07	217.61
6	高收入户	5 855.48	17 636.12	201.19
7	最高收入户	8 334.33	22 093.06	165.09
8	最高最低收入差值	6 704.39	18 746.50	186.68

资料来源:开封市统计年鉴,1998年,2008年。

7.4.4　居民择居行为是住宅价格空间分异的直接推动力

不同的消费者对住宅特征的取舍不同,但在消费者收入水平一定的情况下,会首先考虑住宅价格影响最大的特征,看其是否与自己需要相符,然后依次筛选,找寻住宅价格与需求的最大效用组合。开封市商品住宅的特征价格模型回归结果显示了多数消费者从住宅价格的角度选择住宅时,首先考虑的是建筑结构、朝向和楼层等建筑特征,因为这些因素主要决定了住宅价格;其次是建筑配套(供暖)、周边环境、绿地和交通、区位等。按照这一行为方式选择住宅,致使同等阶层、有同样偏好的人群在空间上聚集,从而促成居住空间的分异。

7.4.5　新技术变革改变着住宅的空间分布

在经济形势下的技术变革深刻影响着人们的生活方式,改变着住宅的空间分布。当代社会,交通技术与交通工具的发展,使居民的空间出行和移动(城市内部和相邻城际间)更加自由方便。公共交通的完善与私人小轿车的迅速蔓延,使出行的距离和费用更大程度上被出行时间和效率所取代,城市的出行距离差异大大缩短,离市中心越远住宅价格越低的空间分布模式已经打破。居民选择住宅的空间范围向外延伸,住宅价格的最高点因而偏离市中心,分布在周边环境较好、生活设施配套齐全的地区。

7.5　商品住宅价格和居住空间分异的调控策略

7.5.1　加快中心城区的城市再开发

开封旧城是历史文化名城的主体,是历史文化、城市特色、城市风貌的物质载体。因此,如何按照《历史文化名城保护规划》切实以更高层次、更好品位、更完整的形象做好宋城复建工作，必然是开封城市建设的重中之重。但是，也应看到，旧城的危旧房面积占全省危旧房总面积的1/6，是河南省五个城市危旧房面积之和。旧城中大量居民的危旧房，背街小巷的脏乱差现状与社会发展并不相适应。因此，在保护、修缮有价值街区和里弄式、庭院式住宅的同时，必须强力推行危旧房开发改造，优化居住空间结构，美化城市景观，从根本上改善旧城的整体面貌。近期要高标准建设好水系二期景观工程，并争取带动周边的房地产开发按规划向深度扩展，在打造一张亮丽水系品牌的同时，为旧城改造提供新鲜经验。

7.5.2 加强边缘区、城郊结合部的公共基础设施建设

当前，开封市边缘区和城郊结合部的交通等公共基础设施建设，大多数是从解决中心城区与外界的交通压力出发，而满足当地居民需求的公共基础设施建设则没有得到足够重视。这与城市边缘区和城郊结合部日益成为城市居住社区主要发展地域的格局是不相称的，给当地居民的日常生活和通勤带来了许多不便。今后一段时间内，必须在城市边缘区和城郊结合部大力发展面向当地居民的公共基础设施建设，减少不同区域居民生活条件的差距。尤其是当前边缘区居民在核心区就业仍然占据主导的情况下，必须考虑解决边缘区和城郊结合部与核心区的交通通勤问题，加强边缘区和远郊区与中心城区联系的便捷性。

7.5.3 大力发展边缘区、城郊结合部有关产业

建议根据不同类型的居住社区和社区人力资源构成情况，有选择性地发展城市边缘区和城郊结合部的相关产业，如社区商业、社区服务业、社区信息产业，使居住与就业同步。在新的条件下，如何在城市边缘区和城郊结合部创造一定数量的就业岗位，赋予“就近居住、就近就业”新的科学内涵，对于减缓城市中心区交通通勤压力和流动人口聚集程度，对于城市生产力和城市居民生活质量的提高具有深远意义。

7.5.4 实行居住社区组团式发展方针

在城市分散式发展的过程中，由于郊区土地的廉价和城市规划中对郊区的不严格控制，使开封市郊区存在着低密度蔓延式发展和居住松散化现象。而城市空间的蔓延式发展不利于集约利用有限的土地资源，不利于基础设施和服务设施的优化配置，也必然对城市的原生态环境产生不可逆转的破坏。因此，建议在新的居住社区规划、建设中实行居住社区组团式发展，大大提高城市土地的集约化利用程度，而且对于配置居住社区公共基础设施和生活服务设施，提升配置等级和服务水平，提高运行效益，保护和改善城市生态环境都具有重要作用。在今后的城市居住社区布局和建设中，应该围绕交通主干道和交通枢纽，向大型化、组团式方向发展。在控制土地供应总量的同时，适当放大单幅土地的供应规模，鼓励进行大型居住社区建设和管理。

7.5.5 积极推进“汴西新区”居住区建设

“汴西新区”是指位于城市西部，东至护城大堤，西至中牟边界，南至310国道，北至连霍高速的广大区域。“汴西新区”在中原城市群发展和开封市发展中具有重要地位：第一，它将成为开封经济社会发展新的增长极；第二，它将成为开封经济社会发展新的动力源，带动开封经济社会的整体发展；第三，它将成为开封经济社会发展新的试验区，按照城市现代

化、工业新型化、环境优美、文化发展的要求来推进建设;第四,它将成为开封经济社会发展新的强磁场,吸引更多的资金、人才、企业到开封来。

谋划和推进“汴西新区”的发展,不能按照一般的概念、一般的模式、一般的思维、一般的方法,一定要打破传统观念,改变过去那种只是搞开发区、单纯引进项目的方法,把“汴西新区”打造成新的产业聚集区、现代化的城市、最适宜人居住的地方。“汴西新区”住宅区规划和建设要与总体规划相协调一致,高起点、高标准,以中高层楼盘、组团式小区为重点发展方向。

7.6 小 结

(1)通过对不同时段的开封市商品住宅价格空间分布和演变的实证分析,城市商品住宅价格的空间分布总体上遵循离“中心”越远价格越低的特性。但这种“中心”可能不再是传统经济学认为的狭义的“商务中心”或“就业中心”,其内涵应该得到外延和扩展,应该是广义的“经济中心”,包括旅游、娱乐或行政中心。这是对现代城市居住空间出现多中心的最好的理论诠释。

(2)考察影响城市商品住宅价格的空间分异的诸多因素时,应该多角度、多尺度分析,不仅要分析现状存在的客观因素,还要考虑一些预期规划的主观因素;不仅要分析本地“内生”的、局部性因素,还应该从全局性、大尺度考察某些“外生”因素的影响;不仅要考虑因素的正面的积极影响,还要考虑到一些因素的负面影响。

(3)城市居住空间结构的演变不是一朝一夕形成的,而是有一个发生、发展和加强的过程,在这一过程中,其推动力是多方面的,有制度、政策因素,有城市规划因素,有居民收入差异因素,还有居民的择居行为等因素,这些最终都是通过商品住宅价格的空间分异表现出来,因此可以说,商品住宅价格的空间分异和变化是导致城市居住空间结构分异和演变的总动力。

(4)在从现在到将来的一定时期内,随着我国市场经济的不断完善和发展,城市化水平的不断提高,居民收入水平的差异还会逐步拉大,必然会进一步加剧城市内部出现的商品住宅价格和居住空间的分异程度,这就有可能会引起或加剧一些社会矛盾,不利于和谐社会的构建。因此,这就需要政府出台一些必要的、有效的调控政策和措施,将这种差异控制在适宜的范围之内。

第 8 章　商品住宅价格与地价的空间关系研究

商品住宅价格与地价的关系极为复杂。本章试图通过对不同时段的商品住宅价格空间分布特征与住宅地价的空间分布特征的对比,从空间角度揭示城市不同区位的住宅价格与住宅地价的关联模式,为进一步剖析商品住宅价格的空间分异及演变机制提供一些线索,为商品住宅价格的制订和预测提供技术依据及参考。

8.1　住宅地价的空间分布特征

8.1.1　住宅地价的基本内涵和类型

8.1.1.1　地价的概念和特点

所谓地价,一般理解为土地价格。土地是由土地物质与土地资本构成的自然经济综合体,而土地物质不是人类创造的,没有凝结人类的一般劳动。因此,土地价格有着与一般商品价格不同的特点,也即土地价格具有不同于一般商品的价格形成机理,这种特殊性反映在不同流派的地价理论之中。由于在土地开发后期投入了人类的劳动,土地除自然因素起作用外,也包含了人类的社会经济关系,因此也就同时兼有资源和资产两种特性,土地价格既以资源价值为基础又以资产价值为基础。从成本的角度看,地价主要包括土地取得费、土地开发费、税费、利息、利润、土地增值收益,具有以下主要特点:

(1)地价是个垄断价格。土地位置的固定性决定了任一土地在世界上都是独一无二的,具有不可替代性。

(2)地价是最佳用途下的价格。地价的高低取决于土地从生产经营成果中所得分配额的多寡,而生产经营成果的多少取决于生产经营的性质,也就是土地的具体用途。一般商业经营利润要高于商品住宅经营利润,而商品住宅经营利润要高于工业生产经营利润。作为土地产权的拥有者,按照利润最大化决策,一定选择效用最佳的土地用途。

(3)地价具有长期递增趋势。一方面,地价是社会经济发展对土地资源稀缺程度的评价,随着社会经济的发展和人口的增加,土地的稀缺性将日益突出,地价将逐步上升;另一方面,由于科技的进步和发展使得单位土地上的生产经营成果不断增加,从而使土地对于外部效应的吸收性日益提高。

(4)地价实质上是个具有多种产权组合方式的权利价格。如土地征收价格、出让价格、转让价格、租赁价格和抵押价格等。

8.1.1.2　住宅地价的内涵和类型

这里所说的住宅地价是指把住宅作为最佳用途时的土地价格。其主要分为基准地价、宗地地价和楼面地价。

1)基准地价

基准地价是指城市内的住宅用地在一定地域内、一定开发程度、一定容积率、法定的最高土地使用权年期的平均地价。对开封市而言,住宅用地基准地价的内涵具体设定为:五通一平的开发程度,城市规划允许各宗地最大容积率前提下的平均容积率 1.6,土地使用年期为70年。

2)宗地地价

宗地地价为具体某一宗土地的价格,是基准地价的延伸和扩展,更侧重住宅用地的区位、交通、基础设施和公共设施、宗地自身条件等微观方面因素的影响。

3)楼面地价

楼面地价又称单位建筑面积地价,是平均到每单位建筑面积上的土地价格。楼面地价是具有立体开发特征的住宅用地地价的重要表达形式之一。楼面地价可以用下式表达:

$$P_k = P_i / r \tag{8-1}$$

式中:P_k 为楼面地价;P_i 为单位面积地面地价;r 为建筑容积率。

由于在住宅市场上,住宅是按照建筑面积销售的,楼面地价通过建筑面积直接与住宅价值相联系,是与住宅市场最为贴近的地价形式。通过楼面地价,可以直接计算出土地成本占住宅开发价值的比例。对于住宅投资者,在住宅销售价格一定时,很容易确定住宅开发项目的利润,从而科学地进行投资决策。对于住宅购买者,也容易根据土地成本占住宅开发价值的比例,在给予开发商正常利润的前提下,匡算出每平方米住宅的合理售价。

8.1.2 住宅基准地价的空间分布特征

表 8-1 是 2002 年和 2008 年两个时点的开封城区住宅用地基准地价评估结果(资料来源:开封市国土资源局,从表 8-1 中可以看出,2008 年各级别住宅用地基准地价较 2002 年都有明显的增长,而且低级别基准地价的上涨幅度高于高级别基准地价的上涨幅度。

表 8-1 开封城区住宅用地基准地价

时点	土地级别基准地价(元/m²)						
	Ⅰ	Ⅱ	Ⅲ	Ⅳ	Ⅴ	Ⅵ	Ⅶ
2002 年 1 月 1 日	820	650	520	410	330	280	—
2008 年 1 月 1 日	1 200	950	780	650	540	440	340
增长率(%)	46.34	46.15	50.00	58.54	63.64	57.14	—

图 8-1 和图 8-2 分别是 2002 年和 2008 年住宅用地基准地价分布。

从这些图中可以看出,开封市住宅用地基准地价的空间分布具有以下基本特点:

2002 年,一级地大体上分布在由东西大街、自由路、中山路、解放大道所包围的区域内,是开封市商业最繁华的区域;二级地围绕一级地呈环状分布,东、南、西基本以城墙为界,北部至龙亭后;三级地围绕二级地呈环状分布,北部以城墙为界,东部呈楔状延伸到第二人民医院,南部到二十七中附近,西部至黄河大街;四级地、五级地大体上也呈环状分布;六级地分布在最外围地带。

与 2002 年相比,2008 年的住宅用地级别的范围有所扩大,级别数量增加为七级。各级别的分布态势基本保持不变,呈以市中心为中心的圈层结构。总体上各级别的范围都存在

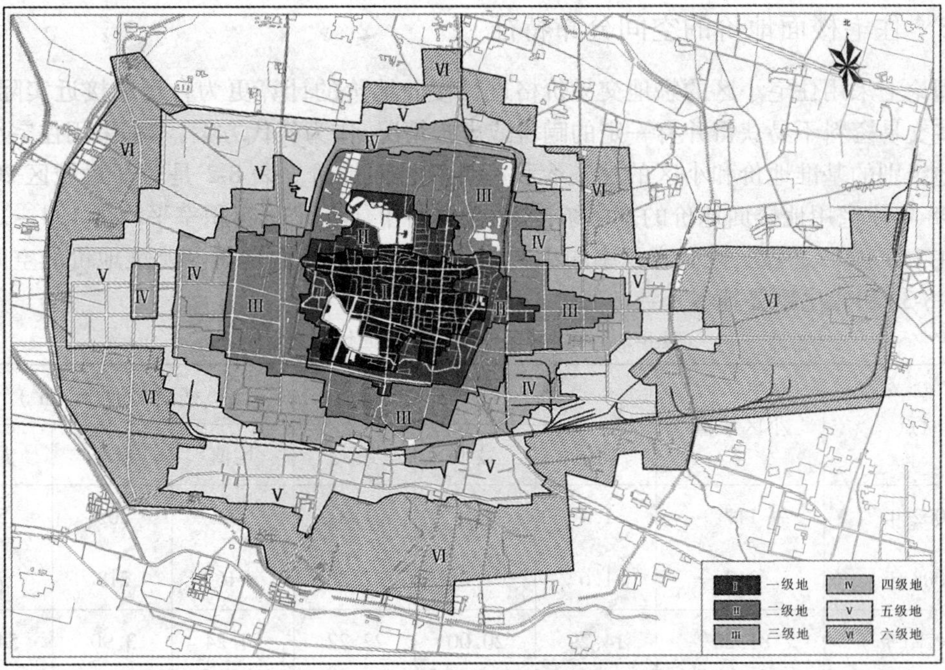

图 8-1　开封城区 2002 年住宅用地基准地价分布

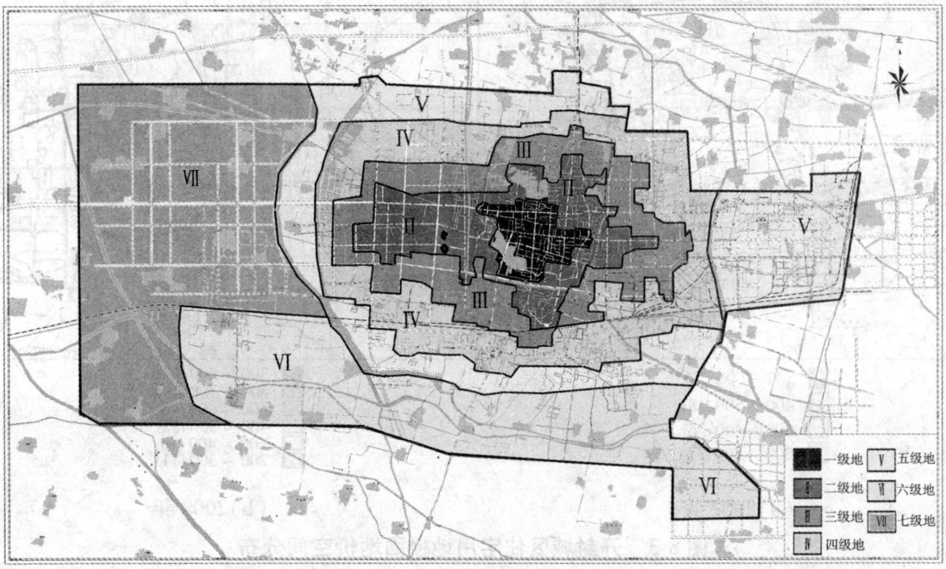

图 8-2　开封城区 2008 年住宅用地基准地价分布

向西扩展的趋势。一级地分布范围大体上保持不变；二级地围绕一级地呈环带状分布，东到劳动路，南到城墙，西延伸到金明广场，北至铁塔西街；三级地围绕二级地呈环状分布，北部以城墙为界，东部延伸到工农路，南部到陇海铁路，西部到集英街；四级地、五级地大体上也呈环状分布；六级地主要分布在南部；七级地则主要集中在汴西新区。

总体上来说，土地级别的高低与商服繁华状况、公用设施完备状况、基础设施完善程度及环境质量状况基本上吻合。

8.1.3 住宅楼面地价的空间分布特征

理论上采用住宅小区的宗地交易价格进行楼面地价的计算更为合理和接近实际,但由于这些交易资料不易获得并有一定的瞒价或虚报情况,作为替代方案,本书采用住宅小区所在土地级别的基准地价和小区的建筑容积率计算楼面地价。表 8-2 是对开封城区 2002 年和 2008 年住宅用地楼面地价的基本统计,由于开封市住宅建筑容积率平均为 1.4 ~ 1.6,且变化在 1.0 ~ 2.2,极高、极低容积率的小区数量很少,所以楼面地价与基准地价的空间分布(见图 8-3)和变化趋势基本一致。

表 8-2 开封城区住宅用地楼面地价统计

时点	小区数量	容积率			楼面地价(元/m²)		
		均值	最小	最大	均值	最小	最大
2002 年	117	1.4	1.0	1.8	354	205	512
2008 年	212	1.6	1.2	2.2	546	213	792
增长率(%)	81.20	14.29	20.00	22.22	54.24	3.90	54.69

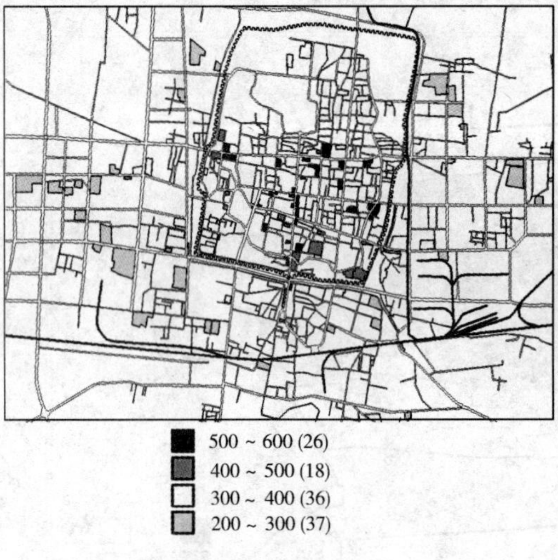

(a)2002 年

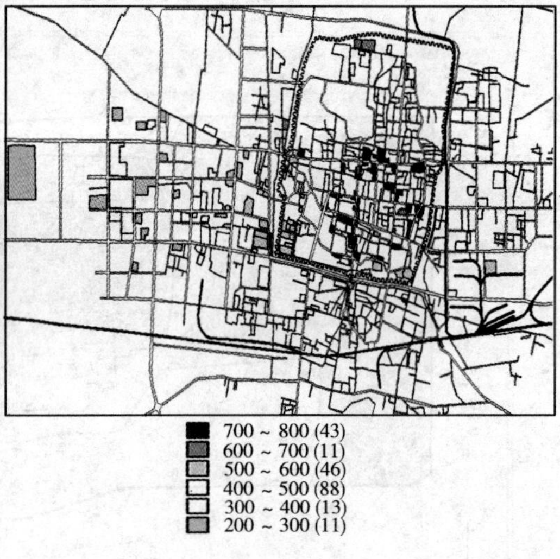

(b)2008 年

图 8-3 开封城区住宅用地楼面地价空间分布

8.2 商品住宅价格与住宅地价的空间关系

8.2.1 商品住宅价格与住宅地价的统计关系

8.2.1.1 住宅价格与地价年均增长率变化

对比商品住宅价格与楼面地价的时间变化,从全市整体来看,2002 ~ 2008 年二者均呈上升趋势(见表8-3),房价年均增长率高于地价,二者具有较强的正相关性。

表8-3 开封城区住宅用地楼面地价统计

时点	住宅小区价格的平均值(元/m^2)	住宅小区楼面地价的平均值(元/m^2)	楼面地价占住宅价格的比例(%)
2002年	1 070	354	33.08
2008年	2 162	546	25.25
总增长率(%)	102.06	54.24	-74.75
年均增长率(%)	17.01	9.04	-12.76

8.2.1.2 住宅地价与住宅价格的比例关系变化

从表8-3中还可以看出,2002~2008年,开封市平均楼面地价占住宅价格的比例表现出逐渐减少的趋势。这表明在房价、地价整体均上涨的情况下,房地产开发商的地价成本在逐年降低,换句话说,若假定其他成本因素占房价的比例不变,开发商的利润率是不断提高的。

表8-4是不同级别住宅地价与房价之比数据,从表中可以看出,不同级别之间的规律性联系相对明显,即随着土地级别的下降,住宅地价占房价的比例逐渐减少。

表8-4 开封城区不同级别住宅地价与房价比例统计

时点	楼面地价占住宅价格的比例(%)						
	Ⅰ	Ⅱ	Ⅲ	Ⅳ	Ⅴ	Ⅵ	Ⅶ
2002年	43.26	36.16	29.31	21.75	10.21	8.56	—
2008年	48.70	42.87	37.98	32.67	18.95	16.78	14.33

8.2.2 商品住宅价格与住宅地价的空间关系

将商品住宅价格空间分布图和楼面地价分布图叠加,以楼面地价占住宅价格的比例为考察指标,绘制其空间分布图(见图8-4),进一步分析住宅价格与住宅地价的空间关系和时间变化。

从图8-4中可以看出,楼面地价占住宅价格的比例具有明显空间差异性,开封中心城区住宅具有较高的地价成本,而边缘地带有较低的地价成本,且有随时间推移而不断加强的态势,这符合基本的区位差异规律性。但是如果我们仔细对比分析住宅价格的空间差异,则会发现开封住宅价格与地价关系的特殊性,即在远离市中心的西部区域,高房价对应着低地价,而在市中心位置较低的房价对应着高地价。由此我们可以这样推论,如果开发商在市中心的楼盘价格中具有合理利润的话,那么,在西部区域的楼盘就具有较大的超额利润。换句话说,位于开封西区的住宅小区的价格可能存在一定的泡沫。表8-5列出了2008年开封部分住宅小区的地价与房价的比例关系(排序后),从表8-5中也可以看出明显的区域差异特征,低地价成本的小区,往往是高房价的小区,多数位于远离市中心的金明行政区内。

对开封的实例分析表明,地价上涨并不是房价上涨的主要原因,房价上涨也并没有明显地直接拉动地价的上涨,二者之间存在着比较复杂的关系。受住宅的空间区位及其他因素的综合影响,二者在城市整体尺度上虽呈简单的线性相关,但在城市内部的局域尺度上则不

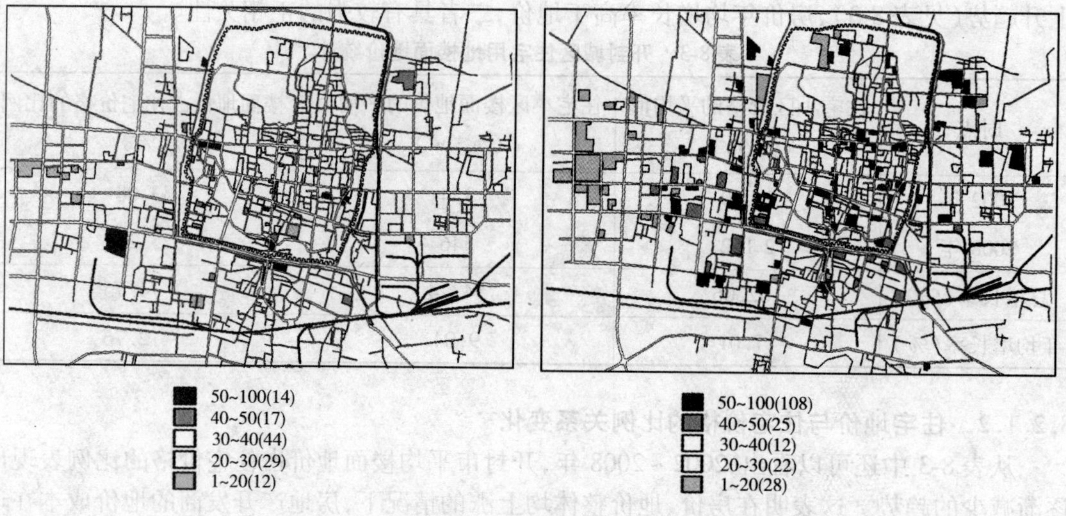

(a)2002 年　　　　(b)2008 年

图 8-4　开封城区住宅用地楼面地价占住宅价格的比例空间分布

能用简单的线性函数关系描述，二者在空间上的关系存在明显的局域差异性和复杂性。

表 8-5　开封部分住宅小区地价与房价的比例关系统计

小区名称	行政区	住宅均价（元/m²）	楼面地价（元/m²）	楼面地价占房价的比例（%）
金池名郡	金明区	5 002.09	337.5	6.75
建业森林半岛	金明区	2 977.64	212.5	7.14
英伦春天	金明区	2 913.81	212.5	7.29
丽阳名郡	金明区	2 878.07	212.5	7.38
宋城雅居	金明区	3 397.02	270	7.95
东京银座	金明区	3 296.73	270	8.19
舒馨园	金明区	2 580.17	212.5	8.24
碧丽国都	金明区	3 217.21	270	8.39
荣勋花园	金明区	2 806.12	270	9.62
华博城市印象	金明区	3 183.73	325	10.21
龙成·锦绣花园	金明区	2 068.69	212.5	10.27
浪漫之都	金明区	2 300.79	270	11.74
龙成·香榭里花园	金明区	2 668.79	337.5	12.65
集英花园	金明区	2 639.19	337.5	12.79
长城花园	鼓楼区	2 965.18	390	13.15
迪臣·世纪豪苑	龙亭区	4 319.85	593.75	13.74
九鼎颂园八十院	龙亭区	4 689.03	650	13.86
海马小区	金明区	1 482.51	212.5	14.33

续表 8-5

小区名称	行政区	住宅均价(元/m²)	楼面地价(元/m²)	楼面地价占房价的比例(%)
开封天下城	龙亭区	3 259.19	487.5	14.96
上城世家	顺河区	2 852.89	487.5	17.09
九鼎颂园	龙亭区	2 833.19	487.5	17.21
金色阳光	金明区	2 286.2	406.25	17.77
中大商贸城	禹王台区	2 630.14	487.5	18.54
菊城·东方明珠	龙亭区	2 188.91	406.25	18.56
兴和玫瑰苑	鼓楼区	2 589.05	487.5	18.83
银达桃源新村	龙亭区	2 560.66	487.5	19.04
苏宇·清雅园	金明区	2 534.77	487.5	19.23
未来·美好家园	金明区	2 504.37	487.5	19.47
宏达·东方花园	龙亭区	2 353.02	487.5	20.72
江南人家	顺河区	2 328.15	487.5	20.94
宋韵雅庭·宸园	龙亭区	2 964.97	650	21.92
佳境天城	鼓楼区	2 190.85	487.5	22.25
锦绣皇城	鼓楼区	2 631.64	593.75	22.56
富士居商住小区	顺河区	2 137.75	487.5	22.8
文盛综合楼	鼓楼区	2 616.67	600	22.93
中亨花园	金明区	1 878.15	450	23.96
得胜坊	顺河区	1 979.64	487.5	24.63
丽景花园	金明区	1 910.24	487.5	25.52
祥和苑	顺河区	2 090.12	541.67	25.92
大宏·世纪新城	龙亭区	1 565.96	406.25	25.94
祥和人家	龙亭区	1 855.48	487.5	26.27
聚福源小区	鼓楼区	2 245.99	593.75	26.44
龙亭新都汇·帝庭	龙亭区	2 835.32	750	26.45
恒通佳园	禹王台区	1 789.94	487.5	27.24
祥和新居	金明区	2 108.15	593.75	28.16
丽馨花园	金明区	2 101.83	593.75	28.25
宋苑名家	鼓楼区	1 683.84	487.5	28.95
正阳家园	禹王台区	1 651.15	487.5	29.52
振业花园	金明区	1 811.54	541.67	29.9
西苑小区	鼓楼区	1 505.42	487.5	32.38

续表 8-5

小区名称	行政区	住宅均价(元/m^2)	楼面地价(元/m^2)	楼面地价占房价的比例(%)
枫丹雅园	顺河区	1 433.26	487.5	34.01
凤凰城	鼓楼区	1 415.32	487.5	34.44
竹韵郛	金明区	1 169.67	406.25	34.73
东方风情	顺河区	1 355.87	487.5	35.95
惠泽苑	禹王台区	1 354.83	487.5	35.98
滨河佳园	禹王台区	1 291.75	487.5	37.74
百祥园	金明区	1 283.4	487.5	37.99
都市花苑	顺河区	1 958.87	750	38.29
锦绣嘉园	顺河区	1 258.65	487.5	38.73
夷山苑	金明区	1 240.77	487.5	39.29
紫竹苑	金明区	1 469.98	593.75	40.39
贵都花园	顺河区	1 204.12	487.5	40.49

8.3 小 结

(1)开封城区住宅小区的楼面地价占住宅价格的比例绝大多数为10% ~40%,并没有超过国内外房地产投资要求的地价不超过房价40%的比例,是比较合理的。

(2)从年度变化趋势上看,开封城区平均地价年增长率低于房价的年增长率,说明房价高并非地价上涨造成的。但是,开封城区地价与房价的变动趋势基本一致,说明两者之间存在着密切联系。

(3)开封城区随着土地级别的下降,住宅地价占住宅房价比例逐渐降低,符合城市地价的地域分异规律,因为土地级别越高,土地区位优势越突出,土地利用的空间竞争越激烈。郊区的高房价与低地价的关系表明,郊区楼盘价格可能存在一定的泡沫,住宅投资具有一定的风险性。

(4)研究住宅价格与地价的关系,不仅要从数量关系上分析,还要注重空间关系的分析;不仅要从全局尺度进行分析,还要注重局域尺度的分析。对开封城区的局域空间分析结果发现,房价与地价的关系并不是简单的线性关系,也不存在简单的因果关系,二者的关系具有复杂性,总体上具有明显的空间差异性。

第 9 章　结论与展望

9.1　结　论

解决城市居民的住房问题,有两条相互交织的纽带——市场与政府。我国城镇住房制度改革的实质是把住房建设和管理从政府主导转变为市场主导,但是我国的住宅市场还很不成熟,还存在着诸多问题,这些问题通过商品住宅价格被综合反映出来。1998 年以来,许多城市的商品住宅价格持续上涨,房价居高不下,商品住宅价格成为政府、开发商和居民个人关注的焦点。由于商品住宅价格在空间分布和时间序列上具有很强的差异性,剖析上述现象是否合理,揭示这种现象中的合理与不合理成分,必须研究城市商品住宅价格空间分布特性,并考虑其历史的演变过程。因此,开展城市商品住宅价格时空演变规律研究具有重要的理论意义和现实意义。

本书以开封市城区商品住宅价格为例,采用大量的新建商品房交易资料,在地理信息系统(GIS)的支持下,利用探索性空间数据分析(ESDA)、数据可视化(Data Visualization)、特征价格模型(Hedonic)、空间自回归(Spatial Autoregressive)、地理加权回归(GWR)和地统计学(Geostatistics)等方法和技术,从全局和局域的角度,探讨城市商品住宅价格的时间演变和空间分布特性,并注重空间与时间两个层面的结合,探索城市商品住宅价格的时空演变规律;在此基础上,进一步分析城市居住空间结构的演变规律,深刻剖析现象背后的原因和动力机制,提出一些有效的调控策略;最后,开展了商品住宅价格与住宅地价空间关系的应用研究,从空间的视角揭示了房价与地价的相互关系。

本书在以下几个方面取得了进展,并具有一定的创新:

(1)通过对国内外大量相关文献的查阅和总结,系统全面地阐述了商品住宅价格形成和空间分异的基本理论、空间分析方法和 GIS 相关软件实现技术,为进行实证研究提供了理论依据和技术支撑。

(2)通过对研究案例 2001 ~2009 年时段内的 34 992 个有效的实际商品住宅交易样点的统计分析、数据修正和标准化处理,系统地实证了利用新建商品房交易样点资料作为研究基础数据的可靠性;并在此基础上,提出按建筑面积加权的商品住宅小区均价的求算方法,结果更趋合理和接近实际。

(3)获取商品住宅交易样点的空间信息是进行空间分析的前提,本书系统建立了空间特征因素因子选择、获取和量化的指标体系,采用地理编码技术,建立了商品住宅样点和住宅小区的时空数据库。

(4)利用 GIS 的空间分析和探索性空间数据分析技术,系统全面地分析了商品住宅价格的整体性空间特征,从全局和局域两个层次的指标分析了商品住宅价格的空间异质性和依赖性。

(5)利用特征价格模型对开封市商品住宅价格进行了住宅特征价格分析,在特征模型中除考虑建筑特征外,还同时引入了空间特性变量(区位和邻里特征)和时间因素变量。实证表明,模型总体具有有效性,住宅的建筑特征具有显著的同质性,利用特征价格模型的实证结果可以建立建筑特征修正体系。

(6)利用SAR、GWR和地统计学的空间建模功能,成功地揭示了商品住宅价格时空演变规律。提出可综合利用这些模型分别建立不同时段的商品住宅价格空间分布经济地形,再对其进行叠加分析,可以探索商品住宅价格的时空演变规律。实证研究2001～2009年开封城区商品住宅价格的时空演变规律,并提出将时间变量引入GWR建立TGWR模型的新思路。

(7)在对商品住宅价格空间分异和时间演变分析的基础上,对城市居住空间结构的演变特征进行了探索,并从国家制度、政策、城市规划、居民收入、居民择居行为和新技术变革等方面,剖析了其形成原因和动力机制。研究发现国家制度、政策是基本的推动因素,城市规划起主导推动作用,城市居民收入差异推动了居住空间的进一步分化,居民择居行为是居住空间分异的直接推动力,新技术变革不断改变着住宅的空间分布。

(8)开展了商品住宅价格与住宅地价的空间关系研究。提出可综合利用GIS空间叠加分析技术,建立同一时期的商品住宅价格和住宅地价的空间分布叠加经济地形,可以探索房价和地价差异的空间分异规律,为政府引导商品住宅价格提供决策依据,为居民购房时判断房价是否超高提供参考。

9.2 展　望

由于时间和学识水平,本书设计的一些研究方法在具体运用上尚处于探索阶段,一些研究内容尚需进一步深入细化,一些研究结论尚有改进之处。

(1)尽管GIS空间分析技术在自然科学领域的应用已非常成熟,但是将其用在人文地理方面,参数估计及模拟的精度还不能通过有效的方法进行检验。如本书中支撑尺度的确定、半方差函数拟合模型的确定还有一定的改进空间,所选取的模型不一定是最优模型,这样可能会在一定程度上影响内插结果的精度。

(2)在构建基于时空的加权回归模型(TGWR)时,基于时间序列参数是齐性的,且参数满足时间一致性的假设前提,也就是说,参数估计时"加权"仍仅是地理位置上的加权,没有考虑时间尺度上的加权。考虑时空加权的模型的构建,是今后的进一步研究目标。

(3)目前在空间因素因子空间变异研究中,所采用的地统计学方法大多是泛Kriging法,这种方法主要是针对单变量的空间变异特性。而事实上,许多空间因素因子之间是相互联系的,有些因素因子相对易于观测,而有些因素因子观测则相对困难。若能用其中易测定的变量对难测定的变量进行局部估计,将会使更多的难以观测的空间因素因子的空间变异研究成为可能。地统计学中的协同Kriging法提供了这种研究的可能性,但它要求所研究的两个变量之间必须存在互相关函数关系,这就需要首先测定两个变量的相关关系,一旦变量间的互相关函数关系成立,就可以采用协同Kriging法。因此,应用协同Kriging法研究多个变量的空间变异性将是今后研究空间要素空间变异的主要方向之一。

(4)仅使用商品住宅一种类型的数据样本研究城市居住空间结构及其演变,得出的结论难免会有一定的局限性,今后的研究可将非新建商品住宅(如经济适用房、存量房)等类型纳入研究范畴。

(5)由于样点地价资料的缺乏,本书是利用基准地价资料求算的楼面地价,仅对商品住宅价格与住宅地价的空间关系进行了重点探讨。如果利用具有较长时间序列的样点地价资料,建立地价与房价的关系的联立方程模型,得出的结论可能更加符合实际,更具有实践指导意义。

附 表

附表 1　开封市新建商品住宅价格指数和修正系数

时间（年-月）	新建商品住宅价格指数		新建商品住宅价格指数（以 2001 年一季度为 100）	交易样点价格修正系数（以 2009 年 9 月为 1）
	同比	环比		
2001-01	100.9	100.5	100.0	1.475 0
2001-04	100.2	100.3	100.3	1.470 6
2001-07	100.7	100.5	100.8	1.463 3
2001-10	102.1	101.4	102.2	1.443 1
2002-01	105.7	103.5	105.8	1.394 3
2002-04	101.5	100.6	106.4	1.386 0
2002-07	104.2	100.9	107.4	1.373 6
2002-10	103.3	101.2	108.7	1.357 3
2003-01	102.0	100.9	109.6	1.345 2
2003-04	102.3	101.1	110.9	1.330 6
2003-07	101.2	100.7	111.6	1.321 3
2003-10	102.3	101.6	113.4	1.300 5
2004-01	102.0	100.3	113.8	1.296 6
2004-04	103.1	100.8	114.7	1.286 3
2004-07	104.7	101.3	116.2	1.269 8
2004-10	100.4	100.4	116.6	1.264 8
2005-01	107.8	101.6	118.5	1.244 8
2005-04	107.3	100.3	118.8	1.241 1
2005-07	107.5	100.2	119.1	1.238 6
2005-08	107.7	100.9	120.2	1.227 6
2005-09	106.3	101.2	121.6	1.213 0
2005-10	101.4	101.0	122.8	1.201 0

续附表 1

时间（年-月）	新建商品住宅价格指数		新建商品住宅价格指数（以 2001 年一季度为 100）	交易样点价格修正系数（以 2009 年 9 月为 1）
	同比	环比		
2005-11	104.8	100.2	123.1	1.198 6
2005-12	105.1	100.4	123.5	1.193 9
2006-01	105.5	101.0	124.8	1.182 0
2006-02	105.9	101.6	126.8	1.163 4
2006-03	104.9	100.6	127.5	1.156 5
2006-04	104.8	100.6	128.3	1.149 6
2006-05	104.6	100.7	129.2	1.141 6
2006-06	103.8	100.3	129.6	1.138 2
2006-07	104.1	100.2	129.9	1.135 9
2006-08	104.6	100.4	130.4	1.131 4
2006-09	104.3	100.2	130.6	1.129 1
2006-10	105.1	100.4	131.2	1.124 6
2006-11	104.7	100.4	131.7	1.120 1
2006-12	104.8	100.4	132.2	1.115 7
2007-01	105.7	100.9	133.4	1.105 7
2007-02	105.1	100.6	134.2	1.099 1
2007-03	106.5	101.7	136.5	1.080 8
2007-04	106.7	100.6	137.3	1.074 3
2007-05	105.5	100.2	137.6	1.072 2
2007-06	105.2	100.2	137.8	1.070 0
2007-07	105.3	100.7	138.8	1.062 6
2007-08	105.9	100.1	139.0	1.061 5
2007-09	106.5	100.6	139.8	1.055 2
2007-10	106.2	100.8	140.9	1.046 8

续附表 1

时间（年-月）	新建商品住宅价格指数		新建商品住宅价格指数（以 2001 年一季度为 100）	交易样点价格修正系数（以 2009 年 9 月为 1）
	同比	环比		
2007-11	105.7	100.2	141.2	1.044 7
2007-12	104.8	100.3	141.6	1.041 6
2008-01	105.9	100.3	142.0	1.038 5
2008-02	105.6	100.3	142.5	1.035 4
2008-03	104.4	100.5	143.2	1.030 2
2008-04	104.3	100.4	143.7	1.026 1
2008-05	104.3	100.2	144.0	1.024 1
2008-06	104.1	100.0	144.0	1.024 1
2008-07	103.4	100.0	144.0	1.024 1
2008-08	103.3	100.0	144.0	1.024 1
2008-09	102.8	100.0	144.0	1.024 1
2008-10	102.1	100.0	144.0	1.024 1
2008-11	102.1	100.2	144.3	1.022 0
2008-12	101.7	99.9	144.2	1.023 1
2009-01	101.5	100.0	144.2	1.023 1
2009-02	101.3	100.1	144.3	1.022 0
2009-03	101.0	100.2	144.6	1.020 0
2009-04	101.6	100.2	144.9	1.018 0
2009-05	101.4	100.2	145.2	1.015 9
2009-06	100.8	100.1	145.3	1.014 9
2009-07	101.3	100.5	146.1	1.009 9
2009-08	101.9	100.6	146.9	1.003 8
2009-09	102.3	100.4	147.5	1.000 0

附表 2　开封市商品住宅小区基本情况

小区编号	小区名称	位置坐落（排序）	占地面积（hm^2）	中心独立坐标（m）	
				X（东西）	*Y*（南北）
A002	百臣花园	鼓楼区：弓箭西街 3 号	0.63	7 519.79	9 073.52
A004	板桥街小区	鼓楼区：板桥街	2.27	7 954.89	9 305.80
A005	包府坑 3 号院	鼓楼区：包府坑中路	0.90	8 585.66	8 174.02
A006	包府坑西街综合楼	鼓楼区：包府坑西街路西	0.62	7 881.93	8 502.07
A007	包府苑	鼓楼区：小纸坊街西段路北	0.99	8 761.22	8 368.67
A011	滨湖小区	鼓楼区：中山路中段滨湖小区	0.38	9 015.79	7 920.88
A012	玻璃厂家属院	鼓楼区：宏学街南段	0.81	9 664.37	7 685.51
A015	长城花园	鼓楼区：宋城路 80 号	2.21	5 630.31	7 662.61
A016	长风花园	鼓楼区：大王屯路 2 号	7.74	7 046.92	7 371.44
A018	翠湖楼	鼓楼区：包公湖南路 34 号	0.67	8 720.44	7 725.21
A025	大庆路商住楼	鼓楼区：大庆路南头路西	1.12	7 116.41	6 862.30
A026	大王屯小区	鼓楼区：大王屯	6.17	6 398.13	6 701.86
A027	大纸坊街小区	鼓楼区：大纸坊街	1.17	8 819.23	8 351.57
A031	涤纶厂小区	鼓楼区：大王屯东街涤纶厂院内	1.17	7 111.91	7 069.06
A032	丁角街商住楼	鼓楼区：丁角街路南 1～5 号楼	0.50	7 913.54	8 729.29
A037	东内环路 3 号楼	鼓楼区：内环东路中段	0.50	10 467.53	8 334.20
A039	政兴商住楼	鼓楼区：内环东路中段	0.39	10 385.67	8 362.90
A046	凤凰城	鼓楼区：宋城路东段路南	1.65	6 778.83	7 663.13
A047	福泽苑	鼓楼区：弓箭西街	0.59	7 544.48	9 181.92
A053	鼓楼新天地	鼓楼区：寺后街新天地山货店	0.38	9 320.89	8 882.46
A055	馆驿街小区	鼓楼区：馆驿街	0.48	8 694.37	8 711.34
A056	广裕花园	鼓楼区：卧龙街	1.79	10 006.83	7 879.10
A064	花溪小区	鼓楼区：西门大街大梁门东	1.52	7 713.65	9 334.75
A074	惠园新村	鼓楼区：中山路中段	0.99	9 143.95	8 136.02
A076	汇金大厦	鼓楼区：中山路中段	0.24	8 970.77	7 686.23
A080	嘉泰大厦	鼓楼区：中山路中段 76 号	0.67	9 106.11	7 992.09
A086	佳境天城	鼓楼区：五一路（原火柴厂）	5.32	7 772.50	6 312.23
A098	金宇小区	鼓楼区：自由路东段	0.77	10 409.03	7 920.98

续附表 2

小区编号	小区名称	位置坐落(排序)	占地面积(hm^2)	中心独立坐标(m)	
				X(东西)	Y(南北)
A099	锦绣皇城	鼓楼区:开封市内环南路	2.74	9 587.32	7 561.23
A106	京苑小区	鼓楼区:内环东路中段 85 号	0.57	10 540.25	8 397.50
A107	景都花园	鼓楼区:西坡南街	3.30	7 559.63	7 844.71
A111	居乐园	鼓楼区:宋城路中段广电中心对面	1.55	5 580.78	7 840.64
A113	聚福源小区	鼓楼区:鼓楼区西坡街 3 号	1.26	7 691.02	8 185.93
A117	康桥雅居	鼓楼区:魏都路 42 号	2.18	6 496.14	6 948.10
A128	老君堂街住宅楼	鼓楼区:老君堂前街	0.67	9 786.50	7 550.54
A131	丽都商厦	鼓楼区:鼓楼街	0.80	9 762.46	8 707.02
A135	立德花园	鼓楼区:旗纛街	0.83	8 826.36	9 215.86
A137	量具厂小区	鼓楼区:宏学街	0.42	9 516.51	7 690.15
A152	明月楼	鼓楼区:中山路中段	1.00	8 997.96	8 296.34
A153	名仕苑	鼓楼区:桥南街 1 号(发动机厂东侧)	1.15	10 239.25	7 915.87
A154	牡丹苑	鼓楼区:西坡街	1.45	7 677.01	8 299.57
A157	南太平街综合楼	鼓楼区:南太平街	0.05	8 991.81	7 492.86
A166	平安公寓	鼓楼区:南太平街 30 号	1.01	8 810.57	7 528.49
A169	桥南街住宅楼	鼓楼区:桥南街 1、2、3、5、6 号楼	0.48	10 285.93	7 773.56
A176	润通苑	鼓楼区:板桥街与陆福街交叉口西南	0.65	8 009.89	9 211.41
A178	萨拉曼卡小区	鼓楼区:魏都路与蔡屯路交叉口	3.15	7 191.34	6 461.42
A184	省府前街组团	鼓楼区:省府前街	0.10	8 779.77	8 726.72
A194	宋苑名家	鼓楼区:宋城路南	1.28	5 696.30	7 818.47
A197	腾达·内环路商住楼	鼓楼区:内环东路中段 1 号	1.98	10 311.66	8 161.29
A198	省府前街商住楼	鼓楼区:省府前街	0.73	8 891.35	8 698.55
A201	天盛苑	鼓楼区:内环路东路南段 57 号	2.15	10 091.19	7 432.34
A204	田园小区	鼓楼区:西坡街	1.75	7 536.51	8 220.27
A207	万发苑	鼓楼区:泰山庙街	1.25	9 194.85	7 848.86
A212	文盛综合楼	鼓楼区:解放大道与自由路交叉口	0.30	9 966.94	8 131.89
A214	卧龙街小区	鼓楼区:卧龙街 46 号	0.25	9 853.82	7 938.81
A216	五一路商住楼	鼓楼区:五一路赫屯街	1.30	7 925.28	7 022.87

续附表 2

小区编号	小区名称	位置坐落(排序)	占地面积(hm^2)	中心独立坐标(m)	
				X(东西)	Y(南北)
A217	五一南苑小区	鼓楼区:五一路	1.31	7 959.86	7 437.21
A224	西南城坡 3 号楼	鼓楼区:西坡街	0.22	7 756.50	8 019.25
A225	西坡街瑞安小区	鼓楼区:西坡街	1.49	7 821.09	8 167.57
A226	西坡街旺角楼	鼓楼区:西坡街	0.96	7 675.05	8 037.81
A227	西坡南街小区	鼓楼区:西坡街	1.11	7 624.82	7 961.86
A228	西坡平安住宅楼	鼓楼区:西坡街	0.63	7 721.20	7 843.12
A229	西坡泰兴组团	鼓楼区:西坡街	1.12	7 611.83	7 907.63
A230	西坡西街小区	鼓楼区:西坡街	1.99	7 541.40	8 069.37
A232	西司广场综合楼	鼓楼区:西司广场	0.40	7 914.30	8 868.39
A234	西苑小区	鼓楼区:西苑小区 D 组团	4.54	6 554.81	6 922.65
A235	西站南住宅楼	鼓楼区:汽车西站南	0.85	8 029.64	7 710.96
A241	小纸坊街 2 号楼	鼓楼区:小纸坊街	0.56	8 964.89	8 209.58
A243	新华东街小区	鼓楼区:新华东街	4.37	9 484.45	7 837.12
A245	新原商住城	鼓楼区:中山路中段行宫角	0.33	9 089.39	8 775.16
A249	兴和玫瑰苑	鼓楼区:开封市五一路 47 号	2.35	7 865.95	6 741.41
A250	兴和时代广场	鼓楼区:包府坑北街北侧	0.63	8 601.21	8 745.11
A253	徐府街住宅楼	鼓楼区:徐府街 8、9 号楼	0.24	9 256.81	8 969.96
A259	延庆楼	鼓楼区:大纸坊街西段路北	0.41	8 478.44	8 572.11
A265	伊园小区	鼓楼区:魏都路东段路南	5.33	7 629.47	6 575.52
A272	永安街瑞安花园	鼓楼区:东内环路南段	4.01	10 298.47	7 418.39
A275	裕华公寓	鼓楼区:裕华商住楼馆驿街 1 号	0.39	9 053.00	8 585.64
A277	豫和大厦	鼓楼区:中山路中段东 16、19 区	0.72	9 103.29	7 855.74
A278	赵屯小区	鼓楼区:赵屯路与宋城路交叉口	16.88	6 050.57	7 602.50
A285	中山大厦	鼓楼区:中山路北段	0.54	9 102.33	8 929.63
A288	中山路 C 区	鼓楼区:中山路中段	0.42	8 986.84	7 610.28
A289	中山路 D 区 A 段	鼓楼区:中山路中段	0.49	8 993.74	7 884.52
A290	中山路 D 区 B 段	鼓楼区:中山路中段	0.44	9 038.84	8 155.15
A291	中山路 D 区 C 段	鼓楼区:中山路中段	1.97	9 161.50	8 592.76

续附表 2

小区编号	小区名称	位置坐落(排序)	占地面积 (hm^2)	中心独立坐标(m)	
				X(东西)	*Y*(南北)
A292	中山路北区	鼓楼区:中山路北段	1.30	9 199.48	9 094.47
A293	中山路潮州城	鼓楼区:中山路中段	1.49	9 092.98	7 576.99
A294	中山路元宝地	鼓楼区:中山路中段	1.35	9 131.62	7 699.02
A297	中驿新苑	鼓楼区:中山路中段公安局南	0.30	9 073.63	8 524.53
A299	紫金园	鼓楼区:中山路四小西金元大厦北	1.20	8 972.00	7 991.87
A302	馨香苑	鼓楼区:魏都路中段	3.12	6 724.16	6 686.23
A304	桦亮大厦	鼓楼区:省府前街 15 号	0.32	9 071.54	8 684.24
A305	胭脂河小区	鼓楼区:胭脂河街	0.67	9 573.48	8 088.37
A001	奥博嘉苑	金明区:夷山大街中段商住楼	3.08	5 260.44	8 341.07
A003	百祥园	金明区:西环路北段 3 号	0.36	7 223.23	10 015.32
A009	碧丽国都	金明区:金明西街东段	2.46	4 224.10	8 350.15
A019	翠园小区	金明区:翠园路	2.84	6 987.56	8 082.20
A023	大梁路 15 号楼	金明区:大梁路西段	0.59	5 634.11	9 624.82
A024	大梁路 9 号楼	金明区:大梁路西段	0.30	6 015.39	9 617.33
A035	东京新城	金明区:宋城路金明大道交会处	2.61	4 272.60	7 873.85
A036	东京银座	金明区:金明大道与解放路交叉口	2.59	4 776.09	10 074.23
A058	海马小区	金明区:四号路东侧,周天路北侧	1.84	4 139.27	7 515.92
A059	汉兴花园	金明区:汉兴路以北,金明中学以东	2.44	5 285.68	8 552.95
A060	合旺园	金明区:大梁路西段路北	1.47	5 260.72	9 665.22
A063	弘福花园	金明区:汉兴路东段路北	5.17	6 718.11	8 561.10
A066	华博城市印象	金明区:大梁路西段路北	3.36	5 393.79	9 764.41
A068	华英组团	金明区:大梁路中段	2.26	5 917.66	9 654.30
A070	黄河苑	金明区:黄河大街中段 3 号	1.89	6 306.53	9 101.22
A071	慧远花苑	金明区:翠园路	0.70	7 065.66	8 166.42
A072	惠安小区	金明区:汉兴路与夷山大街交叉口	0.81	5 490.38	8 403.40
A077	集英花园	金明区:新世纪小区	26.25	3 831.82	8 766.30
A078	计生委商住楼	金明区:西环路南段	0.37	7 209.58	8 251.43
A079	嘉和丽园	金明区:晋安路黄河路交叉口	1.81	6 282.55	8 943.32

续附表 2

小区编号	小区名称	位置坐落(排序)	占地面积(hm^2)	中心独立坐标(m)	
				X(东西)	Y(南北)
A081	嘉泰花苑	金明区:汉兴路东段路南	2.47	7 051.96	8 251.96
A084	嘉源小区	金明区:西环路北段	1.50	7 106.78	9 961.09
A088	建业森林半岛	金明区:郑开大道路南运粮河西	56.59	1 579.51	9 127.64
A090	金池名郡	金明区:集英街北段	17.10	3 624.69	9 338.25
A092	金康苑	金明区:金明西街中段路西	4.22	4 845.42	8 829.57
A093	金明大厦	金明区:大梁门外路南	0.38	7 335.65	9 398.23
A094	金明小区	金明区:宋城广场南	1.51	5 249.50	8 878.94
A095	金明裕花园	金明区:金明广场西北角	0.98	4 629.69	9 921.37
A096	金色阳光	金明区:宋城路与夷山大街交叉口	2.45	5 296.64	7 799.93
A101	晋安苑	金明区:晋安路中段路北	2.16	5 897.19	9 115.05
A102	晋福苑	金明区:晋安路东段路南	1.00	7 097.05	8 757.61
A103	晋平苑	金明区:晋安路中段路南	0.56	6 126.89	8 974.50
A116	康乐家园	金明区:宋城路中段路北	5.77	5 738.25	8 067.59
A118	康泉苑	金明区:南正门	1.66	5 279.18	8 207.77
A119	康太家园	金明区:宋城路中段路北	7.74	6 130.55	7 987.79
A120	康西商住楼	金明区:夷山大街	1.83	5 317.91	8 073.35
A121	康禧苑	金明区:金明西街路东	3.35	4 188.95	8 622.15
A122	蓝天大厦	金明区:大梁路东段路北	0.33	7 345.01	9 503.48
A123	蓝天公寓	金明区:黄汴河中街	1.32	7 349.32	9 606.01
A124	浪漫之都	金明区:金明大道东邻	2.31	4 780.87	9 383.34
A125	劳动力市场综合楼	金明区:汉兴路与黄河路交叉口	1.00	6 255.18	8 526.48
A132	丽景花园	金明区:汉兴路东段路北	6.28	5 948.36	8 677.01
A133	丽阳名郡	金明区:宋城路西段路南	2.28	5 093.78	7 867.90
A134	丽馨花园	金明区:西环路南段	5.23	6 976.97	7 952.57
A136	梁苑新村	金明区:梁苑路	1.77	7 540.00	9 931.60
A138	龙成·锦绣花园	金明区:集英街中段	9.35	3 306.14	8 624.38
A139	龙成·香榭里花园	金明区:开发区汉兴路	13.84	3 835.61	8 277.59
A147	马市街小区	金明区:马市街 1、3、4、9、11、15 号楼	0.77	7 001.34	8 914.50

续附表 2

小区编号	小区名称	位置坐落(排序)	占地面积(hm²)	中心独立坐标(m)	
				X(东西)	Y(南北)
A149	民政局家属楼	金明区:西郊商场街民政局家属院	0.64	6 856.65	7 810.79
A151	明日新城	金明区:晋安路东段路南	1.15	7 033.25	8 775.73
A173	荣勋花园	金明区:晋安路西段	10.31	4 385.67	8 883.99
A175	润达大厦	金明区:大梁路 1 号	2.55	7 051.27	9 586.85
A177	润泽苑	金明区:小北岗	2.31	7 083.63	10 295.24
A181	森康苑	金明区:夷山大街中段宋城广场	1.56	5 361.66	8 814.72
A185	仕达商住楼	金明区:西郊商场街	1.41	6 987.92	7 801.49
A186	舒馨园	金明区:金明广场解放路路南	2.84	4 282.89	9 909.96
A187	税校对面商住楼	金明区:汉兴路东段路北	0.54	6 872.02	8 415.54
A189	宋城花园	金明区:宋城路 65 号	1.58	5 907.83	7 957.52
A190	宋城雅居	金明区:宋城路与金明大道交叉口	2.60	4 367.76	8 095.62
A196	苏宇·清雅园	金明区:汉兴路省一毛家属院内	1.84	5 725.60	8 343.53
A202	天宇·汉兴路商住楼	金明区:汉兴路 57 号	1.55	6 084.47	8 402.00
A209	未来·美好家园	金明区:梁苑路	11.44	7 589.16	10 275.61
A218	西城明都	金明区:西环城路 25 号	2.54	6 845.06	8 298.87
A221	西关北街小区	金明区:西关北街	1.17	7 521.59	9 768.99
A222	西环干休所组团	金明区:新原西环干休所商住楼	0.58	7 207.49	8 022.30
A223	西环路南段住宅楼	金明区:西环路南段 1、2、4、8 号楼	0.52	7 201.95	7 837.92
A231	西顺城居住小区	金明区:西顺城路北段	1.37	7 731.74	10 774.25
A233	西西花园	金明区:鼓楼区晋安路	2.97	6 516.35	9 153.27
A236	希尔斯天翼	金明区:汉兴路中段路北	3.50	5 828.57	8 643.03
A238	祥和新居	金明区:大梁路东段通用机械厂院	1.47	6 654.27	9 424.46
A246	心苑小区	金明区:西外环路空压机厂	0.86	7 119.48	8 942.05
A251	兴康苑组团	金明区:西郊解放路教育学院西邻	1.33	6 076.93	9 750.48
A252	兴隆苑	金明区:黄河大街北段	1.22	6 368.73	10 009.72
A257	亚通商住楼	金明区:大梁路东段	0.50	7 043.09	9 448.57
A264	阳光苑	金明区:大梁路东段	0.77	6 870.35	9 564.26
A266	夷山苑	金明区:夷山大街中段	5.19	5 552.06	8 862.96

续附表 2

小区编号	小区名称	位置坐落(排序)	占地面积(hm^2)	中心独立坐标(m)	
				X(东西)	Y(南北)
A271	英伦春天	金明区:集英街北段路东	4.67	3 743.36	10 101.05
A273	永兴苑	金明区:汉兴路东段路北	4.06	5 702.61	8 648.55
A280	振业花园	金明区:金明东街金明小学北	1.78	5 079.97	8 761.78
A284	中亨花园	金明区:金明大道北段 1 号	2.40	4 511.85	9 922.17
A298	竹韵郫	金明区:解放路竹韵郫 3 号商住楼	3.30	5 832.10	9 822.60
A300	紫竹苑	金明区:黄河大街南段	0.84	6 222.89	8 221.21
A022	大宏·世纪新城	龙亭区:苹果园街东段	10.31	12 229.64	10 400.25
A030	迪臣·世纪豪苑	龙亭区:西门大街中段	1.06	8 848.23	9 512.22
A033	东大街政合商住楼	龙亭区:东大街	0.46	9 826.45	9 238.00
A043	二轻综合服务楼	龙亭区:西大街 27 号	0.28	9 420.24	9 261.06
A044	范庄周转楼	龙亭区:苹果园范庄西	0.55	12 068.16	9 797.69
A048	富辰小区	龙亭区:三胜街口	3.26	9 682.77	9 412.12
A054	古城花园	龙亭区:西门大街西门里	1.25	7 894.54	9 454.15
A062	宏达·东方花园	龙亭区:新曹路路北	6.64	11 925.07	9 470.93
A069	华苑小区	龙亭区:老县小东隔壁	1.18	9 956.29	9 182.48
A082	嘉泰新城	龙亭区:东京大道与黄河路交会处	14.63	6 842.52	11 659.42
A087	佳泽苑	龙亭区:北仁义胡同	1.28	7 931.90	9 655.67
A104	京都苑	龙亭区:徐府坑街	1.96	9 524.88	9 087.25
A108	九鼎颂园	龙亭区:龙亭北路 16 号	14.84	8 886.87	10 966.34
A109	九鼎颂园八十院	龙亭区:铁塔西街西段	2.30	9 159.53	11 282.58
A110	九鼎雅园	龙亭区:龙亭北路 16 号	11.75	8 728.25	10 995.29
A112	菊城·东方明珠	龙亭区:苹果园东清水河畔	4.62	12 228.08	10 052.54
A114	开封天下城	龙亭区:铁塔西街 1 号	1.25	9 846.56	11 189.88
A143	龙亭东湖 4 号楼	龙亭区:龙亭环湖东路	0.44	9 501.51	9 646.90
A144	龙亭新都汇·帝庭	龙亭区:宋都御街东侧	3.10	9 341.46	9 421.32
A161	苹果园北区	龙亭区:苹果园北区	9.98	11 560.54	10 468.77
A162	苹果园东区	龙亭区:苹果园东区	5.41	11 905.10	10 121.46
A164	苹果园中区	龙亭区:苹果园中区	3.21	11 895.18	10 320.25

续附表 2

小区编号	小区名称	位置坐落(排序)	占地面积(hm^2)	中心独立坐标(m)	
				X(东西)	Y(南北)
A168	前营门住宅楼	龙亭区:前营门街 12、14 号楼	0.90	8 979.50	9 512.94
A172	清怡花园	龙亭区:北仁义胡同	2.78	8 034.61	9 826.93
A174	润城苑	龙亭区:北仁义胡同	1.84	7 806.59	9 659.05
A180	三胜前街小区	龙亭区:三胜前街	0.39	9 540.85	9 391.65
A195	宋韵雅庭·宸园	龙亭区:铁塔西街 4 号	5.37	9 373.32	11 260.68
A210	文昌园	龙亭区:文昌后街	1.86	9 028.12	10 848.24
A213	文兴苑	龙亭区:文庙街	1.06	9 936.40	9 461.29
A219	西大街北四区	龙亭区:西大街北四区 2 号楼	0.36	9 537.42	9 341.45
A220	西大街小区	龙亭区:西大街 1、2、4、6、7、11 号楼	0.64	9 313.15	9 265.63
A237	祥和人家	龙亭区:体育场东路西段	0.87	9 231.29	11 129.69
A247	星云山庄	龙亭区:孙李唐庄南	7.31	7 371.43	11 003.71
A254	学府苑	龙亭区:东外环路	2.08	11 400.21	10 537.06
A258	延福苑	龙亭区:龙亭后	4.59	9 305.98	11 021.35
A261	阳光城市花园	龙亭区:文昌后街路东	4.59	9 100.30	11 068.64
A263	阳光家园	龙亭区:县前街	0.85	9 850.57	9 028.58
A268	银达桃源新村	龙亭区:科技路银达桃源新村	0.93	9 564.62	10 470.94
A279	振兴花园	龙亭区:西门大街 198 号	1.09	7 741.56	9 433.81
A282	中城花园	龙亭区:西大街东段路南	0.96	9 475.31	9 237.68
A303	茗雅苑	龙亭区:孙李唐庄	2.94	7 960.30	11 656.92
A306	鑫宇小区	龙亭区:东大街冰中红对面	0.66	9 799.08	9 325.81
A008	北苑小区	顺河区:宋门外路南	0.33	10 672.99	7 807.53
A013	财政厅东街住宅楼	顺河区:财政厅东街	0.71	10 244.81	9 222.68
A014	曹门关南街住宅楼	顺河区:曹门关南街	0.54	10 741.77	9 289.55
A017	城市经典	顺河区:平等街与东内环路交叉口	2.20	10 575.45	9 228.42
A020	大宏·花园小区	顺河区:东郊大花园街	6.83	12 330.43	9 003.14
A021	大宏·嘉宏花园	顺河区:汴京路中段路南	0.96	10 609.21	8 466.03
A028	德福苑	顺河区:东外环路苹果园	4.05	11 363.28	10 331.58
A029	得胜坊	顺河区:公园路 12 号	2.06	11 270.13	7 093.94

续附表 2

小区编号	小区名称	位置坐落（排序）	占地面积（hm^2）	中心独立坐标（m）	
				X（东西）	Y（南北）
A034	东方风情	顺河区：劳动路	3.41	11 948.85	8 623.54
A038	政合商住楼	顺河区：内环东路中段 85 号	0.90	10 491.63	8 503.74
A040	东苑小区	顺河区：东郊沙岗寺	9.22	13 006.33	9 028.70
A041	豆芽街商住楼	顺河区：内环路北段	0.79	10 367.47	10 619.79
A042	都市花苑	顺河区：河道街南侧	1.16	9 801.21	8 896.93
A045	枫丹雅园	顺河区：新宋路北街	1.17	11 641.72	8 025.49
A049	富士居商住小区	顺河区：苹果园北路	1.78	11 705.82	10 257.08
A050	富寓星级花园	顺河区：穆家桥 3 号	0.99	10 647.53	8 455.66
A052	公园路小区	顺河区：公园路东街	3.61	11 465.05	7 891.26
A057	贵都花园	顺河区：新宋路劳动路南口	2.37	11 825.31	7 714.53
A083	嘉友大厦	顺河区：石桥口东北角	0.46	10 725.59	9 385.99
A085	嘉苑小区	顺河区：三教堂街西口	1.14	11 283.34	9 557.79
A089	江南人家	顺河区：劳动路北段	2.22	11 707.07	8 819.53
A091	金达苑	顺河区：三教堂北街	0.98	11 530.30	9 627.80
A100	锦绣嘉园	顺河区：劳动路南段	1.84	11 900.65	8 430.69
A115	开元幸福城	顺河区：解放大道与理事厅街交叉口	0.51	10 124.23	8 899.55
A126	劳动路北段商住楼	顺河区：劳动路中段 1、2 号楼	0.92	11 892.69	9 241.40
A127	劳动路泰兴商住楼	顺河区：劳动路北段	0.48	11 758.25	9 241.94
A130	理事厅街住宅楼	顺河区：理事厅街	0.23	10 272.19	8 899.88
A140	龙虎小区	顺河区：龙虎街	1.48	10 272.86	10 089.16
A142	龙瑞苑	顺河区：北西后街	1.21	10 109.16	10 644.71
A150	明伦街商住楼	顺河区：明伦街路南	0.57	10 793.91	10 167.53
A155	穆家桥综合楼	顺河区：穆家桥街	0.60	10 485.59	8 614.76
A158	南土街顺发组团	顺河区：南土街	0.96	10 078.52	8 786.97
A159	南羊市小区	顺河区：南羊市街	1.39	10 142.04	8 452.62
A163	苹果园南区	顺河区：苹果园	5.93	11 609.65	10 121.93
A165	苹果园住宅楼	顺河区：苹果园	3.61	11 364.35	10 074.81
A167	平等苑	顺河区：平等街路南	1.59	10 423.43	9 208.84

续附表 2

小区编号	小区名称	位置坐落(排序)	占地面积(hm^2)	中心独立坐标(m)	
				X(东西)	Y(南北)
A171	清水河住宅楼	顺河区:清水河王坟1、2号楼	1.21	12 570.94	9 355.16
A179	三和花园	顺河区:穆家桥街5号	0.97	10 304.03	8 509.13
A182	沙岗寺小区	顺河区:沙岗寺	3.15	12 990.76	9 208.79
A183	上城世家	顺河区:解放大道与铁塔一街交会处	1.20	10 292.22	10 368.10
A188	顺兴苑	顺河区:河道街东段	1.32	9 933.97	8 862.14
A191	宋都市场住宅楼	顺河区:宋都市场街河东岸	1.49	10 941.10	8 255.23
A192	宋门外商住楼	顺河区:宋门外桥东路南1~4号楼	1.15	10 798.00	7 783.82
A193	宋门外顺城组团	顺河区:护城路8号	1.62	10 591.00	7 705.38
A199	天合花苑	顺河区:宋门关南街34号	3.50	10 686.33	7 488.61
A200	天伦苑	顺河区:铁塔西街	1.05	10 227.28	10 782.28
A203	天宇·劳动路商住楼	顺河区:劳动路北段	1.35	11 754.17	9 105.99
A205	铁塔西街商住楼	顺河区:铁塔西街7~9、12号楼	0.65	10 276.17	10 919.90
A206	铁塔一街小区	顺河区:铁塔一街72号	0.19	10 453.29	10 245.10
A211	文盛佳源	顺河区:学院门东北角	0.54	10 026.42	8 691.07
A239	祥和苑	顺河区:重工路	5.71	12 138.11	7 534.63
A242	新曹路商住楼	顺河区:新曹路东段	0.38	12 760.89	9 252.75
A256	雅庭花园	顺河区:汴京大道38号	2.51	11 330.87	8 390.96
A262	阳光花园	顺河区:阳光街42号	0.63	10 576.28	9 644.46
A267	仪表北小区	顺河区:仪表厂北	4.83	11 467.51	9 131.64
A270	银翰苑	顺河区:解放路东四地块	0.84	10 721.94	9 529.26
A274	宇林苑	顺河区:三教堂街14号	1.55	11 346.10	9 644.31
A296	中州新村	顺河区:汴京东路	1.96	13 419.57	8 609.64
A010	滨河佳园	禹王台区:五一路	1.51	8 127.99	7 395.09
A051	工艺美术厂综合楼	禹王台区:医院西街108号	1.17	8 230.86	7 180.64
A061	恒通佳园	禹王台区:滨河路中段50号	2.42	9 649.72	6 856.46
A065	花园街小区	禹王台区:花园街	2.67	10 553.05	6 621.34
A067	华泰大厦	禹王台区:中山路南段C区	0.25	8 911.81	6 927.41
A073	惠济桥东街小区	禹王台区:惠济桥东街67号	3.28	10 554.87	6 968.02

续附表 2

小区编号	小区名称	位置坐落(排序)	占地面积(hm^2)	中心独立坐标(m)	
				X(东西)	Y(南北)
A075	惠泽苑	禹王台区:演武厅西街	1.10	9 926.94	6 848.33
A097	金田大厦	禹王台区:中山路南段 G 区	0.35	9 035.76	7 137.56
A105	京西·京鑫商厦	禹王台区:中山路南段 274 号	0.33	8 992.31	6 905.34
A129	黎源小区	禹王台区:铁北街	3.87	10 523.73	6 467.40
A141	龙基大厦	禹王台区:中山路南段	1.12	9 219.42	6 481.74
A145	隆福大厦	禹王台区:三里堡五福路	0.27	8 885.89	6 680.46
A146	陇海新村	禹王台区:五福东街	0.98	8 202.57	6 860.32
A148	民生街小区	禹王台区:民生街 112 号	2.49	8 557.33	5 957.14
A156	南光商厦	禹王台区:中山路南段	1.54	9 760.13	6 547.32
A160	南苑小区	禹王台区:机场北路	1.31	11 121.04	5 141.74
A170	清华园	禹王台区:惠济桥北街 12 号	1.07	10 210.80	7 038.11
A208	维新花园	禹王台区:中山路南段	0.12	9 006.87	6 594.50
A215	五福西街小区	禹王台区:五福路西街	1.85	8 082.24	6 750.55
A240	祥通嘉园	禹王台区:五福路	3.82	8 280.68	6 682.03
A244	新通花园	禹王台区:新门关街 43 号	1.36	9 610.97	6 668.77
A248	星云商厦	禹王台区:中山路南段	0.15	9 060.95	6 551.98
A255	雅居苑	禹王台区:中山路南段	0.74	9 009.34	6 672.76
A260	羊市桥商住楼	禹王台区:惠济桥街 168 号	0.37	10 231.58	6 946.85
A269	银达中山南商住楼	禹王台区:中山路南段	1.89	8 904.08	6 568.37
A276	裕康苑	禹王台区:滨河路中段	2.99	9 248.02	7 185.05
A281	正阳家园	禹王台区:铁路北沿街 317 号	6.05	10 294.18	6 523.76
A283	中大商贸城	禹王台区:中山路南段	1.33	9 021.49	6 803.87
A286	中山路 A 区	禹王台区:中山路南段	0.85	8 933.26	7 046.81
A287	中山路 B 区	禹王台区:中山路南段	0.37	9 043.15	7 221.00
A295	中泽苑	禹王台区:小南门外惠济桥街	1.97	9 915.10	7 125.57
A301	左楼小区	禹王台区:禹王台立交桥南头路东	0.50	11 027.26	6 263.33

附表3 开封市空间特征因素(渐近性)中心作用分值及影响距离计算结果

因素类型	因素、因子个体名称或编号	作用分值	影响距离(m)
商服中心(CBD)	马道街	100	11 000
	中山路	90	11 000
	南关、淮河医院、公交公司、曹门、晋安路	20	2 670
	大梁门外、开大门前、金康园、新门关街、宋门、东泰、北门、苹果园、汴京路、金明苑、金明东街	10	1 840
交通通达	宋都御街、汴京大道、鼓楼街、汴京东路	100	1 228
	大梁路、中山路、寺后街、西门大街、东门大街、曹门大街	95	1 228
	晋安路、劳动路、自由路、省府街、迎宾路、大纸坊街、宋门关大街、化工路、丁角街、向阳路、大王屯东街、铁塔西街、汉兴路、五福路、书店街、马道街、明伦街、苹果园东路、铁塔一街、工农路、重工路、护城路、金明东街、金明西街、铁路北沿街、周天路、边村路1号路	63	533
	解放路、滨河路、郑汴大道、宋城路、新宋路、夷山大街、公园路、金明大道、东京大道	60	1 228
	龙亭路、黄河路、开黄公路、东环北路、西环城路、内环路、包公湖路、五一路、体育路、新曹路、魏都路、机场北路、开杞公路、东闸门南街、机场西路、开柳公路、万胜街	35	533
公交站点	1	100	450
	127	80	350
	43、44	75	220
	9、42	70	450
	39	70	375
	33	70	300
	58	60	375
	63	60	300
	37	50	450
	41	50	400
	46、62	50	375
	30	50	225
	12	40	560
	59、14	40	520
	7、40、102、130、126	40	450
	28、68	40	375
	104	40	300
	76	30	750
	75	30	600
	74	30	525
	60、84	30	450
	36、64	30	400

续附表 3

因素类型	因素、因子个体名称或编号	作用分值	影响距离(m)
公交站点	23、26、34、45、65、94	30	375
	25	30	340
	52、110、114	30	300
	122	25	600
	120	25	500
	13、67	25	450
	6、10、27	25	375
	83、99、134、135	20	450
	112	20	400
	47、48、49、50、77、82	20	375
	111	20	340
	16	15	650
	80	15	600
	11	15	560
	15	15	520
	123	15	500
	2、3、79、98、100	15	450
	24	15	410
	57、66、96、125	5	300
	87、88	10	700
	5、73	10	675
	17、18、19、21、81、121	10	600
	55	10	490
	8、53、54、56、72、89、90、91、97、103、106、118、119、133、124、129	10	450
	29	10	380
	22、31、32、70、71、95、113、117	10	375
	35、78、109	10	350
	51、69、92、93、101、105、107、108、115、116、128、131、132、136、137	10	300
	38	10	220
	138、139、140、141、142、143、144、145	5	375
对外交通	开封火车站	100	14 000
	开封汽车站	100	14 000
	相国寺汽车站	50	5 000
	金明汽车站	30	4 000
	汽车东站	20	6 000
	汽车西站	40	6 200
	郑汴城际公交金明广场站	20	3 000

续附表 3

因素类型	因素、因子个体名称或编号	作用分值	影响距离(m)
中学	开封高中	100	1 400
	河大附中	100	1 300
	求实中学、金明中学、二十五中	80	3 400
	十四中、实验中学、二十七中、七中	70	2 500
	五中、十中、十三中、三十三中、四中	60	2 100
	六中、八中、九中、东京中学、郊区中学	50	1 800
	十五中、十六中、十九中、二十一中、回中、二十八中、三十中、三十一中、三十四中、东苑中学、铁中、火电中学、化建中学、一中、十七中、三十九中	40	1 300
小学	二师附小	100	8 000
	县街小学	90	8 000
	金明小学	90	4 370
	准堤街小学、财政厅小学、理事厅小学、一师附小、自由路小学	70	2 860
	化建小学、公园路小学、西门大街小学、梁苑小学、大厅门小学、五一路一小、夏理逊小学	60	2 020
	苹果园小学、河大附小、晨光小学、向阳路小学、迎宾小学、复兴街小学、五一路二小、演武厅小学、中山路一小、滨河路小学	50	1 550
	徐府街小学、三胜街小学、湖东小学、北道门小学、文昌小学、回族小学、北门大街小学、阳光街小学、曹门大街小学、东苑中学小学部、化肥厂小学、空分小学、仪表厂子弟小学、东苑小学、火电厂小学、求实小学、西蔡屯小学、回龙庙小学、卧龙街小学、中山路四小、中山路五小、省府西街小学、一毛小学、医院西街小学、禹王台小学、伞塔小学、东拐小学、学堂门小学、铁路一小、铁路二小、烟厂小学	40	1 060
	外马号街小学、青龙背街小学、裴场公小学、三里堡小学	30	1 020
幼儿园	实验幼儿园、金明幼儿园、教育幼儿园	90	3 800
	回族幼儿园	70	3 380
	医院前街幼儿园、新街口幼儿园、县街幼儿园、民族幼儿园	60	2 520
	新征幼儿园、旗纛幼儿园、梁苑幼儿园、西小阁幼儿园、复南幼儿园、翠园幼儿园、育英幼儿园、红旗幼儿园	50	1 840
	民享幼儿园、花井幼儿园、新华幼儿园、大纸坊街幼儿园、康乐幼儿园	40	1 610

续附表3

因素类型	因素、因子个体名称或编号	作用分值	影响距离(m)
医院	淮河医院	100	12 400
	第一人民医院	80	13 400
	155 医院、第二人民医院、东京医院	70	3 790
	妇产科医院	50	13 500
	儿童医院	50	14 000
	第三人民医院、第四人民医院、第五人民医院、顺河区医院、龙亭区医院、第一中医院、南关区医院	50	2 020
	传染病医院、第二中医院、妇幼保健院、口腔医院、鼓楼医院、市肿瘤医院	40	1 690
菜场	宋都市场	100	1 010
	东京大市场	80	
	大花园市场	50	
	公园路市场、北道门市场、梁苑市场	40	
	包公祠市场、三胜街市场、北羊市市场、化肥厂市场、医院街市场、西城市场、胭脂河市场、三毛时代广场	30	
	水产品市场、胜利市场、繁塔市场、菜市市场、铁塔市场、大兴市场、三毛生活广场	20	
	赵屯市场、金康苑市场、康乐园市场、吴娘庄综合大市场、解放街大市场	10	
体育场馆	人民体育场	100	7 500
	人民体育馆	30	7 500
影剧院	大众电影院	100	5 000
	人民影剧院	70	3 000
公园	龙亭、天波杨府、清明上河园、翰园碑林	100	12 000
	汴京公园	50	7 500
	禹王台公园	40	6 900
	铁塔公园	30	7 500
	包公湖	30	1 000
	金明池	20	2 700
绿地	金明广场	100	2 700
	宋城广场	70	2 100
	老河大城墙外休闲绿地	50	1 500
	环城公园	10	1 500
	大梁门休闲绿地	10	1 500
外部区位	研究区域西边界(距郑州最近)	100	16 000

附表4　开封市空间特征因素(均质性)分区作用分值计算结果

因素类型	分区编号	分区特征简要描述	作用分值
排水	PS_1	排水管网密集,大雨无积水	90
	PS_2	排水管网较密集,偶遇大雨有积水	80
	PS_3	排水管网较稀疏,大雨易积水	40
	PS_4	排水管网较密集,管道质量一般,地势较低,易积水	70
	PS_5	排水管网密集,管网质量好	100
供气	GQ_1	供气管网密集	100
	GQ_2	供气管网较密集	90
	GQ_3	供气管网一般	100
	GQ_4	供气管网较稀疏	100
	GQ_5	供气管网稀疏	40
	GQ_6	暂属无供气区	0
供热	GR1	供热管网密集	100
	GR_2	供热管网一般	60
	GR_3	无供热管网	0
电信	DX1	电话密度高	100
	DX_2	电话密度较高	90
	DX_3	电话密度一般	80
	DX_4	电话密度稀疏	50
	DX_5	电话密度较稀疏	70
环境	HJ_1	开发区,声环境比较好,处于地表水和地下水上游,水质好,大气无污染	97
	HJ_2	行政、旅游、文教区,声环境质量较好,地表水基本达到Ⅴ类,大气环境污染源少,空气质量较好	95
	HJ_3	居住为主,少量工业,声环境一般,主要是生活噪声,处于地表水上游,水环境质量较好,大气环境以生活污染源为主,污染较轻	90
	HJ_4	居住为主,有少量商业和工业,声环境一般,主要是生活和商业噪声,水环境质量一般,大气环境以生活污染源为主,污染较轻	84
	HJ_5	农业用地,声环境、水环境、大气环境都好	100
	HJ_6	东郊工业区,声环境质量较差,以工业噪声为主,水环境质量较差,大气环境较差,以工业污染源为主	60
	HJ_7	新老工业园区,声环境质量较差,以工业噪声为主,水环境质量一般,大气环境较差,以工业污染源为主	80
	HJ_8	工业及军用机场区,声环境质量差,主要是工业噪声和飞机噪声,水环境质量一般,大气环境质量一般	74
	HJ_9	化工园区,声环境一般,主要是工业噪声,水环境质量差,大气环境质量一般	50
	CZR_1	人口密度稀疏区	70
	CZR_2	人口密集区	90
	CZR_3	人口密度适中区	100
	CZR_4	人口较稀疏区	80
	CZR_5	人口稀少区	40
规划分区	GH_1	新建高新技术、行政办公和住宅集聚区	100
	GH_2	新建教育园区	80
	GH_3	老城区、旧城改造区	60
	GH_4	东郊、南郊老工业基地及西郊化工基地住宅区	40
	GH_5	城市边沿区域	20

附表 5　开封市住宅小区均价 GWR 模型估计结果(2001 ~ 2004 年)

小区编号	截距	X_{B3}	X_{B5}	X_{B6}	X_{B7}	X_{B8}	X_{B11}	X_{B12}	X_{B14}	X_{B15}	X_{B16}	X_{B17}	X_{B18}	X_{B19}	X_{B20}	X_{B21}
A001	5.591 9	0.004 3	-0.001 4	0.002 6	-0.003 3	-0.008 7	-0.002 6	0.000 6	0.014 4	-0.014 1	0.004 2	0.001 9	0.009 3	0.001 9	-0.002 6	0.012 1
A002	5.473 8	0.006 3	-0.002 5	0.002 6	-0.004 1	-0.009 5	-0.005 4	0.000 7	0.014 8	-0.016 5	0.003 8	0.003 1	0.013 8	-0.000 1	-0.003 2	0.015 5
A004	5.414 6	0.006 9	-0.003 3	0.002 9	-0.004 3	-0.010 7	-0.006 3	0.000 8	0.018 1	-0.020 3	0.003 9	0.003 6	0.015 4	-0.001 0	-0.003 6	0.017 8
A005	5.891 5	0.006 7	-0.002 5	0.002 0	-0.003 4	-0.006 6	-0.005 9	0.000 5	0.017 4	-0.019 6	0.002 9	0.004 0	0.010 8	-0.002 0	-0.002 2	0.010 9
A006	5.636 9	0.006 6	-0.002 2	0.002 3	-0.003 9	-0.008 3	-0.005 5	0.000 5	0.016 2	-0.018 2	0.003 4	0.003 3	0.012 7	-0.000 9	-0.002 7	0.013 6
A007	5.949 1	0.006 4	-0.003 0	0.002 3	-0.003 4	-0.006 5	-0.006 3	0.000 8	0.016 1	-0.018 0	0.003 1	0.004 2	0.010 5	-0.002 0	-0.002 3	0.010 4
A008	6.360 7	0.003 9	-0.004 4	0.000 8	-0.003 1	-0.000 5	-0.003 6	0.001 7	0.009 9	-0.009 7	0.000 2	0.004 2	0.006 7	-0.001 6	-0.000 9	0.002 0
A010	5.860 7	0.006 7	-0.000 9	0.001 3	-0.003 3	-0.005 0	-0.004 2	0.000 1	0.016 3	-0.018 8	0.001 9	0.003 1	0.009 7	-0.001 3	-0.001 8	0.010 0
A011	6.148 0	0.006 0	-0.002 8	0.001 6	-0.003 1	-0.003 9	-0.005 3	0.000 7	0.013 2	-0.015 1	0.002 0	0.004 0	0.008 7	-0.002 1	-0.001 7	0.007 2
A012	6.378 3	0.004 6	-0.003 8	0.001 1	-0.003 0	-0.000 3	-0.004 5	0.001 2	0.010 8	-0.011 7	0.000 6	0.004 1	0.006 7	-0.001 9	-0.001 0	0.003 0
A013	6.319 0	0.003 8	-0.005 2	0.002 8	-0.004 0	-0.002 3	-0.005 5	0.001 9	0.012 7	-0.012 4	0.002 8	0.005 1	0.007 7	-0.001 8	-0.002 0	0.003 5
A016	5.743 0	0.005 6	-0.000 5	0.001 7	-0.003 4	-0.006 1	-0.003 3	0.000 2	0.014 1	-0.015 6	0.002 7	0.002 3	0.009 3	0.000 2	-0.002 1	0.010 6
A017	6.310 9	0.003 7	-0.005 2	0.002 3	-0.004 0	-0.001 6	-0.004 9	0.002 0	0.012 0	-0.011 5	0.002 3	0.005 0	0.007 8	-0.001 7	-0.001 9	0.002 8
A018	6.029 4	0.006 5	-0.002 0	0.001 4	-0.003 1	-0.004 3	-0.005 3	0.000 5	0.015 2	-0.017 6	0.001 9	0.003 7	0.009 2	-0.001 9	-0.001 8	0.008 5
A019	5.657 2	0.005 6	-0.001 3	0.002 2	-0.003 6	-0.007 9	-0.003 9	0.000 4	0.014 1	-0.015 4	0.003 4	0.002 4	0.010 8	0.000 4	-0.002 6	0.012 1
A020	6.281 8	0.003 4	-0.005 3	0.001 0	-0.003 7	0.000 0	-0.003 0	0.002 2	0.010 2	-0.009 2	0.000 7	0.004 4	0.008 1	-0.001 4	-0.001 6	0.001 5
A021	6.328 1	0.003 8	-0.004 7	0.001 4	-0.003 5	-0.000 3	-0.004 2	0.001 9	0.010 6	-0.010 4	0.001 1	0.004 5	0.007 4	-0.001 6	-0.001 4	0.002 2
A022	6.264 4	0.003 3	-0.005 8	0.001 9	-0.004 2	-0.001 3	-0.003 6	0.002 4	0.011 6	-0.010 4	0.002 0	0.004 9	0.008 6	-0.001 5	-0.002 3	0.002 0
A023	5.412 1	0.004 6	-0.002 2	0.002 9	-0.003 7	-0.009 9	-0.003 5	0.000 9	0.014 2	-0.013 9	0.004 4	0.002 1	0.011 5	0.001 9	-0.003 0	0.014 6

续附表 5

小区编号	截距	X_{B3}	X_{B5}	X_{B6}	X_{B7}	X_{B8}	X_{B11}	X_{B12}	X_{B14}	X_{B15}	X_{B16}	X_{B17}	X_{B18}	X_{B19}	X_{B20}	X_{B21}
A024	5.400 4	0.004 8	−0.002 3	0.002 9	−0.003 8	−0.009 9	−0.003 9	0.000 9	0.014 0	−0.014 1	0.004 3	0.002 3	0.012 0	0.001 7	−0.003 1	0.015 0
A025	5.808 6	0.005 6	−0.000 1	0.001 5	−0.003 2	−0.004 9	−0.003 0	0.000 1	0.014 1	−0.015 8	0.002 1	0.002 3	0.008 3	0.000 1	−0.001 9	0.009 6
A026	5.766 3	0.005 1	−0.000 1	0.001 6	−0.003 1	−0.005 5	−0.002 4	0.000 1	0.014 3	−0.015 2	0.002 6	0.002 0	0.007 7	0.000 8	−0.001 9	0.009 8
A027	5.978 2	0.006 4	−0.003 0	0.002 3	−0.003 4	−0.006 3	−0.006 2	0.000 8	0.015 3	−0.017 3	0.003 0	0.004 3	0.010 3	−0.002 1	−0.002 2	0.010 0
A028	6.291 2	0.003 3	−0.005 9	0.002 8	−0.004 4	−0.002 2	−0.004 6	0.002 3	0.012 6	−0.011 5	0.002 8	0.005 1	0.008 2	−0.001 5	−0.002 5	0.002 8
A031	5.782 7	0.005 7	−0.000 3	0.001 6	−0.003 3	−0.005 4	−0.003 2	0.000 1	0.014 1	−0.015 7	0.002 4	0.002 3	0.008 7	0.000 2	−0.001 9	0.010 0
A032	5.589 1	0.006 7	−0.002 5	0.002 5	−0.004 0	−0.008 9	−0.005 8	0.000 6	0.016 5	−0.018 5	0.003 5	0.003 4	0.013 2	−0.000 9	−0.002 9	0.014 4
A033	6.316 6	0.004 0	−0.005 2	0.003 6	−0.004 1	−0.003 9	−0.006 5	0.001 8	0.014 0	−0.014 0	0.003 6	0.005 3	0.007 8	−0.002 0	−0.002 2	0.004 9
A034	6.298 0	0.003 5	−0.005 1	0.000 9	−0.003 5	0.000 1	−0.003 0	0.002 1	0.010 0	−0.009 2	0.000 5	0.004 4	0.007 8	−0.001 4	−0.001 4	0.001 6
A037	6.336 3	0.003 9	−0.004 6	0.001 3	−0.003 4	−0.000 3	−0.004 2	0.001 8	0.010 6	−0.010 5	0.001 0	0.004 5	0.007 2	−0.001 7	−0.001 3	0.002 3
A038	6.328 6	0.003 9	−0.004 7	0.001 5	−0.003 5	−0.000 5	−0.004 4	0.001 8	0.010 8	−0.010 7	0.001 2	0.004 6	0.007 4	−0.001 7	−0.001 4	0.002 4
A039	6.336 1	0.004 0	−0.004 6	0.001 4	−0.003 5	−0.000 4	−0.004 4	0.001 8	0.010 7	−0.010 7	0.001 1	0.004 5	0.007 3	−0.001 7	−0.001 3	0.002 4
A040	6.273 5	0.003 4	−0.005 3	0.000 8	−0.003 7	0.000 1	−0.002 6	0.002 2	0.010 1	−0.009 0	0.000 5	0.004 4	0.008 3	−0.001 4	−0.001 6	0.001 3
A041	6.340 9	0.003 2	−0.006 1	0.005 0	−0.004 7	−0.005 3	−0.007 0	0.002 2	0.014 7	−0.013 8	0.004 7	0.005 7	0.007 7	−0.001 6	−0.003 1	0.005 7
A042	6.314 6	0.004 2	−0.004 8	0.002 9	−0.003 9	−0.002 9	−0.006 0	0.001 7	0.013 3	−0.013 5	0.002 9	0.005 1	0.007 7	−0.002 0	−0.001 9	0.004 3
A044	6.270 7	0.003 4	−0.005 6	0.001 6	−0.004 0	−0.000 8	−0.003 5	0.002 3	0.011 0	−0.010 0	0.001 5	0.004 7	0.008 4	−0.001 5	−0.002 0	0.001 8
A047	5.442 5	0.006 4	−0.002 7	0.002 7	−0.004 2	−0.009 8	−0.005 5	0.000 8	0.015 0	−0.016 8	0.003 8	0.003 1	0.014 2	−0.000 2	−0.003 3	0.016 1
A048	6.300 8	0.004 0	−0.005 3	0.004 1	−0.004 2	−0.005 1	−0.007 1	0.001 8	0.014 5	−0.014 5	0.004 2	0.005 5	0.008 1	−0.002 0	−0.002 5	0.006 1
A050	6.327 9	0.003 8	−0.004 7	0.001 3	−0.003 5	−0.000 3	−0.004 1	0.001 9	0.010 6	−0.010 3	0.001 0	0.004 5	0.007 4	−0.001 6	−0.001 4	0.002 2
A051	5.926 6	0.006 6	−0.000 7	0.001 1	−0.003 2	−0.004 2	−0.004 0	0.000 0	0.016 1	−0.018 7	0.001 4	0.003 0	0.009 0	−0.001 3	−0.001 7	0.009 1

续附表 5

小区编号	截距	X_{B3}	X_{B5}	X_{B6}	X_{B7}	X_{B8}	X_{B11}	X_{B12}	X_{B14}	X_{B15}	X_{B16}	X_{B17}	X_{B18}	X_{B19}	X_{B20}	X_{B21}
A052	6.335 6	0.003 6	−0.004 7	0.000 7	−0.003 2	0.000 6	−0.003 0	0.001 9	0.009 7	−0.009 1	0.000 0	0.004 1	0.007 1	−0.001 5	−0.001 0	0.001 7
A053	6.203 4	0.004 9	−0.004 6	0.003 4	−0.003 8	−0.005 6	−0.006 8	0.001 4	0.014 6	−0.015 4	0.003 7	0.005 1	0.008 9	−0.002 3	−0.002 3	0.007 6
A054	5.376 2	0.006 9	−0.003 4	0.003 0	−0.004 3	−0.010 9	−0.006 3	0.000 9	0.017 7	−0.019 9	0.004 0	0.003 5	0.015 6	−0.000 8	−0.003 8	0.018 3
A055	5.862 0	0.006 5	−0.003 3	0.002 8	−0.003 6	−0.007 8	−0.006 7	0.000 9	0.017 2	−0.019 0	0.003 5	0.004 4	0.011 4	−0.002 0	−0.002 6	0.012 0
A056	6.368 2	0.004 3	−0.004 1	0.001 1	−0.003 2	0.000 0	−0.004 4	0.001 5	0.010 5	−0.010 9	0.000 7	0.004 3	0.006 8	−0.001 8	−0.001 0	0.002 6
A057	6.335 2	0.003 5	−0.004 7	0.000 5	−0.003 1	0.000 7	−0.002 7	0.002 0	0.009 6	−0.008 8	−0.000 2	0.004 0	0.007 0	−0.001 4	−0.000 9	0.001 5
A063	5.575 6	0.005 4	−0.001 7	0.002 5	−0.003 7	−0.008 7	−0.004 0	0.000 6	0.013 9	−0.014 8	0.003 8	0.002 4	0.011 4	0.000 8	−0.002 8	0.013 2
A064	5.398 2	0.006 6	−0.003 0	0.002 8	−0.004 3	−0.010 3	−0.005 9	0.000 8	0.016 1	−0.018 1	0.003 9	0.003 3	0.015 1	−0.000 5	−0.003 6	0.017 3
A065	6.450 7	0.003 8	−0.004 0	0.000 3	−0.002 3	0.001 5	−0.002 7	0.001 5	0.009 4	−0.009 3	−0.001 1	0.003 5	0.005 1	−0.001 4	−0.000 3	0.001 8
A067	6.266 4	0.006 0	−0.001 4	0.000 6	−0.002 6	−0.001 3	−0.004 0	0.000 4	0.011 7	−0.014 4	0.000 2	0.003 1	0.0067	−0.001 4	−0.001 2	0.005 5
A068	5.398 1	0.004 8	−0.002 3	0.002 9	−0.003 8	−0.009 9	−0.003 8	0.000 9	0.014 1	−0.014 0	0.004 4	0.002 2	0.011 9	0.001 8	−0.003 0	0.015 0
A069	6.320 4	0.003 9	−0.005 1	0.003 2	−0.004 1	−0.003 2	−0.006 1	0.001 8	0.013 5	−0.013 4	0.003 2	0.005 2	0.007 7	−0.001 9	−0.002 1	0.004 3
A070	5.486 4	0.005 0	−0.002 0	0.002 7	−0.003 7	−0.009 3	−0.003 9	0.000 8	0.013 8	−0.014 2	0.004 1	0.002 3	0.011 6	0.001 3	−0.002 9	0.014 1
A071	5.647 0	0.005 7	−0.001 4	0.002 2	−0.003 7	−0.008 0	−0.004 0	0.000 4	0.014 1	−0.015 5	0.003 5	0.002 5	0.011 1	0.000 4	−0.002 6	0.012 4
A072	5.588 9	0.004 4	−0.001 5	0.002 6	−0.003 4	−0.008 7	−0.002 8	0.000 6	0.014 3	−0.014 1	0.004 2	0.001 9	0.009 6	0.001 8	−0.002 6	0.012 3
A073	6.423 7	0.003 9	−0.004 1	0.000 4	−0.002 6	0.001 2	−0.003 0	0.001 5	0.009 5	−0.009 4	−0.000 7	0.003 7	0.005 6	−0.001 5	−0.000 5	0.001 8
A074	6.180 8	0.005 7	−0.003 3	0.001 9	−0.003 3	−0.003 8	−0.005 8	0.001 0	0.013 3	−0.014 9	0.002 3	0.004 3	0.008 6	−0.002 1	−0.001 8	0.006 8
A075	6.470 2	0.004 2	−0.003 6	0.000 4	−0.002 4	0.001 2	−0.003 2	0.001 2	0.009 7	−0.010 2	−0.000 8	0.003 5	0.005 2	−0.001 6	−0.000 5	0.002 0
A076	6.167 8	0.006 1	−0.002 4	0.001 3	−0.003 0	−0.003 3	−0.004 8	0.000 6	0.012 7	−0.014 8	0.001 6	0.003 8	0.008 4	−0.002 0	−0.001 6	0.006 8
A077	5.539 3	0.003 7	−0.001 6	0.002 8	−0.003 2	−0.009 3	−0.002 1	0.000 7	0.014 9	−0.013 7	0.004 6	0.001 7	0.008 9	0.002 5	−0.002 6	0.012 4

续附表 5

小区编号	截距	X_{B3}	X_{B5}	X_{B6}	X_{B7}	X_{B8}	X_{B11}	X_{B12}	X_{B14}	X_{B15}	X_{B16}	X_{B17}	X_{B18}	X_{B19}	X_{B20}	X_{B21}
A078	5.636 1	0.005 9	-0.001 5	0.002 2	-0.003 8	-0.008 1	-0.004 3	0.000 4	0.014 2	-0.015 8	0.003 4	0.002 6	0.011 5	0.000 2	-0.002 7	0.012 7
A079	5.521 2	0.005 0	-0.001 9	0.002 7	-0.003 7	-0.009 1	-0.003 8	0.000 7	0.013 8	-0.014 2	0.004 1	0.002 3	0.011 2	0.001 3	-0.002 8	0.013 6
A080	6.179 9	0.005 8	-0.003 0	0.001 7	-0.003 2	-0.0035	-0.005 6	0.000 9	0.013 0	-0.014 8	0.002 0	0.004 2	0.008 5	-0.002 0	-0.001 7	0.006 6
A081	5.633 1	0.005 7	-0.001 5	0.002 3	-0.003 7	-0.008 2	-0.004 1	0.000 4	0.014 1	-0.015 5	0.003 5	0.002 5	0.011 3	0.000 4	-0.002 7	0.012 6
A084	5.317 7	0.005 9	-0.003 0	0.003 1	-0.004 2	-0.010 4	-0.005 3	0.001 1	0.014 1	-0.015 3	0.004 3	0.002 8	0.014 4	0.000 7	-0.003 6	0.017 2
A085	6.289 7	0.003 5	-0.005 4	0.002 0	-0.004 0	-0.001 2	-0.004 1	0.002 2	0.011 4	-0.010 6	0.001 9	0.004 9	0.008 1	-0.001 5	-0.002 0	0.002 2
A087	5.382 3	0.006 8	-0.003 7	0.003 2	-0.004 4	-0.010 9	-0.006 5	0.001 0	0.017 5	-0.019 5	0.004 2	0.003 6	0.015 4	-0.000 7	-0.003 8	0.018 2
A091	6.283 2	0.003 5	-0.005 5	0.001 8	-0.004 0	-0.001 0	-0.003 9	0.002 2	0.011 3	-0.010 4	0.001 8	0.004 8	0.008 2	-0.001 5	-0.002 0	0.002 1
A092	5.537 2	0.004 1	-0.001 7	0.002 8	-0.003 3	-0.009 3	-0.002 6	0.000 7	0.014 5	-0.013 8	0.004 4	0.001 8	0.009 6	0.002 2	-0.002 7	0.012 7
A093	5.388 3	0.006 1	-0.002 7	0.002 8	-0.004 2	-0.010 0	-0.005 4	0.000 9	0.014 5	-0.016 1	0.003 9	0.002 9	0.014 3	0.000 2	-0.003 4	0.016 6
A094	5.530 7	0.004 3	-0.001 7	0.002 8	-0.003 4	-0.009 3	-0.002 9	0.000 7	0.014 4	-0.013 9	0.004 4	0.001 9	0.010 0	0.002 0	-0.002 7	0.013 0
A097	6.301 3	0.005 8	-0.002 0	0.000 7	-0.002 7	-0.001 4	-0.003 8	0.000 5	0.010 9	-0.013 3	0.000 4	0.003 3	0.006 8	-0.001 7	-0.001 2	0.005 0
A098	6.360 2	0.004 0	-0.004 4	0.001 0	-0.003 2	0.000 3	-0.004 0	0.001 7	0.010 1	-0.010 2	0.000 4	0.004 3	0.006 8	-0.001 6	-0.001 0	0.002 2
A100	6.305 2	0.003 5	-0.005 0	0.000 8	-0.003 4	0.000 3	-0.003 0	0.002 1	0.009 9	-0.009 1	0.000 4	0.004 3	0.007 6	-0.001 4	-0.001 3	0.001 6
A101	5.490 6	0.004 7	-0.002 0	0.002 8	-0.003 6	-0.009 4	-0.003 5	0.000 8	0.014 0	-0.014 0	0.004 2	0.002 2	0.011 0	0.001 6	-0.002 9	0.013 8
A102	5.560 1	0.005 7	-0.002 0	0.002 6	-0.003 8	-0.008 7	-0.004 6	0.000 7	0.013 8	-0.015 0	0.003 7	0.002 7	0.012 0	0.000 4	-0.002 8	0.013 6
A103	5.516 3	0.004 9	-0.001 9	0.002 7	-0.003 6	-0.009 2	-0.003 7	0.000 7	0.013 9	-0.014 1	0.004 1	0.002 2	0.011 0	0.001 4	-0.002 8	0.013 6
A104	6.273 4	0.004 4	-0.004 9	0.003 7	-0.004 0	-0.004 9	-0.006 9	0.001 6	0.014 5	-0.014 8	0.003 8	0.005 3	0.008 3	-0.002 1	-0.002 3	0.006 4
A105	6.316 5	0.005 8	-0.001 6	0.000 5	-0.002 6	-0.001 0	-0.003 7	0.000 4	0.010 9	-0.013 4	0.000 1	0.003 0	0.006 4	-0.001 5	-0.001 2	0.004 9
A106	6.332 2	0.003 9	-0.004 7	0.001 4	-0.003 5	-0.000 3	-0.004 2	0.001 8	0.010 6	-0.010 4	0.001 0	0.004 5	0.007 3	-0.001 6	-0.001 3	0.002 3

续附表 5

小区编号	截距	X_{B3}	X_{B5}	X_{B6}	X_{B7}	X_{B8}	X_{B11}	X_{B12}	X_{B14}	X_{B15}	X_{B16}	X_{B17}	X_{B18}	X_{B19}	X_{B20}	X_{B21}
A107	5.716 9	0.006 2	−0.001 1	0.001 9	−0.003 7	−0.007 0	−0.004 3	0.000 2	0.014 8	−0.016 8	0.002 9	0.002 8	0.010 9	−0.000 4	−0.002 3	0.011 6
A110	5.728 0	0.006 2	−0.005 8	0.005 3	−0.004 5	−0.011 2	−0.008 2	0.001 8	0.018 0	−0.019 4	0.005 6	0.004 5	0.012 8	−0.000 9	−0.004 5	0.016 0
A111	5.642 4	0.004 5	−0.001 0	0.002 3	−0.003 3	−0.008 0	−0.002 5	0.000 4	0.014 4	−0.014 4	0.003 9	0.001 9	0.008 9	0.001 6	−0.002 5	0.011 5
A116	5.627 2	0.004 6	−0.001 2	0.002 4	−0.003 4	−0.008 3	−0.002 7	0.000 5	0.014 3	−0.014 4	0.003 9	0.001 9	0.009 4	0.001 5	−0.002 5	0.011 8
A117	5.749 8	0.005 1	−0.000 2	0.001 7	−0.003 2	−0.005 8	−0.002 6	0.000 1	0.014 2	−0.015 2	0.002 7	0.002 1	0.008 1	0.000 7	−0.002 0	0.010 1
A118	5.604 7	0.004 3	−0.001 3	0.002 5	−0.003 3	−0.008 6	−0.002 5	0.000 5	0.014 5	−0.014 1	0.004 1	0.001 8	0.009 2	0.001 8	−0.002 6	0.011 9
A119	5.644 8	0.004 8	−0.001 1	0.002 3	−0.003 4	−0.008 0	−0.003 0	0.000 4	0.014 2	−0.014 6	0.003 8	0.002 0	0.009 6	0.001 3	−0.002 5	0.011 7
A120	5.617 1	0.004 3	−0.001 2	0.002 5	−0.003 3	−0.008 4	−0.002 5	0.000 5	0.014 5	−0.014 2	0.004 1	0.001 8	0.009 0	0.001 8	−0.002 5	0.011 8
A121	5.553 9	0.003 9	−0.001 5	0.002 7	−0.003 2	−0.009 2	−0.002 2	0.000 7	0.014 8	−0.013 8	0.004 5	0.001 7	0.008 9	0.002 4	−0.002 6	0.012 3
A122	5.366 3	0.006 1	−0.002 8	0.002 8	−0.004 2	−0.010 2	−0.005 4	0.000 9	0.014 6	−0.016 2	0.004 0	0.002 9	0.014 5	0.000 3	−0.003 5	0.016 9
A123	5.345 5	0.006 2	−0.002 9	0.002 9	−0.004 3	−0.010 3	−0.005 5	0.000 9	0.014 6	−0.016 2	0.004 1	0.003 0	0.014 7	0.000 3	−0.003 6	0.017 2
A124	5.466 9	0.004 1	−0.002 0	0.002 9	−0.003 4	−0.009 7	−0.002 8	0.000 8	0.014 5	−0.013 7	0.004 5	0.001 9	0.010 2	0.002 3	−0.002 8	0.013 6
A126	6.282 4	0.003 5	−0.005 3	0.001 3	−0.003 8	−0.000 4	−0.003 3	0.002 2	0.010 5	−0.009 7	0.001 1	0.004 6	0.008 2	−0.001 5	−0.001 7	0.001 7
A127	6.284 5	0.003 5	−0.005 3	0.001 3	−0.003 8	−0.000 4	−0.003 5	0.002 2	0.010 6	−0.009 8	0.001 2	0.004 6	0.008 1	−0.001 5	−0.001 7	0.001 8
A128	6.397 0	0.004 5	−0.003 8	0.000 9	−0.002 9	0.000 2	−0.004 2	0.001 3	0.010 4	−0.011 1	0.000 3	0.004 0	0.006 4	−0.001 8	−0.000 9	0.002 6
A129	6.464 7	0.003 8	−0.003 9	0.000 2	−0.002 2	0.001 6	−0.002 6	0.001 4	0.009 4	−0.009 2	−0.001 2	0.003 4	0.004 8	−0.001 4	−0.000 2	0.001 8
A130	6.320 2	0.003 9	−0.004 9	0.002 2	−0.003 8	−0.001 5	−0.005 1	0.001 9	0.011 9	−0.011 8	0.002 1	0.004 9	0.007 6	−0.001 8	−0.001 7	0.003 0
A131	6.315 1	0.004 3	−0.004 7	0.002 5	−0.003 8	−0.002 5	−0.005 8	0.001 6	0.012 9	−0.013 3	0.002 6	0.005 0	0.007 7	−0.002 0	−0.001 8	0.004 1
A135	5.819 7	0.006 3	−0.004 1	0.003 4	−0.003 8	−0.009 1	−0.007 3	0.001 1	0.014 7	−0.016 4	0.004 1	0.004 7	0.012 2	−0.002 0	−0.003 1	0.013 6

续附表 5

小区编号	截距	X_{B3}	X_{B5}	X_{B6}	X_{B7}	X_{B8}	X_{B11}	X_{B12}	X_{B14}	X_{B15}	X_{B16}	X_{B17}	X_{B18}	X_{B19}	X_{B20}	X_{B21}
A136	5.345 6	0.006 3	-0.003 4	0.003 2	-0.004 3	-0.010 6	-0.005 9	0.001 1	0.014 9	-0.016 5	0.004 3	0.003 2	0.014 9	0.000 1	-0.003 7	0.017 6
A137	6.365 3	0.004 8	-0.003 6	0.001 1	-0.003 1	-0.000 7	-0.004 6	0.001 1	0.011 2	-0.012 3	0.000 8	0.004 1	0.006 9	-0.001 9	-0.001 1	0.003 4
A139	5.575 6	0.003 7	-0.001 3	0.002 7	-0.003 1	-0.008 9	-0.001 9	0.000 6	0.015 0	-0.013 9	0.004 4	0.001 6	0.008 4	0.002 4	-0.002 5	0.011 9
A140	6.338 2	0.003 3	-0.005 8	0.004 4	-0.004 5	-0.004 5	-0.006 6	0.002 1	0.014 4	-0.013 7	0.004 2	0.005 5	0.007 6	-0.001 7	-0.002 7	0.004 9
A141	6.483 6	0.005 1	-0.002 0	0.000 2	-0.002 4	0.000 4	-0.002 6	0.000 5	0.009 4	-0.011 5	-0.000 6	0.002 8	0.004 9	-0.001 4	-0.000 9	0.003 1
A143	6.225 8	0.004 5	-0.005 1	0.004 4	-0.004 3	-0.006 2	-0.007 8	0.001 8	0.014 4	-0.014 9	0.004 4	0.005 4	0.008 9	-0.001 8	-0.002 8	0.007 9
A145	6.303 0	0.005 9	-0.001 2	0.000 5	-0.002 5	-0.000 9	-0.003 5	0.000 3	0.011 5	-0.014 2	-0.000 1	0.002 8	0.006 2	-0.001 3	-0.001 2	0.005 1
A147	5.520 3	0.005 7	-0.002 1	0.002 6	-0.003 9	-0.009 0	-0.004 6	0.000 7	0.013 8	-0.014 9	0.003 8	0.002 6	0.012 3	0.000 6	-0.002 9	0.014 1
A148	6.282 2	0.005 9	0.000 0	0.000 4	-0.002 5	-0.000 8	-0.002 3	-0.000 1	0.012 8	-0.015 8	-0.000 5	0.002 2	0.005 2	-0.000 9	-0.001 2	0.005 5
A149	5.686 1	0.005 4	-0.001 0	0.002 1	-0.003 5	-0.007 4	-0.003 5	0.000 3	0.014 1	-0.015 3	0.003 3	0.002 3	0.010 1	0.000 5	-0.002 4	0.011 5
A150	6.315 4	0.003 3	-0.005 8	0.003 5	-0.004 4	-0.003 1	-0.005 4	0.002 2	0.013 4	-0.012 5	0.003 4	0.005 3	0.007 8	-0.001 6	-0.002 5	0.003 6
A151	5.555 4	0.005 7	-0.002 0	0.002 6	-0.003 8	-0.008 8	-0.004 6	0.000 7	0.013 8	-0.014 9	0.003 8	0.002 6	0.011 9	0.000 5	-0.002 8	0.013 6
A152	6.082 3	0.006 0	-0.003 3	0.002 2	-0.003 3	-0.005 4	-0.006 0	0.000 9	0.014 3	-0.016 0	0.002 8	0.004 4	0.009 5	-0.002 2	-0.002 0	0.008 6
A154	5.636 5	0.006 5	-0.001 8	0.002 1	-0.003 9	-0.008 2	-0.004 9	0.000 4	0.015 6	-0.017 7	0.003 3	0.003 0	0.012 5	-0.000 6	-0.002 7	0.013 3
A155	6.324 6	0.003 9	-0.004 8	0.001 6	-0.003 6	-0.000 7	-0.004 5	0.001 9	0.011 0	-0.010 8	0.001 4	0.004 6	0.007 5	-0.001 7	-0.001 5	0.002 5
A156	6.515 8	0.004 3	-0.003 4	0.000 2	-0.002 3	0.001 4	-0.002 6	0.001 0	0.009 6	-0.010 3	-0.001 0	0.003 3	0.004 6	-0.001 5	-0.000 4	0.002 0
A157	6.216 6	0.006 0	-0.002 3	0.001 0	-0.002 9	-0.002 6	-0.004 4	0.000 5	0.012 0	-0.014 2	0.001 2	0.003 6	0.007 8	-0.001 9	-0.001 4	0.006 1
A158	6.323 2	0.004 0	-0.004 8	0.002 3	-0.003 8	-0.001 7	-0.005 3	0.001 8	0.012 1	-0.012 2	0.002 2	0.004 9	0.007 6	-0.001 8	-0.001 7	0.003 3
A159	6.333 9	0.004 1	-0.004 6	0.001 7	-0.003 6	-0.000 9	-0.004 8	0.001 7	0.011 3	-0.011 4	0.001 5	0.004 6	0.007 3	-0.001 8	-0.001 4	0.002 8

续附表 5

小区编号	截距	X_{B3}	X_{B5}	X_{B6}	X_{B7}	X_{B8}	X_{B11}	X_{B12}	X_{B14}	X_{B15}	X_{B16}	X_{B17}	X_{B18}	X_{B19}	X_{B20}	X_{B21}
A160	6.506 6	0.003 6	−0.003 9	−0.000 1	−0.001 6	0.001 9	−0.001 7	0.001 4	0.009 5	−0.008 8	−0.020	0.002 9	0.003 6	−0.001 2	0.000 2	0.001 7
A161	6.285 3	0.003 3	−0.005 9	0.002 7	−0.004 4	−0.002 1	−0.004 4	0.002 3	0.012 5	−0.011 4	0.002 7	0.005 1	0.008 3	−0.001 5	−0.002 5	0.002 7
A162	6.272 1	0.003 3	−0.005 7	0.002 0	−0.004 2	−0.001 3	−0.003 8	0.002 3	0.011 5	−0.010 5	0.002 0	0.004 9	0.008 5	−0.001 5	−0.0022	0.002 1
A163	6.280 1	0.003 3	−0.005 7	0.002 2	−0.004 2	−0.001 6	−0.004 1	0.002 3	0.011 9	−0.010 8	0.002 3	0.005 0	0.008 3	−0.001 5	−0.002 3	0.002 3
A164	6.272 6	0.003 3	−0.005 8	0.002 2	−0.004 3	−0.001 5	−0.003 9	0.002 3	0.011 8	−0.010 7	0.002 2	0.005 0	0.008 5	−0.001 5	−0.002 3	0.002 2
A166	6.109 7	0.006 3	−0.001 8	0.001 2	−0.003 0	−0.003 4	−0.004 8	0.000 5	0.013 5	−0.015 9	0.001 4	0.003 5	0.008 5	−0.001 8	−0.001 6	0.007 4
A167	6.314 9	0.003 7	−0.005 2	0.002 5	−0.004 0	−0.001 9	−0.005 1	0.002 0	0.012 3	−0.011 9	0.002 5	0.005 0	0.007 7	−0.001 7	−0.001 9	0.003 1
A168	5.882 3	0.005 8	−0.004 6	0.004 0	−0.004 0	−0.009 3	−0.007 6	0.001 3	0.013 7	−0.015 0	0.004 5	0.005 0	0.011 8	−0.001 9	−0.003 4	0.013 4
A169	6.372 7	0.004 1	−0.004 2	0.000 9	−0.003 1	0.000 4	−0.004 0	0.001 6	0.010 1	−0.010 2	0.000 3	0.004 2	0.006 6	−0.001 6	−0.0009	0.002 2
A171	6.270 8	0.003 4	−0.005 4	0.001 1	−0.003 8	−0.000 2	−0.002 9	0.002 3	0.010 4	−0.009 3	0.000 9	0.004 5	0.008 4	−0.001 4	−0.0017	0.001 5
A172	5.375 4	0.006 9	−0.004 0	0.003 5	−0.004 4	−0.011 3	−0.006 7	0.001 1	0.018 4	−0.020 3	0.004 3	0.003 7	0.015 6	−0.000 9	−0.0040	0.018 8
A173	5.530 7	0.003 9	−0.001 7	0.002 8	−0.003 3	−0.009 4	−0.002 4	0.000 7	0.014 7	−0.013 8	0.004 5	0.001 8	0.009 3	0.002 4	−0.002 7	0.012 7
A174	5.364 1	0.006 7	−0.003 5	0.003 1	−0.004 4	−0.010 8	−0.006 2	0.001 0	0.016 6	−0.018 5	0.004 1	0.003 4	0.015 4	−0.000 5	−0.003 8	0.018 1
A175	5.361 9	0.005 8	−0.002 7	0.002 9	−0.004 1	−0.010 1	−0.005 1	0.000 9	0.014 1	−0.015 3	0.004 1	0.002 7	0.014 0	0.000 7	−0.0034	0.016 5
A177	5.301 9	0.005 8	−0.003 3	0.003 2	−0.004 2	−0.010 6	−0.005 4	0.001 2	0.014 0	−0.015 2	0.004 4	0.002 9	0.014 5	0.000 8	−0.0037	0.017 4
A180	6.261 6	0.004 3	−0.005 2	0.004 1	−0.004 2	−0.005 7	−0.007 3	0.001 7	0.014 4	−0.014 7	0.004 3	0.005 4	0.008 5	−0.002 0	−0.002 6	0.007 0
A181	5.538 9	0.004 4	−0.001 7	0.002 7	−0.003 4	−0.009 2	−0.002 9	0.000 7	0.014 3	−0.013 9	0.004 3	0.001 9	0.010 0	0.001 9	−0.002 7	0.012 9
A182	6.269 5	0.003 4	−0.005 4	0.000 9	−0.003 7	0.000 0	−0.002 7	0.002 3	0.010 2	−0.009 1	0.000 6	0.004 4	0.008 4	−0.001 4	−0.001 6	0.001 3
A184	5.892 3	0.006 4	−0.003 4	0.002 8	−0.003 6	−0.007 7	−0.006 8	0.000 9	0.015 9	−0.017 7	0.003 5	0.004 4	0.011 2	−0.002 1	−0.002 6	0.011 7

续附表 5

小区编号	截距	X_{B3}	X_{B5}	X_{B6}	X_{B7}	X_{B8}	X_{B11}	X_{B12}	X_{B14}	X_{B15}	X_{B16}	X_{B17}	X_{B18}	X_{B19}	X_{B20}	X_{B21}
A185	5.692 5	0.005 6	-0.001 0	0.002 0	-0.003 6	-0.007 2	-0.003 6	0.000 3	0.014 1	-0.015 5	0.003 2	0.002 4	0.010 2	0.000 4	-0.002 4	0.011 5
A187	5.602 7	0.005 5	-0.001 6	0.002 4	-0.003 7	-0.008 5	-0.004 0	0.000 5	0.014 0	-0.015 1	0.003 7	0.002 4	0.011 3	0.000 6	-0.002 7	0.012 9
A188	6.320 1	0.004 1	-0.004 8	0.002 6	-0.003 8	-0.002 3	-0.005 7	0.001 8	0.012 7	-0.012 9	0.002 6	0.005 0	0.007 6	-0.001 9	-0.001 8	0.003 8
A189	5.641 6	0.004 7	-0.001 1	0.002 3	-0.003 4	-0.008 1	-0.002 8	0.000 4	0.014 3	-0.014 5	0.003 8	0.002 0	0.009 4	0.001 4	-0.002 5	0.011 7
A191	6.330 7	0.003 7	-0.004 7	0.001 0	-0.003 4	0.000 1	-0.003 6	0.001 9	0.010 1	-0.009 7	0.000 6	0.004 4	0.007 2	-0.001 6	-0.001 2	0.001 9
A192	6.358 6	0.003 8	-0.004 5	0.000 8	-0.003 1	0.000 6	-0.003 5	0.001 8	0.009 8	-0.009 5	0.000 1	0.004 1	0.006 7	-0.001 5	-0.000 9	0.001 9
A193	6.369 4	0.003 9	-0.004 4	0.000 8	-0.003 0	0.000 6	-0.003 6	0.001 7	0.009 8	-0.009 7	0.000 1	0.004 1	0.006 6	-0.001 6	-0.000 9	0.002 0
A197	6.347 4	0.004 0	-0.004 5	0.001 3	-0.003 3	-0.000 2	-0.004 3	0.001 7	0.010 5	-0.010 6	0.000 9	0.004 4	0.007 1	-0.001 7	-0.001 2	0.002 4
A198	5.952 8	0.006 2	-0.003 6	0.002 8	-0.003 6	-0.007 3	-0.006 7	0.000 9	0.014 9	-0.016 6	0.003 5	0.004 6	0.010 8	-0.002 2	-0.002 5	0.011 0
A199	6.380 6	0.003 9	-0.004 3	0.000 6	-0.002 9	0.000 8	-0.003 4	0.001 7	0.009 7	-0.009 5	-0.000 2	0.004 0	0.006 3	-0.001 5	-0.000 8	0.001 9
A200	6.329 8	0.003 3	-0.006 1	0.005 3	-0.004 9	-0.005 9	-0.007 5	0.002 2	0.014 5	-0.013 8	0.004 9	0.005 7	0.007 9	-0.001 5	-0.003 3	0.006 5
A201	6.405 0	0.004 2	-0.004 0	0.000 7	-0.002 8	0.000 7	-0.003 8	0.001 4	0.009 9	-0.010 3	-0.000 1	0.004 0	0.006 1	-0.001 6	-0.000 7	0.002 2
A202	5.596 9	0.004 8	-0.001 5	0.002 5	-0.003 5	-0.008 6	-0.003 2	0.000 6	0.014 1	-0.014 4	0.004 0	0.002 1	0.010 2	0.001 4	-0.002 7	0.012 5
A203	6.287 6	0.003 5	-0.005 3	0.001 2	-0.003 8	-0.000 3	-0.003 4	0.002 2	0.010 5	-0.009 7	0.001 1	0.004 6	0.008 1	-0.001 5	-0.001 7	0.001 7
A204	5.649 4	0.006 3	-0.001 6	0.002 1	-0.003 8	-0.008 0	-0.004 7	0.000 3	0.015 0	-0.016 9	0.003 3	0.002 8	0.012 0	-0.000 4	-0.002 6	0.012 9
A205	6.330 5	0.003 2	-0.006 2	0.005 4	-0.004 9	-0.006 0	-0.007 5	0.002 2	0.014 5	-0.013 8	0.005 0	0.005 7	0.007 9	-0.001 5	-0.003 3	0.006 5
A206	6.336 3	0.003 2	-0.005 9	0.004 3	-0.004 5	-0.004 2	-0.006 3	0.002 2	0.014 3	-0.013 4	0.004 1	0.005 5	0.007 6	-0.001 7	-0.002 7	0.004 6
A207	6.251 1	0.005 5	-0.003 2	0.001 4	-0.003 1	-0.002 6	-0.005 0	0.000 8	0.012 5	-0.014 1	0.001 6	0.004 1	0.008 0	-0.002 1	-0.001 5	0.005 6
A208	6.390 6	0.005 6	-0.001 4	0.000 3	-0.002 5	-0.000 4	-0.002 8	0.000 3	0.010 1	-0.012 6	-0.000 3	0.002 7	0.005 6	-0.001 4	-0.001 1	0.004 2

续附表 5

小区编号	截距	X_{B3}	X_{B5}	X_{B6}	X_{B7}	X_{B8}	X_{B11}	X_{B12}	X_{B14}	X_{B15}	X_{B16}	X_{B17}	X_{B18}	X_{B19}	X_{B20}	X_{B21}
A210	5.914 4	0.005 4	−0.005 9	0.005 6	−0.004 6	−0.010 3	−0.008 5	0.001 9	0.015 0	−0.016 0	0.005 7	0.005 0	0.011 5	−0.001 1	−0.004 3	0.013 8
A211	6.324 9	0.004 1	−0.004 7	0.002 2	−0.003 7	−0.001 6	−0.005 3	0.001 7	0.012 1	−0.012 2	0.002 1	0.004 8	0.007 5	−0.001 9	−0.001 6	0.003 3
A213	6.324 1	0.003 8	−0.005 4	0.003 8	−0.004 2	−0.004 0	−0.006 6	0.001 9	0.014 1	−0.013 9	0.003 8	0.005 4	0.007 7	−0.001 9	−0.002 3	0.004 9
A214	6.361 6	0.004 4	−0.004 1	0.001 3	−0.003 2	−0.000 4	−0.004 6	0.001 4	0.010 9	−0.011 5	0.000 9	0.004 3	0.006 9	−0.001 8	−0.001 1	0.002 9
A215	5.971 1	0.006 4	−0.000 1	0.000 9	−0.003 1	−0.003 3	−0.003 5	0.000 0	0.014 8	−0.017 5	0.001 0	0.002 6	0.008 0	−0.000 9	−0.001 5	0.008 4
A216	5.891 0	0.0064	−0.000 3	0.001 2	−0.003 2	−0.004 2	−0.003 8	0.000 0	0.014 9	−0.017 3	0.001 5	0.002 7	0.008 8	−0.000 8	−0.001 7	0.009 2
A219	6.265 4	0.004 2	−0.005 2	0.004 1	−0.004 2	−0.005 6	−0.007 2	0.001 7	0.014 5	−0.014 8	0.004 2	0.005 4	0.008 5	−0.002 1	−0.002 5	0.007 0
A220	6.167 9	0.005 0	−0.004 7	0.003 8	−0.004 0	−0.006 3	−0.007 5	0.001 5	0.014 4	−0.015 3	0.004 1	0.005 2	0.009 3	−0.002 0	−0.002 6	0.008 4
A221	5.337 8	0.006 3	−0.003 2	0.003 1	−0.004 3	−0.010 5	−0.005 8	0.001 0	0.015 0	−0.016 7	0.004 2	0.003 1	0.015 1	0.000 1	−0.003 7	0.017 7
A222	5.672 2	0.005 8	−0.001 2	0.002 1	−0.003 7	−0.007 7	−0.004 0	0.000 3	0.014 3	−0.015 9	0.003 3	0.002 5	0.011 0	0.000 1	−0.002 5	0.012 1
A223	5.6977	0.005 8	−0.001 0	0.002 0	−0.003 6	−0.007 2	−0.003 9	0.000 3	0.014 2	−0.015 8	0.003 1	0.002 5	0.010 5	0.000 1	−0.002 4	0.011 6
A224	5.701 4	0.006 5	−0.001 5	0.001 9	−0.003 8	−0.007 5	−0.004 7	0.000 2	0.015 7	−0.017 9	0.003 0	0.003 0	0.011 7	−0.000 8	−0.002 5	0.012 3
A225	5.674 2	0.006 6	−0.001 7	0.002 0	−0.003 8	−0.007 9	−0.004 9	0.000 3	0.016 4	−0.018 6	0.003 1	0.003 1	0.012 3	−0.000 9	−0.002 6	0.012 9
A226	5.692 2	0.006 4	−0.001 4	0.002 0	−0.003 8	−0.007 5	−0.004 6	0.000 3	0.015 4	−0.017 5	0.003 1	0.002 9	0.011 6	−0.000 6	−0.002 5	0.012 3
A227	5.702 5	0.006 3	−0.001 3	0.001 9	−0.003 7	−0.007 3	−0.004 5	0.000 2	0.015 1	−0.017 1	0.003 0	0.002 9	0.011 3	−0.000 5	−0.002 4	0.012 0
A228	5.729 3	0.006 4	−0.001 2	0.001 8	−0.003 7	−0.006 9	−0.004 4	0.000 2	0.015 3	−0.017 5	0.002 8	0.002 9	0.011 0	−0.000 7	−0.002 3	0.011 6
A229	5.710 6	0.006 3	−0.0012	0.001 9	−0.003 7	−0.007 1	−0.004 4	0.000 2	0.015 0	−0.017 0	0.003 0	0.002 8	0.011 1	−0.000 5	−0.002 4	0.011 8
A230	5.678 6	0.006 2	−0.001 4	0.002 0	−0.003 8	−0.007 7	−0.004 5	0.000 3	0.014 9	−0.016 9	0.003 2	0.002 8	0.011 6	−0.000 4	−0.002 5	0.012 4
A231	5.252 2	0.006 7	−0.004 5	0.003 8	−0.004 5	−0.011 7	−0.006 5	0.001 5	0.016 5	−0.018 5	0.004 8	0.003 3	0.016 3	0.000 1	−0.004 6	0.019 7

续附表 5

小区编号	截距	X_{B3}	X_{B5}	X_{B6}	X_{B7}	X_{B8}	X_{B11}	X_{B12}	X_{B14}	X_{B15}	X_{B16}	X_{B17}	X_{B18}	X_{B19}	X_{B20}	X_{B21}
A232	5.546 4	0.006 7	-0.002 7	0.002 6	-0.004 1	-0.009 3	-0.005 9	0.000 6	0.016 8	-0.018 8	0.003 6	0.003 5	0.013 8	-0.000 9	-0.003 1	0.015 2
A233	5.470 4	0.005 2	-0.002 1	0.002 7	-0.003 8	-0.009 4	-0.004 2	0.000 8	0.013 8	-0.014 4	0.004 1	0.002 4	0.012 0	0.001 2	-0.003 0	0.014 4
A234	5.756 1	0.005 2	-0.000 2	0.001 7	-0.003 2	-0.005 7	-0.002 6	0.000 1	0.014 2	-0.015 3	0.002 7	0.002 1	0.008 1	0.000 7	-0.002 0	0.010 0
A235	5.786 3	0.006 7	-0.001 2	0.001 6	-0.003 5	-0.006 3	-0.004 6	0.000 1	0.016 7	-0.019 1	0.002 5	0.003 2	0.010 7	-0.001 3	-0.002 1	0.011 1
A241	6.077 0	0.006 1	-0.003 1	0.002 1	-0.003 3	-0.005 3	-0.005 8	0.000 8	0.014 2	-0.016 0	0.002 7	0.004 3	0.009 5	-0.002 2	-0.002 0	0.008 6
A242	6.270 9	0.003 4	-0.005 4	0.000 9	-0.003 8	-0.000 1	-0.002 8	0.002 3	0.010 2	-0.009 2	0.000 7	0.004 4	0.008 4	-0.001 4	-0.001 7	0.001 4
A243	6.342 6	0.004 9	-0.003 7	0.001 3	-0.003 2	-0.001 1	-0.004 8	0.001 1	0.011 6	-0.012 7	0.001 2	0.004 2	0.007 2	-0.002 0	-0.001 2	0.003 8
A244	6.511 0	0.004 5	-0.003 2	0.000 2	-0.002 4	0.001 2	-0.002 7	0.000 9	0.009 7	-0.010 7	-0.000 8	0.003 3	0.004 9	-0.001 6	-0.000 5	0.002 1
A245	6.077 1	0.005 7	-0.004 0	0.003 0	-0.003 6	-0.006 4	-0.006 9	0.001 2	0.014 6	-0.015 9	0.003 6	0.004 8	0.009 8	-0.002 2	-0.002 4	0.009 3
A246	5.512 2	0.005 8	-0.002 2	0.002 6	-0.003 9	-0.009 1	-0.004 8	0.000 7	0.013 9	-0.015 1	0.003 8	0.002 7	0.012 6	0.000 4	-0.003 0	0.014 4
A247	5.225 6	0.006 2	-0.004 2	0.003 6	-0.004 4	-0.011 4	-0.006 0	0.001 5	0.015 0	-0.016 7	0.004 8	0.003 0	0.015 9	0.000 7	-0.004 3	0.019 1
A248	6.432 4	0.005 4	-0.001 6	0.000 2	-0.002 4	-0.000 2	-0.002 4	0.000 3	0.009 7	-0.012 0	-0.000 4	0.002 7	0.005 3	-0.001 4	-0.001 0	0.003 8
A252	5.323 4	0.005 1	-0.002 7	0.003 0	-0.004 0	-0.010 3	-0.004 4	0.001 1	0.014 0	-0.014 4	0.004 4	0.002 4	0.013 2	0.001 5	-0.003 3	0.016 3
A253	6.156 4	0.005 1	-0.004 5	0.003 4	-0.003 8	-0.006 1	-0.007 0	0.001 3	0.014 4	-0.015 4	0.003 8	0.005 1	0.009 4	-0.002 2	-0.002 4	0.008 4
A255	6.375 7	0.005 6	-0.001 5	0.000 4	-0.002 5	-0.000 5	-0.003 0	0.000 4	0.010 3	-0.012 8	-0.000 2	0.002 8	0.005 8	-0.001 4	-0.001 1	0.004 4
A258	6.091 5	0.004 6	-0.006 2	0.006 0	-0.004 9	-0.009 3	-0.008 8	0.002 0	0.014 1	-0.014 6	0.005 8	0.005 4	0.010 2	-0.001 1	-0.004 1	0.011 6
A259	5.774 2	0.006 8	-0.003 0	0.002 5	-0.003 7	-0.008 1	-0.006 4	0.000 7	0.018 9	-0.020 9	0.003 4	0.004 1	0.012 0	-0.001 9	-0.002 6	0.012 9
A261	5.982 9	0.005 2	-0.006 0	0.005 9	-0.004 8	-0.010 0	-0.008 7	0.002 0	0.015 7	-0.016 6	0.005 8	0.005 1	0.011 0	-0.001 0	-0.004 3	0.013 1
A262	6.313 4	0.003 5	-0.005 5	0.003 0	-0.004 2	-0.002 5	-0.005 3	0.002 1	0.012 8	-0.012 2	0.002 9	0.005 2	0.007 8	-0.001 7	-0.002 2	0.003 3

续附表 5

小区编号	截距	X_{B3}	X_{B5}	X_{B6}	X_{B7}	X_{B8}	X_{B11}	X_{B12}	X_{B14}	X_{B15}	X_{B16}	X_{B17}	X_{B18}	X_{B19}	X_{B20}	X_{B21}
A263	6.316 6	0.004 1	-0.005 0	0.003 1	-0.004 0	-0.003 1	-0.006 1	0.001 8	0.013 4	-0.013 5	0.003 1	0.005 2	0.007 7	-0.002 0	-0.002 0	0.004 4
A264	5.374 3	0.005 6	-0.002 6	0.002 8	-0.004 1	-0.010 0	-0.004 8	0.000 9	0.013 9	-0.014 9	0.004 1	0.002 6	0.013 5	0.000 9	-0.003 3	0.016 1
A265	5.915 8	0.006 0	0.000 1	0.001 1	-0.003 1	-0.003 6	-0.003 2	0.000 0	0.014 2	-0.016 5	0.001 3	0.002 4	0.007 8	-0.000 3	-0.001 6	0.008 6
A266	5.531 4	0.004 5	-0.001 8	0.002 7	-0.003 5	-0.009 2	-0.003 1	0.000 7	0.014 2	-0.014 0	0.004 3	0.002 0	0.010 3	0.001 8	-0.002 8	0.013 1
A267	6.292 0	0.003 5	-0.005 2	0.001 4	-0.003 8	-0.000 5	-0.003 7	0.002 1	0.010 7	-0.009 9	0.001 3	0.004 6	0.008 0	-0.001 5	-0.001 7	0.001 9
A269	6.334 8	0.005 8	-0.001 1	0.000 4	-0.002 5	-0.000 7	-0.003 3	0.000 3	0.011 1	-0.013 8	-0.000 2	0.002 7	0.005 8	-0.001 3	-0.001 1	0.004 8
A272	6.399 5	0.004 0	-0.004 1	0.000 7	-0.002 8	0.000 8	-0.003 6	0.001 5	0.009 8	-0.009 9	-0.000 2	0.004 0	0.006 1	-0.001 6	-0.000 7	0.002 1
A273	5.561 3	0.004 6	-0.001 6	0.002 7	-0.003 5	-0.009 0	-0.003 1	0.000 6	0.014 2	-0.014 1	0.004 2	0.002 0	0.010 2	0.001 7	-0.002 7	0.012 8
A274	6.287 6	0.003 5	-0.005 5	0.002 0	-0.004 1	-0.001 2	-0.004 1	0.002 2	0.011 5	-0.010 7	0.002 0	0.004 9	0.008 2	-0.001 5	-0.002 0	0.002 2
A275	6.076 9	0.005 8	-0.003 8	0.002 7	-0.003 5	-0.006 0	-0.006 6	0.001 0	0.014 6	-0.016 0	0.003 3	0.004 7	0.009 7	-0.002 2	-0.002 3	0.009 0
A276	6.404 2	0.005 2	-0.002 8	0.000 5	-0.002 8	-0.000 6	-0.003 3	0.000 6	0.010 8	-0.012 6	0.000 3	0.003 4	0.006 4	-0.001 9	-0.001 0	0.003 6
A277	6.198 7	0.005 8	-0.002 9	0.001 5	-0.003 1	-0.003 0	-0.005 3	0.000 8	0.012 6	-0.014 5	0.001 7	0.004 0	0.008 3	-0.002 0	-0.001 6	0.006 3
A278	5.675 3	0.004 8	-0.000 8	0.002 1	-0.003 3	-0.007 4	-0.002 6	0.000 3	0.014 3	-0.014 7	0.003 6	0.002 0	0.008 9	0.001 2	-0.002 4	0.011 2
A279	5.373 9	0.006 7	-0.003 2	0.002 9	-0.004 3	-0.010 6	-0.006 0	0.000 9	0.016 4	-0.018 5	0.004 0	0.003 3	0.015 4	-0.000 5	-0.003 7	0.017 8
A280	5.545 4	0.004 2	-0.001 7	0.002 7	-0.003 4	-0.009 2	-0.002 7	0.000 7	0.014 4	-0.013 9	0.004 4	0.001 9	0.009 7	0.002 0	-0.002 7	0.012 7
A282	6.248 5	0.004 4	-0.005 0	0.003 9	-0.004 1	-0.005 6	-0.007 2	0.001 6	0.014 5	-0.014 9	0.004 1	0.005 4	0.008 6	-0.002 1	-0.002 5	0.007 2
A285	6.069 7	0.005 6	-0.004 2	0.003 3	-0.003 7	-0.006 7	-0.007 1	0.001 2	0.014 6	-0.015 9	0.003 8	0.004 9	0.010 0	-0.002 1	-0.002 5	0.009 6
A286	6.258 6	0.006 0	-0.001 6	0.000 7	-0.002 7	-0.001 5	-0.004 1	0.000 4	0.011 6	-0.014 2	0.000 4	0.003 1	0.006 9	-0.001 5	-0.001 3	0.005 6
A287	6.292 1	0.005 8	-0.002 1	0.000 7	-0.002 8	-0.001 6	-0.003 9	0.000 5	0.011 1	-0.013 4	0.000 6	0.003 3	0.007 0	-0.001 7	-0.001 3	0.005 1

续附表 5

小区编号	截距	X_{B3}	X_{B5}	X_{B6}	X_{B7}	X_{B8}	X_{B11}	X_{B12}	X_{B14}	X_{B15}	X_{B16}	X_{B17}	X_{B18}	X_{B19}	X_{B20}	X_{B21}
A288	6.190 9	0.006 0	−0.002 4	0.001 2	−0.003 0	−0.003 0	−0.004 6	0.000 6	0.012 4	−0.014 6	0.001 4	0.003 7	0.008 1	−0.002 0	−0.001 5	0.006 5
A289	6.143 7	0.006 0	−0.002 7	0.001 5	−0.003 1	−0.003 9	−0.005 2	0.000 7	0.013 2	−0.015 2	0.002 0	0.004 0	0.008 7	−0.002 1	−0.001 7	0.007 2
A290	6.124 3	0.005 9	−0.003 2	0.002 0	−0.003 3	−0.004 6	−0.005 8	0.000 9	0.013 8	−0.015 5	0.002 5	0.004 3	0.009 1	−0.002 2	−0.001 9	0.007 7
A291	6.140 9	0.005 5	−0.003 9	0.002 8	−0.003 6	−0.005 4	−0.006 5	0.001 1	0.014 3	−0.015 6	0.003 2	0.004 7	0.009 2	−0.002 2	−0.002 2	0.008 0
A292	6.115 4	0.005 3	−0.004 5	0.003 6	−0.003 9	−0.006 6	−0.007 3	0.001 4	0.014 4	−0.015 6	0.004 0	0.005 0	0.009 7	−0.002 0	−0.002 6	0.009 1
A293	6.241 3	0.005 8	−0.002 6	0.001 1	−0.002 9	−0.002 2	−0.004 8	0.000 7	0.011 8	−0.013 9	0.001 1	0.003 7	0.007 7	−0.001 9	−0.001 4	0.005 7
A294	6.239 7	0.005 7	−0.002 8	0.001 2	−0.003 0	−0.002 4	−0.004 9	0.000 8	0.012 0	−0.014 0	0.001 3	0.003 9	0.007 9	−0.002 0	−0.001 4	0.005 7
A295	6.440 9	0.004 3	−0.003 7	0.000 5	−0.002 6	0.000 9	−0.003 5	0.001 3	0.009 8	−0.010 4	−0.000 4	0.003 7	0.005 7	−0.001 6	−0.000 6	0.002 2
A296	6.280 1	0.003 4	−0.005 3	0.000 6	−0.003 5	0.000 4	−0.002 4	0.002 2	0.009 9	−0.008 7	0.000 1	0.004 2	0.008 1	−0.001 3	−0.001 4	0.001 2
A297	6.097 7	0.005 8	−0.003 7	0.002 6	−0.003 5	−0.005 7	−0.006 5	0.001 0	0.014 4	−0.015 9	0.003 2	0.004 6	0.009 5	−0.002 2	−0.002 2	0.008 6
A298	5.375 8	0.004 7	−0.002 4	0.003 0	−0.003 8	−0.010 0	−0.003 8	0.001 0	0.014 1	−0.014 0	0.004 4	0.002 2	0.012 0	0.001 8	−0.003 1	0.015 2
A299	6.115 3	0.006 1	−0.002 8	0.001 7	−0.003 2	−0.004 4	−0.005 4	0.000 7	0.013 6	−0.015 6	0.002 3	0.004 1	0.009 0	−0.002 2	−0.001 8	0.007 8
A301	6.447 1	0.003 6	−0.004 1	0.000 1	−0.002 2	0.001 6	−0.002 3	0.001 5	0.009 4	−0.008 9	−0.001 3	0.003 4	0.004 9	−0.001 4	−0.000 2	0.001 7
A304	6.076 5	0.005 7	−0.003 9	0.002 9	−0.003 6	−0.006 2	−0.006 7	0.001 1	0.014 6	−0.016 0	0.003 5	0.004 7	0.009 8	−0.002 2	−0.002 3	0.009 2
A305	6.329 3	0.004 7	−0.004 0	0.001 6	−0.003 3	−0.001 5	−0.005 2	0.001 3	0.011 9	−0.012 8	0.001 6	0.004 5	0.007 4	−0.002 0	−0.001 4	0.003 9
A306	6.315 6	0.003 9	−0.005 2	0.003 8	−0.004 2	−0.004 2	−0.006 7	0.001 8	0.014 2	−0.014 2	0.003 8	0.005 4	0.007 8	−0.002 0	−0.002 3	0.005 3

附表 6　开封市住宅小区均价 *GWR* 模型估计结果(2005～2009 年)

小区编号	截距	X_{B3}	X_{B5}	X_{B6}	X_{B7}	X_{B8}	X_{B11}	X_{B12}	X_{B14}	X_{B15}	X_{B16}	X_{B17}	X_{B18}	X_{B19}	X_{B20}	X_{B21}
A001	8.833 8	0.001 6	−0.005 8	0.001 4	0.001 3	−0.009 4	0.009 7	−0.001 6	0.002 2	0.006 9	0.002 0	0.004 8	−0.021 8	−0.001 6	−0.001 3	−0.008 2
A002	7.703 7	0.003 4	−0.005 2	0.002 1	−0.002 2	−0.009 8	0.009 2	−0.000 9	0.004 2	0.006 4	−0.000 5	0.006 5	−0.016 7	−0.001 2	−0.001 0	0.003 2
A003	7.849 0	0.004 5	−0.006 4	0.002 0	−0.003 4	−0.011 9	0.009 4	−0.000 6	0.002 0	0.009 8	−0.002 4	0.007 3	−0.017 1	−0.000 8	−0.000 2	0.002 6
A004	7.437 4	0.004 2	−0.004 1	0.001 3	−0.003 4	−0.008 2	0.008 0	−0.000 6	0.003 3	0.005 5	−0.002 0	0.006 6	−0.013 8	−0.000 6	−0.000 8	0.004 2
A005	6.424 5	0.002 7	0.000 5	0.001 5	−0.003 7	0.001 2	0.008 2	−0.000 6	0.009 1	−0.000 8	−0.001 8	0.004 6	−0.013 1	0.000 1	−0.002 2	0.009 6
A006	7.275 1	0.002 7	−0.003 0	0.001 8	−0.002 0	−0.006 3	0.008 8	−0.001 0	0.006 2	0.003 4	0.000 1	0.005 9	−0.015 7	−0.001 3	−0.001 6	0.005 3
A007	6.394 1	0.003 1	0.000 1	0.001 0	−0.004 3	0.001 7	0.008 4	−0.000 4	0.008 8	−0.000 1	−0.002 8	0.005 1	−0.013 0	0.000 3	−0.001 8	0.009 4
A008	5.688 1	0.004 6	−0.001 3	−0.001 1	−0.005 6	0.003 1	0.012 2	0.000 1	0.011 1	0.000 8	−0.005 0	0.005 4	−0.010 7	0.000 2	−0.002 3	0.015 0
A009	9.046 8	0.001 4	−0.005 6	0.001 0	0.001 7	−0.009 0	0.009 3	−0.001 7	0.000 9	0.007 2	0.002 1	0.004 6	−0.022 1	−0.001 6	−0.001 2	−0.010 6
A010	6.506 3	0.001 8	−0.000 3	0.001 3	−0.001 0	0.000 1	0.009 8	−0.001 0	0.010 5	0.000 8	−0.000 2	0.005 1	−0.017 4	−0.001 5	−0.002 1	0.010 3
A011	6.057 7	0.002 8	0.001 0	0.001 0	−0.004 4	0.004 0	0.009 1	−0.000 4	0.010 7	−0.001 2	−0.003 1	0.004 6	−0.013 2	0.000 5	−0.002 2	0.011 8
A012	5.773 6	0.003 4	0.000 4	0.000 1	−0.004 9	0.004 3	0.010 7	−0.000 1	0.011 6	−0.000 5	−0.004 1	0.004 9	−0.012 4	0.000 5	−0.002 4	0.014 2
A013	6.125 9	0.005 8	−0.002 7	−0.002 4	−0.005 8	0.001 3	0.011 7	0.000 4	0.007 9	0.002 6	−0.006 2	0.006 3	−0.010 0	0.000 3	−0.001 2	0.010 6
A014	6.052 4	0.006 2	−0.003 2	−0.002 9	−0.005 9	0.001 1	0.012 4	0.000 4	0.008 1	0.002 8	−0.006 5	0.006 4	−0.009 4	0.000 2	−0.001 3	0.011 2
A015	8.402 5	0.001 4	−0.005 3	0.001 4	0.001 4	−0.007 6	0.010 5	−0.001 6	0.003 7	0.006 7	0.002 1	0.005 2	−0.022 5	−0.002 1	−0.001 3	−0.004 7
A016	7.321 6	0.001 6	−0.004 4	0.001 9	0.000 5	−0.005 9	0.012 0	−0.001 4	0.008 2	0.006 1	0.001 7	0.006 1	−0.022 0	−0.002 7	−0.001 3	0.005 1
A017	6.062 6	0.006 0	−0.003 0	−0.002 7	−0.005 8	0.001 2	0.012 2	0.000 4	0.008 2	0.002 7	−0.006 3	0.006 3	−0.009 6	0.000 2	−0.001 3	0.011 1
A018	6.156 1	0.002 3	0.001 3	0.001 4	−0.003 4	0.003 5	0.008 7	−0.000 6	0.010 9	−0.001 6	−0.002 2	0.004 3	−0.014 0	0.000 1	−0.002 5	0.011 6

续附表 6

小区编号	截距	X_{B3}	X_{B5}	X_{B6}	X_{B7}	X_{B8}	X_{B11}	X_{B12}	X_{B14}	X_{B15}	X_{B16}	X_{B17}	X_{B18}	X_{B19}	X_{B20}	X_{B21}
A019	7.767 3	0.001 9	−0.005 3	0.002 3	−0.000 1	−0.008 8	0.011 2	−0.001 3	0.006 6	0.006 2	0.001 8	0.005 9	−0.020 7	−0.002 1	−0.001 5	0.002 0
A020	5.834 7	0.006 4	−0.003 8	−0.003 1	−0.006 2	0.001 1	0.013 6	0.000 5	0.009 2	0.002 8	−0.006 5	0.006 3	−0.008 5	−0.000 1	−0.001 8	0.013 3
A021	5.849 9	0.005 2	−0.002 0	−0.001 8	−0.005 7	0.002 3	0.012 2	0.000 2	0.009 8	0.001 5	−0.005 6	0.005 8	−0.010 2	0.000 2	−0.001 8	0.013 3
A022	6.123 7	0.007 5	−0.005 1	−0.004 4	−0.006 1	−0.000 2	0.013 6	0.000 7	0.007 0	0.004 4	−0.007 5	0.007 0	−0.008 1	−0.000 1	−0.001 0	0.010 4
A023	8.620 3	0.002 8	−0.006 1	0.001 5	−0.000 5	−0.011 1	0.009 3	−0.001 2	0.001 2	0.008 5	0.000 0	0.005 6	−0.019 8	−0.001 1	−0.000 9	−0.005 2
A024	8.484 8	0.003 0	−0.006 3	0.001 7	−0.001 0	−0.011 5	0.009 6	−0.001 1	0.002 0	0.008 5	−0.000 2	0.005 9	−0.019 5	−0.001 1	−0.000 9	−0.003 5
A025	7.014 7	0.001 5	−0.003 9	0.001 5	0.000 9	−0.003 8	0.012 4	−0.001 3	0.009 4	0.005 9	0.001 3	0.006 3	−0.022 7	−0.003 0	−0.001 3	0.007 4
A026	7.513 5	0.001 2	−0.004 7	0.001 4	0.001 6	−0.004 7	0.012 3	−0.001 6	0.007 6	0.006 6	0.001 7	0.005 8	−0.023 7	−0.002 9	−0.001 2	0.003 0
A027	6.343 5	0.003 1	0.000 3	0.001 0	−0.004 5	0.002 1	0.008 4	−0.000 4	0.009 0	−0.000 5	−0.002 9	0.005 0	−0.012 6	0.000 4	−0.001 9	0.009 6
A028	6.230 4	0.007 4	−0.004 8	−0.004 2	−0.005 9	−0.000 3	0.013 0	0.000 7	0.006 5	0.004 5	−0.007 5	0.007 0	−0.008 6	0.000 0	−0.000 8	0.009 4
A029	5.529 5	0.004 4	−0.001 2	−0.000 9	−0.005 5	0.003 2	0.012 7	0.000 1	0.012 1	0.000 6	−0.004 7	0.005 2	−0.010 7	0.000 1	−0.002 6	0.016 7
A030	6.884 0	0.005 1	−0.002 8	−0.000 5	−0.005 1	−0.002 2	0.008 3	0.000 1	0.004 3	0.004 1	−0.004 8	0.006 8	−0.011 9	0.000 4	−0.000 3	0.005 2
A031	7.117 7	0.001 5	−0.004 0	0.001 6	0.000 8	−0.004 6	0.012 2	−0.001 4	0.008 9	0.005 9	0.001 4	0.006 2	−0.022 4	−0.002 9	−0.001 3	0.006 6
A032	7.298 0	0.003 1	−0.003 3	0.001 7	−0.002 4	−0.006 7	0.008 6	−0.000 8	0.005 5	0.003 9	−0.000 5	0.006 1	−0.015 2	−0.001 1	−0.001 3	0.005 3
A033	6.245 2	0.005 5	−0.002 4	−0.002 0	−0.005 6	0.001 1	0.010 9	0.000 3	0.007 4	0.002 6	−0.005 9	0.006 4	−0.010 5	0.000 4	−0.001 0	0.009 6
A034	5.786 7	0.006 0	−0.003 2	−0.002 7	−0.006 1	0.001 5	0.013 3	0.000 4	0.009 7	0.002 3	−0.006 1	0.006 1	−0.009 0	0.000 0	−0.001 9	0.013 9
A035	8.924 3	0.001 2	−0.005 4	0.000 9	0.001 9	−0.008 0	0.009 6	−0.001 8	0.001 4	0.007 0	0.002 2	0.004 6	−0.022 6	−0.001 8	−0.001 2	−0.009 8
A036	8.893 4	0.002 7	−0.006 0	0.001 1	−0.000 2	−0.011 2	0.008 8	−0.001 2	−0.000 4	0.009 1	0.000 1	0.005 3	−0.020 0	−0.001 0	−0.000 8	−0.008 0

续附表 6

小区编号	截距	X_{B3}	X_{B5}	X_{B6}	X_{B7}	X_{B8}	X_{B11}	X_{B12}	X_{B14}	X_{B15}	X_{B16}	X_{B17}	X_{B18}	X_{B19}	X_{B20}	X_{B21}
A037	5.831 5	0.004 9	-0.001 7	-0.001 6	-0.005 7	0.002 6	0.012 0	0.000 2	0.010 1	0.001 3	-0.005 4	0.005 7	-0.010 5	0.000 3	-0.001 9	0.013 5
A038	5.873 2	0.005 1	-0.001 9	-0.001 8	-0.005 7	0.002 3	0.012 1	0.000 2	0.009 7	0.001 5	-0.005 6	0.005 8	-0.010 3	0.000 3	-0.001 8	0.013 1
A040	5.806 1	0.006 6	-0.004 1	-0.003 3	-0.006 4	0.000 9	0.013 9	0.000 6	0.009 3	0.003 0	-0.006 6	0.006 3	-0.008 2	-0.000 1	-0.001 8	0.013 6
A041	6.563 1	0.007 6	-0.005 0	-0.004 1	-0.005 6	-0.001 5	0.011 8	0.000 7	0.004 5	0.005 6	-0.007 6	0.007 5	-0.009 4	0.000 1	-0.000 2	0.006 4
A042	6.126 7	0.005 1	-0.001 8	-0.001 5	-0.005 6	0.001 9	0.010 9	0.000 2	0.008 4	0.001 8	-0.005 5	0.006 0	-0.010 8	0.000 4	-0.001 4	0.010 7
A043	6.420 4	0.005 2	-0.002 1	-0.001 4	-0.005 5	0.000 7	0.009 9	0.000 2	0.006 7	0.002 6	-0.005 5	0.006 4	-0.011 1	0.000 5	-0.000 8	0.008 2
A045	5.686 5	0.005 4	-0.002 4	-0.002 0	-0.006 0	0.002 2	0.013 1	0.000 3	0.010 6	0.001 6	-0.005 6	0.005 8	-0.009 6	0.000 1	-0.002 2	0.015 0
A046	7.698 7	0.001 6	-0.005 2	0.002 1	0.000 6	-0.007 8	0.011 8	-0.001 4	0.007 2	0.006 4	0.002 1	0.005 8	-0.021 9	-0.002 4	-0.001 5	0.002 3
A047	7.713 3	0.003 6	-0.005 2	0.002 0	-0.002 5	-0.010 0	0.009 0	-0.000 9	0.003 9	0.006 6	-0.000 8	0.006 6	-0.016 4	-0.001 1	-0.000 9	0.003 1
A048	6.367 2	0.005 7	-0.002 6	-0.002 0	-0.005 6	0.000 6	0.010 6	0.000 3	0.006 7	0.003 0	-0.006 0	0.006 5	-0.010 6	0.000 4	-0.000 8	0.008 5
A049	6.158 8	0.007 4	-0.004 8	-0.004 2	-0.006 0	-0.000 1	0.013 3	0.000 7	0.006 9	0.004 3	-0.007 4	0.007 0	-0.008 4	-0.000 1	-0.001 0	0.010 1
A050	5.843 2	0.005 2	-0.002 0	-0.001 8	-0.005 8	0.002 3	0.012 3	0.000 2	0.009 9	0.001 5	-0.005 6	0.005 8	-0.010 1	0.000 2	-0.001 9	0.013 4
A051	6.350 0	0.001 8	0.000 3	0.001 3	-0.001 0	0.001 6	0.009 7	-0.000 9	0.011 3	0.000 1	-0.000 6	0.004 8	-0.017 4	-0.001 3	-0.002 3	0.011 3
A052	5.667 4	0.005 2	-0.002 2	-0.001 8	-0.005 9	0.002 4	0.013 0	0.000 3	0.010 9	0.001 4	-0.005 4	0.005 7	-0.009 8	0.000 1	-0.002 2	0.015 2
A053	6.301 5	0.004 5	-0.001 2	-0.000 7	-0.005 4	0.001 7	0.009 7	0.000 1	0.007 9	0.001 5	-0.004 9	0.006 0	-0.011 6	0.000 5	-0.001 2	0.009 3
A054	7.491 3	0.004 4	-0.004 5	0.001 3	-0.003 5	-0.008 9	0.008 2	-0.000 5	0.002 8	0.006 5	-0.002 3	0.006 9	-0.014 3	-0.000 6	-0.000 5	0.004 0
A055	6.606 4	0.003 5	-0.000 7	0.000 9	-0.004 6	-0.000 1	0.008 0	-0.000 3	0.007 2	0.000 9	-0.002 9	0.005 5	-0.012 4	0.000 3	-0.001 4	0.007 9
A056	5.768 6	0.004 0	-0.000 4	-0.000 5	-0.005 3	0.003 6	0.011 3	0.000 0	0.011 1	0.000 2	-0.004 6	0.005 2	-0.011 6	0.000 4	-0.002 2	0.014 2

续附表 6

小区编号	截距	X_{B3}	X_{B5}	X_{B6}	X_{B7}	X_{B8}	X_{B11}	X_{B12}	X_{B14}	X_{B15}	X_{B16}	X_{B17}	X_{B18}	X_{B19}	X_{B20}	X_{B21}
A057	5.624 8	0.005 2	-0.002 3	-0.001 8	-0.005 9	0.002 3	0.013 2	0.000 3	0.011 1	0.001 4	-0.005 4	0.005 7	-0.009 7	0.000 0	-0.002 3	0.015 6
A058	8.826 0	0.001 1	-0.005 3	0.000 8	0.002 1	-0.007 2	0.009 8	-0.001 8	0.001 6	0.007 0	0.002 2	0.004 7	-0.023 0	-0.001 9	-0.001 2	-0.009 1
A059	8.792 2	0.001 8	-0.005 8	0.001 4	0.001 0	-0.009 5	0.009 6	-0.001 6	0.002 0	0.007 1	0.001 7	0.005 0	-0.021 4	-0.001 6	-0.001 2	-0.007 7
A060	8.731 6	0.002 6	-0.006 0	0.001 3	-0.000 2	-0.010 8	0.009 0	-0.001 3	0.000 5	0.008 6	0.000 2	0.005 4	-0.020 0	-0.001 1	-0.000 8	-0.006 5
A061	5.636 1	0.002 7	0.001 1	0.000 7	-0.003 9	0.005 0	0.010 7	-0.000 2	0.013 0	-0.001 0	-0.003 5	0.004 5	-0.014 0	0.000 3	-0.002 7	0.016 1
A062	5.957 5	0.006 7	-0.004 1	-0.003 5	-0.006 2	0.000 8	0.013 4	0.000 6	0.008 4	0.003 3	-0.006 8	0.006 5	-0.008 5	0.000 0	-0.001 5	0.012 1
A063	8.069 8	0.002 3	-0.006 1	0.002 4	-0.000 4	-0.010 4	0.010 8	-0.001 3	0.005 5	0.006 8	0.001 3	0.005 9	-0.020 4	-0.001 8	-0.001 4	0.000 0
A064	7.677 7	0.004 1	-0.005 0	0.001 7	-0.003 0	-0.009 9	0.008 4	-0.000 7	0.003 3	0.006 3	-0.001 4	0.006 6	-0.015 1	-0.000 9	-0.000 9	0.003 0
A065	5.506 3	0.003 5	0.000 0	0.000 0	-0.004 7	0.004 2	0.011 9	-0.000 1	0.013 0	-0.000 3	-0.004 1	0.004 8	-0.012 6	0.000 2	-0.002 8	0.017 3
A066	8.713 4	0.002 8	-0.006 1	0.001 4	-0.000 4	-0.011 1	0.009 1	-0.001 2	0.000 6	0.008 7	0.000 0	0.005 5	-0.019 8	-0.001 1	-0.000 8	-0.006 1
A067	5.889 3	0.001 9	0.001 9	0.001 4	-0.002 7	0.005 6	0.009 2	-0.000 5	0.012 8	-0.002 0	-0.002 5	0.003 9	-0.015 5	0.000 1	-0.002 8	0.014 0
A068	8.529 3	0.003 0	-0.006 3	0.001 7	-0.000 9	-0.011 4	0.009 5	-0.001 1	0.001 7	0.008 6	-0.000 2	0.005 8	-0.019 6	-0.001 1	-0.000 9	-0.004 0
A069	6.184 9	0.005 6	-0.002 4	-0.002 1	-0.005 7	0.001 3	0.011 2	0.000 3	0.007 8	0.002 5	-0.006 0	0.006 3	-0.010 3	0.000 4	-0.001 1	0.010 1
A070	8.278 7	0.002 7	-0.006 2	0.002 0	-0.000 8	-0.010 7	0.010 1	-0.001 2	0.003 4	0.007 8	0.000 4	0.005 9	-0.019 9	-0.001 4	-0.001 0	-0.001 8
A071	7.763 7	0.002 0	-0.005 3	0.002 4	-0.000 3	-0.008 9	0.010 9	-0.001 3	0.006 4	0.006 1	0.001 7	0.005 9	-0.020 3	-0.002 1	-0.001 5	0.002 1
A072	8.753 7	0.001 7	-0.005 8	0.001 5	0.001 1	-0.009 6	0.009 8	-0.001 6	0.002 6	0.006 9	0.001 9	0.004 9	-0.021 6	-0.001 6	-0.001 3	-0.007 3
A073	5.541 4	0.003 8	-0.000 2	-0.000 3	-0.005 0	0.004 0	0.012 0	0.000 0	0.012 6	-0.000 1	-0.004 3	0.004 9	-0.011 9	0.000 2	-0.002 7	0.016 7
A074	6.074 6	0.003 2	0.000 5	0.000 5	-0.004 8	0.003 6	0.009 4	-0.000 2	0.010 2	-0.000 5	-0.003 6	0.005 0	-0.012 7	0.000 5	-0.002 0	0.011 5

续附表 6

小区编号	截距	X_{B3}	X_{B5}	X_{B6}	X_{B7}	X_{B8}	X_{B11}	X_{B12}	X_{B14}	X_{B15}	X_{B16}	X_{B17}	X_{B18}	X_{B19}	X_{B20}	X_{B21}
A075	5.589 5	0.003 0	0.000 7	0.000 4	−0.004 3	0.004 7	0.011 2	−0.000 2	0.012 9	−0.000 7	−0.003 8	0.004 6	−0.013 4	0.000 3	−0.002 7	0.016 5
A076	6.001 2	0.002 5	0.001 4	0.001 3	−0.004 1	0.004 6	0.009 0	−0.000 4	0.011 4	−0.001 7	−0.002 8	0.004 3	−0.013 6	0.000 4	−0.002 5	0.012 4
A077	9.027 4	0.001 6	−0.005 6	0.000 9	0.001 4	−0.009 2	0.009 0	−0.001 6	0.000 2	0.007 7	0.001 6	0.004 7	−0.021 7	−0.001 5	−0.001 1	−0.010 3
A078	7.725 1	0.002 1	−0.005 1	0.002 4	−0.000 5	−0.008 8	0.010 6	−0.001 3	0.006 3	0.005 8	0.001 5	0.005 9	−0.019 6	−0.002 0	−0.001 5	0.002 5
A079	8.284 9	0.002 5	−0.006 1	0.002 0	−0.000 6	−0.010 5	0.010 2	−0.001 2	0.003 5	0.007 6	0.000 7	0.005 9	−0.020 2	−0.001 5	−0.001 1	−0.002 0
A080	6.042 2	0.003 0	0.000 7	0.000 7	−0.004 6	0.003 9	0.009 4	−0.000 3	0.010 6	−0.000 8	−0.003 4	0.004 8	−0.013 0	0.000 5	−0.002 1	0.011 9
A081	7.798 2	0.002 1	−0.005 4	0.002 4	−0.000 4	−0.009 2	0.010 9	−0.001 3	0.006 2	0.006 2	0.001 6	0.005 9	−0.020 1	−0.002 0	−0.001 5	0.001 9
A082	7.921 7	0.006 2	−0.007 1	0.001 5	−0.004 9	−0.013 6	0.009 6	0.000 1	−0.001 2	0.014 4	−0.004 8	0.007 9	−0.017 4	−0.000 1	0.000 9	0.001 8
A083	6.082 4	0.006 3	−0.003 3	−0.003 0	−0.005 9	0.001 0	0.012 4	0.000 5	0.007 9	0.003 0	−0.006 6	0.006 5	−0.009 4	0.000 2	−0.001 2	0.010 9
A084	7.915 7	0.004 4	−0.006 5	0.002 1	−0.003 2	−0.012 1	0.009 5	−0.000 6	0.002 4	0.009 6	−0.002 1	0.007 1	−0.017 5	−0.000 9	−0.000 3	0.002 2
A085	6.046 3	0.006 6	−0.003 8	−0.003 4	−0.006 0	0.000 7	0.012 9	0.000 5	0.007 9	0.003 3	−0.006 8	0.006 6	−0.008 9	0.000 1	−0.001 3	0.011 2
A086	6.414 4	0.001 4	−0.001 5	0.001 0	0.001 1	0.000 8	0.011 4	−0.001 1	0.012 0	0.003 0	0.000 0	0.005 6	−0.021 5	−0.002 6	−0.001 9	0.011 7
A087	7.514 7	0.005 0	−0.004 7	0.001 1	−0.003 8	−0.009 2	0.008 0	−0.000 4	0.002 0	0.007 2	−0.002 9	0.007 1	−0.013 9	−0.000 4	−0.000 2	0.003 5
A088	9.159 0	0.001 5	−0.005 4	0.000 5	0.001 5	−0.009 0	0.008 9	−0.001 7	−0.000 9	0.008 3	0.001 6	0.004 6	−0.021 9	−0.001 4	−0.000 9	−0.011 8
A089	5.835 8	0.006 1	−0.003 3	−0.002 8	−0.006 1	0.001 5	0.013 2	0.000 4	0.009 4	0.002 5	−0.006 3	0.006 2	−0.008 9	0.000 0	−0.001 8	0.013 3
A090	9.011 2	0.001 9	−0.005 6	0.000 8	0.000 9	−0.009 7	0.008 8	−0.001 5	−0.000 4	0.008 3	0.001 1	0.004 9	−0.021 1	−0.001 3	−0.000 9	−0.010 0
A091	6.033 0	0.006 8	−0.004 0	−0.003 5	−0.006 1	0.000 6	0.013 1	0.000 6	0.007 9	0.003 4	−0.006 9	0.006 6	−0.008 7	0.000 0	−0.001 3	0.011 3
A093	7.874 7	0.003 8	−0.005 9	0.002 2	−0.002 5	−0.011 2	0.009 3	−0.000 8	0.003 5	0.007 6	−0.001 0	0.006 7	−0.017 1	−0.001 1	−0.000 9	0.002 2

续附表 6

小区编号	截距	X_{B3}	X_{B5}	X_{B6}	X_{B7}	X_{B8}	X_{B11}	X_{B12}	X_{B14}	X_{B15}	X_{B16}	X_{B17}	X_{B18}	X_{B19}	X_{B20}	X_{B21}
A094	8.732 2	0.002 0	-0.005 7	0.001 4	0.000 6	-0.009 7	0.009 4	-0.001 5	0.001 4	0.007 6	0.001 2	0.005 2	-0.020 9	-0.001 4	-0.001 1	-0.007 0
A095	8.899 8	0.002 5	-0.005 9	0.001 0	0.000 0	-0.010 9	0.008 8	-0.001 3	-0.000 4	0.008 9	0.000 3	0.005 2	-0.020 1	-0.001 1	-0.000 8	-0.008 3
A096	8.604 9	0.001 3	-0.005 4	0.001 3	0.001 5	-0.007 9	0.010 1	-0.001 7	0.002 8	0.006 8	0.002 1	0.004 9	-0.022 4	-0.001 9	-0.001 3	-0.006 6
A097	5.858 0	0.002 2	0.001 7	0.001 3	-0.003 3	0.005 4	0.009 4	-0.000 5	0.012 6	-0.001 8	-0.002 8	0.004 1	-0.014 8	0.000 3	-0.002 7	0.014 0
A098	5.734 3	0.004 5	-0.001 1	-0.001 0	-0.005 5	0.003 2	0.011 9	0.000 1	0.011 0	0.000 7	-0.005 0	0.005 4	-0.010 9	0.000 3	-0.002 2	0.014 5
A099	5.757 1	0.003 2	0.000 6	0.000 4	-0.004 7	0.004 6	0.010 5	-0.000 2	0.011 8	-0.000 8	-0.003 9	0.004 7	-0.012 7	0.000 5	-0.002 4	0.014 4
A100	5.752 5	0.005 8	-0.003 0	-0.002 5	-0.006 1	0.001 7	0.013 3	0.000 4	0.010 0	0.002 1	-0.006 0	0.006 0	-0.009 1	0.000 0	-0.002 0	0.014 3
A101	8.455 2	0.002 4	-0.005 9	0.001 7	-0.000 3	-0.010 3	0.009 7	-0.001 3	0.002 3	0.007 9	0.000 5	0.005 7	-0.020 2	-0.001 4	-0.001 0	-0.003 8
A102	7.841 0	0.002 7	-0.005 7	0.002 3	-0.001 3	-0.010 1	0.010 3	-0.001 1	0.005 1	0.006 9	0.000 6	0.006 3	-0.019 1	-0.001 6	-0.001 2	0.002 1
A104	6.297 2	0.005 1	-0.001 9	-0.001 4	-0.005 5	0.001 3	0.010 3	0.000 2	0.007 5	0.002 1	-0.005 4	0.006 2	-0.011 1	0.000 5	-0.001 1	0.009 2
A105	5.847 5	0.002 0	0.001 8	0.001 4	-0.002 9	0.005 6	0.009 4	-0.000 5	0.012 9	-0.001 8	-0.002 7	0.004 0	-0.015 4	0.000 2	-0.002 8	0.014 4
A106	5.839 8	0.005 1	-0.001 8	-0.001 7	-0.005 7	0.002 4	0.012 1	0.000 2	0.010 0	0.001 4	-0.005 5	0.005 8	-0.010 3	0.000 3	-0.001 9	0.013 4
A107	7.276 1	0.001 9	-0.003 4	0.002 0	-0.000 4	-0.006 0	0.010 5	-0.001 2	0.007 7	0.004 3	0.001 5	0.005 8	-0.019 2	-0.002 2	-0.001 6	0.005 3
A108	7.491 4	0.008 6	-0.006 4	-0.002 6	-0.005 0	-0.007 0	0.008 8	0.000 8	-0.002 0	0.010 2	-0.007 4	0.008 2	-0.011 3	0.000 5	0.001 5	-0.001 5
A109	7.426 7	0.008 9	-0.006 8	-0.003 3	-0.005 0	-0.006 6	0.009 5	0.000 9	-0.001 6	0.010 2	-0.007 9	0.008 3	-0.011 0	0.000 4	0.001 4	-0.001 1
A110	7.588 6	0.008 8	-0.006 6	-0.002 4	-0.004 9	-0.007 9	0.008 7	0.000 8	-0.002 9	0.011 0	-0.007 3	0.008 2	-0.011 7	0.000 5	0.001 7	-0.002 3
A111	8.505 9	0.001 4	-0.005 5	0.001 5	0.001 4	-0.008 1	0.010 3	-0.001 6	0.003 4	0.006 7	0.002 1	0.005 1	-0.022 3	-0.002 0	-0.001 3	-0.005 5
A112	6.051 5	0.007 2	-0.004 7	-0.004 1	-0.006 1	0.000 2	0.013 6	0.000 7	0.007 6	0.004 0	-0.007 3	0.006 8	-0.008 2	-0.000 1	-0.001 2	0.011 1

续附表 6

小区编号	截距	X_{B3}	X_{B5}	X_{B6}	X_{B7}	X_{B8}	X_{B11}	X_{B12}	X_{B14}	X_{B15}	X_{B16}	X_{B17}	X_{B18}	X_{B19}	X_{B20}	X_{B21}
A113	7.387 9	0.002 2	−0.003 4	0.002 1	−0.001 0	−0.006 8	0.009 6	−0.001 2	0.007 0	0.003 5	0.001 3	0.005 6	−0.017 4	−0.001 7	−0.001 8	0.004 5
A114	6.994 7	0.008 4	−0.006 1	−0.004 1	−0.005 3	−0.004 0	0.010 9	0.000 9	0.001 4	0.007 9	−0.008 0	0.008 0	−0.009 9	0.000 2	0.000 7	0.002 6
A115	6.047 9	0.005 3	−0.002 1	−0.001 9	−0.005 7	0.001 9	0.011 5	0.000 3	0.008 7	0.001 9	−0.005 8	0.006 1	−0.010 4	0.000 3	−0.001 4	0.011 4
A116	8.535 0	0.001 6	−0.005 7	0.001 6	0.001 1	−0.008 8	0.010 3	−0.001 6	0.003 5	0.006 7	0.002 0	0.005 1	−0.021 9	−0.001 9	−0.001 3	−0.005 5
A117	7.545 4	0.001 3	−0.004 8	0.001 6	0.001 4	−0.005 5	0.012 3	−0.001 5	0.007 6	0.006 6	0.001 9	0.005 9	−0.023 4	−0.002 8	−0.001 3	0.002 9
A118	8.778 9	0.001 5	−0.005 7	0.001 4	0.001 4	−0.009 0	0.009 8	−0.001 6	0.002 4	0.006 8	0.002 1	0.004 8	−0.022 0	−0.001 7	−0.001 3	−0.007 8
A119	8.285 2	0.001 6	−0.005 7	0.001 9	0.000 8	−0.008 8	0.010 8	−0.001 5	0.004 7	0.006 7	0.002 0	0.005 4	−0.021 9	−0.002 0	−0.001 4	−0.003 0
A120	8.711 7	0.001 5	−0.005 6	0.001 4	0.001 4	−0.008 7	0.010 0	−0.001 7	0.002 6	0.006 8	0.002 1	0.004 9	−0.022 1	−0.001 8	−0.001 3	−0.007 3
A121	9.006 0	0.001 6	−0.005 6	0.001 0	0.001 4	−0.009 2	0.009 2	−0.001 7	0.000 6	0.007 5	0.001 8	0.004 7	−0.021 7	−0.001 5	−0.001 1	−0.010 1
A122	7.880 2	0.004 0	−0.006 0	0.002 1	−0.002 7	−0.011 3	0.009 2	−0.000 8	0.003 2	0.007 9	−0.001 2	0.006 8	−0.016 9	−0.001 0	−0.000 8	0.002 2
A123	7.886 1	0.004 2	−0.006 1	0.002 1	−0.002 9	−0.011 5	0.009 1	−0.000 7	0.002 9	0.008 3	−0.001 5	0.006 8	−0.016 8	−0.000 9	−0.000 7	0.002 1
A124	8.794 9	0.002 2	−0.005 7	0.001 1	0.000 3	−0.010 0	0.009 0	−0.001 4	0.000 3	0.008 3	0.000 7	0.005 2	−0.020 5	−0.001 3	−0.000 9	−0.007 5
A125	8.396 8	0.002 1	−0.006 2	0.002 1	0.000 2	−0.010 3	0.010 5	−0.001 4	0.004 4	0.006 8	0.001 6	0.005 5	−0.021 0	−0.001 7	−0.001 4	−0.003 3
A126	5.912 7	0.006 5	−0.003 8	−0.003 2	−0.006 1	0.001 0	0.013 3	0.000 5	0.008 7	0.003 0	−0.006 6	0.006 4	−0.008 6	0.000 0	−0.001 6	0.012 6
A127	5.923 7	0.006 5	−0.003 7	−0.003 2	−0.006 1	0.001 0	0.013 3	0.000 5	0.008 7	0.003 0	−0.006 6	0.006 4	−0.008 7	0.000 0	−0.001 6	0.012 4
A128	5.717 9	0.003 4	0.000 3	0.000 1	−0.004 9	0.004 3	0.010 9	−0.000 1	0.011 8	−0.000 5	−0.004 1	0.004 8	−0.012 4	0.000 4	−0.002 4	0.014 8
A129	5.495 0	0.003 4	0.000 2	0.000 1	−0.004 5	0.004 3	0.011 9	−0.000 1	0.013 2	−0.000 3	−0.004 0	0.004 8	−0.012 9	0.000 1	−0.002 8	0.017 5
A130	6.018 5	0.005 4	−0.002 2	−0.002 1	−0.005 7	0.001 8	0.011 8	0.000 3	0.008 8	0.002 0	−0.005 9	0.006 1	−0.010 2	0.000 3	−0.001 5	0.011 6

续附表6

小区编号	截距	X_{B3}	X_{B5}	X_{B6}	X_{B7}	X_{B8}	X_{B11}	X_{B12}	X_{B14}	X_{B15}	X_{B16}	X_{B17}	X_{B18}	X_{B19}	X_{B20}	X_{B21}
A131	6.069 9	0.004 8	-0.001 4	-0.001 3	-0.005 5	0.002 3	0.010 9	0.000 1	0.008 9	0.001 4	-0.005 3	0.005 8	-0.011 0	0.000 4	-0.001 5	0.011 3
A132	8.526 9	0.002 1	-0.006 0	0.001 8	0.000 3	-0.010 1	0.010 0	-0.001 4	0.003 2	0.007 1	0.001 3	0.005 4	-0.020 9	-0.001 6	-0.001 3	-0.004 7
A133	8.704 8	0.001 3	-0.005 4	0.001 2	0.001 6	-0.008 1	0.010 0	-0.001 7	0.002 4	0.006 9	0.002 1	0.004 8	-0.022 4	-0.001 9	-0.001 3	-0.007 5
A134	7.718 3	0.001 8	-0.005 2	0.002 3	0.000 1	-0.008 4	0.011 3	-0.001 4	0.006 8	0.006 1	0.001 9	0.005 9	-0.021 0	-0.002 2	-0.001 5	0.002 3
A135	6.766 0	0.004 6	-0.001 9	0.000 0	-0.005 1	-0.001 2	0.008 0	0.000 0	0.005 3	0.002 6	-0.004 2	0.006 3	-0.011 7	0.000 5	-0.000 7	0.006 0
A136	7.728 9	0.004 8	-0.005 9	0.001 7	-0.003 7	-0.011 1	0.008 8	-0.000 5	0.001 6	0.009 3	-0.002 7	0.007 4	-0.015 9	-0.000 7	0.000 0	0.003 0
A137	5.806 9	0.003 2	0.000 6	0.000 3	-0.004 8	0.004 4	0.010 4	-0.000 2	0.011 6	-0.000 7	-0.003 9	0.004 8	-0.012 7	0.000 5	-0.002 4	0.013 9
A138	9.112 5	0.001 5	-0.005 5	0.000 8	0.001 6	-0.009 0	0.009 1	-0.001 7	0.000 0	0.007 7	0.001 9	0.004 6	-0.022 0	-0.001 5	-0.001 1	-0.011 3
A139	9.108 9	0.001 4	-0.005 6	0.000 9	0.001 9	-0.008 8	0.009 3	-0.001 8	0.000 7	0.007 2	0.002 2	0.004 5	-0.022 4	-0.001 6	-0.001 2	-0.011 4
A140	6.413 0	0.006 9	-0.004 2	-0.003 5	-0.005 7	-0.000 5	0.011 7	0.000 6	0.005 7	0.004 5	-0.007 1	0.007 1	-0.009 6	0.000 2	-0.000 5	0.007 8
A141	5.714 4	0.002 0	0.001 7	0.001 3	-0.002 8	0.005 8	0.009 9	-0.000 4	0.013 5	-0.001 5	-0.002 9	0.004 1	-0.015 7	0.000 1	-0.002 8	0.015 8
A142	6.670 8	0.007 6	-0.005 1	-0.003 9	-0.005 5	-0.002 0	0.011 4	0.000 7	0.003 8	0.006 0	-0.007 6	0.007 6	-0.009 7	0.000 2	0.000 0	0.005 5
A144	6.535 0	0.005 4	-0.002 5	-0.001 4	-0.005 5	0.000 0	0.009 7	0.000 2	0.006 0	0.003 2	-0.005 6	0.006 6	-0.011 1	0.000 5	-0.000 6	0.007 2
A145	5.880 1	0.001 8	0.001 9	0.001 5	-0.002 3	0.005 8	0.009 3	-0.000 6	0.013 2	-0.001 9	-0.002 5	0.003 9	-0.016 1	0.000 0	-0.002 8	0.014 3
A146	6.287 0	0.001 6	0.000 4	0.001 2	-0.000 5	0.002 3	0.010 0	-0.000 9	0.011 9	0.000 1	-0.000 7	0.004 7	-0.018 3	-0.001 4	-0.002 4	0.012 0
A147	7.926 5	0.002 8	-0.006 0	0.002 4	-0.001 4	-0.010 6	0.010 3	-0.001 1	0.004 8	0.007 2	0.000 4	0.006 3	-0.019 1	-0.001 5	-0.001 2	0.001 6
A148	6.048 8	0.001 3	0.001 4	0.001 2	-0.000 4	0.006 0	0.009 3	-0.000 7	0.013 5	-0.001 4	-0.002 1	0.003 8	-0.018 6	-0.000 6	-0.002 8	0.013 6
A149	7.718 2	0.001 7	-0.005 3	0.002 2	0.000 3	-0.008 2	0.011 6	-0.001 4	0.007 0	0.006 3	0.002 0	0.005 9	-0.021 5	-0.002 3	-0.001 5	0.002 2
A150	6.298 1	0.007 1	-0.004 4	-0.003 9	-0.005 8	-0.000 3	0.012 4	0.000 6	0.006 2	0.004 4	-0.007 3	0.007 0	-0.009 1	0.000 1	-0.000 7	0.008 8

续附表 6

小区编号	截距	X_{B3}	X_{B5}	X_{B6}	X_{B7}	X_{B8}	X_{B11}	X_{B12}	X_{B14}	X_{B15}	X_{B16}	X_{B17}	X_{B18}	X_{B19}	X_{B20}	X_{B21}
A151	7.871 9	0.002 7	−0.005 8	0.002 4	−0.001 2	−0.010 2	0.010 4	−0.001 1	0.005 1	0.007 0	0.000 6	0.006 3	−0.019 2	−0.001 6	−0.001 2	0.001 9
A152	6.212 6	0.003 2	0.000 3	0.000 7	−0.004 7	0.003 0	0.008 9	−0.000 3	0.009 5	−0.000 4	−0.003 4	0.005 1	−0.012 6	0.000 5	−0.001 9	0.010 4
A153	5.749 8	0.004 3	−0.000 8	−0.000 9	−0.005 4	0.003 3	0.011 7	0.000 1	0.011 0	0.000 5	−0.004 8	0.005 3	−0.011 2	0.000 3	−0.002 2	0.014 4
A154	7.446 4	0.002 3	−0.003 6	0.002 1	−0.001 1	−0.007 2	0.009 5	−0.001 1	0.006 6	0.003 8	0.001 1	0.005 7	−0.017 2	−0.001 7	−0.001 8	0.004 2
A155	5.903 7	0.005 3	−0.002 0	−0.001 9	−0.005 7	0.002 2	0.012 1	0.000 3	0.009 5	0.001 7	−0.005 7	0.005 9	−0.010 2	0.000 3	−0.001 7	0.012 8
A156	5.586 6	0.002 7	0.001 1	0.000 7	−0.003 7	0.005 1	0.010 9	−0.000 2	0.013 3	−0.001 0	−0.003 5	0.004 5	−0.014 4	0.000 2	−0.002 8	0.016 8
A157	5.943 3	0.002 4	0.001 6	0.001 3	−0.003 8	0.004 9	0.009 2	−0.000 5	0.011 9	−0.001 8	−0.002 8	0.004 2	−0.014 0	0.000 4	−0.002 6	0.013 0
A158	6.021 6	0.005 2	−0.001 9	−0.001 7	−0.005 6	0.002 1	0.011 5	0.000 2	0.008 9	0.001 7	−0.005 6	0.006 0	−0.010 5	0.000 4	−0.001 5	0.011 7
A159	5.907 9	0.004 8	−0.001 4	−0.001 4	−0.005 6	0.002 6	0.011 6	0.000 2	0.009 8	0.001 2	−0.005 3	0.005 7	−0.010 7	0.000 4	−0.001 8	0.012 8
A160	5.381 3	0.003 2	0.000 2	0.000 2	−0.003 9	0.004 3	0.012 2	0.000 0	0.014 1	−0.000 3	−0.003 7	0.004 8	−0.013 8	−0.000 1	−0.003 1	0.019 2
A161	6.231 4	0.007 5	−0.005 0	−0.004 4	−0.005 9	−0.000 4	0.013 1	0.000 7	0.006 4	0.004 6	−0.007 6	0.007 1	−0.008 5	−0.000 1	−0.000 8	0.009 3
A162	6.101 9	0.007 3	−0.004 7	−0.004 1	−0.006 1	0.000 1	0.013 4	0.000 7	0.007 3	0.004 1	−0.007 3	0.006 9	−0.008 4	−0.000 1	−0.001 1	0.010 6
A163	6.140 4	0.007 2	−0.004 6	−0.004 0	−0.006 0	0.000 0	0.013 2	0.000 7	0.007 1	0.004 1	−0.007 3	0.006 9	−0.008 5	0.000 0	−0.001 0	0.010 2
A164	6.147 6	0.007 4	−0.004 9	−0.004 3	−0.006 0	−0.000 1	0.013 4	0.000 7	0.007 0	0.004 3	−0.007 5	0.007 0	−0.008 3	−0.000 1	−0.001 0	0.010 2
A165	6.165 0	0.007 2	−0.004 5	−0.003 9	−0.006 0	0.000 1	0.013 0	0.000 7	0.007 0	0.004 1	−0.007 3	0.006 9	−0.008 7	0.000 0	−0.001 0	0.010 0
A166	6.042 3	0.002 2	0.001 7	0.001 5	−0.003 5	0.004 5	0.008 8	−0.000 6	0.011 6	−0.002 0	−0.002 3	0.004 0	−0.014 1	0.000 3	−0.002 6	0.012 3
A167	6.084 5	0.005 9	−0.002 8	−0.002 6	−0.005 8	0.001 3	0.012 0	0.000 4	0.008 1	0.002 6	−0.006 3	0.006 3	−0.009 8	0.000 3	−0.001 3	0.010 9
A168	6.806 7	0.005 3	−0.002 7	−0.000 7	−0.005 3	−0.001 5	0.008 5	0.000 2	0.004 5	0.003 8	−0.005 1	0.006 7	−0.011 5	0.000 5	−0.000 3	0.005 3
A169	5.710 6	0.004 2	−0.000 7	−0.000 7	−0.005 4	0.003 5	0.011 8	0.000 0	0.0113	0.000 4	−0.004 7	0.005 2	−0.011 3	0.000 3	−0.002 3	0.014 8

续附表 6

小区编号	截距	X_{B3}	X_{B5}	X_{B6}	X_{B7}	X_{B8}	X_{B11}	X_{B12}	X_{B14}	X_{B15}	X_{B16}	X_{B17}	X_{B18}	X_{B19}	X_{B20}	X_{B21}
A170	5.577 9	0.003 5	0.000 2	0.000 0	-0.004 8	0.004 3	0.011 6	-0.000 1	0.012 6	-0.000 4	-0.004 1	0.004 8	-0.012 4	0.000 3	-0.002 7	0.016 4
A171	5.887 8	0.006 8	-0.004 2	-0.003 5	-0.006 3	0.000 8	0.013 7	0.000 6	0.008 8	0.003 2	-0.006 8	0.006 5	-0.008 3	-0.000 1	-0.0016	0.0128
A172	7.482 8	0.005 5	-0.004 8	0.000 7	-0.004 2	-0.008 9	0.007 9	-0.000 2	0.001 2	0.007 7	-0.003 6	0.007 3	-0.013 3	-0.000 2	0.000 1	0.003 1
A173	8.920 7	0.001 8	-0.005 6	0.001 0	0.001 0	-0.009 4	0.009 1	-0.001 6	0.000 4	0.007 8	0.001 4	0.004 9	-0.021 3	-0.001 4	-0.001 0	-0.009 1
A174	7.619 3	0.004 9	-0.005 1	0.001 4	-0.003 6	-0.009 9	0.008 2	-0.000 5	0.002 0	0.007 6	-0.002 6	0.007 1	-0.014 5	-0.000 6	-0.000 3	0.003 1
A176	7.389 7	0.004 1	-0.003 7	0.001 3	-0.003 4	-0.007 7	0.007 8	-0.000 6	0.003 7	0.004 6	-0.001 8	0.006 3	-0.013 3	-0.000 5	-0.001 0	0.004 4
A177	7.876 4	0.004 8	-0.006 6	0.002 0	-0.003 7	-0.012 3	0.009 5	-0.000 5	0.001 6	0.010 6	-0.002 8	0.007 4	-0.017 4	-0.000 7	0.000 0	0.002 5
A178	6.807 4	0.001 4	-0.003 5	0.001 2	0.001 2	-0.002 3	0.012 5	-0.001 3	0.010 3	0.005 8	0.000 9	0.006 3	-0.023 2	-0.003 1	-0.001 3	0.009 0
A179	5.899 4	0.005 0	-0.001 7	-0.001 6	-0.005 7	0.002 4	0.011 8	0.000 2	0.009 7	0.001 4	-0.005 5	0.005 8	-0.010 5	0.000 3	-0.001 8	0.012 8
A180	6.420 1	0.005 5	-0.002 5	-0.001 8	-0.005 5	0.000 4	0.010 2	0.000 3	0.006 5	0.003 0	-0.005 8	0.006 5	-0.010 8	0.000 4	-0.000 8	0.008 1
A181	8.714 7	0.002 0	-0.005 8	0.001 4	0.000 6	-0.009 8	0.009 5	-0.001 5	0.001 7	0.007 5	0.001 3	0.005 2	-0.020 9	-0.001 5	-0.001 1	-0.006 8
A182	5.839 5	0.006 7	-0.004 2	-0.003 4	-0.006 3	0.000 8	0.013 9	0.000 6	0.009 0	0.003 1	-0.006 7	0.006 4	-0.008 2	-0.000 2	-0.001 7	0.013 3
A183	6.503 2	0.007 3	-0.004 6	-0.003 8	-0.005 6	-0.001 1	0.011 7	0.000 7	0.005 0	0.005 1	-0.007 4	0.007 3	-0.009 5	0.000 2	-0.000 3	0.007 0
A184	6.555 1	0.003 6	-0.000 7	0.000 7	-0.004 7	0.000 4	0.008 2	-0.000 3	0.007 3	0.000 9	-0.003 3	0.005 6	-0.012 4	0.000 4	-0.001 4	0.008 0
A185	7.617 8	0.001 8	-0.005 0	0.002 2	0.000 2	-0.007 8	0.011 5	-0.001 4	0.007 2	0.006 1	0.001 9	0.005 9	-0.021 2	-0.002 4	-0.001 4	0.003 0
A186	8.953 4	0.002 4	-0.005 8	0.000 9	0.000 3	-0.010 7	0.008 7	-0.001 4	-0.000 6	0.008 9	0.000 4	0.005 1	-0.020 3	-0.001 1	-0.000 8	-0.008 9
A187	8.027 8	0.002 2	-0.006 0	0.002 5	-0.000 3	-0.010 3	0.010 9	-0.001 3	0.006 0	0.006 3	0.001 6	0.005 8	-0.020 4	-0.001 9	-0.001 6	0.000 3
A188	6.078 7	0.005 1	-0.001 8	-0.001 7	-0.005 6	0.002 0	0.011 2	0.000 2	0.008 6	0.001 8	-0.005 6	0.006 0	-0.010 6	0.000 4	-0.001 4	0.011 1
A189	8.398 8	0.001 5	-0.005 6	0.001 7	0.001 1	-0.008 6	0.010 6	-0.001 6	0.004 1	0.006 7	0.002 0	0.005 2	-0.022 0	-0.002 0	-0.001 3	-0.004 2

续附表 6

小区编号	截距	X_{B3}	X_{B5}	X_{B6}	X_{B7}	X_{B8}	X_{B11}	X_{B12}	X_{B14}	X_{B15}	X_{B16}	X_{B17}	X_{B18}	X_{B19}	X_{B20}	X_{B21}
A190	8.981 8	0.001 3	-0.005 5	0.001 0	0.001 8	-0.008 6	0.009 5	-0.001 8	0.001 3	0.007 0	0.002 2	0.004 6	-0.022 4	-0.001 7	-0.001 3	-0.010 1
A191	5.769 9	0.005 2	-0.002 1	-0.001 8	-0.005 8	0.002 4	0.012 6	0.000 3	0.010 3	0.001 5	-0.005 5	0.005 7	-0.010 0	0.000 2	-0.002 0	0.014 1
A192	5.675 4	0.004 7	-0.001 4	-0.001 2	-0.005 6	0.003 0	0.012 4	0.000 1	0.011 2	0.000 8	-0.005 1	0.005 4	-0.010 6	0.000 2	-0.002 3	0.015 1
A193	5.671 1	0.004 4	-0.001 0	-0.001 0	-0.005 5	0.003 2	0.012 1	0.000 1	0.011 3	0.000 6	-0.004 9	0.005 3	-0.010 9	0.000 3	-0.002 3	0.015 2
A194	8.442 1	0.001 4	-0.005 4	0.001 5	0.001 3	-0.008 1	0.010 5	-0.001 6	0.003 7	0.006 7	0.002 1	0.005 1	-0.022 3	-0.002 0	-0.001 3	-0.004 9
A195	7.284 8	0.008 7	-0.006 6	-0.003 6	-0.005 1	-0.005 7	0.010 0	0.000 9	-0.000 6	0.009 4	-0.008 0	0.008 3	-0.010 6	0.000 3	0.001 2	0.000 2
A196	8.656 9	0.001 7	-0.005 9	0.001 7	0.001 0	-0.009 6	0.010 1	-0.001 6	0.003 2	0.006 8	0.001 9	0.005 0	-0.021 6	-0.001 7	-0.001 4	-0.006 3
A197	5.804 3	0.004 6	-0.001 2	-0.001 2	-0.005 5	0.002 9	0.011 8	0.000 1	0.010 5	0.000 9	-0.005 1	0.005 5	-0.010 8	0.000 3	-0.002 0	0.013 8
A198	6.465 9	0.003 7	-0.000 5	0.000 5	-0.004 9	0.001 2	0.008 4	-0.000 2	0.007 7	0.000 7	-0.003 5	0.005 5	-0.012 2	0.000 5	-0.001 4	0.008 4
A199	5.620 2	0.004 3	-0.000 9	-0.000 8	-0.005 4	0.003 4	0.012 2	0.000 1	0.011 7	0.000 4	-0.004 7	0.005 2	-0.011 0	0.000 2	-0.002 5	0.015 7
A200	6.671 4	0.007 8	-0.005 3	-0.004 1	-0.005 5	-0.002 1	0.011 6	0.000 8	0.003 7	0.006 2	-0.007 8	0.007 6	-0.009 5	0.000 1	0.000 1	0.005 4
A201	5.651 5	0.003 7	0.000 0	-0.000 2	-0.005 1	0.004 1	0.011 5	-0.000 1	0.012 0	-0.000 2	-0.004 3	0.004 9	-0.012 0	0.000 4	-0.002 5	0.015 4
A202	8.499 1	0.001 9	-0.006 1	0.001 9	0.000 6	-0.010 1	0.010 5	-0.001 5	0.004 1	0.006 7	0.001 8	0.005 3	-0.021 4	-0.001 7	-0.001 5	-0.004 5
A203	5.895 4	0.006 4	-0.003 6	-0.003 1	-0.006 1	0.001 1	0.013 2	0.000 5	0.008 9	0.002 8	-0.006 5	0.006 3	-0.008 8	0.000 0	-0.001 6	0.012 7
A204	7.521 4	0.002 2	-0.004 1	0.002 2	-0.000 8	-0.007 7	0.009 9	-0.001 2	0.006 6	0.004 5	0.001 4	0.005 8	-0.018 2	-0.001 9	-0.001 7	0.003 8
A205	6.699 4	0.008 0	-0.005 5	-0.004 3	-0.005 5	-0.002 3	0.011 7	0.000 8	0.003 5	0.006 4	-0.007 9	0.007 7	-0.009 5	0.000 1	0.000 1	0.005 2
A206	6.410 5	0.007 2	-0.004 5	-0.003 8	-0.005 7	-0.000 7	0.012 0	0.000 6	0.005 6	0.004 7	-0.007 3	0.007 1	-0.009 4	0.000 1	-0.000 5	0.007 8
A207	5.953 3	0.003 0	0.000 9	0.000 7	-0.004 6	0.004 3	0.009 6	-0.000 3	0.011 1	-0.001 0	-0.003 5	0.004 7	-0.013 0	0.000 5	-0.002 3	0.012 6
A208	5.812 8	0.001 9	0.001 8	0.001 4	-0.002 5	0.005 9	0.009 5	-0.000 5	0.013 3	-0.001 7	-0.002 7	0.004 0	-0.016 1	0.000 0	-0.002 8	0.014 9

续附表 6

小区编号	截距	X_{B3}	X_{B5}	X_{B6}	X_{B7}	X_{B8}	X_{B11}	X_{B12}	X_{B14}	X_{B15}	X_{B16}	X_{B17}	X_{B18}	X_{B19}	X_{B20}	X_{B21}
A209	7.762 4	0.005 7	−0.006 2	0.001 4	−0.004 2	−0.011 6	0.008 7	−0.000 2	0.000 3	0.010 7	−0.003 7	0.007 6	−0.015 6	−0.000 4	0.000 4	0.002 2
A210	7.353 9	0.008 1	−0.006 0	−0.002 6	−0.005 2	−0.005 9	0.009 0	0.000 7	−0.000 8	0.009 1	−0.007 3	0.008 1	−0.011 0	0.000 5	0.001 2	−0.000 2
A211	6.001 8	0.005 0	−0.001 7	−0.001 6	−0.005 6	0.002 3	0.011 4	0.000 2	0.009 1	0.001 5	−0.005 5	0.005 9	−0.010 7	0.000 4	−0.001 6	0.011 9
A212	5.843 5	0.004 3	−0.000 7	−0.000 8	−0.005 4	0.003 3	0.011 3	0.000 0	0.010 5	0.000 5	−0.004 8	0.005 4	−0.011 3	0.000 4	−0.002 0	0.013 5
A213	6.294 0	0.005 9	−0.002 9	−0.002 4	−0.005 7	0.000 6	0.011 2	0.000 4	0.006 9	0.003 1	−0.006 3	0.006 6	−0.010 2	0.000 3	−0.000 9	0.009 1
A214	5.807 9	0.003 9	−0.000 3	−0.000 4	−0.005 2	0.003 7	0.011 1	0.000 0	0.011 0	0.000 1	−0.004 5	0.005 2	−0.011 7	0.000 4	−0.002 2	0.013 8
A215	6.334 2	0.001 5	−0.000 1	0.001 1	0.000 0	0.001 8	0.010 3	−0.001 0	0.011 9	0.000 8	−0.000 4	0.004 9	−0.019 0	−0.001 7	−0.002 3	0.011 8
A216	6.525 0	0.001 6	−0.001 0	0.001 2	0.000 0	−0.000 2	0.010 7	−0.001 1	0.010 9	0.002 1	0.000 2	0.005 4	−0.019 4	−0.002 1	−0.001 9	0.010 5
A217	6.668 4	0.001 8	−0.001 2	0.001 4	−0.000 6	−0.001 4	0.010 3	−0.001 1	0.009 8	0.002 1	0.000 3	0.005 5	−0.018 4	−0.001 9	−0.001 9	0.009 3
A218	7.984 7	0.002 1	−0.005 9	0.002 4	−0.000 1	−0.010 0	0.011 1	−0.001 3	0.006 2	0.006 4	0.001 8	0.005 8	−0.020 6	−0.001 9	−0.001 6	0.000 5
A220	6.478 7	0.005 1	−0.002 1	−0.001 2	−0.005 5	0.000 4	0.009 6	0.000 2	0.006 5	0.002 7	−0.005 3	0.006 4	−0.011 3	0.000 5	−0.000 8	0.007 7
A221	7.770 2	0.004 6	−0.005 9	0.001 8	−0.003 4	−0.011 1	0.008 8	−0.000 6	0.002 1	0.008 7	−0.002 3	0.007 1	−0.016 0	−0.000 8	−0.000 3	0.002 7
A222	7.634 2	0.001 9	−0.004 8	0.002 3	−0.000 2	−0.008 1	0.010 9	−0.001 3	0.006 8	0.005 6	0.001 8	0.005 9	−0.020 1	−0.002 2	−0.001 5	0.003 0
A223	7.519 1	0.001 8	−0.004 6	0.002 2	0.000 0	−0.007 4	0.011 2	−0.001 3	0.007 2	0.005 6	0.001 8	0.005 9	−0.020 6	−0.002 3	−0.001 5	0.003 7
A224	7.225 7	0.002 0	−0.002 8	0.002 0	−0.000 9	−0.005 6	0.009 7	−0.001 2	0.007 6	0.003 1	0.001 2	0.005 5	−0.017 5	−0.001 8	−0.001 9	0.005 5
A225	7.259 1	0.002 2	−0.002 7	0.002 0	−0.001 2	−0.005 8	0.009 2	−0.001 1	0.007 3	0.002 6	0.001 1	0.005 4	−0.016 5	−0.001 5	−0.002 0	0.005 3
A226	7.309 5	0.002 0	−0.003 2	0.002 1	−0.000 8	−0.006 2	0.009 9	−0.001 2	0.007 4	0.003 6	0.001 4	0.005 6	−0.018 0	−0.001 9	−0.001 8	0.005 0
A227	7.301 7	0.002 0	−0.003 3	0.002 0	−0.000 6	−0.006 2	0.010 2	−0.001 2	0.007 5	0.003 9	0.001 4	0.005 7	−0.018 5	−0.002 0	−0.001 7	0.005 1
A228	7.140 4	0.001 9	−0.002 7	0.001 9	−0.000 6	−0.005 0	0.010 1	−0.001 2	0.008 1	0.003 3	0.001 3	0.005 6	−0.018 3	−0.002 0	−0.001 8	0.006 2

续附表 6

小区编号	截距	X_{B3}	X_{B5}	X_{B6}	X_{B7}	X_{B8}	X_{B11}	X_{B12}	X_{B14}	X_{B15}	X_{B16}	X_{B17}	X_{B18}	X_{B19}	X_{B20}	X_{B21}
A229	7.276 3	0.001 9	−0.003 3	0.002 0	−0.000 5	−0.006 0	0.010 3	−0.001 2	0.007 6	0.004 0	0.001 4	0.005 7	−0.018 7	−0.002 1	−0.001 7	0.005 3
A230	7.438 4	0.002 0	−0.003 8	0.002 2	−0.000 6	−0.007 1	0.010 2	−0.001 2	0.007 0	0.004 4	0.001 5	0.005 8	−0.018 6	−0.002 0	−0.001 7	0.004 3
A231	7.778 0	0.007 2	−0.006 7	0.000 5	−0.004 7	−0.012 1	0.008 6	0.000 2	−0.002 1	0.012 9	−0.005 2	0.008 1	−0.015 0	0.000 0	0.001 2	0.000 5
A232	7.346 7	0.003 3	−0.003 5	0.001 6	−0.002 7	−0.007 2	0.008 4	−0.000 8	0.005 0	0.004 2	−0.000 8	0.006 2	−0.014 8	−0.001 0	−0.001 2	0.005 0
A233	8.177 8	0.002 8	−0.006 3	0.002 2	−0.001 1	−0.011 1	0.010 3	−0.001 1	0.003 8	0.007 9	0.000 2	0.006 1	−0.019 7	−0.001 4	−0.001 0	−0.000 6
A234	7.484 0	0.001 3	−0.004 7	0.001 6	0.001 4	−0.005 4	0.012 4	−0.001 5	0.007 9	0.006 6	0.001 8	0.005 9	−0.023 4	−0.002 8	−0.001 3	0.003 5
A235	6.739 4	0.002 0	−0.001 1	0.001 5	−0.001 2	−0.001 9	0.009 7	−0.001 0	0.009 2	0.001 6	0.000 2	0.005 4	−0.017 2	−0.001 6	−0.001 9	0.008 7
A236	8.585 7	0.002 0	−0.006 0	0.001 7	0.000 5	−0.010 0	0.009 9	−0.001 4	0.003 0	0.007 1	0.001 4	0.005 3	−0.021 0	−0.001 6	−0.001 3	−0.005 4
A237	7.326 5	0.008 5	−0.006 4	−0.003 3	−0.005 1	−0.005 9	0.009 6	0.000 8	−0.000 8	0.009 4	−0.007 8	0.008 2	−0.010 8	0.000 4	0.001 2	−0.000 1
A238	8.152 1	0.003 3	−0.006 6	0.002 2	−0.001 7	−0.011 8	0.010 2	−0.001 0	0.003 8	0.008 2	−0.000 4	0.006 3	−0.019 1	−0.001 2	−0.001 0	0.000 1
A239	5.583 5	0.005 3	−0.002 4	−0.001 8	−0.006 0	0.002 3	0.013 4	0.000 3	0.011 3	0.001 4	−0.005 4	0.005 6	−0.009 5	0.000 0	−0.002 4	0.016 0
A240	6.209 6	0.001 5	0.000 8	0.001 2	−0.000 5	0.003 4	0.009 7	−0.000 9	0.012 4	−0.000 6	−0.001 0	0.004 3	−0.018 1	−0.001 2	−0.002 6	0.012 5
A241	6.194 1	0.003 1	0.000 5	0.000 8	−0.004 6	0.003 2	0.008 8	−0.000 3	0.009 8	−0.000 7	−0.003 2	0.004 9	−0.012 8	0.000 5	−0.002 0	0.010 6
A242	5.858 8	0.006 7	−0.004 2	−0.003 4	−0.006 3	0.000 8	0.013 8	0.000 6	0.008 9	0.003 1	−0.006 7	0.006 4	−0.008 2	−0.000 1	−0.001 7	0.013 1
A243	5.856 9	0.003 4	0.000 4	0.000 2	−0.004 9	0.004 2	0.010 3	−0.000 2	0.011 2	−0.000 5	−0.004 0	0.004 9	−0.012 5	0.000 5	−0.002 2	0.013 4
A244	5.625 2	0.002 6	0.001 2	0.000 8	−0.003 6	0.005 2	0.010 7	−0.000 3	0.013 2	−0.001 1	−0.003 4	0.004 4	−0.014 5	0.000 2	−0.002 8	0.016 4
A245	6.377 0	0.004 1	−0.000 8	−0.000 1	−0.005 2	0.001 6	0.009 0	−0.000 1	0.007 9	0.001 1	−0.004 2	0.005 8	−0.012 0	0.000 5	−0.001 3	0.008 9
A246	7.890 1	0.002 9	−0.005 9	0.002 3	−0.001 5	−0.010 6	0.010 1	−0.001 1	0.004 7	0.007 0	0.000 2	0.006 3	−0.018 6	−0.001 5	−0.001 2	0.001 9
A247	7.854 4	0.006 6	−0.007 0	0.001 2	−0.004 8	−0.013 0	0.009 1	0.000 1	−0.001 3	0.013 4	−0.004 8	0.008 0	−0.016 3	−0.000 2	0.000 9	0.001 5

续附表 6

小区编号	截距	X_{B3}	X_{B5}	X_{B6}	X_{B7}	X_{B8}	X_{B11}	X_{B12}	X_{B14}	X_{B15}	X_{B16}	X_{B17}	X_{B18}	X_{B19}	X_{B20}	X_{B21}
A248	5.785 2	0.001 9	0.001 8	0.001 3	−0.002 5	0.005 8	0.009 6	−0.000 5	0.013 4	−0.001 7	−0.002 8	0.004 0	−0.016 0	0.000 1	−0.002 8	0.015 2
A249	6.472 3	0.001 5	−0.001 2	0.001 1	0.000 5	0.000 2	0.011 0	−0.001 1	0.011 4	0.002 5	0.000 1	0.005 5	−0.020 3	−0.002 3	−0.001 9	0.011 1
A250	6.689 4	0.003 5	−0.000 8	0.001 1	−0.004 4	−0.000 9	0.007 7	−0.000 4	0.006 8	0.000 9	−0.002 6	0.005 4	−0.012 1	0.000 2	−0.001 5	0.007 5
A251	8.487 2	0.003 2	−0.006 5	0.001 8	−0.001 2	−0.011 8	0.009 6	−0.001 1	0.002 0	0.008 7	−0.000 4	0.006 0	−0.019 4	−0.001 1	−0.000 9	−0.003 4
A252	8.306 0	0.003 7	−0.006 7	0.002 0	−0.002 0	−0.012 4	0.009 7	−0.000 9	0.002 1	0.009 5	−0.001 2	0.006 4	−0.018 9	−0.000 9	−0.000 7	−0.001 3
A254	6.276 1	0.007 6	−0.005 0	−0.004 4	−0.005 9	−0.000 6	0.013 0	0.000 7	0.006 1	0.004 8	−0.007 7	0.007 2	−0.008 6	−0.000 1	−0.000 7	0.008 9
A255	5.816 3	0.001 9	0.001 8	0.001 4	−0.002 6	0.005 8	0.009 5	−0.000 5	0.013 2	−0.001 8	−0.002 7	0.003 9	−0.015 8	0.000 1	−0.002 8	0.014 8
A256	5.774 0	0.005 6	−0.002 6	−0.002 2	−0.005 9	0.002 0	0.012 9	0.000 3	0.010 1	0.001 8	−0.005 8	0.005 9	−0.009 6	0.000 1	−0.002 0	0.014 1
A257	7.979 2	0.003 6	−0.006 4	0.002 3	−0.002 2	−0.011 7	0.009 8	−0.000 9	0.003 7	0.008 2	−0.000 8	0.006 6	−0.018 1	−0.001 2	−0.000 9	0.001 6
A258	7.239 2	0.008 3	−0.006 1	−0.003 3	−0.005 2	−0.005 3	0.009 7	0.000 8	−0.000 1	0.008 8	−0.007 7	0.008 1	−0.010 7	0.000 4	0.001 0	0.000 7
A259	6.708 1	0.003 1	−0.000 9	0.001 2	−0.003 8	−0.001 3	0.008 1	−0.000 5	0.007 2	0.001 1	−0.002 0	0.005 5	−0.013 3	−0.000 1	−0.001 6	0.007 9
A260	5.565 2	0.003 4	0.000 2	0.000 1	−0.004 7	0.004 3	0.011 6	−0.000 1	0.012 7	−0.000 4	−0.004 0	0.004 8	−0.012 6	0.000 3	−0.002 7	0.016 6
A263	6.160 0	0.005 3	−0.002 0	−0.001 8	−0.005 6	0.001 6	0.011 0	0.000 2	0.008 1	0.002 1	−0.005 7	0.006 2	−0.010 6	0.000 4	−0.001 2	0.010 4
A264	8.102 4	0.003 6	−0.006 7	0.002 3	−0.002 1	−0.012 2	0.010 0	−0.000 9	0.003 7	0.008 4	−0.000 8	0.006 5	−0.018 6	−0.001 1	−0.000 9	0.000 7
A265	6.578 3	0.001 5	−0.002 2	0.001 1	0.000 9	−0.000 7	0.011 7	−0.001 2	0.011 1	0.004 0	0.000 4	0.006 0	−0.021 7	−0.002 8	−0.001 6	0.010 5
A266	8.642 2	0.002 1	−0.005 8	0.001 5	0.000 4	−0.009 9	0.009 6	−0.001 4	0.002 0	0.007 5	0.001 1	0.005 3	−0.020 8	−0.001 5	−0.001 1	−0.006 0
A267	5.925 2	0.006 3	−0.003 5	−0.003 0	−0.006 1	0.001 2	0.013 0	0.000 5	0.008 8	0.002 8	−0.006 5	0.006 3	−0.009 0	0.000 1	−0.001 6	0.012 5
A268	6.869 6	0.007 3	−0.004 8	−0.003 0	−0.005 4	−0.002 8	0.010 2	0.000 6	0.002 8	0.006 3	−0.007 1	0.007 6	−0.010 4	0.000 3	0.000 3	0.004 1
A269	5.862 6	0.001 8	0.001 8	0.001 4	−0.002 2	0.005 9	0.009 3	−0.000 5	0.013 3	−0.001 9	−0.002 5	0.003 9	−0.016 3	0.000 0	−0.002 8	0.014 5

续附表 6

小区编号	截距	X_{B3}	X_{B5}	X_{B6}	X_{B7}	X_{B8}	X_{B11}	X_{B12}	X_{B14}	X_{B15}	X_{B16}	X_{B17}	X_{B18}	X_{B19}	X_{B20}	X_{B21}
A270	6.124 7	0.006 4	−0.003 5	−0.003 1	−0.005 9	0.000 7	0.012 4	0.000 5	0.007 6	0.003 2	−0.006 7	0.006 6	−0.009 3	0.000 2	−0.001 1	0.010 5
A271	9.045 0	0.002 3	−0.005 7	0.000 8	0.000 4	−0.010 7	0.008 6	−0.001 4	−0.001 0	0.009 1	0.000 5	0.005 0	−0.020 5	−0.001 1	−0.000 8	−0.009 9
A272	5.630 0	0.003 9	−0.000 3	−0.000 4	−0.005 2	0.003 9	0.011 8	0.000 0	0.011 9	0.000 0	−0.004 4	0.005 0	−0.011 7	0.000 3	−0.002 5	0.015 6
A273	8.635 0	0.002 0	−0.005 9	0.001 6	0.000 6	−0.009 9	0.009 8	−0.001 5	0.002 6	0.007 2	0.001 5	0.005 2	−0.021 1	−0.001 6	−0.001 3	−0.005 9
A274	6.059 7	0.006 7	−0.004 0	−0.003 5	−0.006 0	0.000 6	0.013 0	0.000 6	0.007 8	0.003 4	−0.006 9	0.006 6	−0.008 8	0.000 0	−0.001 2	0.011 1
A275	6.310 1	0.003 7	−0.000 3	0.000 2	−0.005 0	0.002 2	0.009 0	−0.000 1	0.008 5	0.000 5	−0.003 9	0.005 5	−0.012 2	0.000 5	−0.001 5	0.009 5
A276	5.782 8	0.002 5	0.001 5	0.001 0	−0.003 8	0.005 2	0.009 9	−0.000 4	0.012 5	−0.001 5	−0.003 2	0.004 3	−0.014 2	0.000 4	−0.002 6	0.014 6
A277	5.993 3	0.002 9	0.001 0	0.000 9	−0.004 5	0.004 3	0.009 3	−0.000 3	0.011 0	−0.001 2	−0.003 3	0.004 6	−0.013 1	0.000 5	−0.002 3	0.012 3
A278	8.153 7	0.001 4	−0.005 3	0.001 6	0.001 2	−0.007 5	0.011 1	−0.001 6	0.004 9	0.006 7	0.002 0	0.005 4	−0.022 5	−0.002 2	−0.001 3	−0.002 2
A279	7.685 5	0.004 4	−0.005 0	0.001 6	−0.003 2	−0.010 0	0.008 2	−0.000 6	0.002 9	0.006 6	−0.001 7	0.006 7	−0.014 7	−0.000 7	−0.000 8	0.002 8
A280	8.804 3	0.001 9	−0.005 7	0.001 3	0.000 8	−0.009 6	0.009 3	−0.001 5	0.001 3	0.007 5	0.001 4	0.005 0	−0.021 2	−0.001 5	−0.001 1	−0.007 8
A281	5.517 8	0.003 2	0.000 4	0.000 2	−0.004 3	0.004 5	0.011 6	−0.000 1	0.013 2	−0.000 5	−0.003 9	0.004 7	−0.013 2	0.000 2	−0.002 8	0.017 3
A282	6.383 5	0.005 2	−0.002 1	−0.001 5	−0.005 5	0.000 8	0.010 1	0.000 2	0.006 9	0.002 6	−0.005 5	0.006 4	−0.011 0	0.000 5	−0.000 9	0.008 5
A283	5.823 5	0.002 0	0.001 8	0.001 3	−0.002 8	0.005 7	0.009 5	−0.000 5	0.013 1	−0.001 8	−0.002 7	0.004 0	−0.015 6	0.000 1	−0.002 8	0.014 6
A284	8.919 6	0.002 5	−0.005 8	0.001 0	0.000 1	−0.010 8	0.008 8	−0.001 3	−0.000 5	0.008 9	0.000 3	0.005 2	−0.020 2	−0.001 1	−0.000 8	−0.008 5
A285	6.442 7	0.004 3	−0.001 2	−0.000 3	−0.005 3	0.001 1	0.009 0	0.000 0	0.007 3	0.001 6	−0.004 5	0.006 0	−0.011 8	0.000 5	−0.001 1	0.008 3
A286	5.893 1	0.002 0	0.001 8	0.001 4	−0.003 0	0.005 4	0.009 2	−0.000 5	0.012 7	−0.001 9	−0.002 6	0.004 0	−0.015 2	0.000 2	−0.002 7	0.013 9
A287	5.867 8	0.002 2	0.001 7	0.001 3	−0.003 5	0.005 3	0.009 4	−0.000 5	0.012 4	−0.001 8	−0.002 9	0.004 1	−0.014 6	0.000 3	−0.002 7	0.013 9
A288	5.973 5	0.002 5	0.001 5	0.001 3	−0.004 0	0.004 7	0.009 1	−0.000 4	0.011 6	−0.001 7	−0.002 8	0.004 2	−0.013 7	0.000 4	−0.002 5	0.012 7

续附表 6

小区编号	截距	X_{B3}	X_{B5}	X_{B6}	X_{B7}	X_{B8}	X_{B11}	X_{B12}	X_{B14}	X_{B15}	X_{B16}	X_{B17}	X_{B18}	X_{B19}	X_{B20}	X_{B21}
A289	6.054 7	0.002 7	0.001 1	0.001 1	−0.004 3	0.004 1	0.009 0	−0.000 4	0.010 8	−0.001 3	−0.003 0	0.004 5	−0.013 2	0.000 5	−0.002 3	0.011 8
A290	6.132 5	0.003 1	0.000 6	0.000 7	−0.004 7	0.003 5	0.009 1	−0.000 3	0.010 0	−0.000 7	−0.003 4	0.004 9	−0.012 8	0.000 5	−0.002 0	0.011 1
A291	6.253 7	0.003 9	−0.000 5	0.000 0	−0.005 1	0.002 4	0.009 3	−0.000 1	0.008 7	0.000 6	−0.004 2	0.005 5	−0.012 1	0.000 5	−0.001 5	0.009 9
A292	6.463 1	0.004 7	−0.001 6	−0.000 7	−0.005 4	0.000 8	0.009 3	0.000 1	0.006 9	0.002 1	−0.004 9	0.006 2	−0.011 5	0.000 5	−0.000 9	0.008 0
A293	5.917 0	0.002 6	0.001 4	0.001 1	−0.004 1	0.004 8	0.009 4	−0.000 4	0.011 7	−0.001 5	−0.003 1	0.004 3	−0.013 7	0.000 5	−0.002 5	0.013 1
A294	5.931 9	0.002 7	0.001 2	0.001 0	−0.004 3	0.004 7	0.009 4	−0.000 3	0.011 5	−0.001 4	−0.003 2	0.004 4	−0.013 3	0.000 5	−0.002 4	0.012 9
A295	5.624 3	0.003 2	0.000 5	0.000 3	−0.004 6	0.004 6	0.011 2	−0.000 1	0.012 5	−0.000 6	−0.003 9	0.004 7	−0.012 9	0.000 3	−0.002 6	0.015 9
A296	5.730 5	0.006 4	−0.003 9	−0.003 0	−0.006 4	0.001 1	0.014 0	0.000 5	0.009 8	0.002 7	−0.006 3	0.006 2	−0.008 3	−0.000 2	−0.002 0	0.014 5
A297	6.270 7	0.003 7	−0.000 2	0.000 2	−0.005 0	0.002 4	0.009 1	−0.000 1	0.008 8	0.000 3	−0.003 9	0.005 4	−0.012 3	0.000 5	−0.001 6	0.009 8
A298	8.591 0	0.003 1	−0.006 3	0.001 6	−0.000 9	−0.011 7	0.009 3	−0.001 1	0.001 3	0.008 8	−0.000 3	0.005 8	−0.019 5	−0.001 0	−0.000 8	−0.004 6
A299	6.107 1	0.002 8	0.000 9	0.000 9	−0.004 4	0.003 7	0.009 0	−0.000 4	0.010 5	−0.001 0	−0.003 1	0.004 7	−0.013 2	0.000 4	−0.002 2	0.011 4
A300	8.340 0	0.001 8	−0.005 9	0.002 0	0.000 6	−0.009 6	0.010 8	−0.001 5	0.004 7	0.006 6	0.001 9	0.005 4	−0.021 5	−0.001 9	−0.001 5	−0.003 1
A301	5.452 5	0.003 7	−0.000 3	−0.000 2	−0.004 7	0.003 9	0.012 3	0.000 0	0.013 2	−0.000 1	−0.004 1	0.004 9	−0.012 3	0.000 1	−0.002 9	0.018 0
A302	7.231 6	0.001 3	−0.004 4	0.001 5	0.001 5	−0.004 4	0.012 7	−0.001 5	0.008 9	0.006 5	0.001 6	0.006 1	−0.023 6	−0.003 0	−0.001 3	0.005 6
A303	7.869 4	0.009 2	−0.007 8	−0.000 9	−0.004 8	−0.012 4	0.009 1	0.000 8	−0.005 0	0.015 6	−0.007 0	0.008 5	−0.014 6	0.000 4	0.002 2	−0.002 4
A304	6.344 9	0.003 9	−0.000 6	0.000 1	−0.005 1	0.001 9	0.009 0	−0.000 1	0.008 2	0.000 8	−0.004 1	0.005 6	−0.012 1	0.000 5	−0.001 4	0.009 2
A305	5.910 6	0.003 8	−0.000 1	−0.000 2	−0.005 1	0.003 6	0.010 5	−0.000 1	0.010 6	0.000 0	−0.004 4	0.005 2	−0.012 0	0.000 5	−0.002 0	0.012 9
A306	6.288 6	0.005 6	−0.002 5	−0.002 1	−0.005 6	0.000 9	0.010 9	0.000 3	0.007 1	0.002 8	−0.006 0	0.006 4	−0.010 5	0.000 4	−0.000 9	0.009 2

参 考 文 献

[1] Aitken M. A general maximum likelihood analysis of overdispersion in generalized linear models[J]. Staitisties and Computing,1996,6(3):251-262.

[2] Alonso,William. Location and Land Use[M]. Cambridge University Press,1964.

[3] Anselin L. Spatial data analysis with GIS:An introduction to application in the social sciences[J]. Santa Barbara CA:National Center for Geographic Information and Analysis,1992:3-15.

[4] Anselin L. Local indicators of spatial association – LISA[J]. Geographical Analysis,1995,27:93-115.

[5] Anselin L. Interactive techniques and exploratory spatial data analysis. In: Longley P A,Michael F Goodchild,David J Maguire,David W Rhind,eds,Geographical Information Systems:Principles[J]. Technical Issues,Management Issues and Applications,John Wiley and Sons,Inc,1999:253-266.

[6] Anselin L. Spatial econometrics, in Baltagi B(ed.) A companion to Theoretical Econometrics[J]. Basil Blackwell,Oxford,UK,2001:310-330.

[7] Anselin L,Getis A. Spatial statistical analysis and geographic information systems[J]. Annals of Regional Science,1992,26:19-33.

[8] Anselin L,Griffith D. Do spatial effects really matter in regression analysis[J]. Regional Seienee Assoeiation,1998,65:11-34.

[9] Barnes T J. Lives lived and lives told:Biographies of geography's quantitatie revolution[J]. Environment and Planning,2001,19(4):409-429.

[10] Barot B,Yang Z. House Prices and Housing Investment in Sweden and the United Kingdom – Econometric Analysis for the Period 1970 ~ 1998[J]. Review of Urban and Regional Development Studies,2002,14(2):189-216.

[11] Benedict W,et al. Pokies and poverty:problem gambling risk factor geography in New Zealand[J]. Health & Place,2006,12(1):86-96.

[12] Benito A. The Down – Payment Constraint and UK Housing Market:Does the Theory Fit the Facts[J]. Journal of Housing Economics,2006,15(1):1-20.

[13] Bernanke B,Gertler M. Agency Costs,Net Worth,and Business Fluctuations[J]. American Economic Review,1989,79(1):14-31.

[14] Bernanke B,Gertler M. Should Central Banks Respond to Movements in Asset Prices? [J]. American Economic Review,2001,91(2):253-257.

[15] Bernanke B,Lown C S. The Credit Crunch[J]. Brooking Papers on Economic Activity,1991,22(2):205-247.

[16] Bowen W M,Mikelbank B A,Prestegaare D M. Theoretical and empirical considerations regarding space in hedonic housing price model applications[J]. Growth and Change,2001,32(4):46-49.

[17] Brunsdon C,Fotheringham A S. Some notes on parametric significance tests for geographically weighted regression[J]. Journal of Regional Science,1999(39):497-524.

[18] Brunsdon C,Fotheringham A S,Charlton M. Geographically weighted regression:A method for exploring spatial nonstationarity[J]. Geographical Analysis,1996,28(4):281-298.

[19] Brunsdon C,Fotheringham A S,Charlton M. Geographically weighted regression modeling spatial nonstation-

ary[J]. The Statistician, 1998, 47(3): 431-443.
[20] Cambardella C A, Moorman T B, Novak Jhi, et al. Field – scale variability of soil properties in central Iowa soils [J]. Soit Sci Soc Am J, 1994, 58: 1501-1511.
[21] Cannaday R E, Munneke H J, Yang T T. A multivariate repeat – sales model for estimating housing price indices[J]. Journal of Urban Economics, 2005, 57: 320-342.
[22] Case B, Quigley J M. The dynamics of real estate prices[J]. Review of Economics and Statistics, 1991, 22 (1): 50-58.
[23] Case K E, Shiller R J. Forecasting prices and excess returns in the housing market[J]. AREUEA Journal, 1990, 18(3): 253-273.
[24] Casetti E. Generating models by the expansion method: Applications to geographic research[J]. Geographical Analysis, 1972, 4(4): 81-91.
[25] Casetti E. Drift analysis of regression Parameters: an application to the investigation of fertility development relations[J]. Modeling and Simulation, 1982, 13(96): 1-6.
[26] Casetti E. Bayesian Regression and the Expansion Method[J]. Geographical Analysis, 1992, 24(1): 58-74.
[27] Chan S. Spatial Lock – in: Do Falling House Prices Constrain Residential Mobility[J]. Journal of Urban Economics, 2001, 49(3): 567-586.
[28] Chau K W, Ma V S M, Ho D C W. The pricing of "luckiness" in the apartmentmarket[J]. Journal of Real Estate Literature, 2001, 9(1): 31-40.
[29] Chau K W, Ng F F, Hung E C T. Developer's, good will as significant influence on apartment unit prices [J]. Appraisal Journal, 2001, 69: 26-34.
[30] Cheshire P, Sheppard S. British Planning Policy and Access to Housing: Some Empirical Estimates[J]. Urban Studies, 1989(26): 469-485.
[31] Clapp J M, Giaccotto C. The influence of economic variables on local house price dynamics[J]. Journal of Urban Economics, 1994, 36(1): 161-183.
[32] Cleveland W S. Robust locally weighted regression and smoothing scatterplots[J]. Journal of the American statistical Association, 1979, 74(368): 829-836.
[33] Cleveland W S, Devlin S J. Local weighted regression: an approach to regression analysis by local fitting[J]. Journal of American Statistical Association, 1988, 83: 596-610.
[34] Cooper A. The Impact of Interest Rates and the Housing Market on the UK Economy[J]. Economic Outlook, 2004, 28(2): 10-18.
[35] Ding C, Robert S, Esmail B. The Effect of Residential Investment on Nearby Property Values: Evidence from Cleveland, Ohio[J]. Journal of Real Estate Research, 2000, 19(1): 23-48.
[36] Dowall D E, Landis J D. Land-Use controls and housing costs, an examination of San Francisco[J]. Areuea Journal, 1982(10): 67-93.
[37] Dubin R A. Spatial autocorrelation and neighborhood quality, Regional Science and Economics, 1992(22): 433-452.
[38] Dubin R, Pace R K, Thibodeau T G. Spatial auto regression techniques for real estate data[J]. Journal of real estate literature, 1999, 7: 79-95.
[39] Duranton G, Overman H G. Testing for localization using micro – geographic data[J]. Review of Economic Studies, 2005, 72: 1077-1106.
[40] Edlnonds R. A theoretical basis for hedonic regression: A research primer[J]. AREUEA Journal, 1984, 12 (1): 72-85.
[41] Evans C. Productivity shocks and real business cycles[J]. Journal of Monetary Economics, 1992(29): 191-

208.
[42] Fisher I. The Debt Deflation Theory of Great Depressions[J]. Econometrica,1993,1(4):337-357.
[43] Foster A S,Gorr W L. An adaptive filter for estimating spatially varying parameters:Application to modeling police hours spent in response to calls for service[J]. Management Science,1986,32(7):878-889.
[44] Fotheringham A S,Brunsdon C,Charlton M. Geographically weighted regression:a natural evolution of the expansion method for spatial data analysis[J]. Environment and Planning A,1998,30(11):1905-1927.
[45] Fotheringham A S,Charlton M,Brunsdon C. The geographically of parameter space:An investigation of spatial nonstationarity[J]. International Journal of Geographical Information Systems,1996,10(3):605-627.
[46] Gamez Martinez M,Montero Lorenzo J M,Garcia Rubio N. Kriging methodology for regional economic analysis[J]. International Advances in Economic Research,2000,6(3):438-450.
[47] Geary R C. The contiguity ratio and statistical mapping[J]. The Incorporated Statistician,1954,5:115-145.
[48] Geoghegan J,Wainger L A,Bocksteal N E. Spatial landscape indices in a hedonic framework:an ecological economics analysis using GIS,1997,23:251-264.
[49] Goodman A C,Thibodeau T G. Housing market segmentation and hedonic prediction accuracy[J]. Journal of Housing Economics,2003,12:181-201.
[50] Gorr W L,Olligschlaeger A M. Weighted spatial adaptive filtering:Monte Carlo studies and application to illicit drug market modeling[J]. Geographical Analysis,1994,26:67-87.
[51] Gorr W L,Olligschlaeger A M. Weighted spatial adaptive filtering:Monte Carlo studies and application to illicit drug market modeling[J]. Geographical Analysis,1994,26:67-87.
[52] Gotway C A,Linda L J. Combining incompatible spatial data[J]. Journal of the American Statistical Association,2002,97:632-648.
[53] Harris J C. The Effect of Real Rates of Interest on Housing Prices[J]. Journal of Real Estate Finance and Economics,1989,2(1):47-60.
[54] Haurin D R,Brasington D. School quality and real housing prices:inter and intra metropolitan effects[J]. Journal of Housing Economics,1996,5:351-368.
[55] Holly S,Jones N. House Prices Since the 1940s:Cointegration,Demography and Asymmetries[J]. Economic Modeling,1997(4):549-565.
[56] Hsueh L M. The relationship between housing price,tenure choice and saving behavior in Taiwan[J]. International Real Estate Review,2000,3(1):11-33.
[57] Hubbard R G,Kashyap A K, Whited T M. Internal Finance and Firm Investment[J]. Journal of Money Credit and Banking,1995,27(3):683-701.
[58] Iacoviello M. Consumption,House Prices and Collateral Constraints:A Structural Econometric Analysis[J]. Journal of Housing Economics,2004,13(4):304-320.
[59] Iacoviello M,Minetti R. The Credit Channel of Monetary Policy:Evidence from the Housing Market[J]. Journal of Macroeconomics,2008,30(1):69-96.
[60] Jeremy L,Mennis,Lisa Jordan. The distribution of environmental equity:exploring spatial nonstationarity in multivariate models of air toxic releases[J]. Annals of the Association of American Geographers,2005,95(2):249-265.
[61] Kau J B,Donald C K. The Theory of Housing and Interest Rates[J]. Journal of Financial and Quantitative Analysis,1980,15(4):833-847.
[62] Kenny G. Modelling the demand and supply sides of the housing market:evidence from Ireland[J]. Economic Modelling,1999,16(3):389-409.
[63] Kim,Chong won,Phipps. Measuring the benefits of air quality improvement:a spatial hedonic approach[J].

Journal of Environmental Economics and Management, 2003, 45: 24-39.
[64] Kiyotaki N, Moore J. Credit Cycles[J]. Journal of Political Economy, 1997, 105(2): 211-248.
[65] Koppe J, Rietkerk M, Langevelde F, et al. Spatial heterogeneity and irreversible vegetation change in semiarid grazing systems[J]. The American Naturalist, 2002, 159(2): 209-218.
[66] LeSage J P. A spatial econometric examination of China's economic growth[J]. Geographic Information Sciences, 1999, 5(2): 143-153.
[67] López – Hernández F A, Chasco – Yrigoyen. Time – trend in spatial dependence: specification strategy in the first – order spatial autoregressive model[J]. Estudios de Economía Aplieada, 2007, 25(2): 631-650.
[68] M·歌德伯戈，P·钦洛依.城市土地经济学[M].北京:中国人民大学出版社，1990.
[69] Malpezzi S. A simple error correction model of housing prices[J]. Journal of Housing Economics, 1999, 8: 27-62.
[70] Mankiw N G, David N W. The baby boom, the baby burst, and the housing market[J]. Regional Science and Urban Economics, 1989(19): 235-258.
[71] Mankiw N, Weil D N. The baby boom, he baby burs and the housing market: A reply to our critics[J]. Regional Science and Urban Economics, 1992, 21(4): 573-579.
[72] Meen G P. Housing, random walks, complexity and the macroeconomy[M]//Housing Economics and Public Policy, London: Blackwell, 2003: 90-109.
[73] Moran PAP. Notes on continuous stochastic phenomena[J]. Biometrika, 1950, 37: 17-23.
[74] Morancho A B. A hedonic valuation of urban green areas[J]. Landscape and Urban Planning, 2003, 6: 35-41.
[75] Muth, Richattl F. Cities and Housing[M]. University of Chicago Press, 1969.
[76] Needham, Barrie. Land taxation, development charges, and the effects on land – use[J]. Journal of Property Research, 2000(17): 241-257.
[77] Oliner S, Rudebusch G, Sichel D. New and Old Models of Business Investment: A Comparison of Forecasting Performance[J]. Journal of Money, Credit and Banking, 1995, 27(3): 806-826.
[78] Olmo J C. Spatial Estimation of Housing Prices and Loeational Rents[J]. Urban studies, 1995, 32(8): 1331-1344.
[79] Olmo J C. Prediction of Housing Loeation Price by a Multivariate Spatial Method: Cokring[J]. Journal of Real Estate Researeh, 2007, 29(1): 91-114.
[80] Ord J K, Getis A. Local spatial autocorrelation statistics: distributional issues and an application[J]. Geographical Aanlysis, 1995, 27(4): 286-306.
[81] Ord K. Estimation Method for Models of Spatial Interaction[J]. Journal of American Statistical Association, 1975, 70: 102-126.
[82] Orford S. Modelling spatial structures in local housing market dynamics: a multilevel perspective[J]. Urban Studies, 2000, 37(9): 1643-1671.
[83] Paul B S. Spatial and temporal effects in residential sales prices[J]. Journal of the American Statistical Association, 1973, 9: 554-561.
[84] Peng R, Wheaton W C. Effects of restrictive land supply on housing in Hong Kong: and Econometric analysis [J]. Journal of Housing Research, 1994(2): 262-291.
[85] Peng W S, Tam D C, Yiu M S. The Property Market and the Macro economy of the Mainland: A Cross Region Study[J]. Pacific Economic Review, 2008, 13(2): 240-258.
[86] Potepan M J. Explaining inter – metropolitan variation in housing prices, rents and land prices[J]. Real Estate Economics, 1996, 24(2): 219-245.

[87] Poterba J M. Housing price dynamics: the role of tax policy and demography[J]. Brookings Papers on Economic Activity, 1991, 2: 143-148.
[88] Quigley J M. A simple Hybrid model for estimating real estate price indexes[J]. Journal of Housing Economics, 1995, 4: 1-12.
[89] Quigley J M. Real estate prices and economic cycles[J]. International Real Estate Review, 1999, 2(1): 1-20.
[90] Quigley J M. Real estate and the Asian crisis[J]. Journal of Housing Economics, 2001, 10: 129-161.
[91] Raymond Y C. Housing price, land supply and revenue from land sales[J]. Urban Studies, 1998, 35(8): 1377-1392.
[92] Sheppard S. Hedonic analysis of housing markets[J]. Handbook of Regional Science and Urban Economics, 1999(3): 595-635.
[93] Shi H, Laurent E J, LeBouton J. Local spatial modeling of white – tailed deer distribution[J]. Ecological Modelling, 2006, 190(1): 171-189.
[94] Sidak Z. Rectangular confidence regions for the means of multivariate normal distribution[J]. Journal of the American Statistical Association, 1967, 62: 626-633.
[95] Somerville C T. The Industrial Organization of Housing Supply: Market Activity, Land Supply and the Size of Homebuilders Firms[J]. Real Estate Economics, 1999(27): 669-694.
[96] Stevenson S. New empirical evidence on heteroscedasticity in hedonic housing model[J]. Journal of Housing Economics, 2004, 13: 136-153.
[97] Tang K. K. The Wealth Effect of Housing on Aggregate Consumption[J]. Applied Economics Letters, 2006, 13(3): 189-193.
[98] Tiefelsdorf M. The Saddle point Approximation of Moran's I and Loeal Moran's I Reference Distributions and Their Numerieal Evaluation[J]. Geographical Analysis, 2002, 34: 187-206.
[99] Topel R H, Rosen S. Housing Investments in the United States[J]. Journal of Political Economy, 1998, 96(4): 718-740.
[100] Trigg D W, Leach D H. Exponential smoothing with an adaptive response rate[J]. Operational Research Quarterly, 1967, 18: 53-59.
[101] Tse R Y C. Estimating neighbourhood effects in housing prices: towards a new hedonic model approach[J]. Urban Studies, 2002, 39(7): 1165-1180.
[102] Tsoukis C, Alyousha A. Implications of intertemporal optimization for house and land prices[J]. Applied Economics, 1999, 31: 1565-1571.
[103] Vining R. Delimitation of economic areas: Statistical conceptions in the study of the spatial structure of an economic system[J]. Journal of the American Statistical Association, 1953, 48: 44-64.
[104] Wagner H H, Fortin M J. Spatial analysis of landscapes: Concepts and statistics[J]. Ecology, 2005, 86: 1975-1987.
[105] Wang Q, Ni J, Tenhunen J. Application of a geographically weighted regression analysis to estimate net primary production of Chinese forest ecosystems[J]. Global Ecology and Biogeographically, 2005, 14(4): 379-393.
[106] Zhang L J, Shi H J. Local modeling of tree growth by geographically weighted regression[J]. Forest Seience, 2004, 50(2): 225-244.
[107] Zhang L, Liu C, Davis C J, et al. Modeling spatial variation in tree diameter – height relationships[J]. Forest Ecology and Management, 2004, 189(1 – 3): 317-329.
[108] Zhao F, Park N. Using geographically weighted regression models to estimate annual average daily traffic

[J]. Information System and Technology Transportation Research Record,1879:99-107.
[109] 柏延臣,李新,冯学智.空间数据分析和空间模型[J].地理研究,1999,18(2):185-190.
[110] 包宗华.再论"房价收入比"[J].城乡建设,2003(1):20-22.
[111] 柴彦威.城市空间[M].北京:科学出版社,2000.
[112] 常新.房价对房地产业和城市经济的影响及对策[J].中国建设信息,2003(6):32-33.
[113] 陈述彭,鲁学军,周成虎.地理信息系统导论[M].北京:科学出版社,1999.
[114] 邓卫,宋杨.住宅经济学[M].北京:清华大学出版社,2008.
[115] 丁成日.土地政策与城市住房发展[J].城市发展研究,2002(2):61-67.
[116] 樊丽明,李文.房地产税收制度改革研究[J].税务研究,2004(9):12-16.
[117] 丰雷,朱勇,谢经荣.中国地产泡沫实证研究[J].管理世界,2002(10):57-64.
[118] 丰雷,公衍奎.中国当前几种主要的房地产指数[J].中国房地产,2002(4):25-27.
[119] 高波.转型期中国房地产市场[M].北京:经济科学出版社,2009.
[120] 高建,周丽萍.基于 Box - Cox 变换的住宅特征价格理论研究[J].河北科技大学学报,2007(3):247-250.
[121] 耿明斋.中原城市群经济隆起带建设与开封经济发展思路[J].企业活力,2004(11):46-47.
[122] 郭文刚,崔新明,温海珍.城市住宅特征价格分析:对杭州市的实证研究[J].经济地理,2006(S1):172-175.
[123] 郭晓宇.基于住房服务和类别选择的住房需求研究[D].杭州:浙江大学,2005.
[124] 何雄.住宅价格的影响因素及理论模型研究[J].经济经纬,2005(5):72-75.
[125] 侯景儒,伊镇南,李维明,等.实用地质统计学[M].北京:地质出版社,1998.
[126] 黄慧明.地铁对广州市商品住宅的空间影响研究[J].现代城市研究,2001(4):33-36.
[127] 黄凌云.浅谈中房城市价格指数的编制[J].统计与预测,1996(1):19-21.
[128] 黄平.我国房地产"财富效应"与货币政策关系的实证检验[J].上海金融,2006(6):32-35.
[129] 黄征学.当前市场并未出现全国性的房地产泡沫[J].中国房地信息,2004(204):10-11.
[130] 蒋芳,朱道林.基于 GIS 的地价空间分布规律研究——以北京市住宅地价为例[J].经济地理,2005,25(2):199-202.
[131] 李国柱,孙焕民.编制城市房地产价格指数的若干问题[J].统计研究,2003(8):28-30.
[132] 李立,李永辉.论当前影响房价的因素及变动趋势[J].东岳许论丛,2002,6:36-38.
[133] 李玲,谷树忠,胡克林.都市地价空间分析方法及其应用——以北京市为例[J].资源科学,2003,25(4):85-92.
[134] 李万庆,张金水,孟文清.基于小波神经网络的房地产价格指数预测研究[J].河北工程大学学报:自然科学版,2008,25(1):71-74.
[135] 李伟.从另一种角度计算房价收入比[J].统计与信息论坛,2004(4):92-93.
[136] 李文斌,杨春志.住房价格指数以及区位对住房价格的影响——北京市住房价格实证分析[J].城市问题,2007(8):25-31.
[137] 李雪铭,张馨,张春花,等.大连商品住宅价格空间分异规律研究[J].地域研究与开发,2004(6):35-39.
[138] 林云霞.区域性房地产市场过热的原因及其对策[J].中国房地产金融,2003(7):27-31.
[139] 刘洪玉.漫谈"房价收入比"[J].中外房地产导报,2002(10):10.
[140] 刘静玉,闫卫阳.开封经济衰退的原因及对策分析[J].商场现代化,2008(3):203-204.
[141] 刘立民.房地产价格的形成与决定——兼议北京房价为何居高不下[J].城乡建设,2002,5:24-25.
[142] 刘望保,翁计传.住房制度改革对中国城市居住分异的影响[J].人文地理,2007(1):49-52.
[143] 刘湘南,黄方,王平,等.GIS 空间分析原理与方法[M].北京:科学出版社,2005.

[144] 刘颖春,唐慧哲.我国房地产开发商向二三线城市投资的趋势分析[J].吉林省经济管理干部学院学报,2007(1):43-46.
[145] 罗罡辉.基于GWR模型的城市住宅地价空间结构研究[D].杭州:浙江大学,2007.
[146] 罗平,牛慧恩.基于SD-GIS模型的兰州市住宅价格时空模拟研究[J].兰州大学学报:自然科学版,2002(4):125-130.
[147] 吕露光.城市居住空间分异与贫困人口分布状况研究——以合肥市为例[J].城市规划,2004(6):74-77.
[148] 马荣华,蒲英霞,马晓冬.GIS空间关联模式发现[M].北京:科学出版社,2007.
[149] 马思新,李昂.基于Hedonic模型的北京住宅价格影响因素分析[J].土木工程学报,2003(9):59-64.
[150] 梅长林.泛函参数回归模型的研究及其应用[J].西安:西安交通大学,2000.
[151] 梅长林,王宁.回归模型误差相关性的统一检验方法[J].高校应用数学学报A辑,2007,18(3):318-326.
[152] 孟斌,张景秋,王劲峰,等.空间分析方法在房地产市场研究中的应用[J].地理研究,2005,24(6):956-964.
[153] 裴知强,郭嘉玮,王笑国.三亚"炸楼"!在争议中等待炮声[J].中外房地产导报,2001(6):26-28.
[154] 蒲英霞,葛莹,马荣华.基于ESDA的区域经济空间差异分析——以江苏省为例[J].地理研究,2005,24(6):965-974.
[155] 齐建湘.调控对三线城市房地产的影响[J].城市开发,2006(6):69.
[156] 钱峰,吕效国,朱帆.灰色GM(1,1)模型的改进模型在房地产价格指数预测中的应用[J].数学的实践与认识,2009,39(7):29-33.
[157] 钱瑛瑛.房地产经济学[M].上海:同济大学出版社,2004.
[158] 裘雨明.城市房地产价格指数编制的理论及方法评价[J].绍兴文理学院学报,2004(8):86-90.
[159] 沈悦,刘洪玉.房地产价格与经济指标的关系研究[J].价格理论与实践,2002(8):20-22.
[160] 沈悦,刘洪玉.住宅价格与经济基本面:1995~2002年中国14城市的实证研究[J].经济研究,2004(6):78-86.
[161] 史卿.经济转型过程中的城镇住房制度改革[J].山西建筑,2007(18):228-230.
[162] 苏方林.基于地理加权回归模型的县域经济发展的空间因素分析[J].学术论坛,2005,5(5):81-84.
[163] 孙宪华,刘振惠,张臣曦.特征价格法在房地产价格指数中的应用[J].现代财经,2008,28(5):61-65.
[164] 覃文忠.地理加权回归基本理论与应用研究[D].上海:同济大学,2007.
[165] 覃文忠,王建梅,刘秒龙.地理加权回归分析空间数据的空间非平稳性[J].辽宁师范大学学报:自然科学版,2005(4):476-479.
[166] 覃文忠,王建梅,刘妙龙.混合地理加权回归模型算法研究[J].武汉大学学报:信息科学版,2007(2):115-119.
[167] 王德,黄万枢.外部环境对住宅价格影响的Hedonic法研究——以上海市为例[J].城市规划,2007(9):36-46.
[168] 王冬辉,郭祖军.Hedonic模型在商品住宅价格分析中的应用——以深圳为例的实证分析[J].特区经济,2006(12):354-355.
[169] 王劲峰,李连发,葛咏,等.地理信息空间分析的理论体系探讨[J].地理学报,2000,55:92-103.
[170] 王静,沈锋.资本因素对目前上海房价的影响[J].上海房地,2004(11):23-24.
[171] 王俊.对当前我国房地产泡沫的看法[J].宏观经济管理,2003(4):25-26.
[172] 王力宾.特征价格理论与住房价格指数编制方法[J].学术探讨,1995(3):12-16.
[173] 王仁铎,胡光道.线性地质统计学[J].北京:地质出版社,1988.

[174] 王霞,朱道林.地统计学在都市房价空间分布规律研究中的应用——以北京市为例[J].中国软科学,2004(8):152-155,108.
[175] 王旭升.中部崛起背景下的郑汴一体化发展研究[J].地域研究与开发,2007(6):28-47.
[176] 王旭育.城市住宅特征价格模型的理论分析[J].上海管理科学,2006(4):68-69.
[177] 温海珍.城市住宅的特征价格:理论分析与实证研究[D].杭州:浙江大学,2003.
[178] 温海珍,贾生华.住宅的特征与特征的价格——基于特征价格模型的分析[J].浙江大学学报:工学版,2004(10):1338-1342,1349.
[179] 吴鹤立.不堪回首忆"狂潮"——海南房地产泡沫经济沉浮始末[J].金融经济,2003(11):7-9.
[180] 吴敬琏.谈谈"投机"[J].中外房地产导报,2001(4):8-9.
[181] 吴宇哲.住宅价格的空间数据探索分析[J].地理学研究,2000(12):11-18.
[182] 吴宇哲.基于GIS的城市住宅价格时空演变规律探索及其应用研究[D].杭州:浙江大学,2005.
[183] 吴宇哲,吴次芳.基于Kriging技术的城市基准地价评估研究[J].经济地理,2001,21(5):584-588.
[184] 吴玉鸣,李建霞.基于地理加权回归模型的省域工业全要素生产率分析[J].经济地理,2006(5):748-752.
[185] 肖静.特征价格理论在房地产价格指数编制中的应用[D].武汉:华中科技大学,2007.
[186] 许晓晖.上海商品房住宅价格空间分布特征分析[J].经济地理,1997(1):80-86.
[187] 玄海燕,刘树群,罗双华.混合地理加权回归模型的两种估计[J].兰州理工大学学报,2007(3):142-144.
[188] 玄海燕,王静.地理加权回归模型的平稳性检验[J].甘肃联合大学学报:自然科学版,2006(5):10-12.
[189] 严金海.土地抵押、银行信贷与金融风险:理论、实证与政策分析[J].中国土地科学,2007(1):17-23.
[190] 杨永华.论房价和房价收入比[J].经济学家,2006(2):64-69.
[191] 野口悠纪雄.土地经济学[M].北京:商务印书馆,1997.
[192] 余晓.宏观因素与房地产价格[J].中国科技产业月刊,1996,1:45-46.
[193] 虞晓芬.论建立多层次住房供应体系[J].中国房地产,1999(5):16-19.
[194] 元琳,唐根年,虞晓芬.浅析房地产价格指数编制的理论与方法[J].中国房地产,2000(3):44-46.
[195] 张波.商品住宅价格的空间分布与城市价值[J].价值理论与实践,2006(10):49-50.
[196] 张宏斌,贾生华.编制城市房地产价格指数的理论模型和使用方法[J].中国软科学,2000(4):64-67.
[197] 张苏红.房地产价格指数是怎样编制出来的[J].统计方法研究,1998(8):28-30.
[198] 赵鹏大.定量地学方法及应用[M].北京:高等教育出版社,2004.
[199] 赵作权.地理空间分布整体统计研究进展[J].地理科学进展,2008,28(1):1-6.
[200] 郑芷青.广州市商品房住宅价格分布特征研究[J].热带地理,2006(1):22-26.
[201] 周春山,罗彦.近10年广州市房地产价格的空间分布及其影响[J].城市规划,2004(3):52-56.
[202] 周华,李同升.基于Hedonic模型的西安市住宅价格空间分异机制研究[J].西安文理学院学报:自然科学版,2007(2):68-71.
[203] 周慧珍,龚子同.土壤空间变异性研究[J].土壤学报,1996,33(3):232-241.
[204] 周杰.经济与政策对房地产价格的影响[J].价格月刊,1998,8:24.
[205] 周京奎.货币政策、银行贷款与住宅价格——对中国四个直辖市的实证研究[J].财贸经济,2005(5):22-27.
[206] 周京奎.金融过度支持与房地产泡沫——理论与实证研究[M].北京:北京大学出版社,2005.
[207] 周昭霞.基于单中心扩展模型的杭州城市地价空间结构研究[D].杭州:浙江大学,2005.
[208] 左令.房价收入比的中国特色[J].中外房地产导报,2000(24):1.